William Howard Russell
MEINE SIEBEN KRIEGE

Die Andere Bibliothek
Herausgegeben von Hans Magnus Enzensberger

William Howard Russell
MEINE SIEBEN KRIEGE

Die ersten Reportagen von den Schlachtfeldern
des neunzehnten Jahrhunderts

Mit vierundzwanzig zeitgenössischen Photographien
und sieben Karten

Aus dem Englischen von Matthias Fienbork

Eichborn Verlag ⭐ Frankfurt am Main 2000

Die Übersetzung wurde aus Mitteln
des Deutschen Übersetzerfonds e.V. gefördert.

ISBN 3-8218-4186-9
Introduction and editorial matter
Copyright © The Folio Society 1995
This edition published by arrangement with The Folio Society.
Introduced by Max Hastings, edited by Roger Hudson.
Sämtliche Photographien © Hulton Getty.
Copyright © für die deutschsprachige Ausgabe:
Eichborn Verlag AG, Frankfurt am Main, 2000

INHALT

Einführung von Max Hastings 9

Der Krimkrieg 1854–56 29

Der Indische Aufstand 1857–58 149

Der Amerikanische Bürgerkrieg 1861–62 201

Die Schlacht bei Königgrätz 1866 263

Der Deutsch-Französische Krieg 1870–71 285

Der Zulukrieg 1879 387

Ägypten 1882 407

Heinz Metlitzky: Hundert Kriege später 415

EINFÜHRUNG VON MAX HASTINGS

William Howard Russell, der vor nahezu hundertfünfzig Jahren als erster Reporter von einem wichtigen militärischen Konflikt berichtete, gilt noch heute als der überragendste Kriegskorrespondent aller Zeiten, gewissermaßen als Begründer dieser Zunft. 1820 geboren, wuchs er in einer Epoche heran, in der sich die öffentliche Meinung zu einem wesentlichen Machtfaktor herausbildete und das Bürgertum über die Presse raschen Zugang zu Informationen hatte. Er berichtete von Schauplätzen, auf denen sich zunächst noch relativ kleine Berufsarmeen gegenüberstanden (Krimkrieg, indischer Aufstand), schon bald aber gigantische Armeen modereren Typs (Königgrätz, Deutsch-Französischer Krieg). Mit seinen aufsehenerregenden Depeschen von der Krim 1854 wurde Russell rasch eine berühmte Figur, so daß seine Reportagen auch in der Folgezeit mit lebhaftem Interesse verfolgt wurden. Die *Times*, in der die meisten seiner Reportagen erschienen, besaß um die Mitte des neunzehnten Jahrhunderts außerordentlich viel Macht und Einfluß. Das Verhältnis zwischen Russell und John Thaddeus Delane, dem langjährigen Chefredakteur, funktionierte bestens. So vehement Russells Berichte auch kritisiert wurden, seine Integrität und Wahrheitsliebe standen unter vernünftigen Lesern nie in Zweifel. Seine Ausdruckskraft ist offenkundig, sein Talent, kriegführende Armeen zu porträtieren, bis heute unübertroffen.

William Howard Russell kam am 28. März 1820 in der Grafschaft Dublin in bürgerlichem Milieu zur Welt. Nach dem Zusammenbruch der väterlichen Firma wurde er in die Obhut der Großeltern gegeben. In Dublin besuchte er die Schule, der Unterricht machte ihm Spaß, und schon früh begann sich der Knabe für das Militär zu interessieren. Er sah den Soldaten beim Exerzieren zu und wollte auch in die Armee eintreten, was vom Großvater jedoch verhindert wurde. Da die Familie chronische Geldsorgen hatte, mußte der junge Russell Nachhilfeunterricht erteilen, während er sich für die Aufnahmeprüfung des Trinity College vorbereitete. Er muß ein ungestümer, rauflustiger Bursche gewesen sein, der dem Whiskey nicht abgeneigt war.

Mit dem Journalismus kam er in Berührung, als ein Cousin, der für die *Times* aus Irland über die Wahlen berichten sollte, ihn für das fürstliche Honorar von einer Guinee pro Tag plus Spesen als Helfer anheuerte. Später bezeichnete Russell seine Idee, vor dem Dubliner Krankenhaus die Verletzten abzupassen, die von politischen Versammlungen aus der ganzen Stadt dort eingeliefert wurden, als seinen ersten journalistischen Coup. Die *Times* war so beeindruckt, daß sie ihm 1842 die Stelle eines Parlamentsreporters in Westminster anbot. Russell willigte sofort ein. Kein Wunder, daß er in den darauffolgenden Jahren nach Irland entsandt wurde, um über die Kundgebungen Daniel O'Connells zu berichten und schließlich auch über den Prozeß gegen den großen Freiheitskämpfer. Russell ließ sich von einem gecharterten Dampfer nach Holyhead bringen und eilte per Sonderzug weiter nach London, in der Hoffnung, die Nachricht vom Prozeßausgang als erster zu überbringen. Doch es wurde eine schmerzhafte Lektion für ihn, da er einem Passanten, der ihn vor Delanes Haus ansprach, von dem Urteil erzählte. Russell, der seine Exklusivmeldung dem *Morning Herald* verraten hatte, wäre von dem schäumenden Delane um ein Haar hinausgeworfen worden.

Inzwischen mit Miss Mary Burrowes verlobt, mußte sich der Ehemann in spe nunmehr ums Geldverdienen kümmern. Er ging zur *Morning Chronicle*, die sehr viel bessere Honorare zahlte, blieb aber nicht lange. Als er 1847 kündigte, gab er sich nicht der Hoffnung hin, zur *Times* zurückkehren zu können, denn dort wurde grundsätzlich nicht mehr eingestellt, wer der Zeitung einmal den Rücken gekehrt hatte. Er nahm sein Jurastudium wieder auf und staunte nicht schlecht, als Delane ihn einlud, nach London zu kommen und wieder als Parlamentsreporter zu arbeiten.

In den nächsten Jahren machte Russell seine ersten Auslandserfahrungen. Doch wie er später schrieb: »Als das Jahr des Heils 1854 begann, wäre mir die Vorstellung, ein sogenannter Kriegsberichterstatter zu werden – welch absurdes Wort –, ebenso abwegig erschienen wie die Vorstellung, Lordkanzler zu werden.« Russells Kommentar zu der törichten Gepflogenheit, jeden Allerweltsreporter als »Kriegsberichterstatter« zu beschreiben, ist heute noch so gültig wie vor einem Jahrhundert. Nur ausgesprochen unbekümmerte Hohlköpfe beschließen, ihre berufliche Karriere auf Schlachtfeldern aufzubauen. Viele Reporter, die nur ein einziges Mal gute Berichte von einem Krieg geliefert haben, werden quasi automatisch zum nächsten Kriegsschauplatz entsandt. So war es im Fall Russell, und so haben es Hunderte seiner späteren Kollegen erlebt. Manchmal entdecken Reporter (oft zu ihrer eigenen Überraschung), daß sie robust und zielstrebig sind, eine gewisse sprachliche Gewandtheit besitzen und obendrein mit Soldaten auskommen. Dann werden sie »Kriegsberichterstatter«.

Die letztgenannte Fähigkeit ist bei einem Journalisten besonders ungewöhnlich und daher auch besonders wertvoll. Von Hause aus sind Reporter oft eigensinnig, ungepflegt, undiszipliniert und respektlos. Berufssoldaten bringen sie damit gegen sich auf. Die großen Kriegsberichterstatter zeichneten sich vor allem dadurch aus, daß sie das Vertrauen und die Freundschaft von Soldaten gewinnen konnten. Es war vor allem diese Qualität, die Russell befähigte, aus dem Kreis fähiger Journalisten herauszutreten und eine nationale Berühmtheit zu werden.

»Eines Abends, ich saß gerade an meinem Schreibtisch im Redaktionsbüro der *Times*«, erinnerte er sich viele Jahre später, »wurde mir ausgerichtet, daß Chefredakteur Delane mich zu sehen wünsche. Zu meiner Verblüffung teilte er mir mit, daß ich einen kleinen Ausflug mit den Horse Guards nach Malta machen solle, es sei schon alles arrangiert. Das Kabinett habe beschlossen, Rußland in aller Klarheit zu demonstrieren, daß man den [türkischen] Sultan gegen jede Aggression verteidigen und nötigenfalls ein Expeditionskorps in den Orient entsenden werde. Ich sei genau der richtige Mann, die Zeitung bei dieser Unternehmung zu vertreten. Lord Hardinge habe veranlaßt, daß ich mich in Southampton einschiffen könne. Alles werde getan, mir die Aufgabe so angenehm wie möglich zu machen; die zuständigen Stellen würden sich um mich kümmern, meine Familie könne mich begleiten, ich selbst sollte ein stattliches Honorar plus Spesen bekommen – und überhaupt wurde alles in den rosigsten Farben gemalt.«

In dieser Phase dachte die britische Regierung noch nicht an einen Krieg mit Rußland. Die Entsendung der Horse Guards sollte lediglich ein Warnsignal sein. Man wollte demonstrieren, daß man die Türkei in ihrem Streit mit dem Zaren um die heiligen Stätten in Palästina unterstütze und sich den zaristischen Bestrebungen, das Osmanische Reich zu schwächen, entschieden widersetzen werde.

Daß Russell das Expeditionskorps bis ins Mittelmeer begleiten durfte, zeigt, welches Ansehen die *Times* genoß. Neununddreißig Jahre zuvor, bei der letzten größeren britischen Militäraktion, hätte Wellington die Anwesenheit eines ordinären Reporters nie und nimmer geduldet. Er schimpfte über das »Geschwätz der englischen Zeitungen, aus deren Kolumnen der Feind die genauesten Informationen über Stärke und Position der Armee beziehen kann«. Doch nun, im Zeitalter des Dampfschiffs und des Telegraphen, nahm das Gewicht der Presse rasch zu. Zu Russells Glück wußte die Armee noch nichts von dieser Macht, die er und seinesgleichen schon bald ausüben würden und vor der die Generäle erzittern sollten.

Als das britische Expeditionskorps das Mittelmeer erreichte, mußte die Regierung erkennen, daß bloße Abschreckung nicht mehr ausreiche. Es würde zum Krieg kommen. Russell kabelte mehrere Reportagen aus Bulgarien, in denen er über eine katastrophale Choleraepidemie und über das völlig ungenügende Sanitätswesen der britischen Armee berichtete. Da die Armeeführung das miserable Niveau der medizinischen Versorgung seit langem einfach akzeptierte (die Sterblichkeit in der Armee war selbst zu Friedenszeiten doppelt so hoch wie unter der Zivilbevölkerung), mußte Russells Kritik die Öffentlichkeit schockieren.

Seine schonungslosen Schilderungen von Elend und militärischer Inkompetenz schlugen wie eine Bombe ein. Die schlechte Verpflegung, die haarsträubenden hygienischen Verhältnisse, die unzulängliche Ausrüstung (die Soldaten konnten ihre Sachen weder trocknen noch wechseln) sowie die fehlende Vorbereitung auf den bevorstehenden langen Winterfeldzug – all das war Gegenstand von Russells deprimierenden, detaillierten, vorwurfsvollen, zornigen, glänzend geschriebenen Reportagen. Zum erstenmal in der Geschichte berichtete ein Reporter über die Verhältnisse an der Front. Noch heute ist man sofort gefangen von Russells Prosa. Umstandslos und voller Empörung beschreibt er, was er sieht: den Verrat der hohen Offiziere an den Männern, die ihrem Land treu dienen.

Anfangs hatte er es nicht leicht, da ihm die Armee kein Reittier, keine Verpflegung, kein Quartier bereitstellte und auch seinen Status nicht anerkannte. Wo selbst die Soldaten nur wenig Komfort hatten, wurde er als unwillkommener Gast empfunden. »Alle meine Bemühungen, ein Pferd aufzutreiben, sind erfolglos geblieben«, schrieb er an Delane. »Ich habe kein Zelt und kann ohne offizielle Anweisung auch keines bekommen, und selbst wenn ich eines hätte, so bezweifle ich stark, ob Sir George Brown mir gestatten würde, es in seinem Lager aufzuschlagen... Ich lebe in einem Schweinestall, ohne Stuhl, Hocker oder Fenster, und werde bedient von einem sechzigjährigen Weib, das kein Wort versteht...«

Inzwischen war die Militärführung so entsetzt und verärgert über Russells peinliche Reportagen, daß man ihn am liebsten postwendend nach England zurückverfrachtet hätte. Die verbündeten Franzosen, dachte man neidisch, brauchten sich Kritik eines mitreisenden Journalisten nicht gefallen zu lassen. Doch die mächtige *Times* bewahrte Russell vor sofortiger Repatriierung, dank seines irischen Charmes konnte er sich mit Offizieren anfreunden, und allmählich gelang es ihm, akzeptiert zu werden. Am Ende gewann Delane die offizielle

Einführung

Einwilligung des Oberbefehlshabers, daß Russell das Expeditionskorps begleiten dürfe und Verpflegung beziehen könne, doch sollten noch Wochen vergehen, ehe Lord Raglans Stab diesen Befehl umsetzte und der Reporter die Krim betreten konnte.

Als die Kämpfe dann tatsächlich ausbrachen, zählte Russell zu den wenigen britischen Korrespondenten, die das Militär begleiteten, aber er blieb länger als alle anderen im Feld und galt von Anfang an als Doyen. Viele Jahre später erinnerte sich Edwin Godkin von der *Daily News* an die Zeit, in der er als zweiundzwanzigjähriger Kollege Russells die türkische Armee begleitete:

„Wenn ich sagen sollte, was ich für das wichtigste Ergebnis des Krimkriegs hielte, so wäre es wohl das Heraufkommen des ›Sonderkorrespondenten‹... Meine Briefe erregten in England vor allem deswegen Aufsehen, weil sie etwas Neues darstellten. Ich glaube kaum, daß sie andere Qualitäten besaßen. Die eigentliche Ära der Zeitungskorrespondenten begann, als ›Billy‹ Russell mit der englischen Armee auf der Krim eintraf. Er war schon in reiferem Alter, hatte lange als Journalist gearbeitet und besaß genau die gesellschaftlichen Eigenschaften, die man dort benötigte. Mit seinem Humor und unnachahmlichem Witz war er von Anfang an ein gern gesehener Gast im Offizierskasino. In seinen Händen wurden Depeschen aus dem Feld eine Macht, vor der die Generäle zitterten.«

Russells Depeschen, so Godkin weiter, »rüttelten die Nation auf. Im Kriegsministerium erkannte man, daß die Öffentlichkeit in Sachen Krieg mitzureden hatte, daß Kriege nicht nur Staatsoberhäupter und Politiker etwas angehen.«

Seine Korrespondenzen erschienen in der *Times* meistens zwei, drei Wochen, nachdem er sie abgeschickt hatte – manchmal fünf oder sechs an einem Tag auf einer Seite. Auf der Krim war er, angetan mit Intendantenmütze, Infanterierock, Reithose und Metzgerstiefeln mit großen Sporen, meist zu Pferd unterwegs. Beim Anblick dieser ungewöhnlichen Erscheinung rief General Pennyfeather: »Zum Teufel, Sir, wie sehen Sie denn aus? Was in aller Welt verstehen Sie von unserem Handwerk, und was werden Sie tun, wenn es zur Schlacht kommt?« Russell erwiderte: »Ganz recht, Herr General, ich verstehe sehr wenig von diesem Handwerk, aber ich vermute, daß es etliche Männer hier gibt, die auch nicht mehr davon verstehen als ich.«

Vor dem berühmten Russellschen Humor mußte auch General Pennyfeather kapitulieren. Lachend rief er: »Wohl wahr, in der Tat! Ich würde schwören, Sie sind Ire.« Später erzählte der General, daß er oft darüber nachgedacht habe, welche Befriedigung er der Regierung verschafft hätte, wenn er Russell mit dem nächsten Schiff nach England zurückgeschickt hätte. »Wohlgemerkt, ich bin froh, daß ich es nicht getan habe.«

Russell setzte durch, daß man ihn, wenn auch zögernd, als Teil des Militärapparats auf der Krim akzeptierte. Und seine Leser daheim begriffen allmählich, daß der *Times*-Korrespondent von Dingen berichtete, wie sie noch nie zuvor in einer Zeitung veröffentlicht worden waren. Seine Berichte über die Schlachten von Alma, Balaklawa und Inkerman wiesen ihn als außerordentlich fähigen Kriegsberichterstatter aus. Manch einer kann ein großes Gefecht verfolgen, ohne zu verstehen, was er in all dem Durcheinander, Blut und Pulverdampf wirklich sieht. Russell besaß in erstaunlich hohem Maß die Fähigkeit, eine Schlacht zu »lesen«, anschließend mit Beteiligten zu reden und ihr Tun und ihre Empfindungen nuancenreich wiederzugeben.

Das Journalistenhandwerk ist in guten Zeiten umstritten, im Krieg erst recht. Die Nation weiß, daß ihr Ansehen, bisweilen sogar ihre ganze Existenz, in jedem Fall das Leben ihrer jungen Männer vom Ausgang einer Schlacht abhängt. Die Öffentlichkeit verfolgt die Berichterstattung über einen Feldzug mit so brennendem Interesse, wie man es bei alltäglichen Themen zu Friedenszeiten selten erlebt. Die Menschen reagieren empfindlich auf schlechte Nachrichten und fühlen sich angegriffen, wenn sie die Ehre der Nation verletzt sehen. Bei Kriegen steht mehr auf dem Spiel als bei jeder anderen Form menschlichen Handelns, und so wird auch das Auf und Ab von Sieg und Niederlage sehr viel leidenschaftlicher verfolgt. Entsprechend groß ist die Verantwortung derjenigen, die von einem Krieg berichten. Ein Kriegsreporter kann Regierungskrisen auslösen und das Vertrauen der Öffentlichkeit in einem Maße beschädigen, wie das zu Friedenszeiten kaum möglich ist.

Aber die Schwierigkeiten des Kriegskorrespondenten sind immens. Es ist schwer, an zuverlässige Informationen heranzukommen. Selbst die Kommandeure können sich in den Kriegswirren kaum auf zuverlässige Informationen stützen. Und auch ein erfahrener Soldat, vor dessen Augen zwei Armeen aufeinander einschlagen, hat Mühe, das Geschehen einzuordnen. Es liegt in der Natur der Sache, daß der Korrespondent nur verfolgen kann, was auf einer Seite passiert, und das führt zwangsläufig zu einer eingeschränkten Wahrnehmung. Truppenkommandeure enthalten ihm oft bewußt Informationen vor, sei es aus plausiblen Sicherheitsgründen, sei es, um ihre eigenen Irrtümer zu vertuschen. Der Reporter bemüht sich, ein Puzzle zusammenzusetzen, bei dem viele Teile fehlen. Die Wahl, vor der er steht, lautet nicht etwa Wahrheit oder Unwahrheit (wie viele Zivilisten meinen), sondern lückenhaft oder gar nicht zu berichten. Und schließlich erlebt ein Korrespondent die gleichen Strapazen und die gleiche Erschöpfung wie die Soldaten. Nur wenige Journalisten können in all diesem Durcheinander ein Bild vom Kriegsgeschehen zusammenfügen und es so vermitteln, daß es seine Leser fesselt und ihnen einen vergleichsweise großen Teil der Wahrheit präsentiert. All das trifft heute noch genau so zu wie 1854.

A.W. Kinglake, der Historiker des Krimkriegs, hat ein treffendes Bild von Russell auf dem Schlachtfeld gezeichnet:

»Die Chance, an Informationen heranzukommen, hing natürlich in hohem Maße davon ab, ob Offiziere bereit waren, aus freien Stücken etwas mitzuteilen. Und um möglichst großen Nutzen aus solchen Gelegenheiten zu ziehen, mußte der Betreffende imstande sein, andere durch seine Art zum Reden zu bringen. Russell war so jemand... Mit seinem natürlichen Humor erreichte er, daß die Leute auftauten und sehr viel offener mit ihm sprachen, als wenn sie von einem ernsten Menschen nach trockenen Fakten befragt worden wären. Russell war überdies sehr scharfsinnig und in seinem Beruf talentiert, denn das, was ihm berichtet wurde, konnte er ungewöhnlich präzise festhalten und sofort in einen packenden Bericht verwandeln.«

Das Kabinett las Russells Depeschen genauso aufmerksam wie die Öffentlichkeit.

Von Anfang an genoß Russell die volle Rückendeckung der *Times*. Delane unterstützte die Arbeit seines Korrespondenten mit einer Flut von fulminanten Leitartikeln, vor allem wenn es um Fragen des Nachschubs und der medizinischen Versorgung der Soldaten ging. Lord Raglan, der Oberbefehlshaber, sah seinen Ruf durch Russell und Delane ruiniert. Der Sturz des Kabinetts Aberdeen 1855 wurde allgemein auf Russells Berichte über die Zustände in der Armee vor Sebastopol zurückgeführt. Und als die Roebuck-Kommission im Juni ihren Untersuchungsbericht über die Verhältnisse in der Armee vorlegte, wurde darin fast alles bekräftigt, was die *Times* schon angeprangert hatte. Für die Regierung waren Russells Enthüllungen mittlerweile schon so unangenehm, daß die Behörden, trotz seriöser, fundierter Einwände, in seinen Depeschen werde gegen militärische Sicherheitsinteressen verstoßen, es nicht wagten, diese Berichte zu zensieren, um nicht in den Verdacht zu geraten, man wolle der Regierung diese Peinlichkeiten ersparen. In jener naiven Zeit, als die Möglichkeiten des gerade erfundenen Telegraphen noch nicht bekannt waren, hat Russell gewiß viele Dinge geschrieben, die, von London nach St. Petersburg gekabelt, für die Russen nützlich waren. Doch die Macht seiner Feder war schon zu groß, als daß man den Reporter hätte zurechtweisen können, und die Stabsoffiziere schäumten vergebens. Merkwürdigerweise konnte Russell der enormen Geschwindigkeit des Telegraphen nichts abgewinnen. Er bevorzugte das gemütlichere Tempo der Schiffspost. Auch wenn er lange vor dem Zeitalter der elektronischen Medien lebte, muß er doch die Nachteile geahnt haben, die unvermeidlich sind, wenn Nachrichten so schnell übermittelt werden, daß selbst der klügste und scharfsinnigste Journalist keine Zeit mehr hat, sie zu verarbeiten und zu interpretieren.

Von einem kurzen Aufenthalt in England abgesehen, blieb Russell bis nach dem Fall von Sebastopol und dem Friedensschluß auf der Krim, als der letzte britische Soldat abgezogen war. Im Juli 1856 kehrte er schließlich heim, wo er »gefeiert wurde, wie noch kein Journalist vor ihm gefeiert worden war«, wie es in der *History of The Times* heißt. Palmerston, an dessen Amtsübernahme Russell maßgeblichen Anteil hatte, lud ihn zum Frühstück ein. Seine Chefs lehnten einen feierlichen Empfang für ihn in Southampton zwar ab, aber er erhielt die Ehrendoktorwürde des Trinity College. Zehn Tage ruhte er sich auf seinen Lorbeeren aus, dann machte er sich auf den Weg nach Rußland, um von der Zarenkrönung zu berichten.

In seiner chronischen Rastlosigkeit, wie in so vielen anderen Dingen auch, offenbarte sich ein typischer Wesenszug aller großen Auslandskorrespondenten. Nach einer sentimentalen Pilgerfahrt zu den Friedhöfen der Krim kehrte er im Frühjahr 1857 nach England zurück. Er hielt Vorträge über Kriegserlebnisse, bis eines Novembermorgens die Direktion der *Times* vorsichtig anfragte:

»Wie ich höre, sind Sie mit Ihrer neuen Tätigkeit nicht rundum zufrieden, so daß Sie eine Wiederaufnahme der alten eventuell ins Auge fassen könnten. Ich darf auch sagen, daß sich seit Ihrem Weggang keineswegs die Auffassung hier durchgesetzt hat, wir kämen gut ohne Sie zurecht ... Indien ist gegenwärtig ein unbeschriebenes Blatt und wird das vermutlich auch so lange bleiben, wie Sie dem nicht abhelfen. Was sagen Sie dazu? Würden Sie für ein Jahr nach Indien gehen? Jahresgehalt sechstausend Pfund, zahlbar an Ihre Gattin oder jede andere von Ihnen zu benennende Person in England, und alle Aufwendungen vor Ort werden erstattet ...«

Die Regierung war verstimmt. Am 10. Mai war in Meerut der indische Aufstand ausgebrochen. Lord Clarendon schrieb, nachdem er mit Außenminister Granville über Russells bevorstehende Abreise diskutiert hatte: »G. hält es für nützlich, wenn [Russell] mit einem guten Eindruck und einem guten Entrée im Mund anfängt. Aber man bedenke, wieviel Verdruß uns dieser Bursche bereiten wird, der natürlich auf dem zerstörten Ruf aller Beteiligten ein zweites Mal Krimlorbeeren ernten möchte.« Doch Granville schrieb an den Generalgouverneur Lord Canning: »Ich habe Delane wissen lassen, daß Sie bereit seien, Russell nach Kräften zu unterstützen... Es wäre ausgesprochen töricht, wenn Sie ihm nicht halbwegs offen und zivilisiert begegneten.«

Die Meuterei war zum größten Teil schon niedergeschlagen, als Russell in Indien eintraf, und es wurde kaum noch gekämpft. Aber seine lebendigen Berichte, namentlich von Sir Colin Campbells Zurückeroberung von Lucknow, entsprachen den Qualitätsmaßstäben, die er mit seinen Krimkriegreportagen gesetzt hatte. »Ihre Depeschen«, schrieb ihm die *Times*, »finden hier den allergrößten Beifall... Unserer Meinung nach haben Sie zur genüge bewiesen, wie sehr Sie all Ihren Konkurrenten überlegen sind... Ihre Mission wird uns allein schon für Telegramme mindestens fünftausend Pfund kosten. Es war jedoch einer dieser Fälle, bei denen es unangemessen gewesen wäre, sich auf dem Niveau der Groschenblätter zu bewegen.«

Die Behörden brachten ihm Vertrauen und Respekt entgegen und nahmen keinen Anstoß an seinen lebhaften Berichten. Russell bewies Sensibilität und Menschlichkeit, wenn er zu einer Zeit, da die meisten Engländer in Indien nur an Rache für die mörderischen Taten der Aufständischen dachten, in der *Times* erklärte: »Sowie die aufständischen Sepoys und all jene, die tatsächlich die Waffe gegen uns erhoben haben, bestraft worden sind, muß das rücksichtslose Blutvergießen aufhören – sollen die aufgebrachten Zivilisten Britisch-Indiens sagen, was sie wollen. Das Bedürfnis nach Gerechtigkeit, gar Vergeltung muß nach einer gewissen Zeit gestillt sein. Ich habe kein Verständnis für Rebellion, Mord und Meuterei, stehe aber nicht an, meiner aufrichtigen Hoffnung Ausdruck zu verleihen, daß diese bedauernswerten Menschen, die sich allenfalls einer forcierten Neutralität schuldig gemacht haben, nicht einer erregten und wütenden Soldateska überantwortet werden.«

Russells Meldung vom Fall Lucknows (am 18. März) erschien am 14. April in der *Times*, eine ausführlichere Darstellung der Ereignisse dann am 29. April. Russell beklagte sich bei Delane, daß er kein Geld habe, um etwas von der sagenhaften Beute zu erwerben, die von englischen Soldaten für ein paar Rupien verkauft wurde. Und wieder verurteilte er die brutalen Racheakte an den Aufständischen. In den folgenden Monaten reiste er durch Indien und äußerte sich immer wieder kritisch über die Haltung der Engländer, besonders der Neuankömmlinge, gegenüber der einheimischen Bevölkerung. Er hatte die üblichen Tropenkrankheiten und wurde nach dem heftigen Tritt eines Pferdes von großen Schmerzen geplagt. Seine privaten Briefe an die *Times* waren oft in einem klagenden, bisweilen verdrießlichen Ton gehalten, und seine chaotischen Spesenabrechnungen brachten seine Arbeitgeber zur Verzweiflung. Doch alle hatten Verständnis für ihren Starkorrespondenten, weil sie wußten, welchen Zwängen er ausgesetzt war. Seine Finanzen waren stets ungeordnet, und von Zeit zu Zeit überkam ihn eine tiefe irische Melancholie. Aber auch darin erwies er sich als Prototyp des modernen Zeitungsreporters.

Im Februar 1861 wurde Russell ein neues verlockendes Angebot gemacht. Delane wollte ihn nach Amerika schicken, wo er über den Bruch zwischen den Südstaaten und dem Rest der Union berichten sollte, zu dem es nach der Wahl Abraham Lincolns gekommen war. Russell brach am 1. März zu einer Reise in extrem unruhige journalistische Gewässer auf.

Die Amerikaner reagierten, unabhängig von ihrem politischen Standpunkt, außerordentlich sensibel auf die Ansichten der Londoner *Times*, der führenden Stimme der mächtigsten Nation der Welt. Während Russell noch unterwegs war, sprach sich die *Times* für die Sezession des Südens aus. Russell verstand sich als unabhängiger, unvoreingenommener Beobachter. In New York wurde er mit großem Beifall empfangen, in Washington sogleich dem Präsidenten vorgestellt.

»Mr. Russell«, sagte Lincoln, »ich freue mich sehr, Ihre Bekanntschaft zu machen und Sie bei uns in Amerika begrüßen zu können. Die Londoner *Times* ist eine der bedeutendsten Mächte auf der Welt – ich wüßte nicht, wer mehr Macht hätte, abgesehen vielleicht vom Mississippi. Ich freue mich, Sie als ihren Abgesandten kennenzulernen.« Dem gefeierten Journalisten öffnete sich jede halbwegs wichtige Tür, überall wurde er eingeladen. Nach einem Monat war Russell überzeugt, daß der Norden einen Abfall des Südens nicht hinnehmen würde – aber auch, daß die Sezession unwiderruflich sei.

Russell bereiste die Südstaaten. Der Fall von Fort Sumter bei Charleston in Südkarolina, der den Kriegsausbruch markierte, wurde ihm in Baltimore gemeldet. Eilends fuhr er nach Charleston weiter, beobachtete dort den Jubel der Südstaaten. Der Konföderierten-General Beauregard erklärte ihm: »Sie können überall hingehen und sich umschauen. Wir verlassen uns auf Ihre Diskretion.« Russell erwiderte: »Sofern Sie es mir nicht ausdrücklich verbieten, werde ich über alles, was ich sehe, nach Hause berichten, und sollte es Dinge geben, die Sie lieber nicht gelesen hätten, so dürfen Sie mir keinen Vorwurf machen.« Doch die Konföderierten erhoben tatsächlich Vorwürfe, da man bei der Lektüre seiner Depeschen festgestellt hatte, daß einige militärische Geheimnisse in der *Times* enthüllt worden waren. Nicht zum letzten Mal mußte eine kriegführende Nation erkennen, daß die eigenen Sicherheitsinteressen von ausländischen Korrespondenten nicht automatisch respektiert werden.

Über die Sklaverei äußerte sich Russell mit deutlicher Ablehnung. Er verließ den Süden, um nicht völlig abgeschnitten zu sein, denn er war überzeugt, daß ein Krieg unausweichlich war, und ohnehin hatte er genug gesagt, was ihm das Mißtrauen beider Seiten eintrug. Delane, der in seiner Zeitung Partei für den Süden ergriffen hatte, betrachtete einige von Russells Äußerungen vor amerikanischem Publikum mit Besorgnis und tat die Befürchtung, es werde zu einem größeren Krieg kommen, als unbegründet ab. »Es wird höchstens das eine oder andere Scharmützel geben«, schrieb

Einführung 21

er voreilig. Der Arbeit seines Korrespondenten zollte er aber weiterhin Anerkennung.

Russells Probleme in Amerika begannen, als er von der überstürzten Flucht der Unionsarmee nach der ersten Schlacht bei Bull Run im Juli berichtete. Die Schlacht selbst erlebte er nicht, aber er traf, ohne Passierschein der Militärbehörden, noch rechtzeitig ein, um den Rückzug zu beobachten. Die Eindringlichkeit seiner Berichte teilt sich noch heute mit. Als sie am 20. August in Amerika veröffentlicht wurden, brach jedoch eine Flut von Bitterkeit und Feindseligkeit über Russell herein. Im persönlichen Gespräch erklärte man ihm, daß seine Berichte zutreffend seien, doch ein Offizier fügte hinzu: »Natürlich werden Sie nicht bleiben können, wenn die Presse sich erst einmal auf Sie gestürzt hat. Nicht für eine Million Dollar möchte ich an Ihrer Stelle sein.«

Russell war zutiefst deprimiert. Obschon er kluge und vernünftige Berichte geschrieben hatte – völlig korrekt sah er voraus, daß sich die Konföderation langfristig der mächtigen Union würde beugen müssen –, war eine junge Nation, die sich in einem blutigen und emotionsgeladenen Bürgerkrieg befand, nicht imstande, rationale Einschätzungen eines Briten gelassen hinzunehmen, zumal vom Vertreter einer Zeitung, die den Süden unterstützte. Russell war sehr einsam und todunglücklich, als er merkte, daß er eine ganze Nation gegen sich hatte. Für ihn, den man nach dem Krimkrieg mit Beifall und Anerkennung überhäuft hatte, war es eine völlig ungewohnte und irritierende Erfahrung, wie ein Ausgestoßener behandelt zu werden.

Hätte Russell die Armeen des Nordens begleiten dürfen, hätte er gewiß die eine oder andere denkwürdige Reportage geschrieben. Mit gewohnt sicherem Urteil schätzte er die Entwicklung ein. Selbst wenn er bezweifelte, daß die Vereinigten Staaten je wieder eins würden, so hielt er an seiner Überzeugung fest, daß die wirtschaftliche Macht des Nordens kriegsentscheidend sein werde. Doch er war, wie so viele seiner späteren Kollegen, ein Opfer der Verhältnisse geworden. Seine Integrität wurde in Frage gestellt, obgleich er diese

Eigenschaft doch in hohem Maße besaß. Geduldig und klug suchte er nach der Wahrheit, aber die Öffentlichkeit war viel zu emotionalisiert, als daß sie die Wahrheit hätte hören wollen, noch dazu aus der Feder eines Ausländers. Wie die Amerikaner auf seine Reportagen reagiert haben, ist eigentlich gar kein Wunder.

Die nächsten vier Jahre war Russell in der Heimat tätig, hauptsächlich für die *Times* und als Redakteur bei der *Army and Navy Gazette*. 1866 erhielt er von der *Times* das Angebot, über den sich anbahnenden militärischen Konflikt zwischen Preußen und Österreich zu berichten – für die fürstliche Summe von hundert Pfund pro Monat plus Spesen. Am 23. Juni wurde er in Wien mit militärischen Ehren empfangen – »fast kommt es mir vor, als würde ich den Österreichern durch meine Anwesenheit einen Dienst erweisen«, schrieb Russell spöttisch. Am Morgen des 3. Juli, in Königgrätz am Frühstückstisch sitzend, hörte er Kanonendonner. Er hatte weder eine Akkreditierung noch ein Pferd. Da kam ihm die glorreiche Idee, einen Turm am Prager Tor zu besteigen, der einen weiten Blick über das ganze Schlachtfeld von Sadowa bot, auf dem fünfhunderttausend Soldaten aufmarschiert waren.

Unter Schwierigkeiten erreichte er Brünn, um dort seinen Bericht über diese historisch bedeutsame Schlacht aufzugeben, der am 4. Juli in der *Times* erschien. Russell gab darin seiner Überzeugung Ausdruck, daß der Sieg der Preußen vor allem auf das moderne Zündnadelgewehr zurückzuführen sei, und drängte darauf, diese Waffe auch in der britischen Armee zu verwenden. In den anschließenden Korrespondenzen, die er nach dem »Siebenwöchigen Krieg« aus Wien nach London schickte, deutete er schon den bevorstehenden Machtkampf in Europa an und prophezeite einen Sieg Preußens über Frankreich. Sein politischer Weitblick stand seinem militärischen Scharfsinn in nichts nach.

1870 beauftragte die *Times* natürlich ihn, vom Deutsch-Französischen Krieg zu berichten. Obgleich er wie kein anderer Reporter Zugang zu den führenden Männern seiner Zeit hatte und vom preußischen König im Feld empfangen wurde, mußte er feststellen, daß seine journalistische Arbeit auf Kritik stieß.

Russell hatte keine rechte Lust mehr, sich im gnadenlosen Getümmel der konkurrierenden Kriegsberichterstatter zu behaupten. Schlimmer noch, dieser Meister der bedächtigen und relativ zeitaufwendigen Reportage stand vor der Erkenntnis, daß in diesem Feldzug erstmals der Telegraph das wichtigste Instrument der Nachrichtenübermittlung war. Bislang waren lediglich »Blitznachrichten« per Kabel übermittelt worden. Jetzt trat eine Armee von aggressiven, ordinären, groben und erschreckend tüchtigen amerikanischen Korrespondenten auf den Plan, die den Postweg als vorsintflutliches Instrument betrachteten und ihre Berichte fast ausnahmslos kabelten. Auch in seinem Urteil war Russell nicht mehr auf der Höhe (er hatte einen schnellen französischen Sieg prophezeit).

Zu seiner großen Bestürzung traf er im Hauptquartier des Kronprinzen bei Sulz ein, als die große Schlacht von Wörth, die am 6. August mit einem preußischen Sieg endete, bereits entschieden war. Die amerikanischen Korrespondenten, die über die immensen Kosten für telegraphische Übermittlung bloß lachten, stachen bei mehreren Gelegenheiten ihre englischen Kollegen aus. Russells Depeschen brauchten eine Woche, bis sie in London eintrafen. Er hatte das außerordentliche Privileg, die Schlacht von Sedan am 1. September im Stab des preußischen Königs verfolgen zu können. Unglücklicherweise wurde eine kurze Meldung des Inhalts, daß die Franzosen über eine Kapitulation verhandelten, unterwegs abgefangen. Da er wußte, wie wichtig diese Nachricht war, beschloß er, sie persönlich nach London zu bringen. Doch zunächst verbrachte er, bei ihm nicht weiter verwunderlich, noch achtundvierzig Stunden, um das Schlachtfeld und die wichtigsten Ereignisse der letzten Tage zu studieren. Am Abend des 5. September traf Russell in London ein, übergab seine Reportage und kehrte postwendend nach Sedan zurück.

Dieser Bericht, der tags darauf veröffentlicht wurde, war aber längst nicht mehr aktuell. Ein englischer Korrespondent der *New York Tribune* war am 3. September in London eingetroffen. Sein Bericht war in New York am 4. und in London am 5. September veröffentlicht worden. Für Russell war fast noch niederschmetternder, daß sein Rivale Archibald Forbes von der *Daily News* bei dem berühmten Gespräch zwischen Bismarck und dem französischen Kaiser zugegen gewesen war. Nachdem Russell fast zwei Jahrzehnte lang unangefochten die führende Rolle gespielt hatte, mußte er nun feststellen, daß andere Kollegen ihn überholten. Die *Times* drängte ihn, sich öfter und entschiedener des Telegraphen zu bedienen, aber Russell sperrte sich. Mehr noch, als die Preußen im September mit der Bombardierung von Paris drohten, erklärte er, daß er aufgrund seiner unabänderlichen Kritik an einem solchen Vorgehen bedauerlicherweise nicht imstande sei, einen derart barbarischen Akt seitens der Preußen zu verfolgen. Die *Times* war entsetzt und forderte Russell dringend auf, nicht abzureisen. Er blieb auch, allerdings nur halbherzig.

Russell scherte sich so wenig um Fristen, daß er als Kriegskorrespondent kaum mehr geeignet war. Seine Sprache war kraftvoll wie eh und je, was seine Berichte aus Wörth (wo er in mehreren französischen Haushalten einquartiert war) und von der endgültigen katastrophalen Niederlage der Franzosen bei Sedan beweisen, aber er arbeitete in einem Zeitalter, in dem die Schnelligkeit der Nachrichtenübermittlung für die meisten Korrespondenten wohl schon mehr zählte als die Qualität der Formulierung. Zur Proklamation des deutschen Kaisers im Spiegelsaal zu Versailles erschien Russell in der Uniform eines Deputy Lieutenant des Londoner Tower. Wenige Tage später meldete er als erster, daß Paris in Kapitulationsverhandlungen eingetreten sei, und auch die Bedingungen der Übergabe meldete er als erster. Doch die *Times* verhehlte ihm nicht, daß seine Kollegen meist schneller waren. Er lieferte zwar den ersten vollständigen Bericht vom Einmarsch der Deutschen in Paris, aber die allererste Nachricht davon brachte die *Daily News*. Vor seiner Rückkehr nach London hatte man ihm zwar versichert, daß »niemandem ein herzlicherer Empfang bereitet würde als Ihnen«, doch verglichen mit früheren Einsätzen war sein Wirken im Deutsch-Französischen Krieg ein wenig enttäuschend. Das Eiserne Kreuz, das die Preußen »unserem charmanten englischen Freischärler« verliehen hatten, war eine durchaus fragwürdige Anerkennung seiner Arbeit.

Russell berichtete nie wieder für die *Times* von einem Kriegsschauplatz. Mit Delane war er bis zu dessen Tod freundschaftlich verbunden, die fruchtbare Zusammenarbeit der beiden Männer war jedoch vorbei. Russell ging viel auf Reisen. Er wurde nun als *elder statesman* betrachtet, selbst von den *elder statesmen* im eigenen Land. 1879 reiste er für den *Daily Telegraph* nach Südafrika, doch bei seiner Ankunft war der Zulukrieg schon zu Ende.

Bis 1903 war Russell als Redakteur der *Army and Navy Gazette* tätig. Er war populär wie eh und je. 1895 wurde er in den Adelsstand erhoben, und es war klar, daß auf diese Weise sein jahrelanges Engagement für die Armee gewürdigt werden sollte. Edward VII. zeichnete den alten Herrn mit dem Orden eines Commander of the Royal Victorian Order aus.

Als Russell, mit Ehren überhäuft, am 10. Februar 1907 im Alter von siebenundachtzig Jahren starb, widmete ihm die *Times* einen außergewöhnlich langen Nachruf. »Allen, die ihn kannten, war er der heiterste, strahlendste, liebenswürdigste Weggefährte...« hieß es da, und weiter: »Kriegsberichterstatter wären womöglich ein Fluch und nicht ein Segen, hätte der erste und größte ihrer Zunft nicht von vornherein beispielhaft gezeigt, daß sich für einen Lieferanten von Kriegsnachrichten die eifrigste Ausübung seiner Tätigkeit sehr wohl vereinbaren läßt mit größter Loyalität gegenüber der Armee, deren Ruhmestaten und Erfahrungen zu protokollieren Aufgabe der Korrespondenten ist... Zwar gibt es seit den Tagen des Krimkriegs ausgezeichnete Kriegsberichterstatter, doch kann niemand von sich behaupten, die gleichen Schwierigkeiten erlebt, den gleichen Widerstand überwunden und die gleiche Position errungen zu haben wie der erste und bedeutendste aller Militärjournalisten.«

Russell fühlte sich der Öffentlichkeit und seinem Beruf gleichermaßen verpflichtet. Einige seiner Nachfolger mögen ähnlich gute Journalisten gewesen sein, aber niemand hat ihn übertroffen. Und auch später gab es niemanden, dem mehr Sympathie und Hochachtung entgegengebracht worden wäre als William Howard Russell zu seinen Lebzeiten.

William Howard Russell auf der Krim.

DER KRIMKRIEG
1854–56

Dieser Krieg hatte seine Ursache in den russischen Expansionsbestrebungen, die sich gegen das schwächelnde Osmanische Reich richteten, in der Sorge der britischen Regierung, die dadurch den Landweg nach Indien gefährdet sah, und in dem Wunsch Napoleons III., seine Position durch eine glanzvolle militärische Kampagne zu festigen. Nachdem Rußland im Juni 1853 die Donaufürstentümer Walachei und Moldau besetzt und im Oktober bei Sinope die türkische Flotte vernichtet hatte, schien ein Krieg unabwendbar.

Britische Truppen waren nicht zum erstenmal miserabel ausgerüstet und unter inkompetenter Führung ins Feld gezogen und von Seuchen dahingerafft worden. Doch nie zuvor war die Öffentlichkeit so detailliert und schonungslos über Mängel und Unfähigkeit informiert worden wie durch Russells Reportagen von der Krim.

Anfang September 1854 schiffte sich eine 50 000 Mann starke alliierte Expeditionsmacht, bestehend aus britischen, französischen und türkischen Regimentern, im Schwarzmeerhafen Warna nach der Krim ein, wo sie am 14. September in der Bucht von Eupatoria (nördlich von Sebastopol) landete.

An diesem öden, einsamen Strand, den kurz zuvor nur Möwen und Wassergeflügel bevölkert hatten, ging es um zwölf Uhr bereits äußerst lebhaft zu. Vom einen Ende bis zum anderen blitzten Bajonette und leuchtete ein Meer roter Uniformröcke und messingbeschlagener Tschakos. Die Luft war erfüllt vom Summen englischer Stimmen, in die sich laute Kommandos mengten. Sehr vergnüglich war es, das Beladen und Entladen der Schiffe zu beobachten. Ein Gig oder Kutter, von acht bis zwölf Matrosen gerudert, mit einem Radkastenboot, Lastkahn oder einer türkischen Pinasse im Schlepptau, ging bei einem Dampfer oder Transportboot längsseits, in dem die Truppen auf ihre Ausschiffung warteten. Als erste gingen die Offiziere jeder Kompanie von Bord, ein jeder in voller Feldausrüstung, über der Schulter die Provianttasche, in der sich Pökelfleisch befand (viereinhalb Pfund vor dem Kochen) und eine größere Menge Zwieback nämlichen Gewichts. Das war seine Verpflegung für drei Tage. Außerdem hatte jeder Offizier seinen Mantel dabei, den er sich zusammengerollt um den Leib schlang, eine Feldflasche für Wasser, eine Ration Brandy, soviel Leibwäsche, wie er verstauen konnte, seine Feldmütze und in den meisten Fällen einen Revolver. Der gemeine Soldat hatte Decke und Mantel zu einer Art Tornister zusammengewickelt, in dem sich ein Paar Stiefel befand, ein Paar Socken, ein Hemd sowie (auf besonderen Wunsch der Männer) die Feldmütze. Außerdem trug er seine Feldflasche und die gleiche Verpflegung wie die Offiziere, einen Teil der Feldküche und natürlich sein Gewehr mitsamt Bajonett, eine Patronentasche mit fünfzig Schuß Munition für Minié-Gewehre und sechzig Patronen für Gewehre mit glattem Lauf.

Kaum ein Teilnehmer der Expedition wird die Nacht des 14. September vergessen. Selten oder nie sahen sich 27000 Engländer in einer erbärmlicheren Lage. Zelte waren nicht an Land gebracht worden, weil keine Zeit gewesen war, sie von Bord zu schaffen, und weil nicht sicher war, daß wir im Falle eines Ortswechsels Fuhrwerke für ihren Transport finden würden. Gegen Abend hatte sich der Himmel verdüstert, ein Wind kam auf, und es regnete in Strömen. Gegen Mitternacht verstärkten sich die Schauer, und frühmorgens goß es dermaßen, daß die Decken und Mäntel der unbehausten und unbezelteten Soldaten vollständig durchnäßt waren. Der Leser stelle sich diese alten Generäle und jungen Lords und Gentlemen vor, die, Stunde um Stunde der gnadenlosen Macht des Unwetters ausgesetzt, ohne Bett waren, auf durchweichten Decken oder nutzlosen wasserdichten Umhängen in stinkenden Pfützen lagen, und die rund zwanzigtausend armen Teufel, die keinen Fußbreit trockenen Boden hatten und sich genötigt sahen, in Tümpeln oder Bächen zu schlafen oder es immerhin zu versuchen, ohne ein wärmendes Feuer, ohne heißen Grog und ohne Aussicht auf ein Frühstück – all das stelle sich der Leser vor und ferner, daß die feine »frische Wäsche« eine schauderhaft nasse Angelegenheit war, die schwer auf dem Marschgepäck der armen Kerle lastete, und er wird zugeben, daß diese »Akklimatisierung« durchaus barbarisch war – zumal nach den Annehmlichkeiten einer trockenen Schiffspassage. Sir George Brown (Chef der Leichten Infanteriedivision) schlief unter einem umgestürzten Karren. Der Herzog von Cambridge (1. Division), der sich einen wasserdichten Mantel übergeworfen hatte, verbrachte den größten Teil der Nacht damit, sich zu Pferde zwischen seinen Männern zu bewegen. Sir de Lacy Evans (2. Division) war der einzige General, dessen Stab daran gedacht hatte, ihn mit einem Zelt auszustatten.

Am 19. September brachen die Alliierten in südlicher Richtung auf. Schon bald kam es zu einem ersten Zusammenstoß mit den Russen.

Ich ritt mit Oberstleutnant Dickson zwischen der Kavallerie und den Plänklern, als die Russen, durch unseren Halt ermutigt, plötzlich auf der Hügelkuppe erschienen und in drei geschlossenen Blöcken langsam die Anhöhe herunterkamen, wobei der mittlere näher an uns herankam als die anderen. »Holla, da müssen wir uns auf etwas gefaßt machen!« rief Dickson. »Die Burschen haben Geschütze dabei, und sie wollen uns das Leben schwermachen.« In meiner Ahnungslosigkeit stellte ich mir vor, daß es interessant sein könnte, die Russen dabei zu beobachten. Wir hatten uns zum Gefecht gestellt, doch sie hatten ihre Chance nicht genutzt, denn nun wandte sich unsere Kavallerie um und ritt ruhig den Truppen entgegen. Unsere versprengten Schützen, die das Feuer der Kosaken geschickt, aber folgenlos erwidert hatten, zogen sich zu ihren Schwadronen zurück. Alle fünfzig Schritt hielt unsere Kavallerie an, um einen eventuellen Angriff der Kosaken abwehren zu können. Plötzlich öffnete sich einer der russischen Reiterblöcke, eine weiße Rauchfahne stieg aus der Lücke auf, und eine Kugel, die dicht vor meinem Pferd einschlug und mich mit Dreck bespritzte, flog über die Kavallerie hinter uns hinweg und verschwand in den Reihen der Grenadiere, die soeben ins Blickfeld der Kavallerie kamen. Im nächsten Moment warf eine zweite Kugel ein Pferd um und traf das Bein des Reiters oberhalb des Knöchels. Ein weiteres Geschoß und noch eines pfiff durch unsere Reihen.

Die ganze Zeit bot unsere Kavallerie ein gutes Ziel für den Feind, und wären die Männer aus Eisen gewesen, sie hätten kaum solider und unbeweglicher sein können. Die russischen Kanoniere leisteten hervorragende Arbeit, waren aber recht langsam, und ihre heranfliegenden Kugeln waren gut zu sehen. Nach etwa dreißig feindlichen Geschossen eröffnete unsere Artillerie das Feuer. Die erste Kanone war so gut gerichtet, daß die Granate, deutlich zu erkennen, genau über einem russischen Geschütz explodierte und es offenkundig zum Schweigen brachte. Unsere Kanonenkugeln pflügten durch die Reihen der Kavallerie, die sich rasch und behende in aufgelöster Ordnung verteilten, um den Sechs- und Neunpfündern zu entgehen. Keine unserer Kugeln war so erfolgreich wie die erste, doch eine, besser gezielt als die anderen, explodierte mitten in einer Kolonne leichter Infanterie, welche die Russen zur Unterstützung ihrer Kavallerie vorgeschickt hatten. Unser Feuer wurde nunmehr so wütend und die Geschütze wurden so eifrig bedient, daß der Feind ungefähr fünfzehn Minuten, nachdem wir das Feuer auf ihn eröffnet hatten, zurückwich.

Es ist unmöglich, sich ein genaues Bild von der Wirkung unseres Beschusses zu machen, aber er muß für die Russen verlustreicher gewesen sein als der ihre für uns. Wir büßten sechs Pferde ein, vier Mann wurden verwundet. Einer der Verwundeten, dessen Fuß nur mehr an einem Hautfetzen schlenkerte, ritt unbeeindruckt nach rückwärts und erklärte dem Arzt, daß er lediglich gekommen sei, sich den Fuß verbinden zu lassen. Ein anderer Verwundeter war nicht minder tapfer. Obschon sein Bein zersplittert war, lehnte er es ab, sich auf einer Trage nach rückwärts schaffen zu lassen. Dort, wo die toten Pferde lagen, ging dem Beobachter, nachdem sich das Grauen über den Anblick der armen Tiere gelegt hatte, die, wie von einem Chirurgenmesser aufgeschnitten, von Granaten der Länge nach zerfetzt worden waren, merkwürdigerweise als erstes durch den Kopf, daß Sir E. Landseer bei der Schaffung seines Gemäldes *Der Krieg* eine dieser Kreaturen gesehen haben muß. Der blitzende Augapfel, die geblähten Nüstern, das gebleckte Gebiß – alles naturgetreu dargestellt.

Nachdem die Russen sich hinter die Anhöhe zurückgezogen hatten, wurde Befehl erteilt, haltzumachen und die Nacht hier zu biwakieren, woraufhin die erschöpften Männer mit dem Sammeln von Holz begannen. So endete das Scharmützel von Bulganak. Sobald die Rationen Rum und Fleisch verteilt waren, wurden die Fässer zerhackt, deren Dauben, zusammen mit Unkraut und langen Gräsern, als Brennmaterial für die Kochstellen dienten. Nachts waren linkerhand und vor uns die Wachfeuer der Russen zu sehen.

Die Alma lag ein paar Meilen weiter südlich, auf den Höhen unmittelbar dahinter stand eine starke russische Streitmacht. Geplant war, daß die Franzosen am nächsten Tag den linken Flügel der Russen umgehen sollten, unmittelbar an der Küste entlang, während die Briten in gleicher Weise um den rechten Flügel vorrücken würden. Der Hauptangriff sollte dann gegen das Zentrum erfolgen. Da Lord Raglan die russische Position nicht hatte auskundschaften lassen, wußte er nicht, wie stark sie war. Er weihte seine Untergebenen kaum, wenn überhaupt, in seine Absichten ein, und so begann der britische Angriff erst Stunden, nachdem die Franzosen schon längst zur Attacke aufgebrochen waren.

Weshalb es bei der Ausführung unserer Angriffspläne zu dieser ungewöhnlichen Verzögerung kam, ist nach wie vor unklar. Nur sechs Meilen beträgt die Entfernung zwischen dem Bulganak und der Alma. Benötigten wir fünf Stunden für einen Marsch von sechs Meilen? Daß Lord Raglan tapfer war wie ein Held der Antike, daß er freundlich war gegen seine Freunde und seinen Stab, daß er unter feindlichem Feuer ungerührt blieb und der Gefahr für Leib und Leben nicht achtete, daß er nobel war in seiner Art, anständig in seinem Auftreten, würdevoll in seiner Haltung, räume ich gern ein, und daß er gegen enorme Schwierigkeiten zu kämpfen hatte, glaube ich wohl. Daß aber dieser tapfere und unerschrockene Edelmann die Fähigkeit, große militärische Operationen zu planen und auszuführen, verloren hatte, wenn er sie je besaß – ebenso die Gabe, große Truppenkörper zu führen –, davon bin ich fest überzeugt.

Gegen zehn Uhr rückten die Briten schließlich gegen die Alma vor.

Einige Zeit nach unserem Abmarsch bot uns eine sanfte Bodenerhebung die Möglichkeit, die russischen Positionen zu überblicken, aber die Entfernung war zu groß, als daß man Einzelheiten hätte erkennen können. Unsere Armee bewegte sich brigadeweise vor, auf der linken Seite gedeckt von Schützen, Kavallerie und berittener Artillerie. Der Vorteil dieser Formation bestand darin, daß unsere Truppen ein Karree um den Troß bilden konnten, falls es links oder von hinten zu einer kraftvollen Attacke von Kavallerie oder Infanterie kommen sollte.

Unsere Truppenkörper standen in Verbindung mit dem linken Flügel der Franzosen unter Prinz Napoleon, und Sir de Lacy Evans' Division, ganz rechts außen, hielt absprachegemäß Kontakt mit den Truppen des Prinzen, die am weitesten von der Küstenlinie entfernt waren. Nach zwei Meilen hielten wir kurz an, um den zurückgefallenen Abteilungen Gelegenheit zum Aufschließen zu geben, und avancierten sodann stetig und in machtvollen Reihen wie ein wogender Ozean. Das leuchtende Rot und die weiß hingepinselten Rockaufschläge und Kreuzbandeliere machten die Männer zwar enorm auffällig, verliehen ihnen aber gleichzeitig etwas Grandioses, das bei anderen Uniformen nicht entsteht. Verglichen mit unseren Bataillonen, muteten die dunklen französischen Kolonnen zu unserer Rechten ziemlich klein an, obschon wir wußten, daß sie genauso stark waren wie wir. Aber so beladen unsere Verbündeten auch waren, sie marschierten fabelhaft, in einem wahrhaft »mörderischen« Tempo. Auch unser Stab war erkennbar prächtiger gekleidet und größer als jener der Franzosen. Keine Kopfbedeckung fällt so sehr ins Auge wie ein spitzer Hut mit weißem Federbusch, weshalb mehrere unserer wackersten Offiziere sich klugerweise von letzterem Schmuckwerk trennten, da sie sich durch ihre vorgeschobene Position zu Pferde und durch die große Zahl der Stabsoffiziere in ihrer Umgebung schon hinreichend auffällig wähnten. Zu dieser Zeit ritt ich an der Spitze, und als die Regimenter haltmachten, begab ich mich zur Leichten Division, zu einem Teil der 2. Division, den Garden und Hochländern. Ich fand alle meine Bekannten, bis auf einen oder zwei, in gehobener Stimmung. Manch einer hatte Post von Frau und Kindern erhalten, weshalb er ernst dreinblickte und an den bevorstehenden Kampf dachte. Andere amüsierten sich und lachten und waren guter Dinge. So manches Lachen hörte ich von Lippen, die sich zwei Stunden später für immer schließen sollten. Die Offiziere und Mannschaften machten das Beste aus dieser Verzögerung und aßen, was sie mit sich führten. Allerdings gab es nur wenig Wasser, und das Pökelfleisch machte die Leute dermaßen durstig, daß sie beim anschließenden Übergang über die Alma, trotz schwersten Beschusses, innehielten und tranken und ihre Feldflaschen füllten.

Da ich im Quartier des Oberkommandos genächtigt hatte, gesellte ich mich für eine Weile zum Generalstab. Es gab wenig zu sehen, und Lord Raglan war von derart vielen Offizieren umringt, daß man kaum freie Sicht hatte. Sowie ich Sir de Lacy Evans etwa eine Viertelmeile entfernt auf einer Anhöhe erblickte, lenkte ich mein Pferd dorthin. Kurz darauf flog eine Rundkugel über die Köpfe der Stabsoffiziere hinweg gegen die Grenadiere, die sich vor ihnen befanden. Als ich bei Sir de Lacy angekommen war, fuhren die Kugeln durch die Kolonnen, und auf Lord Raglans Kommando warfen sich die Männer zu Boden. Sir de Lacy sagte: »Wenn Sie eine große Schlacht erleben wollen, dann sieht es ja wohl so aus, als würde Ihnen dieser Wunsch erfüllt.« In diesem Augenblick ging ein vor uns liegendes Dorf komplett in Flammen auf. Die Heuschober und Holzschuppen machten, daß sich das Feuer, angefacht von einem leichten Wind, der Rauch und Funken zu uns herübertrug, rasch ausbreitete. Sir de Lacy ritt nach links, um dieser Belästigung auszuweichen und um zu seinen Leuten zu kommen, und in diesem Moment prasselten Rundkugeln auf die Männer ein, die vor uns auf der Erde lagen. Nach dem Stöhnen und den gedämpften Rufen zu urteilen, hatten die Geschosse eine Spur der Todes gezogen.

Erbittert rangen die Grenadiere an der Spitze des linken Flügels mit dem Feind im Weinberg, und da ich unbedingt sehen wollte, was dort vor sich ging, ritt ich in diese Richtung und gelangte zum Stab der Leichten Division. Sir George

Brown erteilte einem seiner Adjutanten gerade einen Befehl hinsichtlich der »russischen Kavallerie linkerhand vor uns«. Ich schaute über den Fluß und sah in der Tat einige Reiter und Artillerie, die von der Anhöhe zum Ufer heruntersteigen. Doch im selben Moment gewahrte ich oberhalb der Hügelspitze, auf dem anderen Ufer der Alma, eine gewaltige Masse von messingschimmernden Pickelhauben. Durch das Glas war klar zu erkennen, daß es sich um russische Infanterie handelte, aber der wackere alte General hielt sie wohl für Kavallerie. Sir George, glattrasiert, stramm und schneidig, machte einen kämpferischen Eindruck. Freilich glaubte ich aus seiner Begrüßung einen spöttischen Unterton heraushören zu können. Im Vorbeireiten rief er, so übermütig, als begegneten wir uns in Hyde Park: »Wunderschöner Tag heute, Mr. Russell!« In diesem Moment wurde unser ganzer rechter Flügel von dunklen Rauchwolken aus dem brennenden Dorf zur Rechten verhüllt, und die Front der russischen Linie über uns verschwand in einem Vulkan von Flammen und weißem Rauch. Das Krachen der Artillerie war furchtbar – wir konnten das Donnern der Kanonenkugeln hören, die mit dumpfem Krach auf die Erde fielen, und das Splittern der Bäume, in die sie mit unwiderstehlicher Wucht fuhren. Mauersteine flogen in die Luft. In einer solchen Situation unbekümmert von einem wunderschönen Tag zu sprechen war nachgerade provokant. Doch in diesem Moment erhielten die Männer in unserer Nähe den Befehl, weiterzumarschieren. Rasch stießen sie in offener Linie gegen die ummauerten Weinberge vor. Da ich nicht den Wunsch hatte, meine alten Freunde von der Leichten Division ins Gefecht zu begleiten, ritt ich nach rechts, um, wenn irgend möglich, wieder zu Sir de Lacy Evans zu gelangen. Als ich die Straße erreichte, sah ich Lord Raglans Stab in Richtung Alma reiten, und die Kugeln kamen verflixt nahe. Eine, nachdem sie knapp am Kopf meines Pferdes vorbeigepfiffen war, erwischte tatsächlich einen der beiden Männer, die an meiner Seite mit einer Trage unterwegs waren. Die Kugel riß ihm das halbe Gesicht weg, und er fiel tot um – ein grauenhafter Anblick. Die

Batterien der 2. Division wurden abgeprotzt und nahmen die Russen hartnäckig unter Beschuß. Hin und wieder flog eine Granate mit feurigem Schweif und einer mächtigen weißen Rauchmähne unter schrillem Getöse gegen die massiven Batterien des Feindes. Vor mir war nichts als Rauch – unsere Männer lagen noch immer auf der Erde, aber die Grenadiere, angeführt von Major Norcott, der auf seinem Rappen eine auffällige Erscheinung abgab, trieben die feindlichen Scharfschützen mit bemerkenswerter Tapferkeit zurück und säuberten die Obstgärten und Weinberge mit gründlichem Feuer.

Meine Lage wurde immer mißlicher. Ganz hinten standen die Bagagewagen, aus deren Position man nichts sehen konnte, doch in meiner gegenwärtigen Lage war ich äußerst exponiert. Über meinem Kopf explodierte eine Granate, und mit wütenden Zischen flog ein Splitter an meinem Gesicht vorbei, meinem armen Pony direkt vor die Füße, daß die Erde aufspritzte. In der Nähe sah ich ein leidlich erhaltenes, eingeschossiges Steinhaus mit einem großen Hof, in dem mehrere Heuschober standen, die noch nicht Feuer gefangen hatten. Ich ritt dorthin, band mein Pony fest und betrat das Haus, das übersät war mit zertrümmerten Möbeln, zerrissenen Papieren, Büchern und Federn und Kissenfüllung, und setzte mich ans Fenster. Von dort aus konnte ich die russischen Geschütze sehen und die Bedienungsmannschaften, deren Gestalten sich deutlich vor dem Hügel abzeichneten und dann wieder in einem aufsteigenden Rauchwirbel verschwanden. Während ich noch dachte, welch furchtbarer Tag dies war, und eine vage Sehnsucht nach der Front niederrang, entlud sich genau über mir ein gewaltiger Donnerschlag, und im selben Moment ging ein Schauer aus zerbrochenen Dachziegeln, Mörtel und Steinen über mir nieder, und das Fenster, an dem ich saß, zersplitterte, Teile des Dachs fielen herunter, und das Zimmer füllte sich mit Rauch.

Das war eine unmißverständliche Aufforderung, das Weite zu suchen. Eine Granate war durch die Decke eingeschlagen. Ich lief hinaus in den Hof und stellte fest, daß sich mein Pony losgerissen hatte, konnte es aber mühelos wieder einfangen, und kaum war ich aufgesessen, hörte ich von links schon das laute Krachen von Gewehren. Ich blickte in die Richtung und sah unsere Rotröcke durch den Fluß waten und über die hölzerne Brücke schwärmen. Auf der Anhöhe oberhalb des anderen Flußufers stand eine Masse von Russen, die sie von dort aus unter Beschuß nahmen, aber der Vormarsch unserer Männer auf der Brücke zwang diese Bataillone zum Rückzug. Und mit einem unbeschreiblichen Gefühl sah ich die Leichte Division einem Blutschwall gleich die Anhöhe hinaufjagen und in einem Gewitter aus Feuer, funkelndem Stahl und aufwirbelndem Rauch gegen die tödliche Schanze vorgehen, aus der unablässig Donner und Blitz kam. Deutlich zu erkennen über den Köpfen der Männer waren Sir George Brown und die berittenen Offiziere, und ich sah auch, verstreut vor der heranwogenden Masse, die dunklen Uniformen der Grenadiere. Die Wucht der Kanonenkugeln war erschreckend, und ich entsinne mich, daß ich mich besonders über die Vögel ärgerte, die aufgeregt im Pulverdampf umherflatterten, da ich sie zunächst für Granatsplitter hielt. Schon kamen mir die ersten Verwundeten entgegen. Gestützt auf seine Muskete, humpelte ein Mann vorbei, dessen Fuß lose im Gelenk schlenkerte. »Besten Dank, Sir«, sagte er, als ich ihm von dem letzten Rest Brandy, der mir geblieben war, einen Schluck reichte. »Gelobt sei Gott, ich habe ein paar Russen erledigt, bevor sie mich dann zum Krüppel geschossen haben.« Er hinkte weiter nach hinten. Bald darauf näherten sich zwei Offiziere – einer auf den anderen gestützt, beide schwer verwundet. Sie begaben sich nach dem Ort, den ich gerade verlassen hatte, und nachdem ich ihnen versichert hatte, daß ich Hilfe bringen würde, ritt ich los und kehrte mit dem Arzt der Kavalleriedivision zurück, der ihre Wunden versorgte.

Währenddessen nahm der Schlachtenlärm zu. Ich ritt nach meinem alten Ort. Dabei mußte ich vorsichtig sein, denn aus allen Richtungen kamen mir Verwundete entgegen. Einer wurde vor meinen Augen von einer Kanonenkugel zerrissen. Viele Männer duckten sich im Schutz einer Mauer, die allerdings unter gnadenlosem feindlichen Feuer lag. Just in diesem Augenblick sah ich die Gardisten in eindrucksvoller und stattlicher Formation die Anhöhe hinaufsteigen, während durch die Zwischenräume und an den Seiten die aufgelösten Massen der Leichten Division strömten, die neu zu formieren ihre Offiziere eifrig bemüht waren. Die Hochländer hinter ihnen konnte ich nicht sehen; doch nie werde ich die Wucht, das machtvolle Gewitter der Salven vergessen, die von Gardisten und Hochländern gegen die russischen Bataillone geschleudert wurden, die ihrerseits vergeblich versuchten, ihre Batterien zu verteidigen und den Ansturm der heranwogenden Sieger aufzuhalten. Auf einmal flogen keine Kanonenkugeln mehr durch die Luft, dann war ein lautes Krachen von Gewehren und schweres Artilleriefeuer zu hören, das eine ganze Weile anhielt. Dann schlugen ein, zwei, drei Rikoschettkugeln vor der Front ein und flogen weiter nach rückwärts. Wie ich mich umdrehte, um zu sehen, welches Unheil diese Geschosse anrichteten, bemerkte ich ein britisches Regiment eilends gegen die Alma vorstoßen und ritt sogleich hinzu. »Herr Oberst«, rief ich, »die Geschosse kommen genau in diese Richtung. Sie werden furchtbare Verluste erleiden, wenn Sie weiter vorstoßen.« In diesem Moment schlug, etwa zwanzig Schritt rechts von uns, eine Granate ein, daß die Erde aufspritzte, doch der Oberst, der darauf brannte, an diesem Ehrentag teilzunehmen, drängte weiter nach links und führte seine Männer über den Fluß.

Die Leichte Division – weshalb sollte ich nicht mit Freude der Aktionen jener tapferen Truppe gedenken, die im Verlauf dieses Feldzugs stets als erste ins Gefecht geworfen wurde? – stieß in zwei Brigaden vor. Tote und Verwundete markierten ihren Weg, denn die Russen ließen ein schweres Feuer auf unsere versprengten Linien niederregnen. Sie waren verstreut, aber nicht schwach. Auf ein Wort ihrer Offiziere stürmte die ganze Brigade gleichzeitig gegen das Ufer vor, und auf dem Kamm der Anhöhe traten sie ihren Feinden mit wildem Feuer aus ihren tödlichen Gewehren entgegen. Die geschlossenen Bataillone waren mächtig getroffen und fielen, während die Leichte Division avancierte, immer weiter nach links zurück und ließen dabei viele Tote und Verwundete am Flußufer zurück. Nach kurzer Pause stiegen unsere tapferen Regimenter, angeführt von Brigadier Codrington und Sir George Brown, den Hang hinauf, der von den Geschützen der verschanzten Batterien bestrichen wurde.

Kartätschen, Rundkugeln und Granaten fuhren durch die Reihen der Männer, und die Infanterie, die in schrägem Winkel gegen die Batterie vorrückte, antwortete mit einem unablässigen Feuer aus allernächster Nähe. Keine Frage, dieser Vormarsch war sehr ungeordnet – die Unordnung rührte daher, daß die Männer nicht nur am Fluß angehalten hatten, um zu trinken, sondern außerdem noch in den Weinbergen über die Rebstöcke hergefallen waren. Jeder Fußbreit Boden, den sie vorankamen, war von Gefallenen oder Verwundeten gezeichnet. Das 7. Füsilierregiment, das in einen Kartätschenhagel geraten war, schwankte wie ein Schiff, das gegen den Sturm ankämpft, aber verzweifelt Kurs hält, und verlor innerhalb weniger Sekunden ein Drittel seiner Männer. Dennoch marschierten sie weiter – eine Fahne verloren, die Offiziere erschöpft, die Männer reihenweise getroffen –, aber sie schlossen auf und drängten energisch vorwärts, in dem festen Willen, den Feind zu schlagen. Das 23. Regiment jedoch sah sich diesem mörderischen Hagel in noch viel stärkerem Maße ausgesetzt, sofern diese Steigerung überhaupt möglich war. Kaum zwei Minuten nach Erreichen der Uferhöhe hatte der Sturm zwölf Offiziere niedergestreckt, von denen acht sich nicht wieder erhoben. Das 19. Regiment marschierte direkt bis vor die Mündungen der dröhnenden Geschütze, während das 33., das mit größter Bravour über unebenes Terrain gegen die Flanke der Schanze vorgestoßen war, zeitweilig durch den gnadenlos niederprasselnden eisernen Regen aufgehalten wurde. General Sir George Brown schien nur einen einzigen Gedanken zu haben – die Männer genau auf die Batterie zu führen, mitten hinein in den feuerspeienden Schlund. Allen voranstürmend, die Männer anfeuernd, wurde ihm das Pferd weggeschossen, und er selbst fiel in einer Staubwolke zur Erde. Bald hatte er sich wieder hochgerappelt und rief: »Alles in Ordnung, Männer. Verlaßt euch darauf, diesen Tag werde ich nie vergessen!« Ein Grenadier half ihm wieder in den Sattel, salutierte trotz des mörderischen Beschusses mit größter Kaltblütigkeit und fragte: »Haben Ihre Steigbügel die richtige Länge, Sir?«

Das Gefecht dauerte bis in den Nachmittag hinein, als die Russen schließlich ihre Artillerie zurückzogen.

Der Feind hatte seine Position aber noch nicht aufgegeben. Hinter der Anhöhe erschien eine unerhört große, aus mehreren Bataillonen bestehende Abteilung Infanterie, die sich unmittelbar auf die zahlenmäßig dreimal schwächeren Gardetruppen zubewegte. Diese traten in tadelloser Formation zum Kampf an. Einige Geschosse trafen die rückwärtigen Reihen der russischen Kolonnen, die augenblicklich begannen, sich hinten aufzulösen und einen Moment zu zögern. Aber noch immer rückten sie langsam vor, und die vorderste Linie begann nun, zu feuern statt nachzuladen, wie es ihre Offiziere augenscheinlich beabsichtigten. Die Entfernung zwischen den beiden Kontrahenten verringerte sich zusehends, und auf einmal überschüttete die ganze Brigade die gedrängten Massen mit einem so verheerenden Feuer, daß die vordersten Reihen im Nu ausgelöscht waren und gleichsam eine Bodenwelle aus Toten und Verwundeten auf der Erde lag. Nach einem ersten vergeblichen Versuch, Panik und Chaos abzuschütteln, welche dieser Todesregen ausgelöst hatte, wurde russischerseits das Feuer für eine kurze Weile noch einmal sehr schwach aufgenommen, und während unsere Männer schon mit aufgepflanztem Bajonett avancierten, wandte sich der Feind um, ohne auf unsere Erwiderung zu warten, und zog sich über den Hügelkamm zurück, um sich dem Hauptkörper der russischen Armee anzuschließen, die schleunigst den Rückzug antrat. Unsere Kavallerie ritt auf die Anhöhe, um sich des Feindes anzunehmen. Es wurden sogar einige Gefangene gemacht, die aber nach entsprechendem Befehl wieder freigelassen wurden. Lord Raglan wollte seine Kavallerie erklärtermaßen schonen und offenbar vermeiden, am Schluß eines solchen Tages in ernsthafte Schwierigkeiten mit dem Feind zu geraten. Es ging auf fünf Uhr zu. Die Schlacht an der Alma war gewonnen. Die Männer auf dem Schlachtfeld hielten inne und stimmten Hochrufe an, als der Oberkommandierende, der Herzog von Cambridge, Sir de Lacy Evans und andere beliebte Generäle die Front abritten, und als Lord Raglan vor den Garden stand, brach die gesamte Armee in einen gewaltigen Jubel aus, der die Herzen höher schlagen ließ und all jenen, die ihn vernommen haben, unvergeßlich bleiben wird.

Für die russischen Gefallenen wurden Gemeinschaftsgruben ausgehoben. Unsere Bestattungstrupps beerdigten 1200 Mann. Die gefallenen britischen Soldaten wurden in gleicher Weise begraben. Ihre Musketen und die brauchbaren Teile ihrer Ausrüstung wurden eingesammelt. Es stimmte traurig, zu sehen, wie die Toten von überall herangeschafft wurden, wie die Leute ausschwärmten und die Decken anhoben, die über die Verwundeten gebreitet worden, um zu prüfen, ob die Männer noch lebten oder schon Futter für die Würmer waren, und immer wieder einen Toten in die tiefen Löcher warfen, die mit gierig aufgerissenem Mund am Hang lagen, oder aber die armen Geschöpfe bedeckten, denen eine weitere Nacht unbeschreiblicher Qualen bevorstand. Der Durst der Verwundeten schien unerträglich, und unsere Männer, Ehre diesen noblen Burschen, gingen herum, um das Leid dieser elenden Kreaturen ein wenig zu lindern, soweit das überhaupt möglich war.

Unzählige Musketen, Mäntel, Bärenfellmützen, Tschakos, russische Helme und Feldmützen, Tornister, Kreuzbandeliere und Schulterriemen, Bajonette, Patronentaschen, Kartuschen und Säbel bedeckten die Erde, und wohin man auch trat oder sah - überall Kanonenkugeln, blutbeschmierte und mit Haaren beklebte Granatsplitter, Kartätschkugeln, Minié-Kugeln. Unsere Männer zerbrachen sämtliche Musketen und Flinten des Feindes, die auf der Erde lagen. Da viele Gewehre geladen waren, gingen sie durch die heftigen Erschüterungen los, und kreuz und quer pfiffen die Kugeln durch die Luft, so daß der pausenlose Gewehrlärm inzwischen schon fast vierzig Stunden währte. Die Männer leerten auch die Musketen, die während des Gefechts nicht losgegangen waren, und weit und breit wurden Gewehre abgefeuert. Die russische Muskete war prächtig anzuschauen, dürfte aber eine nicht sonderlich gute Waffe sein. Der polierte Lauf, der länger ist als bei unseren Waffen, war aus Eisen und, wie die französischen Modelle, mit Messingbeschlägen am Kolben befestigt. Das Schloß war allerdings ganz gut. Der schmale Kolben entsprach dem alten orientalischen Modell, und das Holz – weiß gemasert und fast wie Bergahorn – splitterte leicht. Nach der Form des Kolbenendes zu urteilen, muß der »Rückschlag« der Muskete ziemlich stark sein. Die Bajonette waren weich und biegsam. Gute Offizierssäbel wurden gefunden und auch andere brauchbare Waffen, sehr scharf und schwer, die vermutlich Trommlern oder Militärmusikern gehörten. Kein Banner, kein Adler, keine Standarte, keine einzige Fahne wurde vom Feind mitgeführt oder auf dem Feld gefunden, während unsere Regimenter selbstverständlich ihre Fahnen dabeihatten, die dem Feind besonders gut als Ziel dienten. Aus diesem Grund fanden auch so viele Fähnriche, Leutnants und Sergeanten den Tod.

Die traurige Pflicht, die Toten zu bestatten, war am 22. getan. Die Verwundeten wurden eingesammelt und auf Arabas* und Tragen nach den Schiffen transportiert, und die Ärzte widmeten sich Tag und Nacht mit barmherziger Grausamkeit ihrer Aufgabe, Leben zu retten.

Die herbeigeschafften verwundeten Russen bedeckten eine Fläche von etwa einem halben Hektar. Unsere Männer wurden auf schaukelnden Arabas oder harten Tragen nach der drei Meilen entfernten Küste geschafft, wohingegen die Franzosen über gut ausgestattete, von Maultieren gezogene, gedeckte Sanitätsfuhrwerke für jeweils zehn bis zwölf Mann verfügten, so daß ihre Verwundeten es bequemer hatten als

---

* Ochsenkarren. (A. d. Ü.)

unsere armen Kerle. Neben den Verwundeten wurde auch die Kranken an Bord der Schiffe gebracht, ferner die verwundeten russischen Offiziere sowie alle hochrangigen Gefangenen. Wir hatten neben den Verwundeten 1000 Kranke an Bord. Die Zahl von 1400 französischen Gefallenen und Verwundeten schloß auch diejenigen ein, die während der Überfahrt von Warna und beim Marsch nach der Alma an Cholera gestorben waren.

In der Nacht starben viele Männer an Cholera. Das Stöhnen der Sterbenden raubte mir den Schlaf, und als ich am Morgen aufstand, fand ich einen toten Russen vor dem Zelt, in dem ich hatte ruhen dürfen. Er hatte noch nicht dagelegen, als wir schlafen gegangen waren, so daß der arme Kerl, der wahrscheinlich seit Beginn der Schlacht ohne Nahrung durch die Landschaft geirrt war, zu unseren Lagerfeuern gekrochen und dort verschieden war. Unweit des Zeltes lagen mehrere Männer, die auf ähnliche Weise gestorben waren.

Am späten Abend des 22. erging Befehl an die Divisionen, sich nach Tagesanbruch abmarschbereit zu halten, und am 23. verließen wir in aller Frühe die blutgetränkten Höhen der Alma – dieser Name wird in der Geschichte unvergessen bleiben.

Wäre der Angriff auf Sebastopol sofort erfolgt, da die dortigen Verteidigungsanlagen alles andere als vollständig und die Russen demoralisiert waren, hätte man die Festung vermutlich erobert. So hatte Raglan es sich zumindest vorgestellt, doch der französische Kommandant, Saint-Arnaud, war dagegen, so daß die Alliierten um die Stadt herum nach Süden marschierten.

Das erste Haus, zu dem wir [in der Nähe der Katscha] gelangten, gehörte einem Arzt. Rücksichtslos hatten die Kosaken es verwüstet. Die mit Klematis, Rosen und Geißblatt überladene Veranda war voll von zertrümmerten Klavierschemeln, Arbeitstischen und Sesseln. Sämtliche Fensterscheiben waren eingeschlagen. Alles zeugte von der überstürzten Flucht der Bewohner. Zwei, drei Sättel lagen im Gras vor der Tür, daneben ein Sonnenschirm, ein Tatarensattel und eine mächtige Reitgerte. Die Weinfässer waren aufgebrochen, der Inhalt verschüttet, Getreide aus der Kornkammer auf der Erde verstreut, Porzellan und edle Gläser in Scherben auf der Küchenterrasse – und inmitten all der Verwüstung und Trostlosigkeit saß eine Katze schmeichelnd vor der Türschwelle und blinzelte die Ankömmlinge durch die Strahlen der Sonne an.

Niemand vermag zu beschreiben, wie es im Innern aussah. Zertrümmerte Spiegel auf dem Fußboden, die Plumeaus zerfetzt, die Federn knöcheltief auf dem Boden verstreut, Stühle, Sofas, Fauteuils, Bettgestelle, Bücherschränke, Bilderrahmen, religiöse Darstellungen, Näharbeiten, Kommoden, Schuhe, Stiefel, Bücher, Flaschen, Arzneitiegel – in jedem Zimmer Berge von zerschlagenen oder zerfetzten Gegenständen. Selbst auf Wände und Türen hatte jemand mit dem Säbel eingehackt. Aufgeschlagen auf einem zerbrochenen Tisch lag das Rechnungsbuch des Arztes. Er war just in dem Moment gestört worden, als er den Preis einer Arznei für einen Nachbarn notierte. Der Eintrag war unvollständig. Neben dem Rechnungsbuch lag eine französische Ausgabe der Briefe von Madame de Sévigné sowie ein russisches Apothekerhandbuch. Ein Fläschchen Blausäure stand so einladend neben einer Schachtel Süßigkeiten, daß ich wußte, daß der erstbeste hungrige Grenadier, der gern Mandeln aß, ihr nicht würde widerstehen können. Also schüttete ich den Inhalt aus, um die potentielle Katastrophe zu verhindern. Unsere Männer und die Pferde taten sich bald an Weintrauben respektive Hafer gütlich. Schließlich ritten wir weiter bis nach Eskel und quartierten uns in einem Haus ein, das einem hohen russischen Offizier gehört hatte – jedenfalls deuteten viele Spuren auf einen solchen Besitzer hin.

Am Tag unseres Abmarsches von der Katscha wurde ich von einem Fieber befallen, ich stürzte von meinem Pony in den Fluß, während es dort gerade trank, und wurde von einem der Stabsärzte auf einen schaukelnden Karren gelegt, der außerdem einen Teil des Trosses der Leichten Division transportierte. Als mein Gefährt an einem wunderschönen kleinen Château vorbeikam, das einem russischen General gehören soll, sah ich einen Strom von Soldaten, die, beladen mit den unwahrscheinlichsten und zugleich prachtvollsten Beutegegenständen, die ein Mann von Geschmack und Wohlstand einem Feind überlassen konnte, aus dem Gebäude kamen. Andere waren dabei, im Innern des Hauses alles kurz und klein zu schlagen, die Fenster zu zertrümmern, Spiegel, Bilder und Möbelstücke aus den offenen Fenstern zu werfen. Schockiert erkundigte ich mich nach dem Grund für dieses mutwillige Zerstörungswerk und erfuhr von einem Offizier, der sich in meiner Nähe aufhielt, daß die Soldaten sich anständig verhalten, dann aber gesehen hätten, wie ein hoher englischer Stabsoffizier eine Bronzestatuette aus dem Haus geholt habe und mit seiner Beute davongeritten sei, woraufhin der Ruf erscholl: »Jetzt sind wir dran, nehmen wir uns ein Beispiel an unserem Offizier!« Ich konnte nicht umhin, mir vorzustellen, was aus diesem Offizier wohl geworden wäre, wenn er unter unserem großen Herzog gedient hätte.

Wir marschierten ohne Unterbrechung weiter, allerdings auf verschiedenen Routen, allen voran die Artillerie, deren Weg so schmal war, daß neben den Geschützen jeweils nur ein Mann Platz hatte. Der Troß des Herzogs von Cambridge befand sich für eine Viertelstunde sogar in Schußweite der Stadt Sebastopol. Als Lord Raglan, immer an der Spitze seines Stabes reitend, aus einem Waldstück ins Freie kam, erblickte er in unmittelbarer Nähe eine russische Infanterieabteilung, die, wie sich herausstellte, zur Troßbegleitung eines größeren russischen Detachements gehörte, das von Sebastopol nach Baktschisarai unterwegs war. Die Entfernung betrug nicht mehr als ein paar hundert Schritt. Lord Raglan machte einfach kehrt und galoppierte in scharfem Tempo nach hinten zur 1. Artilleriedivision und rief die Kavallerie sofort nach vorn – die Kanonen wurden abgeprotzt und die zurückweichenden Russen beschossen, das 2. Schützenbataillon warf ihnen eine Salve hinterher, und die Kavallerie unternahm eine Attacke. Schließlich gaben die Russen nach einigen Schüssen auf und ergriffen eilends die Flucht, unter Zurücklassung einer Unmenge von Bagage jeglicher Art, die auf zwei Meilen am Straßenrand herumlag.

Dies war echte, legitime Kriegsbeute, und die Männer durften haltmachen und sich nach Lust und Laune bedienen. Sie brachen sämtliche Fuhrwerke auf und schleuderten den Inhalt auf die Straße, aber alles geschah überaus korrekt, und die Offiziere sorgten dafür, daß kein Streit aufkam und jeder Mann nicht mehr als seinen Anteil nahm. Massen von Kleidungsstücken wurden gefunden, Stiefel, Hemden, Röcke, wertvoller Schmuck und sogar Juwelen, aber auch ein Militärtresor mit Geld (angeblich sollen dreitausend Pfund Sterling darin gewesen sein). In einem der Wagen wurde ein gutgelaunter russischer Artillerieoffizier entdeckt, der reichlich Gebrauch von der Flasche gemacht hatte. Große Mengen von Champagner wurden gefunden und ausgeschenkt, um die Männer in ihrem kalten Zeltlager in dieser Nacht bei Stimmung zu halten. Eine große Anzahl von hübschen Husarenjacken aus feinem hellblauem Stoff, reich mit Silber bestickt und ungetragen, wurde ebenfalls erbeutet und von den Soldaten für einen Betrag zwischen zwanzig und dreißig Schilling pro Stück verkauft. Schöne dicke pelzgefütterte Wintermäntel fanden sich massenhaft an. Der Feind wurde auf der Straße nach Baktschisarai noch zwei, drei Meilen weit verfolgt, aber seine Flucht war so überstürzt, daß unsere Kavallerie ihn nicht einholte.

Diese Beute versetzte die Soldaten in Hochstimmung, so daß sie den ganzen Tag in allerbester Laune marschierten, Sebastopol rechts liegen lassend, bis sie kurz vor Sonnenuntergang nach dem kleinen Weiler Traktir an der Tschernaja gelangten und dort das Nachtlager aufschlugen. Da der Troß einige Meilen vom Hauptteil der Armee entfernt war, nahm Lord Raglan mit einer armseligen kleinen Hütte vorlieb, während die Offiziere seines Stabes vor dem Häuschen auf der Erde nächtigten. Der Feind unternahm nicht den geringsten Versuch, uns auf diesem bemerkenswerten Marsch entgegenzutreten, obschon die kleinste Aktivität seitens der Russen uns jederzeit hätte stören können. Wir marschierten durch Wälder, auf miserablen und oft abschüssigen Wegen, und ein paar gefällte Bäume hätten genügt, die Armee stundenlang aufzuhalten. Am nächsten Morgen setzten wir in aller Frühe unseren Marsch fort, überquerten die Tschernaja und stießen über die Ebene gegen Balaklawa vor.

Es war die größte Überraschung meines Lebens, als ich am Morgen des 26. September, einem Dienstag, auf einer der zahllosen Anhöhen, die es in diesem Teil der Krim gibt, haltmachte und hinunterblickte. Zu meinen Füßen sah ich einen kleinen Teich, dicht gesäumt von hoch ansteigenden Felsen, auf dem Wasser sechs, sieben englische Schiffe, deren Chance, dort wieder herauszukommen, mir einigermaßen hoffnungslos erschien. Die Bucht, etwa eine halbe Meile lang und zwischen 250 und 120 Schritt breit, gleicht einem Bergsee. So steil ragen die Felsen auf, daß die Ausdehnung des Hafens nicht zu überschauen ist und er viel kleiner wirkt, als er tatsächlich ist. Die Zufahrt vom offenen Meer her ist so schmal und von Felsen überhangen, daß man den Hafen kaum sieht. Südöstlich dieses armseligen Fleckens, der dort, eingeklemmt zwischen Felsen und Küste, ums Dasein kämpft, befinden sich, etwa 200 Fuß über dem Meeresspiegel, die weit verstreuten Ruinen eines Genueser Forts. Es muß früher einmal eine große, bedeutende Anlage gewesen sein, und seine Außenmauern, Bastionen, Türme und Wälle, obschon zerstört und verfallen, zeugen noch immer vom Unternehmungsgeist und Wagemut jener unerschrockenen Seefahrer, die vor so langer Zeit in diese antiken Schlupfwinkel vordrangen.

In den ersten drei Wochen unseres Feldzugs auf der Krim verloren wir ebenso viele Männer durch Cholera wie in der Schlacht an der Alma. Balaklawa war ein schmutzstarrendes, ekelhaftes Nest. Lord Raglan ordnete eine Putzaktion an, doch es war niemand da, die Anweisung auszuführen, und folglich geschah nichts.

Lord Raglan und sein Stab errichteten am 5. Oktober etwa viereinhalb Meilen außerhalb von Balaklawa ihr Hauptquartier in einem schmucken Landhaus, das von Weinbergen und ausgedehnten Wirtschaftsgebäuden umgeben war. In etwa anderthalb Meilen Entfernung lag, vom erhöhten Gelände aus deutlich zu sehen, die Stadt Sebastopol. Die Russen waren eifrig dabei, Verschanzungen anzulegen und die exponierten Teile der Stadt zu befestigen. Der südliche Belagerungsabschnitt war, so weit irgend möglich, in der Nacht des 7. Oktober fertig. Unsere Linien sollten nun rechts an Sebastopol nach Norden vorstoßen, um zu verhindern, daß weiterer Nachschub oder Verstärkungen diesseits der Tschernaja in die Stadt gelangten oder herauskamen.

Verglichen mit dem Trubel und dem geschäftigen Hin und her im französischen Lager, ging es bei uns auffällig still und langweilig zu. Keine Trommel, kein Hornsignal, keinerlei Musik war bei uns zu hören, während von unseren Nachbarn unablässig Trommelwirbel und Fanfarenklänge herüberschollen, zu denen allabendlich die feinen Darbietungen ihrer Militärkapellen kamen. Tatsächlich lagerten viele unserer Instrumente im Magazin, die Regimentskapellen waren aufgelöst und desorganisiert, da die Männer sich den Aufgaben widmeten, die wahrzunehmen das Sanitätskorps gegründet worden war.

In der Nacht des 10. Oktober, bald nach Einbruch der Dunkelheit, marschierten 800 Mann in aller Stille los und begannen, auf unserem linken Flügel die ersten britischen Schützengräben vor Sebastopol auszuheben. Ein Trupp von 2000 Türken war gleichfalls dabei, Schanzwerke für Redouten anzulegen. Diese armen Burschen arbeiteten unermüdlich und mit großem Eifer, obschon sie die allergrößten Entbehrungen erlitten hatten. Rätselhafterweise hatte die türkische Regierung Soldaten entsandt, die erst zwei Jahre im Heer waren, das allerjüngste Aufgebot der Pforte, Männer, die vielfach dem unmilitärischen Stand der Barbiere, Schneider und kleinen Kaufleute angehörten. Gleichwohl waren sie geduldig, robust und kräftig – zu sagen wie geduldig, beschämt mich. Aus zuverlässiger Quelle wurde mir berichtet, daß diese Männer mit nichts als ein paar Kisten Zwieback an

Land gebracht wurden. Dieser Vorrat war bald erschöpft – und die Männer hatten sonst nichts. Von der Alma bis zum 10. Oktober gab es nur zwei Stück Marseiller Zwieback pro Mann! Den Rest mußten sich die Leute unterwegs selbst beschaffen, und in diesem unwirtlichen und öden Land bekamen sie nicht einmal ihren einzigen Trost – Tabak. Dennoch marschierten und arbeiteten sie Tag um Tag, versorgten sich mit Eßbarem, wo immer sich am Wegesrand eine Möglichkeit bot, und tatsächlich konnte man sehen, wie diese stolzen Osmanen auf der Suche nach Brotkrumen durch unser Lager streiften. Doch ihre Bekümmernis verwandelte sich in Freude, denn die Briten gaben ihnen zu essen, und zwar solche Dinge, die es seit den Tagen, als Mahomet erstmals eine Armee der Gläubigen aufstellte, nicht mehr gegeben hat. Sie taten sich an Kaffee, Zucker, Reis und Keksen gütlich, wenngleich viele der wahren Gläubigen beim Anblick unseres Pökelfleischs, das sie für gleichsam verkleidetes Schweinefleisch hielten, außerordentlich verunsichert waren und sonderbare Prüfungen anstellten, ehe es osmanischem Fleisch und Blut einverleibt wurde.

Es begann die Bombardierung von Sebastopol.

Am 19. frühmorgens setzten beide Seiten den üblichen Beschuß fort. Die Russen, die nachts ihre Batterien instandgesetzt hatten, befanden sich in einer ähnlichen Lage wie wir, und ohne Hilfe, jedenfalls ohne den Beistand, den wir französischerseits durchaus erwarten durften, konnten wir im Verlauf des Tages gerade unsere Stellung halten. Im vorderen Abschnitt kam es zu einigen lebhaften Aktionen von Plänklern und Scharfschützen. Unsere Grenadiere störten die russische Artillerie und hinderten die Tirailleure daran, in der Nähe unserer Batterien aufzutauchen. Einmal kamen sich russische Infanterie und unsere Männer in einem vor der Stadt gelegenen Steinbruch ziemlich nahe. Die Unsrigen hatte ihre Munition restlos verschossen, doch als sie der Russen ansichtig wurden, griffen sie zu den herumliegenden

Steinblöcken und bombardierten den Feind mit wütenden Salven. Die Russen, sei es, daß sie leere Patronentaschen hatten, sei es, daß sie vor lauter Überraschung das Laden vergaßen, bedienten sich der nämlichen Geschosse. Es folgte ein kurzer Kampf, der zu unseren Gunsten ausging, woraufhin die Russen, von unseren Männern energisch beworfen, solange das möglich war, sich am Ende zurückzogen. Von der Kaltblütigkeit eines jungen Artillerieoffiziers mit Namen Maxwell, der sich an einer so exponierten Straße, daß sie »Tal des Todes« genannt wurde, mit Munition durch ungeheures Feuer zu den Batterien durchschlug, wurde allenthalben mit Hochachtung geredet. Voller Anerkennung sprachen die Blauröcke vom Hauptmann Peel, der den Männern ein leuchtendes Vorbild war, wenn sein Mut auch an Tollkühnheit grenzte. Als der Union Jack, der bei der Matrosenbatterie wehte, weggeschossen wurde, packte Maxwell die zersplitterte Stange, sprang auf die Verschanzung und schwenkte inmitten eines Kugelhagels, den er gottlob unverletzt überstand, unentwegt das Flaggentuch.

Als der Feind gegen ein Uhr seine Granaten direkt gegen die französischen Linien schleuderte und ihre neue Verschanzung auf voller Breite bestrich, ließ das Feuer französischerseits merklich nach. Stunde um Stunde war nur der unablässige Kanonendonner zu hören, und alles wurde vom Rauch verdeckt. Da es angebracht war, die im Hafen liegenden Schiffe zu versenken und die Docks zu zerstören, wurden unsere Raketen ins Spiel gebracht, und obschon von durchaus eigenwilliger Flugweise, richteten sie einige Zerstörung an, freilich nicht in dem erhofften Maß. Wo sie auch niedergingen, konnte man, sobald sich der Rauch lichtete, auf den Straßen die fliehenden Leute sehen. Um drei Uhr nachmittags stand die Stadt in Flammen. Doch nachdem der Qualm unsere Hoffnungen eine Weile genährt hatte, ließen die Flammen allmählich nach und verlöschten überhaupt. Vom Runden Turm [Malakoff] nahmen drei Geschütze und vom Redan vielleicht vier oder fünf unsere Batterien unter Beschuß.

Die Krankheiten dauerten an, und die tägliche Verringerung unserer Truppenstärke bot hinreichend Anlaß zu ernster Besorgnis. Von insgesamt 35 600 Mann waren in dieser Zeit nicht mehr als 16 500 verwendungsfähig. Binnen zwei Wochen wurden über 700 Mann als Invaliden nach Balaklawa geschickt. Tagtäglich verließen uns etwa vierzig, fünfzig Mann. Es war ein unablässiger Strom, der durch die Rückkehrer nicht wettgemacht wurde. Selbst die zwanzig oder dreißig Verwundeten pro Tag stellten, multipliziert mit der Zahl der Tage seit unserer Landung, in der Summe ein ernstes Problem dar. Wir waren unzureichend ausgestattet mit Reserveprotzwagen und Rädern, Munition und Futter. Während unser Belagerungswerk ermattete und die Stunde des Angriffs in immer weitere Ferne rückte, konzentrierte sich der Feind auf unsere Flanke und schickte sich an, in einer großen Operation die Belagerung abzuschütteln.

Am Morgen des 25. Oktober war es schließlich soweit.
Die Russen griffen zunächst einige türkische Redouten an.
Das war der Beginn der Schlacht von Balaklawa.

In den Redouten unterhalb der Zuaven waren die türkischen Kanoniere zu sehen, allesamt in großer Aufregung, während die Granaten über ihnen krepierten. Als ich eintraf, hatten die Russen gerade die Redoute Nr. 1 eingenommen, die entfernteste und höchstgelegene, und jagten die Türken über das Terrain zwischen Redoute Nr. 1 und Nr. 2.

In diesem Moment formierte sich die Kavallerie unter Lord Lucan in blitzenden Massen – die Leichte Brigade unter Lord Cardigan voraus, die Schwere Brigade unter Brigadegeneral Scarlett als Reserve. Sie bezogen genau vor ihrem Lager Aufstellung, waren vor den Blicken des Feindes aber durch eine leichte Bodenwelle verborgen. Rechts von ihnen, ein gutes Stück rückwärts, vor der Straße nach Balaklawa, stand das 93. Hochländerregiment. Auf den Höhen über und hinter ihnen konnte man durch das Glas die angetretenen Matrosen sehen, und die Kanoniere waren in den

Verschanzungen einsatzbereit, in denen die schweren Schiffsgeschütze plaziert waren. Die 93er hatten ursprünglich etwas weiter vorn in der Ebene Aufstellung nehmen sollen, doch in dem Moment, als die Russen die Redoute Nr. 1 eroberten, eröffneten sie aus unseren eigenen Kanonen das Feuer und verursachten einige Verluste, woraufhin Sir Colin Campbell seine Männer auf eine bessere Position zurückrief.

Unterdessen stürmte die feindliche Kavallerie rasch voran. Zu unserer unsäglichen Empörung stellten wir fest, daß die Türken in der Redoute Nr. 2 beim Anblick der Russen die Flucht ergriffen. In aufgelösten Gruppen liefen sie nach der Redoute Nr. 3 und in Richtung Balaklawa, doch die Pferde des Kosaken waren zu schnell für sie, und Säbel und Lanzen setzten der fliehende Horde eifrig zu. Die gellenden Schreie von Verfolgern und Verfolgten waren deutlich zu hören. Lanciers und leichte Kavallerie der Russen schlossen rasch und in tadelloser Ordnung zu ihren Plänklern auf – das ganze Tal überzogen von Soldaten, hin und herwogend wie tanzender Mondschein auf einer Wasserfläche, und binnen kurzem verwandelte sich das kleine Peloton in eine geschlossene Kolonne. Dann kamen ihre Geschütze, die Kanoniere eilten in die verlassenen Redouten, und bald lenkten die Kanonen von Nr. 2 ihre tödlichen Geschosse auf die mutlosen Verteidiger von Nr. 3. Zwei oder drei Schüsse zur Erwiderung, dann war Stille. Die Türken schwärmten über die Erdschanzen und wandten sich, im Laufen ihre Musketen gegen den Feind abfeuernd, verwirrt in Richtung Stadt. Abermals öffnete sich die geschlossene Kavalleriekolonne wie ein Fächer und verwandelte sich in einen langen »Schwarm« von Plänklern, der die fliehenden Türken packte, Stahl blitzte in der Luft auf, und der arme Moslem ging zu Boden, zuckend lag er auf der Erde, durch Fez und Schild bis zum Kinn und Bandelier zerschlitzt. Offenkundig waren die Russen zu schnell für uns gewesen. Auch die Türken waren zu schnell gewesen, denn sie hatten ihre Redouten nicht lange genug gehalten, als daß wir imstande gewesen wären, ihnen zu Hilfe zu kommen. Vergeblich feuerten die auf den Höhenzügen stehenden Schiffsgeschütze gegen die russische Kavallerie – die Entfernung war zu groß. Vergeblich suchten die türkischen Kanoniere in den Batteriestellungen neben den französischen Positionen ihre fliehenden Landsleute zu beschützen – ihre Kugeln gingen weit vor und hinter den ausschwärmenden Massen nieder.

Die Türken wandten sich nach den Hochländern, machten dort halt und formierten sich an deren Flanken zu Kompanien. Kaum hatte die russische Kavallerie linkerhand den Bergkamm über dem Tal erstiegen, bemerkten sie die Hochländer, die in einer Entfernung von etwa einer halben Meile aufgezogen waren und ruhig auf den Angriff warteten. Sie hielten inne, Schwadron auf Schwadron schloß von hinten auf, bis sich etwa 3500 Mann – Ulanen, Dragoner, Husaren – auf dem Höhenkamm versammelt hatten. Dann bewegten sie sich *en échelon* weiter, in zwei Truppenkörpern, ein dritter bildete die Reserve. Die Reiter, die die Türken auf der rechten Seite verfolgt hatten, näherten sich auf dem Kamm, der unsere Kavallerie vor feindlichen Blicken verbarg. Die Schwere Brigade formierte sich in zwei Linien. Deren erste bestand aus den Schottisch-Grauen und ihren alten Kampfgefährten, den Enniskillenern, die zweite aus dem 4. Irischen Regiment, den 5. Gardedragonern und dem 1. Dragonerregiment. Links war die Leichte Kavalleriebrigade ebenfalls in zwei Linien angetreten.

Die Stille war bedrückend. Zwischen einzelnen Artillerieschüssen war vom Tal her das Geräusch von klirrendem Zaumzeug und Säbelgerassel zu hören. Die Russen hielten an, um kurz durchzuatmen, und preschten dann in einer einzigen breiten Front gegen Balaklawa vor, daß die Erde unter den Hufen aufspritzte. Immer schneller stürmten sie gegen den stahlblitzenden, schmalen roten Streifen an. Bei achthundert Schritt Entfernung gaben die Türken eine Salve ab und rannten davon. Als die Russen auf sechshundert Schritt herangekommen waren, schickte ihnen die erste Reihe eine krachende Salve von Minié-Geschossen entgegen, doch die Entfernung war zu groß. Unbeirrt jagten die Russen mit der ganzen Wucht ihrer Streitmacht durch den Pulverdampf, hier und da durch einen Schuß unserer Batterien getroffen. Mit atemloser Spannung erwartete jedermann den Ansturm der Brandung gegen den gälischen Fels, doch ehe sie auf zweihundertfünfzig Schritt herangekommen waren, blitzte abermals eine tödliche Salve aus den gerichteten Gewehren und trug Schrecken unter die Russen, die nun auseinanderstoben und schneller flüchteten, als sie gekommen waren. »Bravo, Hochländer! Ausgezeichnet!« riefen die Beobachter enthusiastisch. Aber die Sache wurde immer verworrener. Die Hochländer und ihre prächtige Front waren bald vergessen – den Leuten blieb kaum ein Moment, darüber nachzudenken, daß die 93er sich dem Ansturm der Reiter in unveränderter Formation entgegengestellt hatten. »Nein«, sagte Sir Colin Campbell, »aus meiner Sicht hätte es sich nicht gelohnt, sie in Viererreihe gestaffelt antreten zu lassen.« Die normale britische Linie, in zwei Reihen gestaffelt, reichte durchaus, den Angiff der Moskowiter zurückzuweisen.

Lord Raglan, der erkannt hatte, daß die Russen Balaklawa angreifen wollten, übermittelte Lord Lucan den Befehl, seine schwere Reiterei zur Deckung der Zufahrtswege loszuschikken, und während die Männer gerade ihre Stellung in der Nähe der Weinberge verließen, bemerkte seine Lordschaft, daß ihm ein großer Truppenkörper feindlicher Kavallerie über den Bergkamm hinterhergeritten kam, woraufhin er seine Leute kehrtmachen und den Russen entgegenreiten ließ. Wir sahen Brigadegeneral Scarlett an der Spitze seiner starken Schwadronen. Die Russen, augenscheinlich Elitekorps, die hellblauen Jacken mit Silberspitze verziert, avancierten linkerhand in leichtem Galopp gegen den Höhenkamm. Hinter ihnen schimmerte ein Meer von Lanzen, und etliche Schwadronen grauberockter Dragoner eilten rasch zu ihrer Unterstützung herbei. Sobald sie in Sicht waren, gaben unsere Kavallerietrompeter ein Signal, das uns darauf hinwies, daß wir binnen kurzem vor unseren Augen das Gefecht sehen würden. Lord Raglan, sein gesamter Stab und seine Begleitung, Gruppen von Offizieren, die Zuaven, französische Generäle und Offiziere und französische Infanterie auf den Höhen, sie alle verfolgten die Szene wie Zuschauer in einer Theaterloge. Fast jeder stieg von seinem Pferd und setzte sich hin. Es fiel kein Wort. Die Russen kamen in langsamem Galopp den Hügel herunter, gingen dann in Trab über und blieben schließlich stehen. Ihre Frontlinie war mindestens doppelt so lang wie die unsere und dreimal so tief gestaffelt. Dahinter stand eine zweite Linie, ebenso stark und massiv.

Wieder schallten die Trompeten durchs Tal, und nun gingen die Grauen und Enniskillener direkt gegen das russische Zentrum vor. Der Abstand betrug nur ein paar hundert Schritt, kaum ausreichend für die Pferde, um »Anlauf zu nehmen«, und den Männern blieb auch nicht genügend Platz, ihre Säbel zu schwingen. Russischerseits traf man schon Anstalten, sie zu vernichten. Die Grauen wandten sich etwas nach links, um die russische Rechte zu treffen, und feuerten sich dabei mit einem Schrei an, der die Herzen höher schlagen ließ – und im selben Moment erscholl der wilde Ruf der Enniskillener. Wie ein Blitz durch die Wolken fährt, so bohrten sich die Grauen und Enniskillener mitten hinein in die dunklen russischen Massen. Der Zusammenprall war nur von kurzer Dauer. Säbel klirrten, Klingen spielten in der Luft, und dann verschwanden die Grauen und Rotröcke in den taumelnden Kolonnen. Im nächsten Moment tauchten sie in verringerter Zahl und in aufgelöster Ordnung wieder auf, um zur Attacke gegen die zweite Linie überzugehen. Es war ein furchtbarer Augenblick. Die vorderste Linie der Russen, die, durch unseren Angriff vollständig zerschmettert, von der Flanke nach dem Zentrum hin geflohen war, näherte sich wieder, um unsere wenigen Männer zu schlucken. Mit schierem Stahl und schierem Todesmut bahnten sich Enniskillener und Schotte tollkühn ihren Weg durch die feindlichen Schwadronen, und schon erschienen die grauen Pferde und roten Röcke im hinteren Teil der zweiten Linie, als die 4. Gardedragoner direkt gegen die rechte Flanke der Russen und die 5. Gardedragoner, den Enniskillenern auf den Fersen, wie ein Pfeil aus gespanntem Bogen auf die Überreste der ersten feindlichen Linie los-

Der Krimkrieg

stürmten, sie mit beispielloser Wucht überrannten, als wäre sie aus Pappe, und sie in die Flucht schlugen.

Die russische Reiterei hatte, kaum fünf Minuten, nachdem sie mit unseren Dragonern zusammengestoßen, eilends die Flucht vor einer nicht einmal halb so starken Streitmacht ergriffen. Jubelrufe erschollen aus allen Kehlen – Offiziere und Mannschaften rissen sich vor Begeisterung die Mützen vom Kopf, klatschten immer wieder in die Hände, wodurch das Theatralische dieser Szene betont wurde. Lord Raglan schickte sogleich seinen Adjutanten, Leutnant Curzon, dem Brigadegeneral Scarlett seine Glückwünsche zu übermitteln. Das Gesicht des wackeren alten Kämpen strahlte vor Freude, als ihm diese Botschaft überbracht wurde. »Bestellen Sie seiner Lordschaft meinen aufrichtigen Dank«, antwortete er.

Die Kavallerie verfolgte den Feind nicht mehr lange. Ihre Verluste waren nur gering, etwa fünfunddreißig Mann gefallen und verwundet in beiden Aktionen. Unser materieller Verlust rührte in erster Linie von den Geschützen her, die anschließend die Schweren Dragoner beschossen, als diese den Rückzug unserer leichten Kavallerie deckten.

Die Leichte Kavalleriebrigade (636 Mann stark) erhielt nun Befehl, die russischen Geschütze in den Redouten anzugreifen, welche die Russen von den Türken erobert hatten. Doch die Anweisung wurde mißverstanden, und so stürmte die Brigade über die flache Ebene, dreißig russischen Geschützen entgegen. Daß Lord Lucan, der Chef der Kavallerie, und sein Schwager, Lord Cardigan, der Kommandeur der Leichten Brigade, ein getrübtes Verhältnis zueinander hatten, war in dieser Situation nicht gerade hilfreich.

Wenig später muß der Generalquartiermeister, Brigadier Airey, in der Annahme, die Leichte Kavallerie sei den fliehenden Russen nicht weit genug gefolgt, durch Hauptmann Nolan vom 15. Husarenregiment einen schriftlichen Befehl an Lord Lucan übermittelt haben, in dem er seine Lordschaft bat, mit seiner Kavallerie näher gegen den Feind vorzurücken.

Die Armee besaß keinen tüchtigeren Soldaten als Hauptmann Nolan. Ein hervorragender Reiter und erstklassiger Fechter, auf dessen strahlende Ehre, Gott bewahre, ich nicht den geringsten Schatten fallen lassen möchte, aber ich muß doch berichten, was mir zugetragen wurde.

Als Lord Lucan durch Hauptmann Nolan den besagten Befehl erhalten und gelesen hatte, soll er gefragt haben: »Wohin sollen wir denn vorrücken?« Der Hauptmann zeigte mit dem Finger auf die russische Linie und sagte: »Dort steht der Feind, und dort sind die Geschütze«, oder jedenfalls etwas in der Art, gemäß den Zeugenaussagen, die nach seinem Tod gemacht wurden. Lord Lucan, der sich durch den schriftlichen Befehl dazu verpflichtet glaubte, erteilte Lord Cardigan widerstrebend den Befehl, in Richtung der Geschütze zu avancieren. Der noble Earl, obschon kein Zauderer, sah ebenfalls die furchtbare Übermacht. Es ist eine Kriegsmaxime, daß Kavallerietruppen niemals ohne Unterstützung eingesetzt werden. Die einzige Unterstützung, die unsere leichte Kavallerie hatte, war die schwere Kavallerie, die weit hinten in Reserve stand, und auch die Infanterie und Artillerie hielten sich in großer Entfernung auf. Und vor den Geschützen des Feindes erstreckte sich eine etwa anderthalb Meilen tiefe Ebene, die es zu überqueren galt.

Um zehn Minuten nach elf setzte unsere Leichte Kavalleriebrigade zum Angriff an, um sofort unter heftigen Kanonen- und Musketenbeschuß aus der rechten Redoute zu geraten. Stolz und prächtig jagten die Reiter im morgendlichen Sonnenschein dahin. Wir konnten unseren Augen kaum glauben. Keinesfalls würde diese Handvoll Reiter eine angetretene Armee attackieren! Aber ach! es war tatsächlich so – die tollkühne Entschlossenheit der Männer kannte keine Grenzen, und sie war weit entfernt von ihrer sogenannten besseren Hälfte, der Umsicht. Sie stießen, immer mehr an Tempo gewinnend, in zwei Linien auf den Feind zu. Ein Schreckensbild sondergleichen für all jene, die hilflos mit ansehen mußten, wie ihre heroischen Landsleute dem Tod in die Arme eilten. In einer Entfernung von 1200 Schritt spie die feindliche

Front aus dreißig eisernen Schlünden einen Regen von Rauch und Flammen aus, durch den die tödlichen Kugeln pfiffen. Augenblicklich zeigte sich ihre Wirkung in aufreißenden Lücken in unseren Reihen, in toten Reitern und Pferden, in Rössern, die verwundet oder reiterlos über die Ebene flohen. Die erste Linie war aufgerieben – ihr folgte die zweite, ohne anzuhalten oder auch nur für einen Moment langsamer zu werden. In verminderter Stärke, ausgedünnt durch jene dreißig Kanonen, welche die Russen mit allertödlichster Präzision bedient hatten, mit einem Widerschein blitzenden Stahls über den Köpfen und mit einem Begeisterungsruf auf den Lippen, der manch noblen Reiters Todesschrei war, stürmten sie in den Rauch der Batterien. Doch bevor sie aus dem Blickfeld verschwanden, war die Ebene schon vollständig übersät mit ihren Leichen und toten Pferden. Sie waren Schrägfeuer von den Batterien auf den Höhen und direktem Gewehrfeuer ausgesetzt.

Durch die Rauchwolken sah man sie mit blinkenden Säbeln gegen die Kanonen anstürmen und die Kanoniere niedermetzeln. Zu unserer großen Freude sahen wir sie umkehren, nachdem sie über eine Kolonne russischer Infanterie hergefallen waren und sie wie Spreu vertrieben hatten, als sie vom Flankenfeuer der höhergelegenen Batterie erfaßt wurden. In dem Moment, als sie sich zurückziehen wollten, wurde ein Ulanenregiment gegen ihre Flanke geschleudert. Oberst Shewell vom 8. Husarenregiment, der die Gefahr erkannt hatte, lenkte seine Männer direkt gegen den Feind und bahnte sich unter ungeheuren Verlusten einen Weg durch die Phalanx. Die anderen Regimenter machten kehrt und stürzten sich entschlossen in den Kampf. Mit geradezu unglaublicher Bravour schlugen sie sich durch die Kolonnen, die sie umringten, als es zu einem barbarischen Akt kam, der in der Geschichte der zivilisierten Völker ohne Beispiel ist. Als der Ansturm der Kavallerie vorbei war, wandten sich die russischen Kanoniere wieder ihren Geschützen zu und schleuderten mörderische Kartätschsalven über die Masse der ringenden Reiter und Pferde. Unsere Schwere Kavalleriebrigade konnte nichts tun, den Rückzug der unglückseligen Überreste dieses heldenhaften Haufens zu decken, die im Begriff waren, zu dem Ort zurückzukehren, den sie kurz zuvor voller Stolz verlassen hatten. Um fünf nach halb zwölf war kein einziger britischer Soldat mehr vor diesen blutrünstigen Moskowiter Kanonen, nur Tote und Sterbende.

Hauptmann Nolan, der an der Spitze der ersten Linie ritt und die Männer dabei anfeuerte, wurde vom ersten Schuß getroffen. Lord Lucan wurde leicht verwundet, Lord Cardigan von einer Lanze verletzt.

Währenddessen unternahm die französische Kavallerie einen bravourösen Angriff auf die Batterie zur unserer Linken, die unsere Männer beschoß, und machte die Besatzungen nieder. Ohne Unterstützung konnten sie die Kanonen freilich nicht zum Schweigen bringen, weshalb sie sich wieder zurückziehen mußten. Der Boden war bedeckt mit unseren Männern und Hunderten von Russen. Wir sahen, wie Kosaken die Toten durchsuchten. Unsere Infanterie unternahm einen Vorstoß nach den Redouten, und gleichzeitig drängte die französische Kavallerie auf dem rechten Flügel vor, hielt die russische Infanterie in Schach, drängte eine Plänklerlinie zurück und zwang sie, ihre Geschütze preiszugeben. Die Russen, erschrocken über unser stetiges Avancieren und über unsere erkennbare Absicht, ihnen auf der rechten Seite den Weg abzuschneiden, zogen sich aus der 1. Redoute zurück, die nunmehr von den Alliierten in Besitz genommen wurde. Um Viertel nach elf wurde die 2. Redoute aufgegeben und das Magazin gesprengt, und da wir unvermindert vorstießen, wurde nunmehr auch die 3. Redoute gesprengt. Zu unserem großen Bedauern kamen wir nicht rechtzeitig und waren auch nicht stark genug, zu verhindern, daß sieben von insgesamt neun Geschützen aus diesen Stellungen abtransportiert wurden.

Den ganzen Tag über beobachtete Lord Raglan von der Anhöhe aus den Feind. Es war schon dunkel, als er in sein Quartier zurückkehrte. Im letzten Tageslicht konnte man die feindlichen Lanzen in ihrer alten Position im Tal schimmern

Der Krimkrieg

sehen. Und auf den Höhen zur Linken erschien die feindliche Infanterie.

Als unsere Kanonen in der Nacht des 25. nach Sebastopol geschafft wurden, erfüllte großer Jubel die Stadt, und die Russen gaben einen großen Sieg bekannt. Eine Artilleriesalve wurde abgefeuert, und um neun Uhr abends eröffnete der Feind eine mächtige Kanonade gegen unsere Linien. Niemand kam zu Schaden.

Tags darauf attackierten 4000 Russen die 2. Division auf dem rechten Flügel der Briten, wurden aber zurückgeschlagen. Daraufhin wurde eine Sandsack-Batterie errichtet, nicht mehr. Am 5. November attackierten die Russen in dichtem Nebel abermals die 2. Division. Damit begann die Schlacht von Inkerman.

Alles, was getan werden konnte, um sich den Sieg an die Fahnen zu heften – sofern sie welche haben –, wurde von den russischen Generälen unternommen. Die Anwesenheit der Großherzöge Nikolaus und Michael, die ihnen den Befehl des Zaren überbrachten, die Franzosen und Engländer noch vor Jahresende ins Meer zu jagen, beflügelte die einfachen Soldaten, die im Sohn des Zaren eine Emanation Gottes erblickten. Ein ordinäreres und konkreteres Anregungsmittel hatten sie reichlich in ihren Feld- und Branntweinflaschen. Und vor allem wurden sie, bevor sie auf ihre Mission gingen, von Priestern der griechisch-katholischen Kirche »gesegnet« sowie des Beistands und Schutzes des Allerhöchsten versichert.

Die Männer in unserem Feldlager hatten gerade begonnen, in strömendem Regen ein Feuer für die Bereitung der Morgenmahlzeit zu machen, als der Alarm ertönte. Augenblicklich ließ der Herzog von Cambridge die Garden antreten. Diese vortrefflichen Männer stießen rechts von der 2. Division mit außerordentlicher Schnelligkeit und Entschlossenheit gegen die Front vor und erklommen die Anhöhe über dem Tal der Tschernaja und den Ruinen und der Ebene von Inkerman. Zwischen der äußersten linken und der rechten Seite der

2. Division verlief eine tiefe Schlucht, die sich auf dem Plateau unweit der Straße nach Sebastopol verlor. Als der Herzog von Cambridge an den Rand dieses Plateaus ritt, um einen Blick auf den Feind zu werfen, sah er zwei Kolonnen den steilen, mit Gestrüpp bedeckten Hang heraufkommen, der fast senkrecht zur Schlucht abfiel. Sogleich führte Seine Königliche Hoheit die Garden zum Angriff und vertrieb die Russen aus dem Werk.

Dann begann die blutigste Schlacht, die je stattgefunden hat, seit die Geißel des Krieges über die Erde kam. Oft war das Bajonett die einzige Waffe in hartnäckigsten und tödlichsten Kämpfen. Wir hatten uns dem Glauben hingegeben, daß dem britischen Soldaten, der seine Lieblingswaffe schwingt, kein Gegner widerstehen könne, doch bei Inkerman war nicht nur unsere Attacke erfolglos – nicht nur wurden erbitterte Kämpfe von Mann zu Mann ausschließlich mit dem Bajonett geführt –, sondern wir waren genötigt, uns unablässig der Bajonette zu erwehren, die russischerseits mit unglaublicher Vehemenz und Entschlossenheit eingesetzt wurden.

Die Schlacht von Inkerman ist unmöglich zu beschreiben. Sie war eine Abfolge unvorstellbar heroischer Aktionen, blutiger Nahkämpfe, verzweifelten Getümmels und verwegener Attacken – in Tälern und Mulden, Schneisen und Schluchten, aus denen die Kontrahenten, Russen oder Briten, nur hervorkamen, um frische Truppen anzugreifen, bis unsere alte Übermacht, so rüde überrannt, im Triumph wiederhergestellt war und die Bataillone des Zaren vor unserem unerschütterlichen Mut und dem kämpferischen Feuer der Franzosen wichen. Niemand konnte, gleich von welchem Ort aus, auch nur einen Bruchteil der Vorgänge dieses ereignisreichen Tages beobachten, denn Pulverdampf, Nebel und Dunst verdüsterten das Terrain in einem solchen Maß, daß man nur ein paar Schritt weit sehen konnte, und ohnehin war das Gelände viel zu unüberschaubar.

Es war sechs Uhr, als das gesamte Hauptquartier durch unablässigen Gewehrlärm von rechts und durch lauten Geschützdonner geweckt wurde. Lord Raglan wurde mitgeteilt, daß die Russen in großer Zahl vorrückten, und kurz nach sieben ritt er, begleitet von seinem Stab und mehreren Adjutanten, zum Ort des Geschehens. Der Lärm der unaufhörlich krachenden Kanonen und Gewehre deutete darauf hin, daß das Gefecht in vollem Gange war. Die mit äußerster Präzision geworfenen feindlichen Granaten explodierten so dicht über den Soldaten, daß der Lärm an ununterbrochene Geschützsalven erinnerte, und die massiven Fragmente brachten allenthalben den Tod. Als sich der Nebel einmal lichtete und die Russen das Lager der 2. Division sehen konnten, nahmen sie die Zelte mit Rundkugeln und größeren Geschossen unter Beschuß. Zelt auf Zelt wurde zerfetzt, zusammengeschossen oder in die Luft gewirbelt, während die Männer ihren Lagerdienst versahen, und die armen angebundenen Pferde wurden getötet oder verstümmelt.

Unsere Generäle wußten nicht weiter. Sie konnten nicht erkennen, wo der Feind stand, aus welcher Richtung er kam, was sein Ziel war. In Dunkelheit, Düsternis und Regen mußten sie unsere Truppen durch dichtes, dorniges Gestrüpp führen, was unsere Reihen auseinanderriß und die Männer aufbrachte. Jeder Schritt war markiert von einem Gefallenen oder einem Verwundeten, getroffen von einem Feind, dessen Position sich nur durch den Lärm der Gewehre und umherschwirrenden Kanonenkugeln verriet.

Sir George Cathcart, der eilends von unserem Zentrum aus vorstieß, kam zu dem Hügel, wo die Garden kämpften. Nach einer Besprechung mit dem Herzog führte er das 63. Regiment, das gerade eingetroffen war, rechts von den Garden in eine Schlucht, die sich zum Tal der Tschernaja hin öffnete. Just in diesem Moment erkannte er, daß die Russen tatsächlich einen Teil der Anhöhe erobert hatten, die rechts hinter seinen Männern lag. Doch unerschrocken ritt er an der Spitze seiner Männer weiter, spornte sie an, und als sich der Ruf erhob, daß die Munition zur Neige gehe, erklärte er kaltblütig: »Habt ihr keine Bajonette?« Bald zeigte sich, daß ein weiterer feindlicher Truppenkörper die Anhöhe rechts hinter ihnen erklommen hatte. Eine tödliche Salve regnete über unsere verstreuten Kompanien. Sir George feuerte seine Leute an und führte sie wieder die Anhöhe hinauf, geriet aber unweit der russischen Kolonnen in einen Kugelhagel, der ihn vom Pferd riß. Oberst Seymour, der verwundet war, stieg beherzt aus dem Sattel, um seinem Kommandeur Beistand zu leisten, doch der Feind stürmte heran, und als unsere Männer ihn zurückgetrieben hatten, lagen die beiden Offiziere, Seite an Seite, tot auf der Erde. Die Männer mußten unter enormen Verlusten gegen ein Meer von feindlichen Truppen ankämpfen. Sie wurden umstellt und mit dem Bajonett niedergemacht und entkamen erheblich dezimiert nach der Anhöhe. Fast 500 Mann hatten sie verloren. Der später geborgene Leichnam Sir George Cathcarts wies einen Kopfschuß und drei Bajonettstiche auf.

Bald nach Beginn des Gefechts wurde deutlich, daß die Russen offenbar Befehl hatten, auf alle berittenen Offiziere zu schießen. Sir George Brown wurde schon früh von einer Kugel getroffen, die seinen Arm durchschlug und ihn an der Seite verletzte. Betroffen sah ich, wie er blassen und ernsten Gesichts und mit windzerzausten weißen Haaren an mir vorbeigetragen wurde, denn ich wußte, daß wir an diesem Tag auf die Dienste eines wackeren Soldaten verzichten mußten. Rechterhand entspann sich ein beispielloser Zusammenstoß zwischen Gardetruppen und starken russischen Infanteriekräften, die ihnen zahlenmäßig um das Fünffache überlegen waren. Die Garden hatten sie ein zweites Mal angegriffen und zurückgetrieben, als sie erkannten, daß sie umzingelt waren. Überdies hatten sie keine Munition mehr. Sie wußten nicht, ob hinter ihnen Freund oder Feind stand. Ohne Hilfe, ohne Reserve kämpften sie mit dem Bajonett gegen einen Feind, der hartnäckig jeden Zollbreit Boden verteidigte, als von hinten ein weiteres russisches Korps auftauchte. Dann wurde ein fürchterliches Trommelfeuer auf sie eröffnet. Sie hatten vierzehn Offiziere verloren, das halbe Regiment war gefallen, aber schließlich gelang es ihnen, sich auf der Straße im Tal zurückzuziehen. Doch schon bald erhielten sie Verstärkung, und sofort rächten sie ihre gefallenen Kameraden mit einem verwegenen Angriff, bei dem sie die Russen wie Schafe vor sich hertrieben.

Unterdessen sah sich die 2. Division im Zentrum einem fürchterlichen Feuer ausgesetzt. Als man sich nach dem Gefecht im rückwärtigen Teil des Lagers versammelte, waren [von ursprünglich 2956] nur noch 300 Mann übrig. Die Regimenter gingen zwar nicht mit ihren Fahnen in den Kampf, aber die Offiziere wurden getroffen, wo immer sie waren. Es bedurfte keiner Fahne, ihre Position zu erkennen. Unsere Ambulanzen waren bald gefüllt, und schon vor neun Uhr wurden die Massen von blutüberströmten und stöhnenden Verwundeten aus der Kampflinie geschafft.

Gegen halb zehn fand sich Lord Raglan mit seinem Stab auf einem Hügel ein, in der vergeblichen Hoffnung, etwas von der Schlacht zu sehen, die weiter unten tobte. In diesem Moment kam eine Granate angeflogen, die Hauptmann Somersets Pferd zerfetzte, Hauptmann Gordons Pferd tödlich traf und General Strangway ein Bein wegriß, so daß es nur noch an einem Stück Haut und Stoff hing. Der alte General verzog keine Miene, sondern sagte bloß mit ruhiger Stimme: »Könnte jemand wohl so freundlich sein, mich von meinem Pferd zu heben?« Man half ihm aus dem Sattel und legte ihn auf die Erde, wo er viel Blut verlor, bis er schließlich nach rückwärts getragen wurde.

Der Kampf um die Batterie war äußerst blutig. Die Russen schickten massenhaft Infanterie vor. Sobald eine Kolonne aufgerieben war, nahm eine andere ihren Platz ein. Drei lange Stunden kämpften rund 8500 britische Infanteristen gegen eine mindestens vierfache Übermacht. Kein Wunder, daß sie zuweilen zurückweichen mußten. Aber immer wieder griffen sie an. Der bewundernswürdige Einsatz der Offiziere, die wußten, daß sie besondere Ziele waren, kann nicht genug gelobt werden. Einmal gelang es den Russen, im Morgendunst dicht an unsere Geschütze heranzukommen. Unsere Kanoniere zögerten, da sie nicht erkennen konnten, ob es sich um Freund oder Feind handelte. Plötzlich griffen die Russen an, schlugen jeden Widerstand nieder, vertrieben die Kanoniere oder stachen sie mit dem Bajonett nieder und schafften es, vier der Geschütze zu vernageln*.

Der Lärm der Gewehre, das Klirren der Säbel, das Donnern der Kanonen war ohrenbetäubend, und die heranstürmenden Russen jagten unter teuflischem Gebrüll die Anhöhe hinauf. Sie avancierten, hielten an, avancierten von neuem, empfingen und erwiderten aus nächster Nähe ein tödliches Feuer. Ihre Übermacht war indes zu groß, unsere Männer waren erschöpft, doch endlich nahte Hilfe. Gegen zehn Uhr erschien von rechts französische Infanterie – ein freudiger Anblick für unsere Regimenter.

Die Zuaven kamen im *pas de charge* angepresst. Drei Bataillone Chasseurs d'Orléans jagten leuchtenden Gesichts vorbei, begleitet von einem Bataillon Chasseurs Indigènes, das heißt algerischen Sepoys. Ihre Trompeten erschallten über dem Gefechtslärm, und als wir ihren entschlossenen, direkt gegen die Flanke des Feindes gerichteten Vorstoß sahen, wußten wir, daß wir den Sieg erringen würden. Attackiert von vorn durch unsere Truppen, zerstört durch die Wucht unseres Angriffs, der unermüdlich vorgetragen wurde, attackiert auf der rechten Seite von französischer Infanterie, die teilweise unter dem Kommando englischer Offiziere stand, und von Artillerie auf ganzer Front, begannen die Russen sich zurückzuziehen. Um zwölf Uhr wurden sie in das Tal hinuntergejagt, wo jede weitere Verfolgung sinnlos gewesen wäre, da alle Straßen in Reichweite ihrer Artillerie lagen. Die Russen ließen Berge von Toten zurück.

Um zwölf Uhr schien die Schlacht von Inkerman gewonnen, doch nachdem es gegen elf aufgeklart hatte, so daß man den Feind sehen konnte, verdüsterte sich der Himmel wieder, Regen und Nebel setzten ein, und da wir die Russen, die sich im Schutz ihrer Artillerie zurückzogen, nicht weiter verfolgen konnten, formierten wir unsere Linien, während der Feind, durch Kavallerie an den Hängen der Kiel-Bucht und durch

---

* Zeitgenössische Bezeichnung. Vorderladegeschütze wurden durch Eintreiben eines Nagels in das Zündloch unbrauchbar gemacht. (A.d.Ü.)

heftiges Geschützfeuer gedeckt, in die Verteidigungswerke zurückwich und in heilloser Verwirrung über die Inkerman-Brücke floh.

Zwei Tage später besichtigte Russell das Schlachtfeld.

Die britischen und französischen Gefallenen (viele von ihnen waren, verwundet, von den Russen hingeschlachtet worden) hatten schrecklich verzerrte Gesichter, die von ihren Qualen zeugten. In seinem Todeskampf hatte mancher von ihnen ein Stück Gras aus der Erde gerissen, das er nun in die Höhe hielt. Diese Männer mit ihren schmerzgepeinigten Mienen waren sämtlich bajonettiert worden. Die Toten, die mit einem starren Lächeln auf den Lippen dalagen, waren erschossen worden. Doch die Verwundeten – zwei Tage lagen sie nun schon dort, wo Hand und Kugel sie niedergestreckt hatten. Gewiß, es waren wenige, aber die letzten von ihnen wurden erst am 7. [November] gegen Mittag aufgefunden und ins Lazarett gebracht.

Die Russen, die stöhnend und zuckend dalagen, waren weitaus zahlreicher. Manche lagen zwecks leichteren Abtransports in Haufen beieinander. Andere verbargen ihre Wunden und guckten böse wie wilde Tiere. Manche flehten in fremder Zunge, aber mit unmißverständlichem Nachdruck um Wasser oder Hilfe, indem sie ihre verstümmelten und zerfetzten Glieder ausstreckten oder auf die Spur der zerfleischenden Kugel zeigten. Der feindselige, zornige Blick mancher Männer war furchterregend. Fanatismus und unsterblicher Haß sprach aus ihren Augen, und wer sie teilnahmsvoll und voller Mitleid ansah, konnte nun endlich (wider Willen) verstehen, daß diese rohen, leidenschaftlichen Menschen imstande waren, Verwundete zu töten und auf den Sieger zu schießen, der ihnen in seiner großherzigen Menschlichkeit geholfen hatte. Erleichtert stellte man fest, daß ihre Waffen kaputt waren, ihre Kartuschen aufgerissen auf der Erde herumlagen. Scharen von Krankenträgern, Franzosen und Engländer, schleppten überall ihre Last zu den Gräbern oder zu ärztlicher Versorgung, suchten die Büsche nach Toten oder Sterbenden ab. Unsere Männer hatten eine erstaunliche Fähigkeit im Diagnostizieren entwickelt. Fand jemand eine Leiche, so ertönte der Ruf »Kommt mal her, hier liegt ein Russe!« (oder »ein Franzose« oder auch »einer von uns«). Einer der Männer kam hinzu, hob das Lid an, sofern geschlossen, schaute ins Auge, zuckte mit den Schultern und sagte ruhig: »Der ist tot, kann warten« und kehrte zu seiner Trage zurück. Andere zogen an den Füßen und kamen mit dieser Methode zu ähnlich korrekten Ergebnissen. Im allgemeinen wurde den Toten bis auf den Uniformrock alles abgenommen. Das Gesindel aus Balaklawa und die Schiffsleute, die auf Trophäen erpicht waren, schleppten davon, was sie nur tragen konnten.

Allenthalben konnte man Trupps eifrig bei der Arbeit sehen. Vierzig oder fünfzig Schritt voneinander entfernt, hoben sie die Erde aus. Trat man näher, so fand man sie an einer klaffenden Grube stehen, dreißig Fuß lang, zwanzig Fuß breit, sechs Fuß tief, in der etwa dreißig, vierzig Leichen lagen, in jeder denkbaren Haltung und überaus geschickt zusammengepackt. Plaudernd standen die Totengräber da und warteten auf die Ankunft von Trägern, die weitere Tote bringen würden. Sie spekulierten über die Leiche, die gerade herbeigetragen wurde. »Ich glaube, das ist Korporal Soundso vom soundsovielten Regiment«, sagte der eine. »Nein, nein«, sagte der andere, »das ist mein Hintermann. Ich erkenne ihn an seinem roten Haar«, und so weiter. Schließlich war das Grab voll. Die Toten waren so dicht gepackt wie nur möglich. Manche hielten die Arme gestreckt, als wollten sie zielen, und so manches Bein ragte dann durch die Erde, die sie bedeckte. Andere lagen krumm und verbogen wie Gliederpuppen. Zoll auf Zoll wuchs die Erdschicht an.

Auf anderthalb Meilen Länge und einer halben Meile Breite konnte man überall solche Szenen sehen. Mehr als 2000 Russen waren von diesen Männern begraben worden. Das Gemetzel an der Alma war nichts im Vergleich zu der Aktion rings um die Sandsack-Batterie, die sich an einem steilen Hang unweit der Tschernaja befand. Die Berge von Toten waren grauenhaft. Wohin man schaute, überall tote und sterbende Russen, mehr als 1200 an der Zahl, und unter den Leichen französischer Chasseurs und Infanteristen fand sich manche Bärenfellmütze und manch hochgewachsener englischer Grenadier. Während der Herzog seine Männer sammelte, wurde er von einem Trupp Russen ins Visier genommen und auf die heimtückischste Art und Weise beschossen. Ein Arzt (Mr. Wilson von den 7. Husaren), der der Brigade beigeordnet war, erkannte die Gefahr, die Seiner Kgl. Hoheit drohte, scharte überaus couragiert und kaltblütig einige Gardesoldaten um sich und schlug mit ihrer Hilfe die Russen in die Flucht. Das Pferd des Herzogs wurde im Verlaufe der Aktion getötet. Gegen Ende des Tages rief er Mr. Wilson vor das ganze Regiment und sprach ihm, der ihm höchstwahrscheinlich das Leben gerettet hatte, öffentlich seinen Dank aus.

Das Verhalten der Russen gegenüber den verwundeten Gardeoffizieren war außerordentlich brutal. Es wurde beobachtet, daß russische Offiziere unseren Verwundeten das Schwert in den Leib rammten und ihren Leuten befahlen, die Daliegenden zu bajonettieren. Die Handfeuerwaffen, die unsere Offiziere bei sich trugen, retteten ihnen in mehreren Fällen das Leben. Unsere Männer hatten sehr wenig Munition, besonders die Garden verschossen ihren Vorrat sehr schnell.

Am 14. November brach neues Ungemach herein – das Lager wurde von einem Orkan heimgesucht, der, nachdem zuvor schon Regen und heftige Böen eingesetzt hatten, morgens kurz nach sechs begann. Bei jedem neuen Windstoß bog sich die Zeltstange wie eine Angelrute, die Leinwand zerrte an den Stricken, und die Zeltpflöcke gaben leicht nach. Plötzlich ein erschreckendes Knacken! Ich sah meine Gefährten an, die offenbar entschlossen waren, jeden Laut und jede Wahrnehmnung von sich fernzuhalten, indem sie sich alle verfügbaren Kleidungsstücke auf den Kopf preßten. Der Wind toste, und die Zeltstange bog sich, bis das verhängnisvolle Knacken wieder zu hören war. »Stehen Sie auf, Doktor! Los,

los, das Zelt bricht zusammen!« Der Doktor erhob sich unter seinem *tumulus* von Kleidern. Nun ja, wenn es irgend etwas gab, worein er Vertrauen setzte, dann war es seine Zeltstange. In der Mitte war sie zwar deutlich gekrümmt, aber er pflegte unter Bezugnahme auf bekannte anatomische, mathematische und physikalische Grundsätze darauf hinzuweisen, daß die Krümmung eine Verbesserung darstelle. Sanftmütig betrachtete er die Zeltstange (wie alles andere auch), streckte die Hand aus und schüttelte sie. »Ich bitte Sie«, sagte er vorwurfsvoll, »es ist alles in Ordnung – sie hält ewig« und kroch dann wieder in sein Bett.

Kaum hatte er durch ein letztes hektisches Schütteln der Decke Zufriedenheit und Wohlbefinden signalisiert, da versetzte uns ein unangenehmes Geräusch, das immer näher kam und gleichzeitig lauter wurde, in Schrecken. Wir hörten knackende Zeltstangen, splitterndes Holz und einreißende Leinwand. Dann kam ein mächtiger Wind auf, die Zeltstange brach entzwei, als wäre sie aus Glas, und im Nu fanden wir uns von der regenschweren Leinwand begraben, die einem kaum noch Luft ließ und einem wütend ins Gesicht klatschte. Halb atemlos und blind, arbeitete ich mich nach draußen. Welch ein Anblick! Alle Zelte des Hauptquartiers lagen flach auf der Erde, und die armen Leute liefen durch den Schlamm in alle Richtungen, ihren Habseligkeiten und Kleidungsstücken hinterher, und versuchten, in den abgedeckten und fensterlosen Scheunen Schutz zu finden.

Decken, Hüte, Mäntel, Uniformröcke, ja sogar Tische und Stühle, Regenmäntel, Steppdecken, Gummiwannen, Bettzeug, Zeltbahn – alles wirbelte durch die Luft wie Blätter im Sturm und wurde gen Sebastopol fortgetragen. Die Schindeldächer der Nebengebäude landeten im Lager, und das Dach von Lord Raglans Quartier wurde ebenfalls fortgeweht. Die Scheunen und Schuppen waren im Nu abgedeckt, große Karren oder Fuhrwerke wurden umgeworfen, Männer und Pferde umgerissen, Ambulanzwagen umgestürzt.

Fast die Hälfte unserer Kavalleriepferde riß sich los. Die Franzosen schwärmten in allen Richtungen über die Ebene, um sich hinter alten Mauern oder Erdwällen vor dem Orkan in Sicherheit zu bringen. Unsere eigenen Leute, träger und resoluter, standen vor ihren umgestürzten, von Wind und Regen zerzausten Zelten, oder versammelten sich grüppchenweise vor dem einstigen Lager. Richtete man den Blick nach der Höhe, wo die Franzosen große, eindrucksvolle Holzhäuser gebaut hatten, die ihnen als Lazarett und Magazin dienten, so sah man dort nur mehr ein paar Bretter. Die Verwundeten vom 5. November, die zu mehreren Hunderten in diesen Gebäuden einquartiert waren, mußten die Unbilden des Wetters ertragen, so gut es eben ging. Allenthalben Elend. Die Zelte der Wachen eingestürzt, die Bewohner hinter einer Scheune zusammengekauert, die aufgestellten Gewehre vom Wind in den Morast befördert. Die Offiziere der Wache waren nach der Intendantur geflüchtet, wo sie eine Art Unterschlupf fanden. Auf dem Hof der Intendantur umgestürzte Fuhrwerke, tote Pferde und frierende Männer – kein einziges Zelt, das noch stand.

In dieser unverändert hoffnungslosen und deprimierenden Situation erhielten wir gegen zehn Uhr die willkommene Einladung, ein geschütztes Zelt aufzusuchen. Zunächst mußten wir dem Besitzer helfen, die Stange mit einer Art Lasche aus kräftigen Sparren zu verstärken. Dann verbanden wir die Spitze der Zeltstange durch eine Verstrebung mit der nahen Hauswand, und schließlich erhielt jeder von uns einen Becher warmen Tees, der auf rätselhafte Weise zubereitet war, und mit hervorragenden Keksen und etwas Butter bereiteten meine Freunde und ich ein köstliches, ebenso heißersehntes wie unerwartetes Mahl, das nur durch den immer wiederkehrenden Gedanken an die armen Kerle in den Gräben und auf dem Berg beeinträchtigt wurde. So saßen wir da und dachten an die Soldaten und an die Flotte, sprachen stundenlang von ihnen, während der Wind blies und der Regen fiel und uns allmählich das ganze Ausmaß der Katastrophe bewußt wurde, die über uns zu bringen der Vorsehung gefallen hatte.

Gegen zwölf Uhr drehte der südwestliche Wind auf West und wurde merklich kühler. Zuerst fiel Schneeregen, dann setzte ein Schneesturm ein, der das triste Land in ein weißes Kleid hüllte, das durch die Fußstapfen der Männer bald mit schwarzen Nähten versehen war.

Was tun? Plötzlich kam uns der Gedanke, daß es in der Scheune, die als Stall für die Pferde von Lord Raglans Eskorte der 8. Husaren diente, Platz für uns geben könnte. Unverzüglich brachen wir auf, stapften durch das Morastmeer, das zwischen uns und jenem besagten Ort lag, erwehrten uns mehrerer Böen, behinderten ein, zwei Soldaten, die in anderer Richtung unterwegs waren, rangen mit Mauern und Hausecken und wären in tiefen Löchern fast versunken, bevor wir schließlich im Stall vor Anker gingen.

Welch ein Bild! Die Offiziere der Eskorte scharten sich um ein glimmendes Holzfeuer, an den Wänden standen vielleicht dreißig, vierzig Pferde und Ponys, die vor Kälte zitterten und übellaunig ausschlugen und bissen. Die Husaren in ihren langen Mänteln standen da und betrachteten mißmutig die Schneeflocken, die zur Tür oder durch die großen Löcher im Dach hereinwehten. In den warmen Ecken drängten sich Soldaten unterschiedlicher Regimenter. Dieser jammervollen Bruderschaft gehörten auch Franzosen aller Waffengattungen sowie ein paar Türken an, die ihre Pfeifen an dem spärlichen Feuer anzündeten und sich trostsuchend aneinander drängten. Der Wind heulte durch das Dach und durch die Ritzen in den Lehmwänden und Fensterlöchern. Es war stockdunkel in dem Schuppen und roch – unverkennbar nach Stall und den Ausdünstungen eines Haufens durchnäßter, ungewaschener Soldaten.

Schließlich wurde ein Kerzenstummel in einer windgeschützten Laterne angezündet. Etwas Pökelfleisch und einige Scheiben Speck, über dem Feuer gebraten, ergaben ein exzellentes Mahl, gefolgt von einem Glas oder Horn heißen Wassers mit Rum, dann eine Pfeife, und da es kalt und ungemütlich war, gingen wir zu Bett – einem Haufen Heu auf dem Stallboden, bedeckt mit unseren Sachen, dicht bei den Hufen einer verspielten grauen Mähre, die starke Abneigungen gegenüber ihren Nachbarn erkennen ließ, einem Maultier und einem Araber, denen sie die ganze Nacht in die Rippen zu treten versuchte. Inmitten dieses Gestanks und umgeben von Vorkommnissen, die man unmöglich beschreiben oder näher andeuten kann, schliefen wir ein.

Es war eine schwere Zeit für die Armee, als das Jahr zu Ende ging und der Winter über uns hereinbrach. Erschöpft von der nächtlichen Arbeit, durch das Wachestehen in Regen und Sturm, durch die Plackerei in den Gräben, mußten die Soldaten plötzlich feststellen, daß sie auf schmale Kost gesetzt und ihre ausgezeichneten, gewohnt reichlichen Rationen nunmehr gestrichen oder erheblich eingeschränkt wurden. Neun Tage lang wurde, bis auf wenige Ausnahmen, kein Tee, kein Kaffee und auch kein Zucker ausgegeben. Es sind dies jedoch Luxusartikel, die nicht zum notwendigen Bedarf eines Soldaten gehören.

Die unmittelbare Ursache für diese Einschränkung war der Zustand der Straßen, die, von schwerem Regen aufgeweicht, für Fuhrwerke und Karren ganz und gar unpassierbar geworden waren. Gewisse Nachschubprobleme konnte man gewiß den Meeresstürmen zuschreiben. Es war daher nicht ganz leicht, Verpflegung von Balaklawa zur Truppe zu schaffen, und außerdem waren die Magazine der Intendantur in besagtem Ort leer. So gab es für die Entbehrungen, welche die Männer erdulden mußten, zwar einen Grund, aber keine Entschuldigung. Uns wurde erklärt, daß die Landstraßen bei schlechtem Wetter unbefahrbar seien. Doch das schöne Wetter verstrich ungenutzt, und die Straßen blieben, was die Tatarenkarren aus ihnen gemacht hatten, obschon das ganze Gelände von kleinen Steinen bedeckt war, die geradezu wie geschaffen für Straßenschotter waren.

Was die Intendantur an Nahrungsmitteln, Getreide und Heu herantransportiert hatte, war auf Segelschiffen verstaut, die außerhalb des Hafens liegen mußten, obwohl das Wasser dort dreißig, vierzig Faden tief war und sich rings um die Bucht eine Felsküste entlangzog, 1200 Fuß hoch, steil ansteigend und berüchtigt dafür, daß sie in dieser Jahreszeit von heftigen Stürmen heimgesucht wurde. Ein Orkan von ungewöhnlicher und ungeahnter Stärke erhob sich, die Schiffe versanken und mit ihnen Futter für zwanzig Tage für sämtliche Armeepferde und Proviant für viele Soldaten.

Die Cholera, die in der Nacht des 28. November ausbrach, hatte verheerende Auswirkungen. Die Zahl der Toten, die sie und die anderen Krankheiten dahinrafften, mußten wir auf mindestens sechzig pro Tag schätzen. All unseren Bemühungen zum Trotz machten die sterbenden Türken aus jeder Gasse und Straße [in Balaklawa] eine Kloake, und während man früher angesichts des menschlichen Leids, dem man auf Schritt und Tritt begegnete, noch schockiert gewesen war, so stumpfte man allmählich ab und schaute schließlich gar nicht mehr hin. Hob man die Matte oder den kleinen Teppich an, der in der Tür eines ärmlichen Hauses hing, aus dem Klagen und Schmerzensschreie und Gebete an den Propheten zu hören waren, so sah man in einem einzigen Moment ein Elend, das für lebenslängliche Alpträume reichen würde. Die Toten lagen Seite an Seite neben den Lebenden, und die letzteren waren grauenhaft anzuschauen. Es fehlten die einfachsten Gerätschaften eines Krankenhauses. Auf Anstand oder Reinlichkeit wurde nicht geachtet, der üble, ekelhafte Gestank konnte allenfalls durch die Ritzen in Wänden und Dächern nach draußen entweichen und die Atmosphäre vergiften, und soweit ich sehen konnte, starben diese Männer, ohne daß auch nur die geringste Anstrengung unternommen wurde, sie zu retten. Sie lagen einfach auf der Erde, dort, wo die armen Kerle, ihre Kameraden, sie auf dem Rücken herbeigetragen und behutsam hingelegt hatten. Es schien, als nähmen sich die Kranken der Kranken an und die Sterbenden der Sterbenden.

Zu Beginn des Jahres 1855 konnte ich mich des Eindrucks nicht erwehren, daß unsere Soldaten große Not erleiden würden, wenn nicht umgehend die energischsten Maßnahmen ergriffen würden, um den Soldaten die Möglichkeit zu geben, sich vor den Unbilden der Witterung zu schützen. Wir konnten keine Baracken errichten – sondern nur für Verpflegung sorgen. Und was die »winterfeste Kleidung« angeht, so ruft allein schon das Wort bei jedem von uns ein beispielloses Malheur in Erinnerung: Ein Teil der Sachen versank mit der unglückseligen und gepeinigten *Prince*, ein anderer Teil kam abhanden, und ein Schiff mit Kleidung für die Offiziere soll vor Konstantinopel in Flammen aufgegangen sein. Ein weiterer Teil war klatschnaß geworden, und ich hatte Gelegenheit, mehrere Leichter, die mit warmen Mänteln für die Soldaten beladen waren, einen ganzen Tag im Hafen von Balaklawa bei hartnäckigem Regen und Schnee liegen zu sehen. Niemand war da, die gelöschte Ladung in Empfang zu nehmen, besser gesagt, niemand war willens, die Sachen ohne ausdrücklichen Befehl in Empfang zu nehmen. Überhaupt waren Etikette und »Dienstvorschriften« unser Verderben. Niemand war bereit, Verantwortung zu übernehmen, nicht einmal, wenn er damit Hunderte von Menschenleben retten konnte.

Tag für Tag wurden Arbeitstrupps verschiedener Regimenter abkommandiert, Proviant nach dem Hauptquartier zu schaffen, wo man immerhin darüber nachdachte, so etwas wie ein Zentraldepot einzurichten. Für Offiziere und Mannschaften war diese Aufgabe fast so beschwerlich wie das Heranschaffen von Munition. Manchmal kamen die Eskorten vom Weg ab oder sie verloren den Proviant, so daß die Divisionen, zu denen sie gehörten, auf Rum und Zwieback verzichten mußten.

Wir mußten die Franzosen bitten, unsere Transportwege zu bewachen, denn kaum war ein Karren mit Proviant oder Branntwein verunglückt, wurde er von unseren emsigen Freunden, den offenbar allgegenwärtigen Zuaven, geplündert. Blieb ein Fuhrwerk stecken, brach ein Rad oder eine Achse, so rochen das die Zuaven im Nu, genau wie Geier Aas riechen. Im nächsten Moment wurden Fässer und Kisten aufgebrochen, Brotsäcke aufgerissen, der Inhalt verteilt, und der Begleitoffizier, der sich aufgemacht hatte, Hilfe zu suchen, fand bei seiner Rückkehr nur mehr die Radreifen und ein paar Holzsplitter vor, denn unsere unermüdlichen Plünderer gingen außerordentlich methodisch vor und schafften den Karren, einschließlich Fahrgestell und Kutschbock, als Brennmaterial davon.

Gegen Jahresende befanden sich etwa 3500 Kranke im britischen Lager vor Sebastopol, und es war nicht übertrieben zu sagen, daß ihr Zustand in erster Linie die Folge harter Arbeit in miserablem Wetter war und der Nässe, vor der sie sich nicht schützen konnten. Man denke sich ein in Sumpfland errichtetes Zelt, belegt von zwölf bis vierzehn armseligen Kreaturen, die nach zwölf Stunden Wachdienst in einem Schützengraben, einem Kanal eher, völlig durchnäßt sind, und dann überlege man, in welcher Verfassung diese Burschen gewesen sein müssen, nachdem sie Tag und Nacht in einem solchen *Refugium* verbracht haben, ohne frische Wäsche, unter feuchten Decken dicht aneinandergedrängt. Aber warum in Zelten? Wo waren die Holzbaracken, die ihnen die Heimat versprochen hatte? Sie befanden sich an Bord von Schiffen im Hafen von Balaklawa. Einige dieser Baracken, von denen so viel geredet wurde, trieben am Strand herum. Andere waren an Land gebracht worden, und bisweilen sah ich ein armes Pony, das, bis zu den Knien im Morast versinkend, mühsam zwei dünne Bretter schleppte, die zu einer Baracke gehörten und höchstwahrscheinlich verheizt wurden, nachdem sie eine Weile im Camp herumgelegen hatten. Vielleicht wurden auch Ställe für Offizierspferde daraus gemacht, sobald genügend verstreute Bretter aufgelesen waren. Wäre noch bei schönem Wetter ein Zentraldepot errichtet worden, hätte man die Entbehrungen der Männer und die Qualen der Pferde weitgehend, wenn nicht überhaupt, verhindern können.

Es mag sein, daß der Feind noch mehr Entbehrungen erleiden mußte als wir, aber der Hinweis auf gleich hohe Verluste der englischen und der russischen Armee kann nicht als Grundlage für eine Beurteilung unserer Situation dienen. Tatsache ist, daß sich unsere Truppenstärke Tag für Tag um etwa hundert Mann verringerte. Vom 63. Regiment waren am 7. Januar nur sieben Mann dienstfähig, vom 46. Regiment nur dreißig Mann. Eine starke Kompanie des 90. Regiments war binnen weniger Tage auf vierzehn Mannn zusammengeschrumpft, und obschon dieses Regiment als sehr robust galt, verlor es innerhalb von zwei Wochen fünfzig Mann. Die schottischen Gardefüsiliere (ursprünglich 1562 Mann stark) zählten beim Appell 210 Mann. Viele andere Regimenter verzeichneten ähnliche Verluste. In den Lazaretten am Bosporus lagen ständig zwischen 7000 und 8000 Kranke, Verwundete und Rekonvaleszenten. In beträchtlicher Zahl verendeten die völlig entkräfteten Transportpferde, und durch die tägliche Schinderei nahm diese Zahl immer weiter zu. Unglaublich viele Pferde lagen tot am Wegesrand. In jedem Graben, in jeder tiefen Furche Haufen von verwesendem Pferdefleisch. Während einer Nacht verlor die Kavalleriedivision etwa sechzig Pferde. Und allein von einer Division wurden 150 Mann nach den Lazarettzelten transportiert, von Krämpfen geschüttelt und halb erfroren, was vermutlich nicht so sehr an der Kälte lag als vielmehr daran, daß sie keine vernünftige Kleidung hatten und sich nicht ausreichend Bewegung verschaffen konnten.

Nur mit ihren Mänteln ausgestattet und an den Füßen lediglich Regimentsschuhe, mußten Hunderte von Soldaten nachts in die Gräben, in denen Morast, Schnee und halbgefrorener Matsch zwei, drei Fuß tief stand. Wenn die Männer ihre Schuhe auszogen, bekamen sie die geschwollenen Füße oft nicht mehr hinein, und dann konnte man sie im Lager bei minus 6 Grad [Celsius] barfüßig durch den mehrere Zoll hohen Schnee daherhumpeln sehen. Unsere famosen Kanonenöfen waren erbärmlich. Sie bestanden aus dünnem Blech. Mit Holzkohle waren sie außerdem die reinsten Giftschleudern, so daß man sie nachts in den Zelten nicht brennen lassen konnte. Doch tagsüber, zum Trocken der Sachen, taugten sie durchaus.

Am Morgen des 16. [Januar] zeigte das Thermometer minus 10 Grad [Celsius] und auf den Höhen über Balaklawa minus 12 Grad. Die ganze Nacht war Schnee gefallen, drei Fuß hoch bedeckte er den Boden. Aber stellenweise wehte ihn der eisige, fast sturmartige Wind fünf bis sechs Fuß hoch. Die einheimischen Pferde weigerten sich, einen Schritt zu machen, doch unsere armen Kerle kamen in einer langen trostlosen Reihe angestapft, und allein schon der Anblick dieser schwarzen Punkte, die sich über die schneeglitzernde Weite zwischen Sebastopol und Balaklawa bewegten, hatte etwas Bedrückendes. Kamen diese Punkte näher, so sah man, daß sie ganz rote Nasen, ganz weiße Gesichter und ganz wässerige Augen hatten. Und was ihre Kleidung anging, so hätte Falstaff seine berühmte Truppe für ein Elitekorps gehalten, wenn er unsere tapferen Männer hätte sehen können. Abgerissen und zerlumpt waren auch viele Offiziere. Hauptmann Smith vom … Infanterieregiment, der, angetan mit roten russischen Lederstiefeln, die ihm bis zum Gürtel reichten und deren Kappen wahrscheinlich aus seinen Halfterklappen gemacht waren, einem weißen Fellmantel, dessen Rückseite schön mit bunten Blumen bestickt war, und einer Kopfbedeckung nach Art eines Londoner Müllkutschers, ernst durch den Morast von Balaklawa stapfte, um irgendwo einen Topf Marmelade zu ergattern, war eine höchst sonderbare Erscheinung. Man könnte ihn drollig und lachhaft finden, wäre der arme Hauptmann Smith nicht eine halb verhungerte Elendsfigur mit üblen Frostbeulen, einem Anflug von Skorbut und starkem Rheumatismus.

Am 23. wurde eine größere Zahl von Kranken und, wie ich befürchte, Sterbenden auf französischen Maultieren und einigen unserer Packpferde nach Balaklawa geschafft. Das war eine der schaurigsten Prozessionen, die je ein Dichter sich vorgestellt hat. Viele Männer waren so gut wie tot. Mit geschlossenen Augen, geöffnetem Mund und grausig ausgemergeltem Gesicht wurden sie abtransportiert, und nur der dünne, in der eisigen Luft sichtbare Atemhauch zeigte, daß sie noch lebten. Besonders eine Gestalt war schauerlich – ein regloser Körper, auf dem Sattel festgebunden, die Beine steif herabhängend, die starren Augen weit aufgerissen, die Zähne in die heraushängende Zunge gegraben, und bei jedem Schritt des Maultiers auf der holperigen Straße schaukelten Kopf und Oberkörper in gespenstischer Imitation eines Lebenden. Kein Zweifel, der Mann würde unterwegs zum Hafen sterben. Einem anderen hing die Haut mitsamt rohem Fleisch von den Fingern, so daß die von keinem Verband geschützten Knochen in die eisige Luft ragten. Vermutlich litt er an Erfrierung. Vielleicht war die Hand verbunden gewesen, der Verband aber abgefallen. Die Kranken in dieser Maultierkarawane schienen allesamt schon mit einem Fuß im Grab zu stehen.

Ein Fremder, der von Balaklawa hinauf an die Front geritten wäre, hätte über die vielen Pferdekadaver gestaunt, die man am Straßenrand sehen konnte. Die Überreste dieser armen Tiere, von wilden Hunden und Geiern in Stücke gerissen, lagen zuhauf in den Gräben, und viele Rösser, welche die verzweifelte Attacke bei Balaklawa überstanden hatten, verwesen direkt neben dem Kavallerielager. Mancher Kadaver wies eine merkwürdige Haltung auf – einige waren tot umgefallen und in dieser Haltung erstarrt, andere schienen sich aus ihren Gräbern erheben zu wollen. Fast alle waren von Türken und Franzosen gehäutet worden, die ihre Hütten mit den Fellen abdeckten, und viele verdächtig aussehende Löcher, die auf Pferdesteaks hinwiesen, waren den Tieren in die Flanken geschnitten worden. Diese Kadaver, in unterschiedlichen Stadien der Verwesung, lagen in einem Umkreis von sechs Meilen überall in der Landschaft herum.

Da ich unbedingt einen Brief aufgeben wollte, ehe die Post aus Kamiesch abging, machte ich mich am 20. Februar in aller Frühe bei heftigem Schneesturm auf den Weg nach dem Postamt. Wild pfiff der Wind über die Ebene. Er war so schwer von Schnee, daß man ihn nachgerade greifen konnte, und fühlte sich eigentümlich fest an, wie er in zarten Flöckchen unaufhörlich dahinwirbelte, die durch die Kleidung drangen und Roß und Reiter blendeten. Eine ganze Weile kam ich gut voran, denn ich befand mich auf dem vertrauten Trampelpfad. Ich schloß mich einem Trupp von Kanonieren an, doch bald wurden die Verwehungen so mächtig, daß es ganz und gar unmöglich war, weiter als zwei Pferdelängen rechts und links etwas zu erkennen. Da mir schien, daß sich die Artilleristen zu sehr rechts hielten, trennte ich mich von ihnen und begegnete wenig später einem einsamen Passanten, der den Weg nach Balaklawa wissen wollte. Da er von Lord Raglans Quartier kam, sah ich mich in meinem Orientierungsgefühl bestätigt und ritt los, um meine Freunde, die Artilleristen, auf ihren Irrtum aufmerksam zu machen. Sie waren nicht mehr aufzufinden. Erst drei, vier Minuten zuvor hatte ich mich von ihnen getrennt, aber sie waren wie vom Erdboden verschluckt. Also machte ich wieder kehrt und ritt genau gegen den Wind, in dem schärfsten Tempo, das mein Pferd aufzubringen imstande war, meinem Ziel entgegen.

Selbst bei schlechtem Wetter hätte ich in einer Stunde dort sein müssen, aber nach zwei Stunden war ich noch immer nicht angekommen, ja ich konnte keinen einzigen der Orientierungspunkte ausmachen, die den Weg markierten. Zelte, Anhöhen, Felsvorsprünge – alles war verschwunden, nichts war zu sehen, ich fand mich wie von einer weißen Decke umhüllt. Das war entschieden unangenehm, doch blieb mir nichts anderes übrig, als im Vertrauen auf die göttliche Vorsehung weiterzureiten. Das Meer oder die Linien würden bald Orientierung bringen. Doch das Pferd blies immer nur den Schnee aus den Nasenlöchern und versuchte, durch heftige Kopfbewegungen den Schnee von Augen und Ohren zu schütteln, und noch immer war kein Mann, kein Zelt, keine Menschenseele auf dieser Halbinsel zu sehen, auf der sich doch so viele Soldaten tummelten.

Es vergingen drei Stunden. Wo um alles in der Welt bin ich nur, dachte ich. Ist das hier Zauberei? Ist die Armee, sind die Linien und Gräben mitsamt der Stadt Sebastopol von der Erdoberfläche verschwunden? Ist das ein schlechter Traum? Schließlich blieb das Pferd stehen und weigerte sich, weiter gegen den Sturm anzugehen. Immer toller wurde das Schneegestöber. Etwas Dunkles huschte bösartig bellend an mir vorbei – ein Wolf oder ein wilder Hund –, woraufhin mein Pferd erschrocken weitereilte. Der eisige Sturmwind drang bis auf die Knochen, und hin und wieder versank der Gaul bis zu den Knien in Schneeverwehungen, die sich rasch an jedem Hügel und an jeder Senke bildeten. Ein anständiges tiefes Loch, ein Brunnen oder eine Grube – und im Nu wäre man von allen Ängsten und Befürchtungen erlöst gewesen. Aus Minuten wurden Stunden, und meine triefenden Augen schmerzten vor lauter Anstrengung, ein Zelt oder einen Menschen zu erblicken und neuen Gefahren auf unserem Weg auszuweichen. Plötzlich war ich von Gestrüpp umgeben – ein sicherer und klarer Hinweis, daß ich in der Tat vom Weg abgekommen war, mich vom Lager und den Baumfällern weit entfernt hatte. Mir schoß durch den Kopf, daß der Wind womöglich gedreht hatte und daß ich, weiterhin gegen ihn haltend, in Richtung Tschernaja und nach den russischen Linien geritten war. Die Vorstellung, das Opfer eines Kosakenvorpostens zu werden, war in diesem Moment nicht sonderlich angenehm. Doch was tun? Vor lauter Kälte hatte ich kein Gefühl mehr in Händen und Füßen, und das Gesicht und die Augen schmerzten stark.

Mir blieb nichts anderes übrig, als weiterzureiten, bevor die Nacht hereinbrechen würde. Dann wäre ich wirklich in einer äußerst kritischen Situation. In diesem Moment ließ das Schneetreiben kurz nach, und ich sah zu meinem Erstaunen rechterhand eine Kirchenkuppel und einen Turm, die im selben Augenblick wieder verschwanden. Nach meinem Gefühl befand ich mich unweit von Kamara oder Sebastopol. So oder so, mir blieb nur, wieder in Richtung unserer Linien zu reiten, obschon ich mich fragte, wo um alles in der Welt die französischen Befestigungen sein mochten, wenn das tatsächlich Sebastopol war. Ich war noch nicht weit geritten, als ich durch den heulenden Wind ein donnerndes Rauschen hörte, und ich konnte nur eine große schwarze Wand ahnen, die sich im Schneegestöber vor mir zu erheben schien. Ich befand mich auf einem der mächtigen Felsen, die am Kap Phiolente über das Meer hinausragen. Ich wußte es sofort. Ich war unweit des St. Georgsklosters. Ich stieg ab, führte mein Pferd vorsichtig durch den Sturm weiter und erreichte schließlich das Kloster. Der einzige Zuave in Sicht stand in seinem

Schilderhäuschen und schoß Lerchen, doch er brachte mein Pferd sofort in einen Stall und zeigte mir den Weg zum Wachquartier, wo seine Kameraden an einem knisternden Feuer saßen und sich reihum vom Regimentsbarbier rasieren ließen.

Nachdem das Blut wieder durch meinen Körper floß und ich mir das Eis aus den Haaren geschüttelt hatte, brach ich abermals auf, begleitet von einem wackeren Zuaven, der sich bereiterklärt hatte, mir den Weg zu zeigen. Allerdings verlor er bald die Lust, und nachdem er sich erst sehr geschickt meinen Revolver aus dem Halfter geangelt hatte, verabschiedete er sich am Rand einer Bergschlucht mit dem mysteriösen Hinweis, stets »*tout droit*« zu halten, was, da man überhaupt nichts sehen konnte, nicht ganz leicht gewesen wäre. Durch einen glücklichen Zufall stieß ich auf die Zelte des französischen Bagagetrains. Bei jeder Sturmbö anhaltend und weiterreitend, sobald sich der Wind etwas gelegt hatte, arbeitete ich mich von Lager zu Lager voran und erreichte schließlich, eisbedeckt und ziemlich »erledigt«, um kurz vor vier Uhr nachmittags das Hauptquartier. Es war mir ein Trost, daß sich an diesem Tag selbst die Offiziere im benachbarten Weinberg verirrt und daß Adjutanten und Ordonnanzen, unterwegs zwischen den Divisionsstäben, völlig die Orientierung verloren hatten.

Die Eisenbahn* leistete uns gute Dienste, indem sie uns das mühselige Heranschaffen von Munition ersparte, und so konnten wir zweidreiviertel Meilen von Balaklawa entfernt ein kleines Depot einrichten. Von wenigen Ausnahmen abgesehen, erwiesen sich die Arbeiter, trotz der Versuchungen der Flasche, als ehrlich und tüchtig, und die Angst vor dem Feldrichter wirkte sich günstig auf die Disposition der Widerspenstigen aus. Die kroatischen Arbeiter setzten alle Beobachter durch die enormen Lasten, die sie schleppten,

---

* Mit dem Bau einer Strecke zwischen Balaklawa und dem anglo-französischen Hauptquartier war im Januar begonnen worden.

und durch ihre enorme körperliche Kraft und Ausdauer in Erstaunen. Mit ihren breiten Schultern, den langen Armen, kräftigen, muskulösen Schenkeln und Waden transportierten die Kroaten, die sich einfach ernährten und ein ruhiges, maßvolles Leben führten, tagtäglich ein Quantum an schweren Lasten, das jeden erstaunen würde, der noch nie einen Stambuler »Hamal« gesehen hat. Ihr Lager vor der Stadt war ungemein malerisch und, wie ich hinzufügen muß, verdreckt. Ein intensiver Zwiebelgeruch, durchsetzt mit Anklängen von altem Parmesan, erfüllte in weitem Umkreis die Luft.

Wir hatten nur ein paar warme Tage gehabt, und doch war die Erde, wo überhaupt Blumen hervorbrechen konnten, übersät mit einer Masse von Schneeglöckchen, Krokussen und Hyazinthen. Die Krim war bedeckt mit Zwiebelgewächsen, teilweise von großer Schönheit, und in den Büschen wuchsen einige seltene Exemplare. Scharenweise versammelten sich Finken und Lerchen, ihren eigenen Valentinstag zu feiern. Leuchtend bunte Stieglitze, große Ammern, Wintergoldhähnchen, Lerchen, Hänflinge, Pieper, dreierlei Meisen, die Heckenbraunelle und eine hübsche Bachstelzenart waren verbreitet, und es war merkwürdig, sie zwitschern und singen zu hören, wenn gerade keine Kanone donnerte, und die jungen Frühlingsblumen zu sehen, die sich durch die Ritzen der Kanonenkugelhaufen zwängten und unter Granaten und schwerem Kriegsgerät hervorsprossen. Auch das Innere unserer Baracken hatte sich in Gärten verwandelt, und auf den erdbedeckten Fenstersimsen, auf dem Fußboden und an den Lehmwänden trieb Wein aus.

Die Hafenzufahrt wurde von Kormoranen und Krähenscharben bevölkert, war aber auch bei anderem seltenen und ungewöhnlichen Wassergeflügel und allerlei Schwimmenten und Tauchern beliebt. Adler, Geier, Milane, Bussarde und Raben drehten zu Hunderten ihre Kreise über dem ganzen Plateau, zwei, drei Tage lang, dann verschwanden sie plötzlich und tauchten nach zwei, drei Tagen wieder auf, um sich an Abfällen gütlich zu tun. Wahrscheinlich verteilten sie ihre Aufmerksamkeit gleichmäßig auf Allierte und Russen. Die

Tschernaja war reich an Enten, und einige Offiziere hatten kleine Fallen ausgelegt, die sie, der Russen nicht achtend, nachts gern aufsuchten. Es war ein ungemein spannender Zeitvertreib, denn die russischen Batterien oberhalb von Inkerman entsandten dem sportlichen Jäger eine Kugel oder Granate, sobald die Wachposten ihn erspäht hatten, aber selbst das schreckte ihn nicht. Tagsüber nahm er praktischerweise ein paar französische Soldaten mit, die, einfach aus Begeisterung über die Aktion und weil sie sich ein Trinkgeld versprachen, nur allzu bereit waren, hinauszugehen und die Aufmerksamkeit der Kosaken auf sich zu lenken, während die Offiziere sich um ihre Wildenten kümmerten.

Wenn der Krieg ein großer Zerstörer ist, so ist er auch ein großer Schöpfer. Der Zar verdankte ihm eine Eisenbahn auf der Krim und neue Chausseen zwischen Balaklawa, Kamiesch und Sebastopol. Schmucke Holzhütten zierten die Anhöhen, die sumpfigen Ebenen wurden trockengelegt, Flüsse eingedämmt und vertieft, und all das innerhalb weniger Tage, dank der neu geweckten Energie der Arbeiter. Die Gesundheit der Truppe besserte sich, Sterblichkeit und Krankheiten nahmen ab, und die Stimmung unter den Männern war gut. Lord Raglan sah sich tagtäglich in den Feldlagern um, und die Generale Estcourt und Airey waren in ähnlicher Weise aktiv. Eine große Zahl von Maultieren und Ponys, nebst Fuhrleuten aus aller Welt, wurde herantransportiert, was die mühselige Arbeit der Truppen und der Intendantur erleichterte. Die staatlichen und privaten Vorräte an warmer Kleidung überstiegen die Nachfrage. Die Sterblichkeit der Pferde sank, und obwohl die gelieferten Rinder und Schafe in Smithfield* gewiß wenig Anerkennung gefunden hätten, so waren sie für all jene, die so lange Zeit auf Gepökeltes angewiesen gewesen waren, durchaus willkommen.

Außerdem war zwischen dem Hauptquartier und Kadiköy eine Telegraphenleitung gelegt worden, die schnellstmöglich nach Balaklawa zu verlängern angeordnet worden war. Merk-

---

* Größter Londoner Viehmarkt. (A.d.Ü.)

würdigerweise bevorzugten die Franzosen den altmodischen Semaphor. Sie hatten schon seit einiger Zeit eine Semaphorverbindung zwischen dem Lager und den Marinestützpunkten eingerichtet.

Dank der großen Zahl von Männern, die diensttauglich aus den Lazaretten entlassen worden waren, sowie der zwischenzeitlich eingetroffenen Verstärkungen muß unsere Armee aus mindestens 20 000 Mann bestanden haben. Mit Ausnahme der erschöpften und auf Kompaniestärke dezimierten Garderegimenter, deren Lager sich bei Balaklawa befand, war fast jede Brigade zahlenmäßig sehr viel stärker als noch vor einem Monat.

Insoweit hatte sich die Lage unserer Truppen also deutlich verbessert, und außerdem sahen sie jetzt tatsächlich wie eine Armee aus und nicht wie ein bewaffneter Haufen mit Fellmänteln und groben Leinwandgamaschen und Fleischermützen. Für Schaffelle war es inzwischen zu warm, der rote Rock tauchte wieder auf, und das Gewicht der »Uniform« machte sich wieder bemerkbar.

Und auch hinsichtlich Verpflegung und Unterkunft ging es unseren Männern mit jedem Tag besser. Aus Hunger, unzureichender Ernährung und relativer Entblößung stürzte das Lager in ein Meer des Überflusses, in dem es reichlich Schafe und Schaffelle, Holzbaracken, Pelze, wollene Halstücher, Handschuhe, Flanellhemden, Suppen, Fleischkonserven, Wildbret und Branntwein gab. Freilich nur in begrenztem Maße, da man nicht wollte, daß den Männern Komfort, gar Luxus zuteil wurde.

Nach einem russischen Angriff auf die Franzosen wurde eine Waffenruhe zwecks Bestattung der Toten vereinbart.

Als ich, nur wenige hundert Schritt vor dem Mamelon*, den vordersten französischen Laufgraben erreichte, bot sich mei-

---

* (frz.: Hügel) So bezeichneten die Verbündeten die sogenannte Kamtschatka-Bastion, die die Russen auf einem vorgeschobenen Hügel, außerhalb des Verteidigungswerks, errichtet hatten.

nen Augen ein unbeschreibliches Bild. Französische, englische und russische Offiziere spazierten auf und ab, einander höflich begrüßend und gelegentlich ein Gespräch anknüpfend, und in jedem Grüppchen gab man sich Feuer und tauschte andere kleine Artigkeiten aus. Unter den russischen Offizieren waren erkennbar Männer von hohem Rang und Stand, deren tadellose Manieren deutlich mit ihrer schmucklosen und groben Kleidung kontrastierten. Über der Uniform trugen sie, von wenigen Ausnahmen abgesehen, den gleichen langen grauen Mantel. Die französischen Offiziere, allesamt in *grande tenue*, hoben sich merklich von unseren Offizieren ab, die mit ihren plumpen Kopfbedeckungen, Katzenfellmänteln und seltsamen Paletots im Balaklawa-Stil gekleidet waren. Viele Russen erinnerten in Erscheinung und Auftreten erstaunlicherweise an vornehme Engländer. Ein hochgewachsener, gutaussehender alter Mann mit einem langen grauen Bart und einer eigenartigen Mütze wurde uns als Anführer der Krimkosaken vorgestellt, aber offenbar waren nicht sehr viele hohe Offiziere anwesend. Die Russen waren recht ernst und reserviert, schienen mit den Franzosen indes leichter zu fraternisieren als mit uns, und die Mannschaften verstanden sich sehr viel besser mit den Franzosen als mit unseren Infanteristen, die sich in der Nähe der Front aufhielten.

Während all diese Höflichkeiten ausgetauscht wurden, gingen wir, vorbei an den Toten, über die blutgetränkte, mit den Zeugnissen der letzten Gefechte übersäte Erde. Wohin man blickte, zerbrochene Musketen, Bajonette, Kartuschhülsen, Mützen, Kleidungsfetzen, Gürtel und Bandeliere, Granatsplitter, Lachen geronnenen Bluts, Rundkugeln und Kartätschen, zerstörte Schanzkörbe und Sandsäcke, und mittendrin ein würdevoller Zug von Soldaten, die ihre gefallenen Kameraden zur ewigen Ruhe brachten. Binnen einer Viertelstunde zählte ich siebenundsiebzig Tragen, die an mir vorbeigeschafft wurden – eine jede mit einem toten Russen.

Während der Waffenruhe inspizierten General Bosquet und mehrere hohe Offiziere der verbündeten Armee die Schützengräben, und Stabsoffiziere beider Seiten waren anwesend, um darüber zu wachen, daß die Männer nicht ihre Stellungen verließen. Gegen drei Uhr endete die Waffenruhe. Kaum war die weiße Fahne hinter der Brustwehr des Mamelon verschwunden, flog eine Kanonenkugel aus der Marinebatterie exakt durch eine Scharte des russischen Werks, so daß im Innern eine mächtige Erdfontäne aufspritzte. Die Russen erwiderten sofort das Feuer, und der Lärm der Kanonen erfüllte die Luft.

Im Verlauf eines größeren Bombardements, das am 9. April begann, trafen türkische Verstärkungen ein.

Es dürften an die 15000 Mann gewesen sein, darunter Soldaten von Eliteregimentern, junge Burschen, wie ich stattlichere nie gesehen habe. Von den Gemeinen trugen nur wenige Auszeichnungen oder Medaillen, aber viele Offiziere, die anscheinend gegen den Moskowiter gekämpft hatten. Sie hatten einen langen Marsch hinter sich, und ihre Sandalen boten kaum Schutz vor dem steinigen Boden; trotzdem fielen nur wenige Männer zurück oder trotteten hinterher. Ein Regiment hatte eine feine Blaskapelle, welche die Schaulustigen am Wegesrand schier erschreckte durch einen exzellent gespielten Geschwindmarsch, doch die meisten Regimenter wurden angeführt von Musikanten mit Trommeln, Pfeifen und Posaunen mit mächtigen Trichtern in der Art jener Instrumente, die vielleicht die Mauern von Jericho zum Einsturz gebracht haben oder wie sie auf den reliefgeschmückten Denkmälern altertümlicher Könige zu sehen sind. Ein Regiment hatte englische Minié-Gewehre, doch die meisten waren mit Musketen bewaffnet, die aber einen sehr gepflegten Eindruck machten. Jedes Regiment führte reich bestickte, goldschimmernde Banner mit sich sowie bunte Fahnen, die Halbmond und Stern zeigten. Jedermann hatte eine Decke, einen kleinen Gebetsteppich sowie Kochgerät dabei, und das Gepäck war von unterschiedlicher Größe und Zusammensetzung. Wie sie im Sonnenschein über das sanft gewellte Land marschierten, boten sie ein sehr malerisches und kriegerisches Spektakel, dessen ernste Realität unterstrichen wurde durch den Donner der Kanonen in Sebastopol und die Rauchringe der Granaten, die hoch in der Luft explodierten.

Am 19. April erkundeten die Türken das Terrain.

Die Türken marschierten in dichten, waffenstarrenden Kolonnen. Das Sonnenlicht, das auf den blanken Gewehrläufen und Bajonetten funkelte, belebte das düstere Erscheinungsbild der Regimenter, denn ihre dunkelblauen Uniformen, kaum unterbrochen durch Besätze oder farbenfrohe Schulterriemen und Ärmelaufschläge, wirkten in der Masse völlig schwarz. Die Chasseurs d'Afrique, die mit ihren hellblauen Jacken, den weißen Patronengürteln und leuchtend roten Pluderhosen auf weißen Arabern daherritten, glichen einem bunten Blumenbeet. Indes bedurfte die üppige Vegetation keineswegs solch geborgter Pracht, da die Erde eine Unmenge wilder blühender Sträucher und wunderschöner Pflanzen hervorbrachte. Dahlien, Anemonen, Zaunrosen, Weißdorn, wilde Petersilie, Minze, Thymian, Salbei, Spargel und hundert weitere Angehörige des Pflanzenreichs bevölkerten die Ebene, aber die türkische Infanterie trampelte über die lieblichen Blumen, daß die Luft erfüllt war von zarten Düften, welche die Ausdünstungen der Marschkolonnen überlagerten. Erdhügel, die sich, überzogen mit hohen, schlanken, schwankenden Grashalmen, aus den grünen Wiesen erhoben, markierten die Stellen, wo die Gefallenen vom 25. Oktober für alle Zeiten ruhten, und die schnaubenden Pferde sträubten sich, das unbekömmliche Gras zu verspeisen, das dort wuchs.

Immer weiter marschierte die Truppe, und die Zeugnisse jenes verhängnisvollen und glorreichen Tages wurden immer zahlreicher und quälender. Vor uns lag das Skelett eines englischen Dragoners, dessen roter Rock in Fetzen an den Armknochen hing. Die Knöpfe waren abgeschnitten. Der Mann mußte schon früh gefallen sein, als die schwere Kavallerie unweit von Canroberts Hügel unter Beschuß der russischen Artillerie geraten war. In schauriger Nachbarschaft ein russisches Skelett. Der kleine, kugelrunde Schädel war bis auf den roten Haarschopf abgenagt. Etwas weiter, umgeben von Granatsplittern und Geschoßfragmenten, schien ein russischer Leichnam, dessen untere Extremitäten kaum bedeckt waren, aus dem Grab steigen zu wollen. Die halb verwesenden Kadaver von Artillerie- und Kavalleriepferden mit ihrem verrottenden Geschirr und Sattel lagen noch genauso da, wie sie im Todesmoment gestürzt waren, oder sie waren inzwischen zu einem Haufen aus Knochen und Haut, Lederriemen, Decken und Schnallen verwest. Aus zahllosen Gräbern stießen die blanken Knochen durch die Erde, als wollten sie gegen die Eile protestieren, mit der sie bestattet worden waren. Unter Trommelwirbel und schrillen Pfeifenklängen, mit Säbelgerassel und klirrendem Geschirr sprengten Roß und Reiter, in der ganzen Blüte ihres Lebens, über die Reste ihrer Gefährten hinweg.

Weiter ging es, vorbei an den alten türkischen Redouten Nr. 1 und 2, einem steil ansteigenden und geröllbedeckten, kegelförmigen Hügel entgegen, an dem die Russen unterhalb der Spitze eine Verschanzung angelegt hatten. Ein Trupp Kosaken und einige russische Offiziere hatten sich dort eingefunden, um unsere Stärke einzuschätzen und unsere Bewegungen zu verfolgen. Ein französischer Raketentrupp begleitete den Vorstoß der türkischen Infanteristen, die mit großem Eifer und sehr behende den Hügel erstürmten und dabei aus ihren Gewehren feuerten, was die Kosaken mit einer schwachen Salve beantworteten. Plötzlich stieg dichter weißer Rauch auf, der sich laut zischend und in hohem Bogen wie eine dicke Schlange gegen die Bergspitze warf. Auf seiner weiteren Flugbahn verschwand der Rauch, und der Feuerschweif verlor sich, doch kurz darauf gab es eine kleine Explosion auf der Bergkuppe, ein Rauchwölkchen stieg auf, und Kosaken und Russen stürzten eiligst davon. Tatsächlich hatten die Franzosen ihre Raketen überaus präzise und erfolgreich abgefeuert. Für solche Operationen waren diese beweglichen Raketentrupps genau das Richtige. Das technische Gerät war simpel und leicht transportierbar (Rohre, Kisten,

Raketenstöcke, Zünder usw. konnten von ein paar Maultieren mit Packtaschen bewegt werden), und die Geschosse selbst, obgleich nicht immer zuverlässig, waren sehr wirkungsvoll, namentlich im Einsatz gegen irreguläre und undisziplinierte Kavallerie.

Um zwei Uhr war die Erkundung vorbei, und allmählich zogen sich die Truppen ins Lager zurück, wobei Kosaken in sicherem Abstand den versprengten französischen Kavalleristen folgten und es von Zeit zu Zeit zu einem Schußwechsel kam. Alles in allem war die Erkundung eine willkommene und erfreuliche Abwechslung im öden, monotonen Alltag der Belagerung. Jedermann fühlte sich, als habe er die Kosaken geschlagen und sei endlich dem Gefängnis entflohen. Es hob unsere Stimmung, wieder über die Weite galoppieren und den furchtbaren Zwängen und jener Beengtheit entrinnen zu können, die im Lager für tödliche Langeweile sorgt.

In der Nacht des 19. unternahm das 77. Regiment direkt vor unserem rechten Flügel eine mutige, brillante, jedoch überaus verlustreiche Aktion. Einen wichtigen Part in den aktiven Unternehmungen der Belagerung spielten namentlich die Scharfschützen, die in den Schützenlöchern standen, welche der Feind mit großem Geschick angelegt hatte und mit Bravour und Entschlossenheit verteidigte. Diese Erdgruben waren richtige kleine Infanteriebatterien, und das Feuer aus einem solchen Loch, das 300, 400 Schritt von einer Geschützbatterie entfernt war, reichte durchaus, um die Kanonen zum Schweigen zu bringen und die Bedienungsmannschaften daran zu hindern, sich den Schießscharten zu nähern. Vor dem Redan, gegenüber unserem rechten Flügel, hatten die Russen eine Reihe größerer Schützenlöcher ausgehoben, aus denen sie uns nachdrücklich störten. Mehrmals hatten Kugeln und Granaten die Russen genötigt, über das freie Gelände zu ihren Batterien zu laufen, doch nachts reparierten sie die Schäden, und am nächsten Morgen waren sie so emsig wie eh und je. Unsere vorgeschobene Batterie wäre in arger Verlegenheit gewesen, wenn aus diesen beiden Gruben das Feuer eröffnet worden wäre, und so wurde beschlossen, sie einzunehmen, die geeignetere der beiden zu halten und die andere zu zerstören.

Gegen acht Uhr abends bewegte sich eine Abteilung des 77. Regiments, abgesichert von einem Trupp des 33., die Traversen entlang, in Richtung der Schützenlöcher. Es war dunkel und windig, doch die russischen Posten gewahrten unsere vorrückenden Männer und eröffneten augenblicklich das Feuer. Die Unsrigen reagierten überhaupt nicht, sondern gingen mit dem Bajonett gegen den Feind vor und vertrieben ihn nach kurzem Kampf. Kaum waren die Schützenlöcher eingenommen, gingen die Pioniere, Mineure und Sappeure sofort daran, sie auszubauen und die vorderste Erdgrube kaltblütig mit unserer vordersten Sappe zu verbinden. Der Feind antwortete mit heftigem Artilleriebeschuß, und die russischen Scharfschützen, die an den Brustwehren der Batterien und hinter den Baumverhauen standen, unterhielten ein scharfes Trommelfeuer, doch unsere Männer setzten ihre Arbeit fort, ungeachtet der über sie hinwegpfeifenden Kugeln. Trotz dieser schwierigen Bedingungen blieb die größere Stellung in unserem Besitz, ohne daß ernsthaft versucht wurde, uns zu vertreiben. Der kommandierende General telegraphierte dem Hauptquartier, daß die Schützenlöcher erobert seien, und erhielt Anweisung, sie unter allen Umständen zu halten. Um zwei Uhr nachts näherte sich eine starke russische Kolonne, gewiß doppelt so stark wie unsere Männer, den Schützenlöchern, und der Kampf flammte wieder auf. Der Feind stieß auf Truppen, die noch entschlossener waren als er, und auf Waffen, die noch wirksamer waren als die seinen. Mit dem Bajonett wurde er immer wieder zurückgeworfen, und schließlich mußte er sich in seine Batterien zurückziehen. Das Schützenloch blieb in unserer Hand, und ein lebhaftes Feuer wurde aufrechterhalten. Das war nicht nur gegen die Schießscharten des Redan wirksam, sondern auch gegen das Feuer der russischen Schützen an dessen Flanke. Ein blutjunger Trommler des 77. Regiments stieß in dem Durcheinander auf einen jungen russischen Hornisten, entwendete ihm das Horn und nahm ihn gefangen – eine kleine draufgängerische Aktion, für die der Bursche zu Recht ausgezeichnet wurde.

In der folgenden Nacht versuchten die Russen, die Schützenlöcher zurückzuerobern, wurden von unseren Soldaten aber umgehend abgewiesen. Durch Beschuß der Kanonen des Redan erlitten wir allerdings Verluste. Das 41. Regiment verzeichnete fünfzehn Tote und Verwundete. Das Schützenloch wurde eingeebnet, dann zogen sich die Männer zurück.

Im Mai begleitete Russell die Expedition nach der Festung Kertsch, 150 Meilen östlich von Balaklawa, die die Zufahrt zum Asowschen Meer kontrollierte. Wenn es alliierten Kriegsschiffen gelänge, die Meerenge zu passieren, wären die russischen Nachschublinien gefährdet. Nach einer Bombardierung landeten die Alliierten außerhalb von Kertsch.

Nach einer halben Meile Fahrt mit dem Ruderboot kamen wir an einen schönen, etwas ansteigenden Strand, der aber nur auf einem kleinen Stück zugänglich war, da die üppige Vegetation bis an den Rand des gezeitenlosen Meeres reichte. Das Wasser wies keinerlei Strömung auf, war klar und reich an Fischen. Zweihundert Schritt vom Strand erhob sich das Land abrupt zu einem etwa hundert Fuß hohen Hügelkamm, der parallel zur Küste verlief. Die Häuser, die die Küste säumten, waren vor den Franzosen schon nicht mehr sicher. Türen wurden zertrümmert, Fenster eingeschlagen, Hühner gejagt – und an der Plünderei beteiligten sich auch all jene unserer Soldaten, die abkömmlich waren. Einige größere Häuser und Scheunen brannten lichterloh. Auf dem Höhenzug über uns, von den letzten Strahlen der untergehenden Sonne erfaßt, zeichneten sich gegen den Horizont die Silhouetten der französischen und englischen Soldaten ab.

Die Häuser waren außen und innen recht sauber, getüncht und mit verglasten Fenstern ausgestattet, die allerdings so winzig waren, daß kaum Licht in die beiden Zimmer einer jeden Behausung fiel. Aber der schwere, säuerliche Geruch, der das Innere erfüllte, war sehr bedrückend und unangenehm. Er schien von den Säcken voller Schwarzbrot und den Gefäßen mit Fischöl herzurühren, die in jeder Hütte zu finden waren. Möbelstücke wurden zertrümmert, Hühner und Enten, Opfer des wütenden Galliers, unter erbärmlichem Gegacker und Geschnatter von Zuaven und Chasseurs davongeschafft. Jedes Haus, das wir betraten, wurde auf den Kopf gestellt, und vor jedem Schrank stand eine rote Reithose, und ein blauer Rock beugte sich hinein. Gefässe mit stinkendem Öl, bergeweise saures Brot, Kisten mit Mehl oder Schinken, dürftige Lumpen, alte Stiefel, von Schatzsuchern zerrissene Betten, scheußliche Heiligenbilder auf Holz oder Papier und mit einem Lämpchen davor, wie sie jede Hütte schmückten, lagen auf dem Fußboden. Spaßvögel liefen in ausgebleichten Kattunsachen oder alten Kleidern herum, die in Kommoden versteckt waren, und tanzten im Freien. In einem Haus, das offenbar als Wachstube gedient hatte, herrschte ein besonderes Durcheinander. Die Bewohner waren offenkundig in heller Aufregung geflohen, denn ihre Mäntel und Uniformjacken lagen auf der Erde, und in jeder Ecke lag haufenweise schwarzes Brot sowie eine unglaubliche Anzahl von alten Stiefeln.

Die Expedition zu Lande und zu Wasser war überaus erfolgreich. Die Festungen, welche die schmale Straße von Kertsch bewachten, wurden erobert, die Magazine des Feindes wurden von ihren eigenen Besatzungen gesprengt, und in unsere Hand fielen sämtliche Geschütze nebst einer große Menge an Getreide, Munition, Schiffsausrüstung und Kriegsgerät. Das Asowsche Meer bot sich uns dar, und unsere Kanonenboote durchmaßen es bis in jeden Winkel, wir zerstörten die Kriegs- und Handelsschiffe der Russen, vernichteten ihre Forts und verbreiteten Furcht und Schrecken an den Gestaden dieses Binnenmeeres.

Wir ließen Trümmer und Verwüstung zurück. Sir George Brown war gewiß bemüht, Plünderung zu vermeiden, doch hatte er es nicht nur mit Engländern zu tun, sondern auch mit Franzosen und Türken, und er sah sich nicht in der Lage, Raub, Zügellosigkeit und brutale Übergriffe zu unterbinden. Unsere Versuche, Greueltaten und Verwüstung und Ausschreitungen zu verhindern, waren ungenügend und fragwürdig. Wurde ein Matrose beim Davonschaffen von Büchern, Bildern, Möbelstücken oder anderen Objekten beobachtet, nahm man ihm die Sachen am Strand ab und warf sie ins Meer. Die Folge war, daß die Männer, wenn sie außer Rand und Band durch die Stadt zogen, wo niemand Gewalt über sie hatte, alles, was ihnen in die Hände fiel, kurz und klein schlugen. Mit den Franzosen oder Türken gaben wir uns nicht ab, und unsere Maßnahmen gegen unsere eigenen Leute waren hart, grotesk und nutzlos. Es zeigte sich, daß der österreichische Konsul einen großen Getreidevorrat besaß, den er in Truhen verwahrte, die dergestalt bemalt und verziert waren, daß sie als Bestandteil seines Hausrats durchgehen konnten. Alles wurde vernichtet. In dem notwendigen Zerstörungswerk fanden private Plünderer reichlich Gelegenheit für ihr Tun. Das Erscheinungsbild der Stadt ließ sich nur mit dem Palmyras vergleichen, das gerade zerstört oder anderweitig verwüstet worden war. Entlang der Hafenpromenade erstreckte sich eine lange Zeile von ehemaligen Lager- und Wohnhäusern, von Magazinen und Palästen. Jetzt standen sie leer, ausgehöhlt und abgedeckt, nachts brannten sie düster, und tagsüber stiegen bunte Rauchwolken daraus auf. Wo die Flammen aus den Fenstern geschlagen hatten, zeichneten sich schwarze Streifen auf den weißen Wänden ab. Die Lagerhäuser, voller Getreide, gehörten den Russen, die Magazine gehörten dem Feind, die Wohnhäuser gehörten ihren Edelleuten und hohen Persönlichkeiten, und die Paläste gehörten ihren Fürsten und Herrschern. Auf der ganzen Länge der Hafenpromenade war nur ein einziges Gebäude unversehrt: eine prächtige Villa mit einem grandiosen halbrunden Vorbau, reich geschmückt mit Simsen und griechischen Säulen. Durch die Fenster konnte man schwere Spiegel und Bilderrahmen und blitzende Metallgegenstände sehen. Das Haus gehörte angeblich dem Fürsten Woronzow.

Dort, wo nur Tage zuvor das Leben pulsiert hatte, in den Straßen, in fast jedem Haus herrschte nun eine ungemein quälende und bedrückende Stille, wenn nicht gerade jemand mit den Stiefelabsätzen Klavier spielte oder Mobiliar zertrümmerte oder im Innern eines Hauses die Flammen knisterten.

[Wieder vor Sebastopol.] Tagsüber konnte man zeitweilig den Eindruck gewinnen, als hätte das »niederträchtige Salpeter« mit einer modernen Belagerung nicht mehr zu tun als mit einer altertümlichen. Nachts gingen plötzlich wie auf ein rätselhaftes Signal Explosionen los, die so wütend und heftig andauerten, als wollte man die ganze Sache ein für allemal hinter sich bringen. Manchmal wirbelten die roten Sprengkörper wie glühende Lavastückchen durch die Luft und tanzten zu nicht vorhandener Musik, dann hörte man den Lärm kleiner Waffen, eine ferne Imitation schwerer Geschütze, so wie ein kleiner Hund in grundloser Rivalität das Bellen eines größeren nachahmt. Gekämpft wurde in unregelmäßigen, plötzlichen Ausbrüchen, und die Kombattanten standen, Homerschen Helden gleich, meist gelassen und ruhig da, während sie in Wahrheit nur daran dachten, wie sie dem Feind Schaden zufügen konnten.

Am 6. Juni wurde zum dritten Mal auf ganzer Linie das Feuer eröffnet. Es war etwa halb sieben am Abend, als die Spitze der angreifenden französischen Kolonne zu sehen war, wie sie die steile Straße zum Mamelon emporstieg. Zum Zeichen für uns, mit dem Ablenkungsmanöver zu beginnen, wurde augenblicklich eine Rakete abgefeuert, und im selben Moment eilten unsere Männer, die für diese ehrenvolle Aufgabe ausersehen waren, nach den Steinbrüchen. Nach kurzer Behinderung jagten sie die Russen aus der Stellung, stürzten die Schanzkörbe um und begannen, es sich gemütlich zu machen. Doch das Interesse galt der weitaus aufregenderen Szene, die sich rechterhand abspielte, so daß es eine ganze Weile dauerte, ehe man sich ihnen wieder zuwandte.

Die Franzosen erstiegen den Mamelon in bewundernswerter Manier und lockerer Formation, und aller Augen richteten sich gespannt auf ihre Bewegungen, die im schwindenden Tageslicht nicht mehr klar zu erkennen waren. Doch die Gestalten, die schattengleich über die graubraune Barriere der Verschanzungen huschten, strebten unaufhaltsam bergan – laufend, kletternd, den Hang hinauf, dem Hauptwerk entgegen, unter heftigem Geschützfeuer, das ihnen dank ihrer lockeren Formation nicht viel anhaben konnte. Ein Offizier, der beobachtete, wie sie von Bosquet angetrieben wurden, erklärte: »Sie haben sich hineingestürzt wie eine Meute kluger Hunde.«

Schon im nächsten Moment hoben sich einige dieser geisterhaften Figuren deutlich gegen den Himmel ab. Die Zuaven erklommen die Brustwehr und schossen von oben in die Stellung. Kurz darauf wurde eine Fahne als Sammel- und Orientierungspunkt und als Zeichen des Widerstands geschwenkt, bald gesenkt, bald erhoben, je nachdem, wie sich die tobende Schlacht entfaltete, und nun fielen sie wie ein Schwarm in den Mamelon ein, und es kam, deutlich zu sehen, zu einem erbitterten Nahkampf, hier mit der Muskete, dort mit dem Bajonett. Siebeneinhalb Minuten waren seit Beginn des Unternehmens verstrichen. Dann kam es zu einem Andrang an dem Punkt, wo sie eingedrungen waren, und draußen herrschte kurzzeitig Verwirrung. Kleine Gruppen sammelten sich auf der diesseitigen Hügelflanke, Deckung suchend, und hin und wieder warf die englische Batterie eine Granate in die gegenüberliegende Ecke. Doch kaum war die Notwendigkeit von Unterstützung deutlich geworden – ein, zwei Kanonen blitzten jetzt aus den Schießscharten auf –, als schon ein neuer Ansturm einsetzte, abermals kam es zu einem heftigen Bajonettkampf, und diesmal gingen die Russen hinaus und machten ihre Geschütze unbrauchbar. Zweimal stemmten sie sich gegen den Ansturm, denn sie hatten eine große Truppe in Reserve, die von den Geschützen des Runden Turms gedeckt wurde, und zweimal mußten sie zurückweichen vor der heranwogenden Flut der Franzosen. Etwa zehn Minuten lang hatte das schnelle Aufblitzen und Krachen von Handfeuerwaffen angezeigt, daß der ungewisse Kampf im Innern des Verteidigungswerks an- und abschwoll.

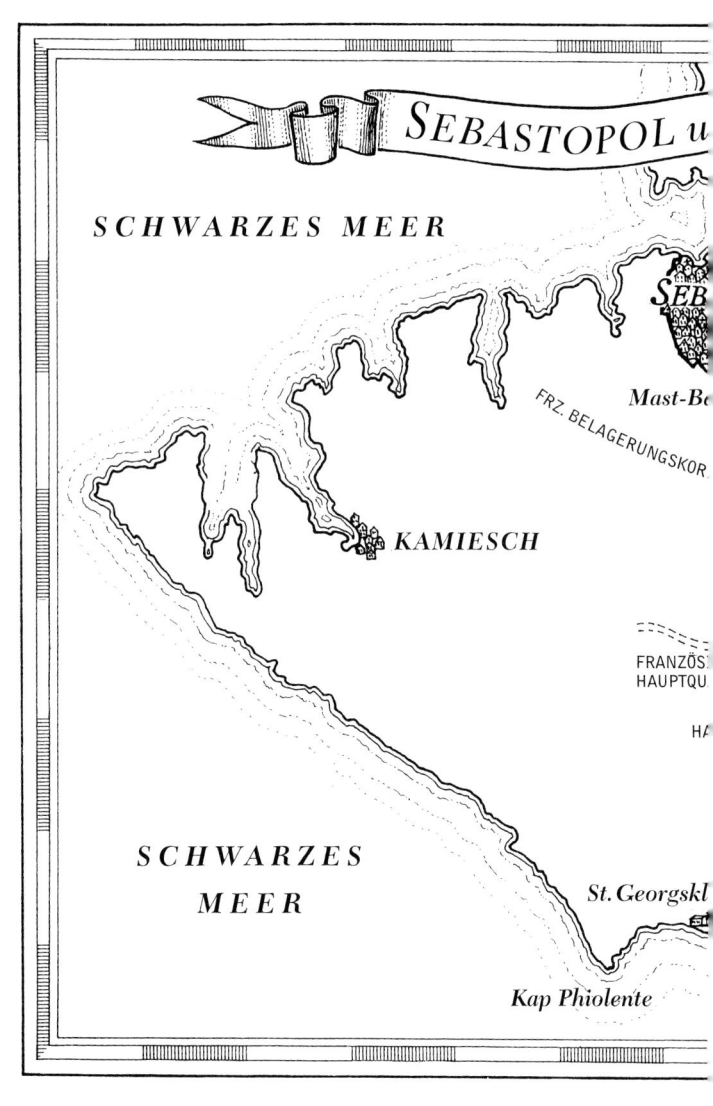

Dann wurde, wenn dieses bescheidene Bild gestattet ist, die Hintertür aufgestoßen, der Gefechtslärm drang in Richtung Stadt, und die Arena wurde größer.

Die Ausweitung des Gefechts deutete klar darauf hin, daß die Russen Verstärkung erhalten hatten. Als die Kämpfe wieder höher gelegenes Terrain erreichten, als die Franzosen ein

LAKLAWA 1855

Meierei MacKenzie

Kl. Redan
Malakoff
Mamelon
FRZ. BELAGE-RUNGSKORPS
INKERMAN
Aquädukt
Tschernaja
Woronzoff Straße
Sapoune-Berge
Fediukin-Berge
Traktir
TSCHORGUN
KAMARA
KADIKOY
RANI
BALAKLAWA

zweites Mal zurückwichen (beim ersten Mal war die Bewegung nur ein dünnes Rinnsal gewesen) und von der Position des französischen Generals immer neue Raketen unheilvoll aufstiegen und in ihrer Wiederholung die Dringlichkeit eines Befehls zu betonen schienen – da wurden wir nervös. Außerdem wurde es immer dunkler, so daß wir mit unseren Gläsern

Der Krimkrieg

die Entwicklung nur mehr mit Mühe verfolgen konnten. Zeitweilig schien selbst unter den Stabsoffizieren umstritten zu sein, ob unsere Verbündeten in die Bastion eindrangen oder aus ihr herausströmten. Im Dämmerlicht stellten wir schließlich fest, daß sich die Franzosen in das Innere ergossen. Nach einem Moment der Unsicherheit konnte man hören, daß der an- und abschwellende Gefechtslärm auf der anderen Seite des Hügels hinausdrang und die Russen endgültig geschlagen waren.

Die Alliierten setzten den großen Angriff auf den 18. Juni fest, wobei die Briten den Redan, die Franzosen, ganz rechts außen, den Malakoff einnehmen sollten. Die Franzosen wollten 36 000 Mann (10 000 Mann Reserve) aufbieten, die Briten 1200 Mann und 10 000 Mann Reserve. Merkwürdig, daß dieses Mißverhältnis durchging und der russische Widerstand im Redan derart unterschätzt wurde.

Gerade kündigte ein schwacher Schein am östlichen Himmel die nahende Morgendämmerung an, als wir unweit des Malakoff zu unserer Rechten unregelmäßiges, aber lautes Gewehrfeuer hörten. Im Nu erwachten sämtliche russische Verteidigungswerke zum Leben, und das Dröhnen der Artillerie, unterlegt durch Musketengeknatter, schien kein Ende zu nehmen. Die Abteilung unter General Mayran hatte viel zu früh angegriffen. Unklugerweise, wie sich inzwischen gezeigt hat, war beschlossen worden, das Signal per Raketen zu geben, und eine versehentlich abgeschossene Rakete täuschte den französischen General, der seinen Irrtum mit dem Leben bezahlte, da er bei seinem Angriff, der mit mörderischem Feuer erwidert wurde, tödliche Verwundungen erlitt. Binnen Minuten wurde die Kolonne, die in der Dunkelheit direkt vor den Geschützen des Feindes aufgetaucht war, unter großen Verlusten zurückgetrieben. Das Gewehrfeuer verstummte, doch die Geschütze der Schiffe vor der Kiel-Bucht und rechts von uns waren weiterhin aktiv. Dann stiegen drei Raketen in den düsteren Himmel. Das war das Signal für den französischen Angriff, den General Mayran mit solch mißlichen Folgen vorweggenommen hatte. Die Kolonne des Generals d'Autemarre stürmte im Laufschritt die Schlucht zwischen Redan und Malakoff hinauf, während General Brunet seine Männer von links zum Angriff gegen das Werk führte. Die Russen empfingen sie mit einem ungeheuren Feuer, denn der Vormarsch dieses großen Truppenkörpers war in der grauen Morgendämmerung schon auszumachen. General Brunet wurde tödlich getroffen. Unablässiges Kartätsch- und Musketenfeuer fuhr in seine Kolonne, so daß sie sich unter großen Verlusten nach den Laufgräben zurückziehen mußte. Die Kolonne rechts vom Malakoff hatte etwas mehr Glück. In aufgelöster Ordnung durchquerte sie den Graben, erstieg die Brustwehr der Batterie Gervais und trieb den Feind vor sich her. Ein paar Mann drangen sogar in den Malakoff ein, und wenn meine Augen mich nicht täuschten, sah ich in dem Schlachtgetümmel, im Zentrum der Bastion, eine Fahne wehen, eine Trikolore, wie mir schien, welche die Franzosen zum Zeichen ihres Erfolges gehißt hatten. Die Russen hielten einige Häuser in der Schiffervorstadt (Karabelnaja), und ein paar Franzosen drangen tatsächlich bis zur Hafenmauer vor.

Obgleich vereinbart war, daß die Engländer erst angreifen sollten, nachdem die Franzosen den Malakoff erobert hatten, beschloß Lord Raglan, ihnen schon in dieser Phase des Angriffs zu Hilfe zu eilen, und die beiden Raketen (das Signal für unsere Männer) stiegen auf. Zu diesem Zeitpunkt kämpften die Franzosen noch vor dem Malakoff, waren aber in Besitz der Batterie Gervais auf dem rechten Flügel. Brunets Kolonne war zurückgeschlagen worden und eine zweite Attacke rechts außen durch Mayran gänzlich gescheitert. Unsere Männer standen zum Angriff bereit, aber die Russen, die durch den Angriff von links gewarnt waren, daß wir zum Sturm auf ihr Werk ansetzen würden, waren gleichfalls bereit und hielten im Redan eine große Streitmacht in Reserve. Ihre Geschütze waren bemannt und mit Kartätschen geladen, und an den Brustwehren drängte sich Infanterie.

Der Sturmtrupp, der die linke Face des Redan angreifen sollte, bestand aus elf Offizieren und 400 Mann des 34. Regiments unter Major Gwilt und wurde begleitet von einer Abteilung der Schützenbrigade sowie einem Leitertrupp der Matrosenbrigade. Sobald das Signal zum Sturm kam, stürzten die Männer aus den Laufgräben. Sie wurden sofort von einem mörderischen Feuer empfangen, so daß Major Gwilt den in seiner Nähe befindlichen Kompanien des 34. Regiments befahl, sich zu Boden zu werfen. Doch im äußersten rechten Abschnitt des Laufgrabens stießen die Männer, die den Befehl nicht mitbekommen hatten, sektionsweise im Laufschritt vor, so daß am Ende der gesamte Sturmtrupp auf die linke Face des Redan loslief. Bald herrschte großes Durcheinander, und als sie zu den Baumverhauen gelangten und sich einem formidablen Hindernis gegenübersahen, steigerte sich ihre Verwirrung noch mehr. In diesem Moment erschien Oberst Yea, der sich darüber beschwerte, daß ein Großteil seiner Männer sich in einem kleinen Graben verstecke, doch wurde festgestellt, daß diese Männer allesamt verwundet oder tot waren. Oberst Yea fiel wenig später. Major Gwilt, der, etwa sechzig Schritt von dem Verhau entfernt, schwer verwundet wurde, sah sich genötigt, den Rückzug anzutreten. Als die 34er herankamen, stand ihnen nur eine einzige Leiter am Verhau zur Verfügung. Dieses Versäumnis hatte diverse Gründe. Die Kolonnen waren zahlenmäßig zu schwach, und es kam ihnen auch niemand zu Hilfe. Kaum waren sie aus den Laufgräben gestürzt, begann der Feind, auf breiter Front ein gezieltes Trommmelfeuer gegen sie zu richten, wodurch sich das allgemeine Wirrwarr, das die Art ihres Vorgehens verursachte, noch weiter verstärkte. Der arme Oberst Yea sah die Folgen nur allzu deutlich. Vergeblich suchte er, seine desorientiert vorstoßenden und bereits in großer Zahl fallenden Männer aufzuhalten. »So geht es nicht«, rief er. »Wo ist der Trompeter, er soll sie zurückrufen!« Aber ach, in diesem kritischen Moment fand sich kein Trompeter. Der unerschrockene Offizier versuchte mit Rufen und Handzeichen, seine Männer neu zu formieren, doch der Donner der feindlichen Kanonen und die Düsternis vereitelten seine Bemühungen; und während er loslief, um seine Truppen für einen Ansturm gegen die Batterien neu zu ordnen, flog eine Salve mörderischer Geschosse heran, und der edle Soldat sank, von Kartätschkugeln in Kopf und Bauch getroffen, vor seinen Männern tot zu Boden.

Die linke Kolonne, die den einspringenden Winkel an der rechten Face des Redan zu erstürmen suchte, sah sich einem ähnlich gnadenlosen Feuer ausgesetzt. Die Matrosen wurden von dem feindlichen Beschuß überwältigt. An den Verhauen gab es ebensowenig Leitern wie im Graben des Redan, und mit ihren Gewehren vermochten sie nichts gegen die feindliche Artillerie auszurichten. Binnen kurzem waren unsere Sturmtrupps restlos aufgerieben, und auf schmerzhafte Weise stand fest, daß es uns nicht gelungen war, den Redan auf Anhieb einzunehmen.

Mittlerweile wurden die Franzosen, da sie keine Verstärkung erhalten hatten, aus der Batterie Gervais vertrieben, freilich erst, nachdem sie die Stellung mit großer Entschlossenheit und Bravour mehr als vierzig Minuten gehalten hatten. Marschall Pélissier indes gab die Hoffnung nicht auf, sondern übermittelte Lord Raglan den Vorschlag, den Angriff erneut vorzutragen, sobald entsprechende Kräfte bereitgestellt seien. Lord Raglan war ebenfalls vom Nutzen eines erneuten Angriffs überzeugt, vertrat jedoch die Auffassung, daß eine solche Aktion erst nach mehrstündigem Bombardement durch die Batterien stattfinden sollte. Bei dieser Gelegenheit dürfte Lord Raglan jedenfalls einen realistischeren Blick bewiesen haben als sein französischer Kollege. General d'Autemarre war so überzeugt von einem Mißlingen des Angriffs, daß er Marschall Pélissier in einer Depesche dringend aufforderte, die Männer nicht sinnlos zu opfern. Da General d'Autemarre ein erfahrener Mann war, sah Pélissier sich genötigt, nachzugeben.

Unsere Offiziere wurden von den schlauen Russen überlistet, die seit einiger Zeit ihre Geschütze getarnt oder von den Scharten zurückgezogen hatten, so als seien sie durch unseren Beschuß überwältigt und ausgeschaltet worden. Für die

Wirkungslosigkeit unserer Truppen konnte es keinen schlagenderen Beweis geben als die Tatsache, daß die Soldaten, die den Redan attackieren und einnehmen sollten, nicht einmal die äußeren Partien des Werks erreichten, daß keine Leitern bereitstanden und daß nur ein kleiner Teil der Sturmtruppen den weit vor dem Redan befindlichen Verhau erreichte. Man kann nicht behaupten, daß unsere Männer bei dieser Aktion nicht mutig gewesen wären, aber der Angriff war so wirkungslos und schwach, daß die Russen sogar vor der Brustwehr des Redan erschienen und unsere Leute, die noch vor dem Verhau standen, verlachten und sie höhnisch aufforderten, näherzukommen.

Unter zivilisierten Kriegsgegnern ist es in einer solchen Situation üblich, eine Waffenruhe zwecks Bestattung der Toten zu vereinbaren. Es war unsere traurige Pflicht, am nächsten Tag um eine solche Kampfpause zu ersuchen, da unsere Gefallenen vor unseren Linien lagen, dagegen keine russischen Toten vor dem Redan und dem Malakoff. Quälend war es, die Verwundeten unter brütender Sonne liegen zu sehen – wie sie, vor Durst verschmachtend, fiebernd und von Schmerzen gepeinigt, ermattet ihre Mützen schwenkten oder unseren Linien, über denen sie die weiße Fahne sehen konnten, ein Zeichen gaben. Noch immer lagen sie dort, wo es sie erwischt hatte, oder sie waren in die Bombentrichter gekrochen und lagen nun schon an die dreißig Stunden dort.

Mit einigen Begleitern ritt ich hinunter nach dem Mamelon. Die Schlucht war gleichsam gepflastert mit Artilleriegeschossen. Hier und da schimmerte die Erde metallisch. Einmal trafen wir auf einen französischen Posten. Die Männer schliefen unter ihren Mänteln, die sie zum Schutz vor der Sonne in die Äste gehängt hatten, oder saßen vor dem ewigen *pot-au-feu*, bereiteten herrlichen Kaffee mit den simpelsten Geräten, rauchten oder führten ernste Gespräche. Erstaunlicherweise guckten die Männer fast mürrisch, dabei dachten sie bloß an ihre gefallenen Kameraden, die sie würden bestatten müssen. Höflich boten sie einem sofort etwas bräunliches Wasser zu trinken an, oder sie gaben Feuer für die

Zigarre oder erteilten irgendeine Auskunft. Am Rand dieser Schlucht sah ich einige nackte Erdhügel (wenn man sein Pferd nicht vorsichtig vorbeilenkte, trottete es darüber), unter denen einzelne Gefallene ruhten oder auch mehrere, mit Kalk bestreut, am gemeinsamen Ort der Ehre, der hier und da mit einem schlichten Holzkreuz versehen war. Der Lärm von schnellen Gewehrschüssen und das Pfeifen der Kugeln unweit des Mamelon deutete darauf hin, daß der Feind die Flagge der Waffenruhe noch nicht aufgezogen hatte. Zwei Voltigeure, mit einem jungen englischen Seeoffizier in der Mitte, näherten sich. Der Mann, der als Spion verdächtigt wurde, konnte sich seinen Bewachern nicht erklären. Er berichtete uns, er sei Offizier der *Viper*, habe ein paar Freunde von der Matrosenbrigade besuchen wollen und sei dabei vor den Mamelon geraten und gefangengenommen worden. Dieser Sachverhalt wurde den beiden Franzosen erklärt. Sie wiesen darauf hin, daß die Matrosenbrigade nicht vor dem Mamelon eingesetzt werde und daß sich allerhand raffinierte Spione hier herumtrieben – doch am Ende hatten sie ein Einsehen und ließen ihren Gefangenen mit höflichen Worten frei. Wenig später befanden wir uns in einem zickzackförmig angelegten, etwa sechs Fuß breiten und sechs Fuß tiefen Laufgraben, dessen Seitenwände durch Einschüsse schon ziemlich in Mitleidenschaft gezogen waren, und begegneten Franzosen mit Wasserkesseln oder großen Blechbehältern voll Kaffee sowie mit fertig zubereiteten Portionen Fleisch und Suppe, die sie zu den Männern schafften, die vor dem Mamelon Dienst hatten. Die Feldküche befand sich in einer nahegelegenen Schlucht.

Vor dem Mamelon, in der Umgebung ihrer vordersten Stellungen, hatten die Russen viele jener kleinen Fougassen (Flatterminen) eingegraben, die bei Berührung mit dem Fuß explodierten. Es sind dies stabile, mit Sprengpulver gefüllte Gehäuse; jedes ist mit einem dünnen Röhrchen aus Blech oder Blei versehen, in dessen Ende ein mit Schwefel- oder Salpetersäure gefülltes dünnes Glasröhrchen steckt. Dieser obere Teil der Röhre wird oberirdisch verlegt und mit Gras oder ein paar Steinen bedeckt. Sobald jemand darauf tritt, zerbricht das Glasröhrchen, die Säure läuft sofort aus und fließt durch das Rohr in das Gehäuse, wo sie auf ein paar Gramm Kaliumchlorat trifft. Das Pulver entzündet sich, die Mine explodiert und zerstört nicht nur alles in der näheren Umgebung, sondern schleudert auch eine bestimmte Menge Bitumen, mit dem sie beschichtet ist, brennend in die Höhe, so daß überall dort, wo diese Teile niedergehen, ein Flammenherd gelegt wird. Später am Tag hätte ich fast am eigenen Leibe erfahren, wie diese Minen funktionieren. Ein englischer Wachposten, der mich freundlicherweise davor warnte, wies nicht die genaue Richtung, bis er merkte, daß er durch mich in höchster Gefahr war, woraufhin er mir einen ausführlichen Vortrag hielt.

Unweit des Redan lag ein Rotrock, ein Angehöriger des 34. Regiments, wie schlafend mit dem Gesicht auf der Erde, unter sich das Gewehr, dessen Lauf durch die Kartätschkugel, die anschließend durch den Leib des Soldaten gedrungen, völlig verbogen war, und die rechte Hand, die unter der Brust hervorschaute, hielt noch immer den Schaft umklammert. Das war der erste Tote, den ich sah, und er befand sich in allernächster Nähe unserer Linien, doch in der Umgebung lagen noch viele andere. Die Leichen vieler Offiziere, die ich aus alten Zeiten kannte – aus alten Zeiten dieses Krieges, denn auf der Krim war ein Soldatenleben kurz, und die Ereignisse eines Lebens wurden in wenige Stunden zusammengepreßt –, wurden stumm an uns vorbeigetragen, und hin und wieder, schön zu berichten, wurden Schwerverwundete gefunden, die noch lebten und stöhnend und seufzend auf sich aufmerksam machten.

Als unsere Bestattungstrupps herauskamen, bildeten die Russen eine Postenkette, allerdings so weit vor den Verhauen, daß General Airey sich bei dem Adjutanten von General Osten-Sacken* beschwerte, woraufhin die Leute ein Stück

---

* Dimitri Graf von der Osten-Sacken (1790–1881), russischer General, Kommandant von Sebastopol. (A.d.Ü.)

zurückbeordert wurden. Die Russen waren prächtige, hochgewachsene, muskulöse, ausgesprochen stramme Burschen, und man konnte nicht umhin, sie mit einigen der kraftlosen Gestalten in unseren Regimentern zu vergleichen oder mit den kleinen, untersetzten Männern der französischen Linie. Sie wirkten gepflegt, trugen makellose Uniformen und waren gewiß dazu ausersehen, uns zu beeindrucken. Viele trugen Auszeichnungen und schienen kampferprobte Soldaten zu sein. Die Offiziere mit ihren weißen Glacéhandschuhen, den polierten Lederstiefeln und der weißen Leinenuniform machten ebenfalls einen tadellosen Eindruck. Ihre Arbeitstrupps schafften unsere Gefallenen herbei und legten sie vor der Postenlinie ab, wo sie von unseren Leuten abgeholt wurden.

Obschon uns der Fortgang der Belagerung vor russischen Ausfällen bewahrte, mußten wir die Attacken anderer, ebenso lästiger, wenn auch nicht so gefährlicher Feinde erdulden. Es wimmelte von Fliegen, die einen tagsüber nicht in Ruhe ließen und des Nachts kaum weniger plagten. Da mein Quartier sich günstigerweise in der Nachbarschaft von mehreren Hunderten Intendantur-Maultieren und einem Sortiment von leeren Zuckerfässern und Behältern für Rind- und Schweinefleisch befand, genoß ich womöglich mehr als das übliche Maß an Zuwendung dieser ausdauernden Plagegeister, die in Wolken umherschwärmten, sich auf den empfindlichsten Stellen des Gesichts niederließen und einem nicht die geringste Ruhe gönnten. Wie Harpyien kämpften sie buchstäblich um das Fleisch, das wir verspeisten, wenn es denn welches gab, und auf dem Bissen, den man zum Munde führte, hatten sich meist schon zwei oder mehr dieser Insekten breitgemacht, die nur durch kräftiges Schütteln dazu gebracht werden konnten, von ihrer Beute abzulassen. Ruhe fand man nur an einer ausgesprochen zugigen Stelle, was aber etwas mühselig war, wenn man Papiere um sich herum ausgebreitet hatte. Betrat man nach kurzer Abwesenheit wieder seine Baracke, so erhoben sich überall dichte Wolken unter ohrenbetäubendem Gesumme. Gereizte Zeitgenossen machten verzweifelt Jagd auf sie, indem sie mit Handtüchern um sich schlugen. Andere gingen eher methodisch vor, indem sie alle Ritzen und Löcher verstopften und alte Zeitungen verbrannten. Doch es nützte alles nichts – fünf Minuten später war ein neuer, noch gierigerer Schwarm da. Verschont wurde man nur nachts, wenn die Eindringlinge in gigantischen schwarzen Haufen an der Decke klebten und dort schliefen. Aber selbst dann fanden sie, sobald man eine Kerze anzündete, zu ihrer alten Lebendigkeit zurück. Sie waren eine unerwartete und überaus lästige Plage, vor allem für die armen Kerle in den Lazarettzelten, die den ganzen Tag keine Ruhe vor ihnen hatten, sondern sich unablässig in einem Zustand nervöser Unruhe befanden. Mit einer Kiste Fliegenfänger hätte man in Balaklawa viel Geld verdienen können. Wir hätten unsere Baracken und Zelte damit austapeziert und trotzdem keine Hoffnung gehabt, unsere Peiniger ausrotten zu können.

Inzwischen hatten die Franzosen ihre Belagerungslinie fast bis an die Verhaue des Malakoff vorgeschoben und waren nur noch einen Steinwurf von der russischen Bastion entfernt. Alle Beteiligten hatten langsam begriffen, daß das eigentliche Angriffsziel der Malakoff war, nach dessen Eroberung der Redan nicht mehr zu halten und somit die Aufgabe der Südflanke nur noch eine Frage der Zeit wäre. Kein Feuer der Russen, genau oder weniger genau, schwer oder weniger schwer, konnte den Fortgang des Belagerung verhindern. Das Terrain im Umkreis von Malakoff und Redan bot mit jedem Tag ein bunteres Bild. Es war durchzogen von Laufgräben, Traversen, Schützenlöchern und Batterien – ein wahres Labyrinth, in dem man sich nur mit hervorragendem Orientierungssinn oder nach mehreren Tage Postendienst zurechtfand. Zu diesem Zeitpunkt herrschte weithin die Ansicht, daß ein neuer Angriff gegen den Malakoff in Bälde erfolgen würde. Wie mir ein französischer Artillerieoffizier berichtete, soll Pélissier auf die Frage, wann die Belagerungsoffensive wiederaufgenommen würde, erklärt haben: »Das weiß ich nicht. Die Russen verlieren jeden Tag drei-, vierhundert Mann durch Krankheit. Wenn wir eine Woche warten, haben sie eine ganze

Brigade verloren, wenn wir einen Monat warten, haben sie ein Armeekorps verloren.« Wenn die Russen viele Soldaten durch Krankheit verloren, so gelang es ihnen hinwiederum, sie irgendwie zu ersetzen. Es kursierten zahllose Gerüchte über immense Verstärkungen, die unentwegt einträfen, und täglich wuchs die Sorge vor einem Angriff gegen die Stellungen an der Tschernaja.

Diese Sorge war durchaus berechtigt, doch bevor am 16. August der Angriff gegen das andere Tschernaja-Ufer stattfand, versammelte General Pélissier 40 000 französische und sardinische Truppen auf den Fediukin-Bergen und am Aquädukt, der ungefähr parallel zum Fluß verläuft. Die Sardinier hatten sich am 26. Januar 1855 den Verbündeten angeschlossen.

Der Aquädukt bildete die Hauptverteidigungslinie der Franzosen. Etwa neun, zehn Fuß breit und mehrere Fuß tief, verläuft er so dicht am Rand der steil ansteigenden [Fediukin-]Berge, daß er, fast überall von einem hohen Erdwall verstärkt, einer angreifenden Truppe erhebliche Schwierigkeiten bereitet, denn sobald sie den Erdwall erstiegen hat, bietet sie den Verteidigern auf der Anhöhe ein hervorragendes Ziel. Gleichwohl überquerten ihn die Russen von rechts und schickten sich an, den Berghang zu erstürmen, als sie seitlich vom Feuer der sardinischen Batterien überrascht wurden und den Abhang bis zum Aquädukt hinuntertaumelten.

Nicht länger als zehn Minuten hatte dieser erste Ansturm gedauert. Die Russen wichen zurück, aber nach ein paar hundert Schritt kam ihnen schon im Sturmschritt die zweite Kolonne entgegengeeilt, und mit vereinten Kräften stießen sie abermals vor. Dieser zweite Versuch war erfolgreicher als der erste. An der Brücke von Traktir wateten die Russen über den Fluß und drängten die Verteidiger zurück. Kaum war die Brücke frei, wurden zwei Geschütze der 5. leichten Artilleriebrigade auf das andere Ufer geschafft und auf einem offenen Geländeabschnitt zwischen zwei Anhöhen, durch die die Straße nach Balaklawa führt, in Stellung gebracht. Während diese beiden Geschütze die Brücke passierten, wurde ein drittes Geschütz in einer Furt an das andere Flußufer geschafft, und dann wurde aus allen dreien das Feuer gegen die Straße und den Berg eröffnet. Die Infanterie wartete indes nicht auf eine mobile Brücke, sondern stürzte sich in das brusthohe Wasser, jagte die Böschung hinauf und begann, die Anhöhen zu erklettern. Bis auf halbe Höhe kamen die Russen, doch inzwischen waren die Franzosen bereit und empfingen sie in machtvoller Weise. Obschon beharrlich und entschlossen, wurden die Russen allmählich zurückgedrängt und trotz hartnäckigen Widerstands über die Brücke getrieben.

Während dieses zähen Gefechts attackierte die zweite Abteilung abermals den rechten Flügel der Franzosen, diesmal freilich in solchen Massen, daß sie weder vom Aquädukt aufzuhalten waren noch von den sardinischen Geschützen, die breite Schneisen in ihre Reihen schlugen, eingeschüchtert werden konnten. So unaufhaltsam drangen sie vor und so energisch stürmten sie den Steilhang hinauf, daß die am Rand stehenden Zuaven für einen Moment zurückweichen mußten. Die russischen Offiziere führten ihre Männer unter Anfeuerungsrufen an. Einer von ihnen, ein tapferer Bursche, der seiner Truppe mindestens zwanzig Schritt voraus war, überwand als erster den Aquädukt und wurde anschließend an der Seite des Hügels gesehen. Durch diesen furiosen Ansturm gelangten die Russen in unglaublich kurzer Zeit zum Kamm der Anhöhe, wo sie innehielten, um sich neu zu formieren. Doch die Franzosen waren unterdessen nicht müßig gewesen. Die Zuaven waren lediglich von der Seite des Hügels zum Haupttruppenteil zurückgefallen, der hinter der Bergkuppe wartete. Kaum erhob die feindliche Kolonne ihren Kopf, antworteten die Geschütze mit Kartätschen, und die französische Infanterie eröffnete ein derart mörderisches Feuer, daß die Russen verunsichert innehielten. Doch der Druck aus den hinteren Reihen war so groß, daß die Spitze, trotz des unerwarteten Empfangs, noch einige Schritt weitergedrängt wurde. Und nun stürzten sich die Franzosen unter lautem Gebrüll auf den Feind, der, ohnehin angeschlagen, sogleich kehrtmachte und die Anhöhe womöglich noch schneller hinunterstürzte, als er heraufgekommen war. Doch es waren so viele, daß ihnen alle Eile nichts half. Mehr als 200 Gefangene wurden auf der Stelle gemacht, und die Anhöhe, die Böschung des Aquädukts, der Aquädukt selbst und das Flußufer waren übersät mit Toten und Verwundeten. Außerdem richtete die sardinische und französische Artillerie ein gnadenloses Kreuzfeuer gegen die verstreuten Reste der Kolonne, und kaum ein Schuß, der sein Ziel verfehlte. Es war eine völlige Katastrophe. Die Franzosen eilten die Anhöhe herunter und trieben den Feind weit über die Ebene, aber die Russen waren schon so geschwächt, daß nichts mehr gegen sie unternommen wurde.

Nicht so auf der Brücke. Trotz der schweren Verluste, die sie während der zweiten Attacke hatten, konzentrierten die Russen abermals all ihre Kräfte, sammelten die verstreuten Überreste der Kolonne, die von den Franzosen in die Flucht geschlagen worden war, und führten ihre ganzen Reserven heran, um ein weiteres Mal einen Angriff zu versuchen. Wieder überquerten sie die Tschernaja und den Aquädukt, um die Höhe einzunehmen – doch vergeblich. Die Franzosen waren jetzt gut vorbereitet, und die Russen bezahlten ihre Hartnäckigkeit nur mit noch mehr Verlusten. Bald konnte man sie, von den Franzosen verfolgt, in alle Richtungen fliehen sehen. Diese letzte Attacke war entscheidend, und sofort zeigte die übliche russische Vorbereitung zum Rückzug – nämlich das Auftauchen der Artillerie –, daß sie sich offenbar geschlagen gaben und bereit waren, den Rückzug anzutreten. Drei Batterien zu je zwölf Geschützen, die während des Angriffs zum größten Teil geschwiegen hatten, eröffneten das Feuer, während die Reste der Infanterie sich hinter einem Hügel vor dem Plateau von Mackenzie sammelten.

Die Sardinier, die sich, abgesehen von dem kleinen Vorhutgefecht auf dem rechten Ufer der Tschernaja, darauf beschränkt hatten, die Franzosen mit ihrer vorzüglichen Artillerie zu unterstützen und das russische Feuer auf dem gegenüberliegenden Plateau vollständig zum Schweigen zu bringen, stießen nunmehr über den Aquädukt vor. Die russischen

Schützen hatten sich inzwischen hinter die Uferböschung zurückgezogen und unterhielten dort ein lebhaftes, freilich wirkungsloses Feuer. Ein piemontesisches Bataillon, angeführt von einer Kompanie Bersaglieri, avancierte in tadelloser, geradezu parademäßiger Ordnung und vertrieb die Russen alsbald aus ihrer Stellung. Die Italiener stießen sogar ein Stück weit in das Plateau vor, doch da nicht beabsichtigt war, den Höhenzug zu erobern, beschränkte man sich darauf, den Feind, der schon voll den Rückzug angetreten hatte, weiter zu beobachten.

Um halb zehn, zehn Uhr erinnerten nur noch die staubumwirbelte Straße zur Anhöhe von Mackenzie und die sich entfernenden schwarzen Linien an den so lange angedrohten Angriff der Russen. Alles eilte nun zum Schlachtfeld, und auf einen Blick konnte man erkennen, daß die Verbündeten eine große Schlacht gewonnen hatten. Obschon nicht ganz so hartnäckig und blutig wie die Schlacht von Inkerman, der dieser Kampf in mancherlei Hinsicht ähnelte, war es eine regelrechte Schlacht. Wie schon bei Inkerman, verzichteten die Russen völlig auf taktische Manöver, sondern setzten ausschließlich auf die Tapferkeit ihrer Soldaten. Der wesentliche Unterschied war die Art des Gefechts. Bei Inkerman fiel die große Mehrheit der Russen dem Feuer und den Bajonetten der Infanterie zum Opfer, während es an der Tschernaja vor allem die Geschütze waren, die den größten Schaden anrichteten. Die meisten Verwundeten und Toten waren von Rundkugeln, Kartätschen, Granaten und Schrapnellkugeln so grauenhaft gezeichnet, daß ein furchtbareres Schlachtfeld kaum vorstellbar erscheint. Fast alle Verwundeten wiesen Bein- oder Kopfverletzungen auf. Vor allem in der Nähe des Aquädukts boten sich entsetzliche Szenen. Die Russen waren bei der Erstürmung des Aquädukts in das Feuer der sardinischen Geschütze geraten, woraufhin die Toten und Verwundeten die Böschung hinabgerollt waren, stellenweise mehr als zwanzig Fuß tief.

Die Verwundeten, die von den Franzosen sofort geborgen wurden, lagen bis zum Eintreffen der Ambulanzen auf freiem Feld bei der Brücke. Nach Aussage der Gefangenen und nach den Uniformen der Verwundeten und Toten zu urteilen, waren drei Divisionen an der Attacke beteiligt gewesen. Ein Soldat, der dem letzten Reservebataillon angehörte, erklärte, daß General Gortschakow, der russische Befehlshaber, vor Beginn des Angriffs einen Brief des Zaren habe verlesen lassen, in dem jener seiner Hoffnung Ausdruck verlieh, daß sich die Soldaten als ebenso tapfer erweisen mögen wie im letzten Jahr, als sie die Höhen von Balaklawa nahmen; anschließend sei reichlich Wodka verteilt worden. Neben jedem Soldaten lag eine leere Flasche, wohlgemerkt eine ziemlich große. In den Genuß dieser Zuwendung kam aber nur die Infanterie, die auf diese Weise bis zur Tollheit angestachelt werden sollte. Die Artillerie erhielt nur die übliche Ration.

Der Marsch der Russen dauerte bis spät in den Tag – ihre letzte Kolonne erreichte das Plateau gegen zwei Uhr. Es muß ein furchtbarer Marsch gewesen sein – ohne einen Tropfen Wasser, und höchstwahrscheinlich hatten sie selbst in ihrem Steppenlager nichts zu trinken. Die Gefangenen erzählten uns sogar, sie seien mit dem Hinweis, daß es reichlich Wasser gäbe, sobald sie an der Tschernaja stünden, zum Angriff angestachelt worden – das stärkste Lockmittel, das es für sie gab. Ich ritt zum Brückenkopf. Um mir ein Bild vom Rückzug zu machen, stieg ich zur Brücke hinab, die mit Verwundeten übersät war. Kurz bevor ich die Mitte der Brücke erreichte, ging dort unter den Franzosen, die sich mit gewohnter Menschlichkeit um die Verwundeten kümmerten, ein Geschoßhagel nieder. Einige Granaten schlugen in den seichten Fluß ein, dessen Ufer mit Verwundeten übersät war, andere erwischten die armen Kerle, die auf das Wasser zukrochen – darunter auch einen, dem ich kurz zuvor ein belegtes Brot zugeworfen hatte. Andere Geschosse zerfetzten die Brücke oder rissen die Straße auf. Ich flüchtete sofort von der Brücke und verbarg mich unter einem Brückenbogen, als uns die Batterie ein zweites Mal unter Beschuß nahm. Nach etwa zehn Minuten gönnten uns die Russen eine kleine Verschnaufpause. Anschließend feuerten sie mit Rundkugeln. Und während ich in Richtung Straße zurückwich, um hinter

Der Krimkrieg

einem der Hügel Deckung zu suchen, wurde ein verwundeter Zuave vor meinen Augen in Stücke gerissen. Hinter dem Hügel lagerten etwa fünfhundert russische Gefangene, viele verwundet, alle kriegsmüde, schmutzig, zerlumpt – manche liefen sogar barfuß. Die französischen Wachposten schienen Mitleid mit den armen Kerlen zu haben, doch zwei, drei russische Offiziere, die etwas abseits saßen, würdigten ihre Leute keines Blickes, sondern rauchten gleichgültig Zigarre oder sprachen gewandt mit den französischen Offizieren über die Wechselfälle des Kriegs und andere Dinge.

Die Belagerung von Sebastopol trat in ihre entscheidende Phase. Am 5. September eröffneten die alliierten Batterien das Feuer.

Wenn eine der wenigen Personen, die in das Geheimnis der Beschießung eingeweiht waren, am Morgen des 5. September um kurz vor halb sechs auf dem Cathcart-Hügel gestanden hätte, so hätte er in der klaren Morgenluft den gesamten Schauplatz in allen Einzelheiten überblicken können. Die Männer in unseren Laufgräben saßen hinter den Traversen oder gingen im Schutze der Brustwehren auf und ab. Ein unablässiger Strom von Pferden und Männern bewegte sich zwischen Laufgräben und Lager, und der einzige Rauch, den man erblickte, stieg von den Kochstellen auf oder von einem Gewehr, das in einem der vorderen Gräben abgefeuert wurde. Die französischen Laufgräben zur Linken waren besetzt, die Batterien sämtlich bereit, auch wenn sich die Bedienungsmannschaften zum Schutz vor dem feindlichen Feuer bedeckt hielten, und die Mündungen einiger Geschütze waren abgedeckt oder getarnt. Unterhalb der Brustwehren ging es zu wie in einem Bienenkorb. Einige Russen in grauen Mänteln waren beim Ausbessern der Mast-Batterie zu beobachten oder beim Aufwerfen einer neuen, offenbar starken Verschanzung vor der zweiten Verteidigungslinie.

Plötzlich schossen unweit der Mast-Bastion drei Explosionsflammen in die Luft, Erdfontänen flogen hundert Fuß hoch, wurden von der tiefstehenden Sonne in rötliches Licht getaucht. Die Franzosen hatten drei Minen hochgehen lassen, die eine Bresche in die Kontreskarpe* reißen und als Signal für die eigenen Leute dienen sollten. Kurz darauf zog sich ein Feuerband von Batterie zu Batterie, über drei Meilen hinweg, vom Meer bis zur Kiel-Bucht, kleine weiße Schäfchenwolken stiegen auf, und die Erde schien plötzlich wie von einem furchtbaren Beben erschüttert und das Innere ihrer Vulkane auszuspucken. Die französischen Laufgräben waren auf einmal verschwunden, als hätten sich die Wolken des Himmels über sie gelegt und würden nun umhergewirbelt in Spiralen und Girlanden, in Haufen, Säulen und Tafeln, in wildem Durcheinander sich vermengend und angeheizt durch die ungestümen Flammen unter ihnen. Das Getöse eines solchen Bombardements muß ohrenbetäubend gewesen sein, doch der Wind und die besonderen Witterungsverhältnisse ließen das Geräusch kaum an unsere Ohren dringen. Der eiserne Sturm, der über die russischen Linien hinwegfegte, wirbelte fast spielerisch die Erde auf, zerfetzte Schanzkörbe, zermalmte Brustwehren und stürzte sich auf die Häuser und Ruinen hinter der Bastion. Vier Meilen breit gestaffelt rasten diese fliegenden Armeen, Tod und Schrecken bringend, über die Ebene hinweg, schlugen mit unwiderstehlich schweren Flügeln gegen die russische Flanke und drangen tief in ihr Zentrum ein. Nie zuvor dürfte ein so erschreckendes und grauenhaftes Trommelfeuer stattgefunden haben, seit es Kanonen gibt.

Die Russen schienen zunächst ganz und gar gelähmt. Ihre Batterien waren nicht so stark besetzt, als daß sie auf einen derart verheerenden Simultanbeschuß hätten reagieren können, doch die Franzosen eilten erstaunlich schnell zu ihren Geschützen und erfüllten die Luft mit einem wahren Kugelhagel, den sie mit unermüdlicher Energie gegen den Feind lenkten. Mehr als 200 großkalibrige Geschütze, vortrefflich bedient und gerichtet, bestrichen unablässig die feindlichen

---

* Äußere Grabenböschung. (A. d. Ü.)

Stellungen. Von den Batterien westlich Sebastopol zog ein mächtiger Rauchschleier, jene »düstere Kriegswolke«, heran. Die Kanonade – bald anfallartig tobend, bald zu heiserem Gemurmel ersterbend, dann wieder anschwellend zu lautem Getöse – erstreckte sich über die gesamte Front wie das Feuer einer aufgestellten Schützenlinie. Mauern stürzten augenblicklich zusammen, Verschanzungen taten sich schlundartig auf, Kugeln und Granaten zu empfangen. So unablässig pfiffen diese Geschosse durch Scharten und über Brustwehren, daß der Feind geduckt liegen mußte und an der Verteidigungslinie zu erscheinen kaum wagte. Eine Zeitlang dominierten die Franzosen das Geschehen, und es schien sogar, als würden sie die Festung widerstandslos einnehmen können. Dieser Eindruck hielt jedoch nicht lange an, denn nachdem sie von jedem ihrer zahlreichen Geschütze mehrere Salven abgegeben hatten, machten sich die russischen Artilleristen an die Arbeit und erwiderten das Feuer, langsam und überaus präzise, als könnten sie es sich nicht leisten, auch nur eine Unze Pulver zu vergeuden. Diese Reaktion schien die Franzosen eher zu stimulieren als abzuschrecken, denn sie warfen ihre Kugeln noch energischer gegen die Verteidigungslinien und gegen die Quartiere Sebastopols. Unsere bewundernswürdige Matrosenbrigade und unser wackeres Belagerungskorps unterstützten die unschätzbaren Verbündeten, indem sie ruhig ihr todbringendes Feuer gegen Redan und Malakoff unterhielten.

Unsere Batterie in den Steinbrüchen, knapp 400 Schritt unterhalb des Redan, bombardierte die hinter dem Malakoff gelegene Vorstadt. Redan wie Malakoff verharrten stumm und schwer getroffen. Vom Redan wurde allenfalls aus drei Kanonen geschossen, und die benachbarten Batterien zeigten sich ähnlich knauserig. Ihre Brustwehren und Schießscharten hatten schwer gelitten, so daß die Schanzkörbe in alle Richtungen herausstanden. Das gepflegte, geradezu kunstvoll gestaltete Erscheinungsbild ihrer Batterien, auf das die Russen großen Wert legen, war völlig dahin; durch unser nächtliches Bombardement, das eifrige Werk unserer Schützen und das pausenlose Granatfeuer waren die Stellungen erheblich in Mitleidenschaft gezogen.

Nach zweieinhalb Stunden wütenden Beschusses stellten die französischen Artilleristen plötzlich das Feuer ein, um ihre Geschütze auskühlen zu lassen und sich selbst eine Verschnaufpause zu gönnen. Die Russen krochen hervor, um ihre beschädigten Verteidigungswerke instandzusetzen, und schütteten Sandsäcke voll Erde von den Banketten über die Brustwehren. Um zehn Uhr jedoch setzten die Franzosen, nachdem sie, wie schon zuvor, einige Minen gezündet hatten, ihren Beschuß fort, der, wenn überhaupt, noch ungestümer war als der erste und bis zwölf Uhr mittags andauerte. Zu diesem Zeitpunkt besaßen die Russen nur noch wenige Geschütze, aus denen sie das Feuer erwidern konnten. Von zwölf bis fünf Uhr war es still. Dann wurde das Bombardement mit der gleichen Wucht fortgesetzt wie am Morgen und um zehn Uhr. Als um halb acht schließlich die Dunkelheit einsetzte, gingen Engländer und Franzosen dazu über, mit sämtlichen Mörsern und schweren Geschützen die gesamte russische Verteidigungslinie unter allerschwersten Beschuß zu nehmen.

Es gab keinen einzigen Moment, in dem die Kugeln nicht durch die Luft pfiffen, keinen Augenblick, in dem der Himmel nicht von den feurigen Bahnen der Geschosse gezeichnet oder von Explosionen erleuchtet wurde. Redan, Malakoff und die anderen russischen Batterien waren im unablässigen Schein der Explosionen deutlich zu sehen. Die Russen reagierten kaum.

In der Nacht zum 6. September wurde überall an der Front ein beständiger Beschuß unterhalten, der die Russen daran hindern sollte, Ausbesserungsarbeiten an ihren beschädigten Stellungen vorzunehmen. Um zehn Uhr abends erging Befehl an unsere Batterien, am nächsten Morgen das Feuer zu eröffnen, sobald gute Lichtverhältnisse herrschten, wobei jedes Geschütz aber nur 50 Schuß hatte. Um halb sechs hob von Quarantaine bis Inkerman ein großes Getöse an. Dreimal flaute das Gewitter ab, von halb neun bis zehn, von zwölf bis fünf und ein drittes Mal von halb sieben bis sieben.

Den ganzen Tag herrschte große Aufregung in der Stadt, und der Feind war offenbar in größter Bedrängnis. Die Russen verstärkten ihre Position auf der Nordseite – sie errichteten Verschanzungenn, schafften Geschütze heran und bereiteten alles vor, um einen eventuell erforderlichen Abzug aus der Stadt decken zu können.

Am Donnerstagabend bei Sonnenuntergang wurde das Bombardement wiederaufgenommen und, begleitet von gnadenlosem Gewehrfeuer, bis eine Stunde vor Sonnenaufgang pausenlos aufrechterhalten. Nach Eröffnung der Kanonade wurden pro Nacht 150 000 Schuß abgegeben. Am Freitag wurde die Kanonade bei Tagesanbruch in der gewohnten Weise fortgesetzt – russischerseits war im Zentrum keine Reaktion zu bemerken, doch die Batterien von Inkerman gegenüber dem Hafen feuerten lebhaft auf den rechten französischen Angriff und fügten den Verbündeten hohe Verluste zu. Ein starker Nordwind wehte Staubwolken von der Stadt heran und trug den Pulverdampf der Batterien zurück, so daß man die Wirkung des Bombardements nur sehr schwer einschätzen konnte, doch hin und wieder hob sich der Schleier, und dann offenbarte sich immer deutlicher ein erschreckendes Maß an Zerstörung. Mittags fand in unserem Hauptquartier ein Kriegsrat statt, an dem auch die Generäle Pélissier und della Marmora teilnahmen. Anschließend erging Befehl an die Ärzte, die Hospitäler von Kranken freizumachen und für die Aufnahme von Verwundeten vorzubereiten.

Der Konflikt, auf den sich die Augen Europas schon so lange richteten und auf dem die Hoffnungen so vieler mächtiger Reiche ruhten, war fast entschieden. Auf den lautstarken und wütenden Dialog der Geschütze, die ein ganzes Jahr lang ununterbrochen gesprochen hatten, folgte ein eigentümlich dumpfes Schweigen, das nur gelegentlich unterbrochen wurde vom Lärm einstürzender Zitadellen und Paläste. Die erschöpften Kontrahenten, durch ein Feuermeer voneinander getrennt, stützten sich auf ihre Waffen und betrachteten mit unterschiedlichen Gefühlsregungen, was vom Objekt ihres Streits übriggeblieben war.

Am Morgen des 8. [Juni 1855] war es bitterkalt. Ein starker nördlicher Wind blies uns unangenehme Sandwolken ins Gesicht. Die Sonne hatte sich verdunkelt, und der Himmel bekam etwas bleiern Wintergraues. Schon am frühen Morgen erhielt eine starke Kavallerieabteilung Befehl, sich zur Front zu begeben und vor dem Cathcart-Hügel und überall entlang unseren Linien eine Postenkette zu bilden. Niemand durfte diese Absperrung passieren, ausgenommen Stabsoffiziere oder Inhaber eines Passierscheins. Eine zweite Postenlinie hinter den Lagern sollte Gesindel und Schaulustige aus Balaklawa fernhalten. Mit dieser Maßnahme sollte wohl verhindert werden, daß die Russen aus der ungewöhnlichen Menschenansammlung auf den Beobachtungshügeln Rückschlüsse auf unseren Angriff zögen.

Es war vereinbart, daß die Franzosen mittags den Malakoff angreifen, und sobald der Erfolg ihrer Attacke feststand, wir den Redan angreifen würden. Starke französische Kräfte sollten auf der linken Seite ein Ablenkungsmanöver durchführen und den Abschnitt von der Mast-Bastion über die Zentralbastion bis zur Quarantaine bedrohen. Um halb neun Uhr morgens bezog die Kavallerie Stellung. Um halb elf rückten die 2. sowie die Leichte Division so ruhig und unauffällig wie nur möglich vor und wurden in den vorderen Parallelen plaziert. In den französischen Schützengräben drängten sich die Männer dicht an dicht, und wenn sich in den überaus lästigen Staubwolken hin und wieder eine Lücke auftat, sahen wir unsere Truppen in den Gräben. Die Kanonade zog sich absichtsvoll bis Mittag hin, doch als die Russen die Kavallerie und die anderen vorgerückten Truppen bemerkten, begannen sie mit der Beschießung des Cathcart-Hügels und der Anhöhen. Dumpf explodierten ihre Geschosse genau über den Köpfen einiger Beobachter, daß ihnen die Splitter um die Ohren flogen und sie aus ihrem Gleichmut gerissen wurden. Nach Stunden angespannten Wartens kam nun der entscheidende Moment.

Um fünf Minuten vor zwölf brachen die Franzosen wie ein Bienenschwarm aus ihren Gräben unweit des Malakoff hervor, erkletterten die Face und waren im Nu durch die Schießscharten verschwunden. Mit wenigen Sätzen überwanden sie die sieben Meter, die sie vom Feind trennten – leicht und rasch flogen sie, Bataillon auf Bataillon, wie aufwirbelndes Herbstlaub durch die Scharten, und nur Minuten, nachdem die Spitze der Kolonne aus dem Hauptgraben aufgetaucht war, flatterte die Trikolore über der Bastion. Das Gewehrfeuer war zunächst sehr schwach. Die Russen, von denen sich nur eine sehr geringe Zahl im Malakoff aufhielt, wurden von unseren französischen Verbündeten sogar überrascht, kamen aber bald zur Besinnung, und von zwölf bis nach sieben Uhr abends mußten sich die Franzosen wiederholter feindlicher Versuche, die Festung zurückzuerobern, erwehren, bis der Moskowiter General, der des furchtbaren Gemetzels an seinen Leuten, die zu Tausenden in den Außenbereichen des Werks lagen, müde war und nicht mehr an einen Sieg glaubte, seine ermatteten Legionen zurückzog und die Bastion überaus geschickt räumte. Der linke französische Angriff, sofern überhaupt ernsthaft beabsichtigt, war nicht erfolgreich und für unseren Verbündeten höchst verlustreich.

Sobald in den Rauch- und Staubwolken über der Brüstung des Malakoff die wehende Trikolore bemerkt wurde, stiegen vier Signalraketen in die Luft, woraufhin unsere Männer zum Angriff gegen den Redan losstürmten. Die Raketen wurden vom heftigen Wind fast zurückgetrieben, und die silbrig explodierenden Funken, die sie ausstießen, waren am grauverhangenen, rauhen Himmel kaum zu sehen.

Die Briten wiederholten den Fehler, den sie schon bei ihrem ersten Angriff auf den Redan am 18. Juni gemacht hatten: sie stellten weniger als 1400 Mann bereit, während die Franzosen gegen den Mamelon noch kurz zuvor 36 000 Mann aufgeboten hatten.

Die Männer der Leichten Division stürzten augenblicklich los und gerieten in ein heftiges Feuer feindlicher Batterien, das schwere Verluste unter ihnen verursachte, bevor sie den

Saillant* des zu erstürmenden Forts erreichten. Der Verhau bereitete ihnen keine Schwierigkeiten – sie schossen ihn in Stücke und konnten ihn mühelos überwinden. Anschließend eilten sie gegen den Saillant des Redan und gelangten zum Graben, der an dieser Stelle etwa fünfzehn Fuß tief war. Die Männer, angeführt von ihren Offizieren, sprangen hinunter, kletterten auf der anderen Seite wieder hoch und nahmen die Brustwehr fast ohne Gegenwehr; die wenigen Russen, die sich an vorderster Stelle befanden, liefen nach rückwärts und verbargen sich hinter den Traversen und Verschanzungen und eröffneten das Feuer auf unsere Männer, sobald diese auf der Brustwehr auftauchten.

Unmittelbar auf die Leichte Division folgten die Sturmtrupps der 2. Division, die aus der 5. Parallele hervorquollen. Die erste Schießscharte, zu der sie gelangten, stand in Flammen, doch die Männer liefen schon weiter, zur nächsten, sprangen in den Hauptgraben, erkletterten mit Leitern und einander an den Händen hochziehend die Brustwehr und drängten durch die unbewachten Scharten. Im Nu wurde der Saillant genommen, und dann betraten die Männer das Fort, welches sehr stumpfwinklig angelegt ist, so daß für eine Erstürmung viele Truppen notwendig sind, nicht nur an der vorspringenden Spitze, sondern auch an beiden Flanken, damit man im Innern sofort vorstoßen und die Verteidiger zugleich von vorn, von beiden Seiten und von hinten attackieren kann. Da in diesem Fall nur der Saillant attackiert wurde, konnte angesichts der räumlichen Verhältnisse keine Angriffslinie gebildet werden. Den Männern blieb nichts anderes übrig, als in kleinsten Gruppen vorzustoßen.

Und schon kam der alarmierte Feind aus den hinter dem Redan befindlichen Kasernen herbeigeeilt und verstärkte die Wucht und Intensität des Feuers, das unsere Männer sogleich dahinfegte. Vergeblich suchten die Offiziere durch Rufe und Gesten, durch Vorbild und beherztes Handeln die Soldaten anzuspornen, die Bastion zu säubern. Die Männer, größten-

---

* Ausspringender Winkel einer Festung. (A. d. Ü.)

teils Angehörige von Regimentern, die in den Schützengräben enorme Verluste erlitten und die Ereignisse des 18. Juni noch nicht vergessen hatten, wähnten den Redan stark vermint und glaubten, daß sie bei einem weiteren Avancieren alle in Stücke gerissen würden. Zu ihrer Ehre sei indes festgehalten, daß sich viele von ihnen verhielten, wie es den Kämpfern von Alma und Inkerman geziemte. In großem Durcheinander stürzten sie weiter und wurden vom feindlichen Feuer niedergeworfen. Die Offiziere, die dem Feind aufgrund ihrer Couragiertheit ein Dorn im Auge waren, sanken allenthalben zu Boden. Unter den Männern der verschiedenen Regimenter entstand ein unglaubliches Tohuwabohu. Das 19. Regiment scherte sich nicht um die Befehle von Offizieren des 88., und die Männer des 23. achteten nicht auf die Kommandos eines Offiziers, der nicht zu ihrem Regiment gehörte. Die Offiziere suchten ihre Leute, und die Männer hatten ihre Offiziere aus den Augen verloren. Alle Brigadiers, mit Ausnahme von Oberst Windham, waren verwundet oder anderweitig nicht imstande, die Attacke zu führen.

Von Minute zu Minute verringerte sich die Anzahl unserer Männer, während die Russen in Scharen aus der Stadt und vom französischerseits besetzten Malakoff herbeiströmten. Dreimal entsandte Oberst Windham Offiziere zu Sir W. Codrington [der Nachfolger von Sir George Brown als Chef der Leichten Division], der in der fünften Parallele war, um ihn dringend um Beistand zu bitten, doch jeder der drei Offiziere wurde auf dem Weg vom Redan-Graben nach den rückwärtigen Linien verwundet. Der wackere Adjutant des Obersts, der junge Leutnant Swire vom 17. Regiment, wurde durch einen Schuß in die Hüfte verletzt, als er sich seinerseits auf den riskanten Weg machte. Unterstützung wurde auch tatsächlich losgeschickt, doch aufgrund des Feuers, dem sie unterwegs ausgesetzt waren, bewegten sich die Männer in aufgelöster Formation und gelangten nur grüppchenweise zur Verschanzung, was die Verwirrung und das Blutbad nur verstärkte. Für einen geordneten Vorstoß war die Kehle des Saillants viel zu eng, und je mehr die Männer nachdrängten, desto größer wurde das Durcheinander und desto verlustreicher der feindliche Beschuß. Diese beklagenswerte Zustand hielt eine Stunde an. Die Russen hatten sich in großen Massen hinter den Schanzen versammelt, und so beschloß Oberst Windham, General Codrington persönlich aufzusuchen. Er überquerte Brustwehr und Hauptgraben und gelangte unter einem wahren Kugelhagel unversehrt nach der fünften Parallele. Sir W. Codrington bot ihm das Regiment an, das sich zu diesem Zeitpunkt in seiner Umgebung aufhielt, falls ihm eine Verwendung dieser Männer tatsächlich sinnvoll erscheine. »Die Offiziere sollen vorausgehen und für ein geordnetes Avancieren sorgen – wenn die Männer die Formation halten, dann ist der Redan unser«, antwortete der Oberst, doch zu spät – denn just in diesem Moment sprangen unsere Männer in den Hauptgraben oder liefen auf der Brustwehr entlang und stürzten durch die Scharten hinaus ins Freie, in den Graben hinunter, verfolgt von den Russen, die sie mit Bajonett und schweren Musketen bedrängten und die Leute im Graben sogar mit Steinen und Kartätschkugeln bewarfen.

Nun kam es zu einem kurzen, heftigen und blutigen Kampf. Unsere Soldaten, die sich in einer ausgesprochen unvorteilhaften Lage befanden, traten dem Feind ebenfalls mit dem Bajonett entgegen, und es entspannen sich einzelne Kämpfe, bei denen es die wackeren Burschen mit drei, vier Gegnern gleichzeitig zu tun hatten. In diesem Durcheinander hatten die nur mit ihrem Degen bewaffneten Offiziere keine Chance. Auch die Besitzer einer Pistole hatten kaum Gelegenheit, in einem so heftigen Nahkampf ihre Waffe einzusetzen. Doch gegen das schiere Gewicht der anflutenden Masse, die, Kompanie um Kompanie, Bataillon um Bataillon, weiterdrängte und unablässig Verstärkung erhielt, konnten die isolierten und auseinandergerissenen Trupps nichts ausrichten, denn sie hatten den Schutz aufgegeben, den die Einmütigkeit der Couragierten bietet, und die Vorteile von Disziplin und Gehorsam eingebüßt. Blutend, keuchend und erschöpft lagen unsere Männer haufenweise im Graben unterhalb der Brustwehr, verkrochen sich hinter schützende Felsblöcke und in

Bombentrichter des äußeren Walls oder versuchten, unter mörderischem feindlichem Beschuß nach rückwärts zu den vordersten Parallelen und Sappen zu gelangen. Viele Männer verloren dabei das Leben oder wurden schwer verwundet.

Der Hauptgraben bot ein Bild des Grauens, wenngleich mir von einigen Offizieren versichert wurde, daß sie und die Männer gelacht hätten über die Hast, mit der manch tapferer Bursche sich kopfüber auf die Masse der Bajonette, Musketen und ausgestreckt daliegenden Soldaten stürzte – die Leitern waren allesamt umgestürzt oder zerbrochen, so daß man die andere Seite nur mit Mühe erklimmen konnte – und alles lag übereinander, die Toten, die Sterbenden, die Verwundeten und die Unversehrten. Die Russen kamen aus den Schießscharten, bearbeiteten sie mit Steinen, Kugeln und dem Bajonett, sahen sich aber bald genötigt, vor dem Feuer unserer Batterien und Infanteristen zurückzuweichen, und im Schutze dieses Feuers gelang es etlichen unserer Männer, nach den Approchen zu entkommen.

General Pélissier, der das Scheitern unserer Attacke aus seiner Position hinter dem Malakoff verfolgt hatte, ließ bei General Simpson [Nachfolger von Lord Raglan, der Ende Juni an Cholera gestorben war] anfragen, ob er ein zweites Mal angreifen wolle. General Simpson soll geantwortet haben, daß er sich dazu nicht imstande sehe. Die ganze Zeit waren die Garderegimenter und Hochländer, die 3. und 4. Division sowie der größte Teil der Reserven nicht eingesetzt worden. Sie hätten für einen zweiten Angriff zur Verfügung gestanden, doch angesichts der russischen Bewegungen erschien zweifelhaft, ob eine ruhmreiche Eroberung des Redan und die Wiederherstellung des Ansehens unserer Armee durch die Opferung von noch mehr kostbarem Blut nicht allzu teuer erkauft gewesen wäre.

Sobald wir den Angriff eingestellt hatten, ließ das Feuer an unserer Front zwar nach, doch hinter dem Malakoff tobte weiterhin ein heftiger Kampf zwischen einer Vielzahl von Russen, die vom Redan abgezogen oder von der Stadt herbeigerufen worden waren, und den Franzosen im Innern des

Werks, und der Kampf um den Kleinen Redan, links vom Malakoff, wurde mit großem Ingrimm geführt. Rauch- und Staubwolken behinderten die Sicht, aber der unaufhörliche Gewehrlärm zeugte davon, mit welcher Heftigkeit dort unten gerungen wurde. Durch die hin und wieder aufreißenden Wolken war eine Trikolore mit aufgepflanztem Adler zu sehen, die wacker über der inneren Schanze des Malakoff flatterte, inmitten des tosenden Schlachtenlärms, doch sie wurde von starken Armen und kühnen Herzen hochgehalten, und alle Attacken des Feindes vermochten ihr nichts anzuhaben. Auch sahen wir unsere noblen Verbündeten aus ihren prächtigen Approchen in den Malakoff stürmen oder in hohem Tempo nach rechts eilen, wo die Russen, unablässig verstärkt, ihre Gegner abzuweisen und den Zugang zu ihrer Position zurückzugewinnen suchten.

General Simpson verharrte bis sechs Uhr in der Mamelon-Batterie, als General Pélissier ihm mitteilen ließ, daß der Malakoff durchaus sicher sei, und anfragte, was die Engländer hinsichtlich des Redan zu tun gedächten. Zu diesem Zeitpunkt hatte General Simpson offenbar schon beschlossen, den Redan am nächsten Morgen um fünf Uhr mit den Garderegimentern und der 3. und 4. Division anzugreifen. Die Schwierigkeit, genaue Informationen über den Fortgang einer militärischen Operation zu erhalten, veranschaulicht nichts besser als die Tatsache, daß um drei Uhr einer unserer Divisionsgeneräle nicht wußte, ob wir den Redan eingenommen hatten oder nicht. Gegen Abend kehrten die Gardisten, die hinter unserem rechten Angriff in Reserve gestanden hatten, in ihr Lager zurück, und ein Teil der Hochländer wurde ebenfalls abgezogen.

Nachts herrschte eine gedrückte Stimmung im Lager. Jedem war schmerzlich bewußt, daß unsere Attacke gescheitert war. Im Lager wimmelte es von Verwundeten, die Hospitäler waren überfüllt, und traurige Geschichten über den Heldentod der Offiziere und das Gebaren der Mannschaften gingen von Mund zu Mund.

Müde und erschöpft von der Anspannung, legte ich mich zur Ruhe, fand aber keinen Schlaf. Gegen elf Uhr wurde meine Baracke von einer erdbebenartigen Erschütterung erfaßt, aber ich war so matt, daß ich bloß kurz hochschreckte. Nachdem ich mich vergewissert hatte, daß es »nur« ein Pulvermagazin war, schlief ich wieder ein.

Schon vor Tagesanbruch stand ich auf, um mich nach dem Cathcart-Hügel zu begeben, diesem beliebten Aussichtspunkt, traf dort aber nicht sehr viele Offiziere an. Die Schläfer, die sich, voller Zweifel am Erfolg der Franzosen und überzeugt von unserem Mißerfolg, zur Ruhe begeben hatten, dürften kaum davon geträumt haben, daß Sebastopol unser sei. Gegen zwölf Uhr, nachdem unseren Männern die Stille aufgefallen war, krochen einige Freiwillige eine Brustwehr des Redan hinauf und stellten fest, daß sich nur noch Tote und Verwundete in der Bastion befanden. Wenig später sah man Straßen und Vorstädte an immer neuen Stellen brennen, Flammen schlugen aus den Fenstern, ganze Häuserzeilen fingen Feuer, und vor Tagesanbruch stand Sebastopol, diese schöne und prachtvolle Herrscherin des Schwarzen Meeres, auf die wir so oft begehrliche Blicke geworfen hatten, von der Küste bis zur Karabelnaja in Flammen. Fort Alexander war schon in der Nacht mit einem ungeheuren Getöse, das die Erde erbeben ließ, gesprengt worden. Bei Sonnenaufgang folgten linkerhand in rascher Folge vier mächtige Explosionen, welche die Zerstörung der Quarantaine-Bastion und der Magazine der Zentralbastion und der Mast-Bastion anzeigten. Kurz darauf kam es im Redan zu einer heftigen Explosion, die etlichen Verwundeten auf beiden Seiten das Leben gekostet haben dürfte. Um 4.45 Uhr explodierten, kurz hintereinander, die Mast-Batterie und die Garten-Batterie. Um halb sechs kam es zu zwei der größten Explosionen, von denen die Erde je erschüttert worden ist – höchstwahrscheinlich in Fort Alexander und im Großen Magazin. Ein enormer Schwall von schwarzem Rauch, grauem und weißem Dampf, Steinen und Holz flog in die Luft, gefolgt vom Dröhnen einer massiven Bombardierung. Das war ein Artilleriemagazin, das wie ein gigantisches Himmelsfeuerwerk explodierte – unzählige Feuerblitze zuckten durch die dunklen Rauchwolken über der Stadt und verwandelten sich dann rasch in ebenso viele weiße Rauchwölkchen.

Währenddessen marschierten die Russen dumpfen Schritts über die Brücke*, Boote schafften Kriegsmaterial aus der Stadt und Männer ans Südufer, die das Zerstörungswerk vollenden, neue Minen legen oder unversehrte Häuser anzünden sollten. Von der Flotte war nicht mehr zu sehen als acht Dampfer und die Masten gesunkener Kriegsschiffe. Sobald der Tag herandämmerte, schlichen die Franzosen in die brennende Stadt, unbeeindruckt von den Flammen, von den fürchterlichen Explosionen, vom Beschuß des lauernden Feindes oder dem ihrer eigenen Kanonen, die die Vorstädte nach wie vor in regelmäßigen Abständen bestrichen, vielleicht um einzelne Infanteristen davon abzuhalten, ihr Leben zu riskieren. Doch inmitten der Flammen waren bald Käppi und Zuaven-Fez, rote Hosen und blaue Hosen auszumachen, die sich von Haus zu Haus bewegten. Schon vor fünf Uhr kehrten einige Männer mit Beute zurück und verkauften im Lager russische Souvenirs, noch bevor die russischen Bataillone die Stadt verlassen hatten. Auch die Matrosen gingen sofort auf Beutezug. Schwerbeladen mit Stühlen, Tischen und alten Bildern zogen sie durch die Straßen und kehrten mit Unmengen von Plunder nach den Gräben zurück.

Während ein großer Zug vom Lager einsetzte und jedermann den Malakoff und den Redan besichtigen wollte, die mit Toten und Sterbenden gefüllt waren, wurde eine Abteilung englischer Kavallerieposten entlang der ganzen Front von unserer Linken bis zur äußersten französischen Rechten aufgestellt. Die Männer, die in allen Schluchten und auf den Zufahrtsstraßen nach der Stadt postiert waren, hatten den Befehl, alle Personen, ausgenommen Generäle und Stabsoffiziere und Soldaten mit offiziellem Auftrag, aufzuhalten und all denjenigen, die mit Beute aus der Stadt zurückkehrten, die

---

* Eine Pontonbrücke zur Nordseite der Bucht von Sebastopol.

Sachen abzunehmen. Da Franzosen oder Türken oder Sardinier nicht angehalten wurden, führte dieser Befehl zu großem Unmut, besonders wenn einem Soldaten, der einen schweren Sessel oder einen Tisch oder dergleichen schon meilenweit geschleppt hatte, dieser Gegenstand von unseren Wachposten abgenommen wurde.

Mit den Plünderern kehrten auch zahlreiche Verwundete von der Front zurück. Unablässig fuhren die Ambulanzen hin und her – schwer beladen und langsam, dann rasch zurück zur Front, um neue Fracht zu laden, und überall zwischen den Laufgräben und dem Lager wimmelte es von Krankenkörben und Tragen, die Maultieren aufgelegt waren. Auch die Bestattungstrupps hatten ihre Arbeit schon aufgenommen. Das Gelände war buchstäblich gepflastert mit Kugeln und Granaten, und die Erde war auf Schritt und Tritt von Kugeln durchlöchert. Auf der Straße drängten sich Franzosen, die mit Beute aus Sebastopol zurückkehrten, und russische Kriegsgefangene, viele von ihnen verwundet und niedergeschlagen, ausgenommen ein kleiner Junge in kurzem Uniformmantel und Kosakenmütze, der sich mit seinen gutmütigen Bewachern sichtlich zu verstehen schien. Ich sah auch einen dicken russischen Soldaten, der offensichtlich zu tief in die allseits beliebte Flasche geschaut hatte und nun mit einem Zuaven ins Lager tanzte.

Im Innern [des Malakoff] lagen die Russen haufenweise übereinander wie Kadaver auf einem Fleischerkarren. Die Wunden, das Blut – der Anblick übertraf alles, was ich bis dahin gesehen hatte. Vom Malakoff stiegen wir hinunter in eine völlig zerstörte Vorstadt. Überall lagen Tote. In jedem Haus waren die Bewohner in Löcher und Ecken gekrochen, um dort wie vergiftete Ratten zu sterben. Hinter dem Malakoff, dort, wo das letzte russische Aufgebot angetreten war, die Bastion unter dem schützendem Feuer schwerer Feldartillerie zurückzuerobern, lagen überall Artilleriepferde mit heraushängenden Eingeweiden. Jedes Haus, die Kirche, einige öffentliche Gebäude, Schilderhäuschen – alles zerstört und von Kanonen und Mörsern durchlöchert.

Von allen Bildern, die der Welt von den Schrecken des Krieges je präsentiert wurden, bot das Krankenhaus in Sebastopol die herzzerreißendsten und ekelhaftesten. Das auf dem Hafengelände befindliche Gebäude, das als Hospital diente, hatte besonders gelitten unter den Kugeln und Granaten, die über den Redan hinweggeflogen waren. An den Mauern, am Dach, an Fenstern und Türen – überall fanden sich eindeutige Spuren des heftigen Beschusses.

Kaum war ich durch eine jener Türen eingetreten, bot sich mir eine Szene, wie sie gottlob nur wenige Menschen je gesehen haben. In einem langgestreckten, niedrigen Gewölbe, das von wuchtigen Deckenbalken getragen wurde und durch dessen beschädigte Fensterlöcher kaum Licht einfiel, lagen die verwundeten Russen. Sagte ich »die Verwundeten«? Nein, die Toten – die stinkenden, schwärenbedeckten Leiber der Soldaten, die qualvollst zu sterben im Begriff waren, ohne Pflege, ohne Anteilnahme, dicht an dicht, teils auf dem Fußboden, teils auf armseligen Pritschen und Bettgestellen und Strohsäcken, die derart getränkt waren von Blut, daß es auf den Boden tropfte und sich dort mit anderen Ausflüssen der Fäulnis vermengte. Den Lärm der explodierenden Festungen in den Ohren, in einem Raum untergebracht, durch dessen Dach und Wände die Artilleriegeschosse regneten, umgeben vom Lodern der Flammen – so waren diese armen Teufel, die ihrem fürsorglichen Freund und Herrn, dem Zaren, nur allzu treu gedient hatten, ihrem grauenhaften Schicksal überlassen. Viele hätte man durch gewöhnliche Pflege retten können. Viele lebten noch, indes die Maden in ihren Wunden herumkrochen. Viele waren, in dieser Umgebung fast wahnsinnig geworden oder, um sich in ihrer Todespein vor diesen Szenen zu retten, unter die Bettgestelle gekrochen und glotzten den bekümmerten Besucher an. Viele, die mit gebrochenen und so unglaublich verdrehten Beinen und Armen dalagen, daß die Knochensplitter aus dem rohen Fleisch herausragten, flehten um Hilfe, Wasser, Nahrung oder Mitleid oder zeigten, wenn sie, dem Tode nahe oder aufgrund von furchtbaren Verletzungen in Kopf oder Oberkörper nicht mehr sprechen konnten, auf die getroffene Stelle. Viele schienen nur noch ihren Frieden mit dem Himmel machen zu wollen. Einige lagen in so unheimlich grotesker Haltung da, daß man wie von schauriger Faszination gebannt stehenblieb. Viele Leiber waren geschwollen und unvorstellbar aufgebläht, und beim Anblick der verzerrten Gesichter, der hervorquellenden Augäpfel und der schwarzen, weit heraushängenden Zungen, in die sich vor Schmerz die Zähne eingegraben hatten, konnte der Betrachter nicht anders als sich schaudernd abwenden.

Anschließend wurde der Große Redan in Augenschein genommen. Die Häuser hinter der Festung ein einziger Trümmerhaufen – ein Uhrturm, dessen Ziffernblatt ein Schuß getroffen hatte; eine Pagode in Ruinen, noch ein Uhrenturm, von dem nur mehr das Ziffernblatt mit der Aufschrift »Barwise, London« übrig ist. Küchen, die in Blut schwammen. Einmal war eine Granate im Kochtopf gelandet und hatte den Kessel samt Inhalt und vermutlich auch die Umstehenden in Stücke gerissen. Überall Zerstörung und Verwüstung. Dies war erkennbar ein besseres Viertel gewesen. Wir stiegen wieder zum Redan empor, der mit Leichen grauenhaft übersät war, und sahen den Schauplatz jenes verzweifelten Angriffs, der beide Seiten so viel Blut gekostet hatte. Im äußeren Graben lagen massenhaft tote Engländer, einige vollständig verkohlt von der Explosion, andere bis zur Unkenntlichkeit zerfetzt – ein Anblick, bei dem es einem den Magen umdrehte. Eine Unmenge zertrümmerter Schanzkörbe und Geschützlafetten bedeckte die Erde. Die Kasematten glichen denjenigen im Malakoff. In einer lag ein Notenheft mit dem Namen einer Frau und vor dem Eingang ein Kanarienvogel und eine Blumenvase.

Mitten in der Nacht setzten die Russen neun ihrer Kriegsschiffe, die noch im Hafen lagen, in Brand.

Das Feuer breitete sich rasch unter den Schiffen aus, so daß der ganze nördliche Himmel in helles Licht getaucht war. Glutrote Flammen griffen alsbald nach den Masten, und die

Takelage wurde von zuckenden, gegen den Wind ankämpfenden Lichtlinien erfaßt. Vom Hafenareal aus wurden tanzende Schauer von Funken und brennenden Splittern über das Wasser geschleudert. Die Festungen am Nordufer der Bucht waren im Schein der Feuersbrunst gut zu erkennen, und die hier und da aufleuchtenden Gesichter der russischen Soldaten und Matrosen auf den Felsen hätten einem Rembrandt alle Ehre gemacht. In Windeseile ging das Zerstörungswerk voran. Die Schiffe waren bald nichts als riesige, blendend helle Lichtbögen, die laut zischten und krachten und glühende Funken in die Luft sprühten, und die Geschütze, die in der zunehmenden Hitze explodierten, rissen die altersschwachen Schiffe völlig auseinander. Eines nach dem anderen versanken sie in den brodelnden Fluten.

Die Kavallerie draußen in der Ebene fragte sich wohl, welche Feuersbrunst abermals in der Stadt ausgebrochen sein mochte. Bei Tagesanbruch war nur noch ein Dampfer übrig. Ein Boot legte vom Ufer ab, ging längsseits, die Männer stiegen an Bord und fuhren, nachdem sie zehn Minuten im Innern des Schiffes verbracht hatten, wieder an Land zurück. Nun wurde das Schiff wie von einer inneren Zuckung erfaßt – zuerst tauchte der Bug unter, dann das Heck, dann machte es ein paar unsichere Bewegungen, und schließlich, nach kurzem Zittern, verschwand es, geschickt präpariert, ganz und gar unter Wasser. Die Russen wollten ihre Zerstörung lieber selbst bewerkstelligen, als dem Sieger eine Gelegenheit geben, die Früchte seines Triumphs zur Schau zu stellen. Den erfreulichen Anblick russischer Dampf- und Linienschiffe würden wir den wackeren Bürgern von Plymouth oder Portsmouth nicht bieten können. Wir konnten den Feind nur vor die Wahl stellen, die Zerstörung selbst zu besorgen oder sie uns zu überlassen. Er zog die erste Variante vor. Im Angesicht einer mächtigen Flotte, vor unser aller Augen führte er seine Bataillone quer über eine tiefe Bucht, die unsere Kanonen eigentlich beherrschen sollten, und schaffte all sein Kriegsgerät samt Munition fort. Unbehelligt versenkte er seine Schiffe und sprengte seine Festungen. Nichts wurde unternommen, seinen Rückzug zu stören, ausgenommen ein paar bedeutungslose Versuche, die Brücke zu zerstören oder die Truppen beim Überqueren derselben zu beschießen.

Seine Dampfer schleppten seine Boote nach Belieben hinüber, und als jedermann in Sicherheit war, wurde die Brücke zerlegt und nach dem nördlichen Ufer gezogen.

Die Russen, weit davon entfernt, in heilloser Unordnung über weite Ebenen zu fliehen, befestigten vielmehr in aller Ruhe ihre Position am Nordufer. Das Land starrte von russischen Kanonen und Batterien. Tag und Nacht hallte das Dröhnen ihrer Geschütze durch unser Lager, und bisweilen glich es dem Lärm der alten Kanonaden, den wir ein für allemal verstummt wähnten. Nichts wies darauf hin, daß die Russen eine Position aufgeben wollten, auf die sie so viel Mühe und Arbeit verwendet hatten.

Wann unsere Generäle aufwachten und erkannten, was sich abspielte, vermag ich nicht zu sagen, aber fest steht, daß sie wenig Neigung verspürten, sich schon am frühen Morgen ein genaues Bild über die Bewegungen des Feindes zu machen.

Warum blieben die Engländer untätig? Tag für Tag ergingen Befehle und Gegenbefehle – Hauptmann X sollte herausfinden, wieviel Maultiere zum Transport von Patronen ihm zur Verfügung standen, Hauptmann Y sollte seine Batterie am nächsten Morgen bei Tagesanbruch ins Feld ausrücken lassen. Gegenbefehle wurden abends erteilt und nachts widerrufen, bis man kaum mehr wußte, was zu tun war. Und wenn die Befehlenden auch nur halb so desorientiert waren wie die Befehlsempfänger, dann waren sie wirklich in einer bemitleidenswerten Lage. Unsere Armee war auf Stagnation und nicht auf entschlossenes Handeln eingestellt.

Am 7. Oktober wurde eine Flotte nach dem russischen Marinestützpunkt Nikolajew entsandt, der hundert Kilometer nordöstlich von Odessa lag, an der Mündung des Bug, dessen Zufahrt von der Festung Kinburn beherrscht wurde. Vor dem Angriff ging die Flotte bei Odessa vor Anker.

Vor uns, in einer weit ausladenden Bucht, an steilen Hängen terrassenförmig sich ausbreitend, lag eine große Stadt, in der man auf breiten Treppen hinunter zum Wasser gelangte. Das Hafenbecken und die befestigten Batterien schimmerten hell in der Morgensonne. Unmittelbar hinter der Kaimauer erstreckten sich breite, baumbestandene Esplanaden oder Boulevards, gesäumt von prächtigen Häuserzeilen, die an die vornehmsten Straßen von Regent's Park erinnerten. Wir sahen zahllose buntgekleidete Männer und Frauen, die auf der Uferpromenade spazierengingen. Hinter dieser Esplanade liegen stattliche Häuser mit prächtigen Portalen und Säulengängen, eindrucksvolle öffentliche Gebäude, Kasernen, Paläste, vor einer verwirrenden Fülle von Kuppeln, Säulen, Türmen und Türmchen. Ein gigantischer Bau von einem intensiven Dunkelblau ist mit einer vergoldeten Kuppel versehen. Ein anderer ist hellgrün mit einem goldenen Stern auf der Spitze. Hier ein griechischer Tempel, dort eine tatarisch anmutende Moschee, dort eine byzantinische Kirche, daneben ein orientalisch-minarettartiger Turm, dann ein unzweifelhaft Wrenscher Bau und schließlich ein großer Dom mit Kuppel, der einen sofort an St. Peter oder an St. Paul erinnert.

Am Morgen des 14. Oktober lichtete die Flotte Anker und fuhr die Küste entlang. Es war herrliches Wetter, und wir konnten nach Lust und Laune die zahlreichen adretten Dörfer bewundern, die riesigen Herden und reichen Höfe, die entlang der Küste zu sehen waren. Um drei Uhr ankerte die Flotte drei Meilen westlich der Festung Kinburn, und am 15. gingen die Truppen etwa vier Meilen unterhalb der Festung an Land, ohne auf den geringsten Widerstand zu stoßen, ja ohne auch nur einen einzigen Feind auszumachen.

Tags darauf wurde die Festung kapitulationsreif geschossen.

Schließlich wurde auf der Brustwehr eine Fahne geschwenkt, woraufhin zwei Boote, beide mit der Unterhändlerflagge versehen, losfuhren, das eine vom englischen, das andere vom französischen Admiral. Zur gleichen Zeit ging Sir Houston

Stewart in der Nähe der Batterie an Land, wo er den französischen General unterwegs zu Verhandlungen mit dem Gouverneur vorfand. Generalmajor Kokonowitsch näherte sich mit Degen und Pistole in der einen Hand und einer Pistole in der anderen. Zum Zeichen der Kapitulation warf er dem Offizier seinen Degen vor die Füße und entlud seine Pistolen, das heißt, er schoß sie mit gesenktem Lauf leer. Mit Tränen in den Augen wandte er sich immer wieder nach der Festung um und stieß leidenschaftliche russische Worte aus, von denen der Dolmetscher nur soviel verstand: »Ach, Kinburn! Kinburn! Ruhm Suworows, meine Schande, ich muß dich lassen« oder etwas in der Art. Die Garnison hatte Befehl, beim Abzug die Waffen geordnet zu übergeben, doch viele Männer, denen Wut und Demütigung deutlich im Gesicht standen, warfen ihre Gewehre den Eroberern vor die Füße.

Bald stand fest, daß Nikolajew nur mit Verstärkung eingenommen werden konnte. Die Flotte kehrte nach der Krim zurück. Russell verbrachte Weihnachten in London, kehrte aber rechtzeitig wieder zurück, um Ende Februar 1856 über die Waffenstillstandsverhandlungen zu berichten. Diese Verhandlungen fanden im Freien statt.

Einige russische Offiziere schlenderten in einiger Entfernung zu zweit oder zu dritt auf und ab, und sobald man sie erspäht hatte, wurden sie von den alliierten Offizieren, die unbedingt ihre Bekanntschaft machen wollten, regelrecht überfallen. Die Russen waren im allgemeinen ernst und zurückhaltend, aber durchaus gesprächsbereit, und in Stil und Auftreten durchweg wohlerzogene Menschen. Manche waren blutjung. Ein achtzehnjähriger Offizier, der uns das Husarenregiment nannte, dem er angehörte, schien etwas von den Pferden zu verstehen, die dort standen, denn er konnte die der Engländer von denen der Franzosen, Italiener und Araber unterscheiden. Alle Offiziere – Kavallerie und Infanterie, einschließlich des Generals und seines Stabes – trugen den langen, graubraunen Uniformmantel und schienen keine anderen Rangabzeichen zu haben als die verschiedenen Farben und Litzen der Schulterstücke. Die Stabsoffiziere trugen weiße Glacéhandschuhe, und ich bemerkte auch einige elegante Lederstiefel – Dinge, die man in unserem Teil der Krim nur selten sieht.

Sonst gab es nicht viel Interessantes zu beobachten, und die meisten Leute, die sich aus Neugier an diesem Ort eingefunden hatten, waren es bald müde, am Rand eines Grabens zu stehen und von Ferne eine Handvoll Moskowiter zu begaffen. Also machten sie kehrt und versuchten, sich durch einen Galopp nach dem Lager ein wenig Wärme zu verschaffen.

Das Kriegsende hatte sich hingezogen. Fast drei Monate war von beiden Seiten kaum ein Schuß abgegeben worden. Jetzt schien es zu spät, in Jubel auszubrechen. Ein Gefühl der Leere dämpfte die erwartungsvolle Stimmung. Es wurde Zeit, Bilanz zu ziehen.

Ansicht des Hafens von Balaklawa.

Der Krimkrieg

Gefechtspause. Englischer Offizier auf der Krim.

William Russell

Der Krimkrieg

Zerstörte russische Stellung in Sebastopol.

Der Krimkrieg

General Sir George Brown und sein Stab.

William Russell

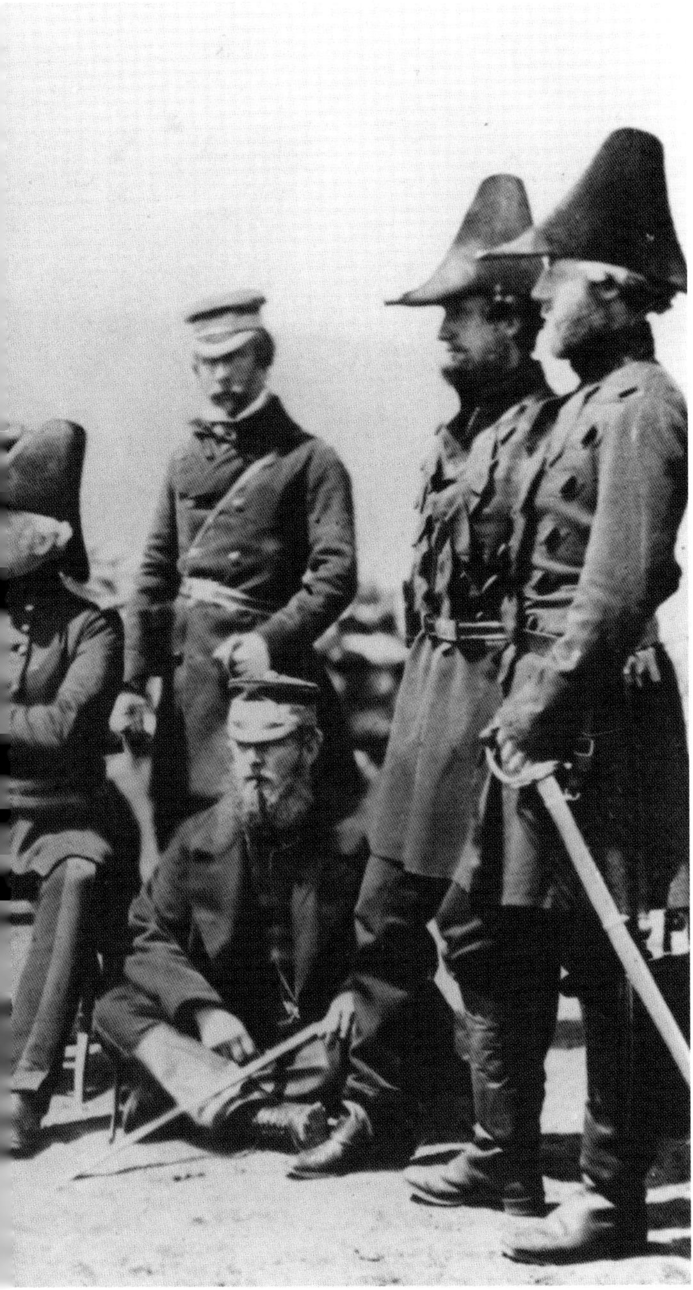

Zwei englische Soldaten in Winterausrüstung auf der Krim.

Der Krimkrieg

Ansicht des Hafens von Balaklawa.

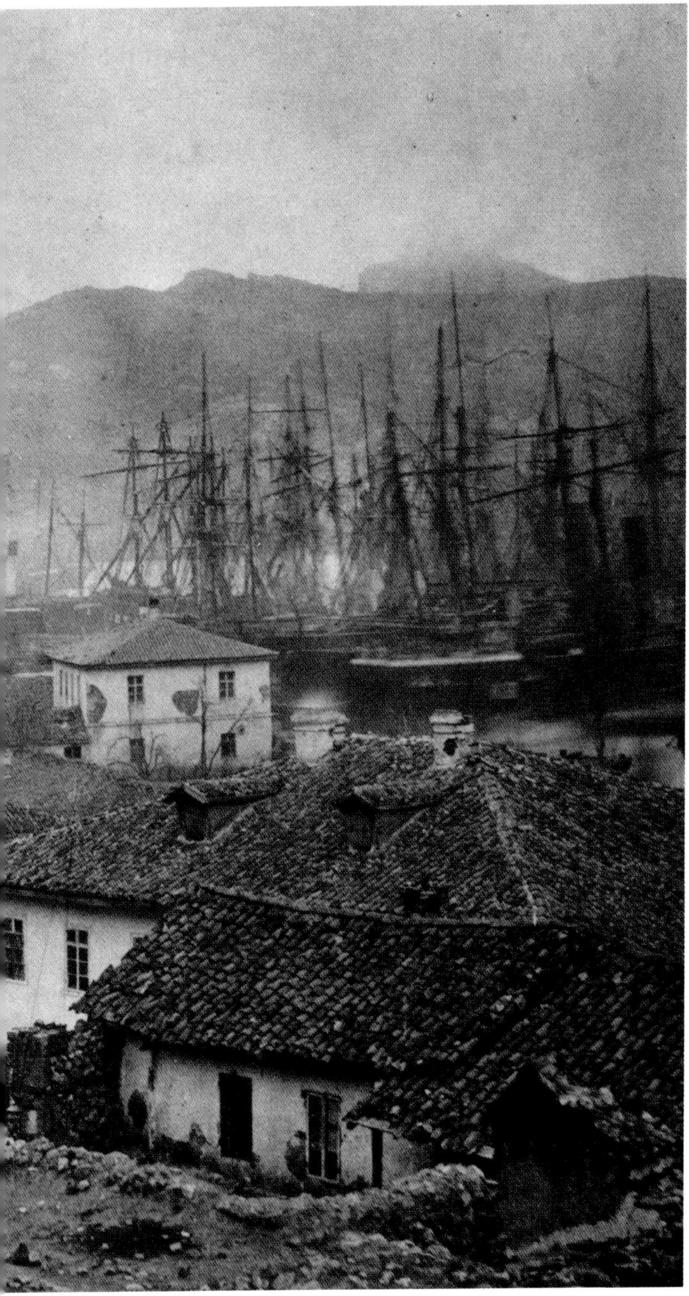

DER INDISCHE AUFSTAND
1857–58

Die britische Herrschaft in Indien konnte sich von Anfang an, seit dem Sieg Robert Clives über den letzten autonomen Fürsten von Bengalen in der Schlacht von Plassey 1757, auf eine Handvoll Offiziere und Verwaltungsbeamte und einige britische Regimenter stützen. Die einheimischen Söldner (Sepoys), meist loyal und tapfer, konnten aber durchaus aufsässig werden, wenn sie ihre soziale Stellung gefährdet sahen. 1856 hatte der Generalgouverneur Lord Dalhousie das Fürstentum Oudh mit der Hauptstadt Lucknow annektiert. Diese Provinz war schon immer Hauptrekrutierungsgebiet von Sepoys gewesen, die nun den britischen Residenten in Lucknow nicht mehr in jeder Meinungsverschiedenheit gegen den Fürsten von Oudh ausspielen konnten. Auch gab es viele unzufriedene Prinzen und Großgrundbesitzer, die jederzeit bereit waren, Unruhe unter den Sepoys zu schüren.

Unmittelbarer Auslöser für die Erhebung von 1857 war das Gerücht, daß die Patronen für das neue Enfield-Gewehr mit einer Mischung aus Rinder- und Schweinetalg eingefettet waren – ein Affront für Hindus und Moslems gleichermaßen. Der Aufstand begann in Meerut, breitete sich rasch nach Delhi aus, und während kleine britische Nester den Widerstand organisierten, kam es in Nordindien zu zahlreichen Zusammenrottungen, Belagerungen und Massakern. Die schlimmsten Massaker geschahen in Cawnpore, und Lucknow konnte erst nach mehrmonatiger Besetzung von britischen Truppen unter Sir Colin Campbell befreit werden.

Das Jahresende 1857 sieht mich im Begriff, nach den Gegenden zu reisen, von denen wir Engländer so wenig wissen und denen wir eine Gleichgültigkeit entgegenbringen, die ebenso groß ist wie unsere Ignoranz. Doch unsanft sind wir aus unserer Apathie gerissen worden. Während unsere Journalisten und Staatsmänner unsere Herrschaft in Indien auf etwas kraftlose Weise lobten und milde rügten, daß die hundertjährige Wiederkehr von Plassey und der große Clive übergangen worden seien, dämmerte in Hindustan jener Tag herauf, den Metcalfe prophezeit und Napier angekündigt hatte*, und warf sein blutrotes Licht über das Land. Berichte von entsetzlichen Massakern an Männern, Frauen und Kindern wurden uns überbracht, von geschickten Meistern in dieser Art Kochkunst mit soviel Schrecken gepfeffert, wie sie die Einbildungskraft noch nie ersonnen hatte. Diese furchtbaren Bilder machten einen tiefen Eindruck auf mich. Ich war bewegt bis auf den Grund meines Herzens von den Meldungen, die uns mit jedem Postdampfer erreichten, und ich sagte mir, daß der Himmel unseren Kampf gegen diese grausamen und wollüstigen Bestien gewiß mit Erfolg krönen werde. Doch alsbald begann ich, nach Beweisen für die Wahrheit dieser abscheulichen Anekdoten zu suchen, die mit noch übleren Andeutungen gespickt waren. Nie hatte ich Zweifel, doch ich wollte Beweise haben, fand aber keine. Die Geschichten, die wir hörten, kamen durchweg aus Kalkutta, und dessen

---

* Lord Metcalfe (in den 1830er Jahren Generalgouverneur von Indien) erklärte einmal: »Unsere Regierung in Indien gründet auf Eroberung, wird von der Bevölkerung natürlich verabscheut und kann nur durch Waffengewalt aufrechterhalten werden.« General Sir Charles Napier eroberte in den 1840er Jahren die Provinz Sind, nach seinen Worten »ein überaus nützliches, vorteilhaftes humanes Gaunerstück«.

Bewohner waren ja weit entfernt von den Distrikten, wo die schändlichsten Mordtaten verübt worden waren. Am Ende stand fest, daß ich in das Land reisen würde, das in unseren Augen ein so schreckliches Interesse erregt hatte, und ich hoffte, bei meinen Landsleuten zu sein, ehe ihre Rachegelüste gestillt wären und in Indien wieder die Ruhe der Unterworfenen einkehren würde.

Binnen einer Woche war ich reisebereit. Ich erreichte Calais nach einer stürmischen Überfahrt, traf in Paris ein, als der Zug nach Marseille (der letzte, der das Schiff nach Alexandrien erreichen würde) gerade abgefahren war, reiste gemeinsam mit dem Postbevollmächtigten, der sich zum Glück genauso verspätet hatte wie ich, per Sonderzug, bis wir hinter Lyon den Postzug einholten, und in Marseille blieb mir nur ein kurzer Moment, um die Kontrolle zu passieren und an Bord der *Valetta* zu gehen, die in der lebhaften Art ihrer Schiffsgattung es alsbald mit dem Mistral aufnahm und sich in die aufgewühlten Wogen des Mittelländischen Meeres stürzte wie ein Kormoran in einen Flutstrom.

[Auf dem Indischen Meer] beginnen meine indischen Schwierigkeiten. Es sind einige »Spezialisten« an Bord, sogar gebildete Leute. Sie haben in Hindustan unter dem Volk gelebt, sie haben die Sprachen des Landes erlernt, sie haben Recht gesprochen seit dem Tag, an dem sie, Kleinkinder in den Wickeltüchern der [Ostindischen] Kompanie, in Indien ihr Leben begannen. Haben sie Verständnis für irgendeinen Aspekt des Aufstands, für die Haltung der Bevölkerung? Nicht einer. Ein Mann, der alljährlich das Jahrbuch des Pandschab herausgibt, sieht die einzige Lösung für Indien in einer Übernahme der Pandschab-Verwaltung und der Lawrence'schen Ideen* im ganzen Land. Ein anderer, der auf eine lange Zeit als Beamter in Bengalen zurückblicken kann, ist überzeugt,

---

* John Lawrence, zur Zeit des Aufstands Gouverneur im Pandschab, von 1864 bis 1869 Vizekönig von Indien, machte sich einen Namen durch seine effektive Verwaltungsreform.

daß jeder Versuch, ein unverantwortliches Willkürsystem à la Lawrence zu etablieren, seine geliebte Provinz bis ins Mark erschüttern werde. Ein anderer »haßt die niederträchtigen Mohammedaner« und meint, daß es keine Sicherheit für uns gebe, solange diese Leute nicht aus der Welt geschafft seien, aber wie und wohin mit ihnen, sagt er nicht. Ein anderer vertritt die Ansicht, daß der Mohammedaner durchaus zu etwas nütze sei, wenn ihm nur eine Karriere eröffnet werde, wohingegen diese schmierigen, falschen Hindus mit ihren Kasten, ihrem Aberglauben und ihren widerlichen Bräuchen das wahre Problem für die Regierung seien. Unser amerikanischer Freund, »grundsätzlich ein Gegner der Sklaverei«, glaubt, daß die Einführung der Sklavenarbeit in den britischen Kolonien in Asien vermutlich von Nutzen sei, und zitiert einige Textstellen aus dem Alten Testament, die seine Auffassung untermauern sollen.

Fast abgesondert von den übrigen Passagieren, hörten ein paar Engländer kopfschüttelnd zu, aber die Zivilisten nahmen keine Notiz von ihnen. Sie trugen das Kainsmal des Bösen, des Neids, der Rücksichtslosigkeit. Es waren Händler, Kaufleute, Indigopflanzer und ihresgleichen, welche die Beamten der Regierung, unter der sie lebten, ebenso ablehnend betrachteten wie umgekehrt jene diese Männer, die das Land, in dem sie die meiste Zeit ihres Lebens verbrachten, fraglos entwickelten und dabei ein Vermögen machten. Nach Ansicht dieser Herrschaften waren und sind alle Übel Indiens direkt auf das Regiment der Kompanie zurückzuführen. Warum sollten sie nicht ihr Geld mitbringen und indischen Boden erwerben? Warum sollten sie nicht Richter sein und Recht sprechen bei Streitigkeiten zwischen ihnen oder ihren Vertretern und den indischen Landbesitzern oder Arbeitern? Warum sollten sie als Engländer nicht befreit sein von der Zuständigkeit der normalen Gerichte des Landes, in dem sie lebten, und als Angehörige einer natürlichen Aristokratie unter Leibeigenen und Niederen eigene, besondere Gerichte haben? Und während man diesem Wirrwarr von Meinungen lauscht, sieht man eine Reihe von lebenden Maschinen auf dem Kabinenboden hocken und mit schwingendem Oberkörper den Deckenfächer bewegen. Mit ihren schlanken, wohlgeformten Körpern, den blitzenden Augen und den schimmernden Zähnen sind diese armen »Nigger« keineswegs unansehnlich (wie Mr. Carlyle sich ausdrücken würde), aber sie haben eine dunkle Haut. Es sind niedere Mohammedaner, die der intelligente Brite als wilde Tiere betrachtet. »Bei Gott!« ruft der Major, nach Sherry, Port, Bier und Madeira inzwischen mit schwerer Zunge, »bei Gott!« ruft er dröhnend und mit dick geschwollenen Stirnadern, »diese Nigger sind ein verflixt lüsternes und faules Pack, stopfen sich mit Ghee und Zuckerwerk voll und rauchen Tag und Nacht ihre gottverdammten *chillumjees*, daß man genausogut Schweine dressieren könnte. Heda! *Punkah chordo* oder es setzt was! Wie wär's, wollen wir hinaufgehen und eine Zigarre rauchen?«

Tatsache ist leider, daß die Günstlinge des Himmels, die Zivilisatoren der Welt – die *race blanche* meines Freundes, des Doktors – von Natur aus die intolerantesten Menschen der Welt sind.

Am 4. Februar 1858 brach Russell von Kalkutta nach Cawnpore auf.

Die Menschenmassen, die wir in der Nähe der heiligen Stadt Benares sahen, erinnerten an einen Jahrmarkt oder an eine Prozession. Kleine oder größere Gruppen, alt und jung, Männer, Kinder und Frauen – alle wirbelten mit den Füßen oder ihren spitzen Schuhen den Staub auf, und die Luft war erfüllt von Partikeln jenes groben Kalksteins, der den Straßenbelag bildet. Quietschende Fuhrwerke, schwer beladen mit Baumwollballen und von sanftäugigen, buckligen Ochsen gezogen, bewegten sich in einer langen Schlange gen Kalkutta. Der Menschenstrom zog in die entgegengesetzte Richtung.

Die Rastplätze unter den Bäumen an der Straße sind übersät mit Tonscherben und ausgebleichten Rinderknochen. Die Frauen kommen mit lebenden und leblosen Bündeln daher –

die einen sitzen auf der Hüfte der Trägerin und schlingen die Arme um ihren Hals, die anderen schleppt sie auf der Schulter. Kinder jeglichen Alters, von fünf bis zwölf, trotten entlang, auch sie an den Mühen der Familie beteiligt. Nie wird dem Wagen des weißen Mannes ein freundlicher Blick zuteil. Ach, die Sprache der Augen! Wer könnte sie anzweifeln, sie nicht verstehen! Durch sie allein habe ich gelernt,

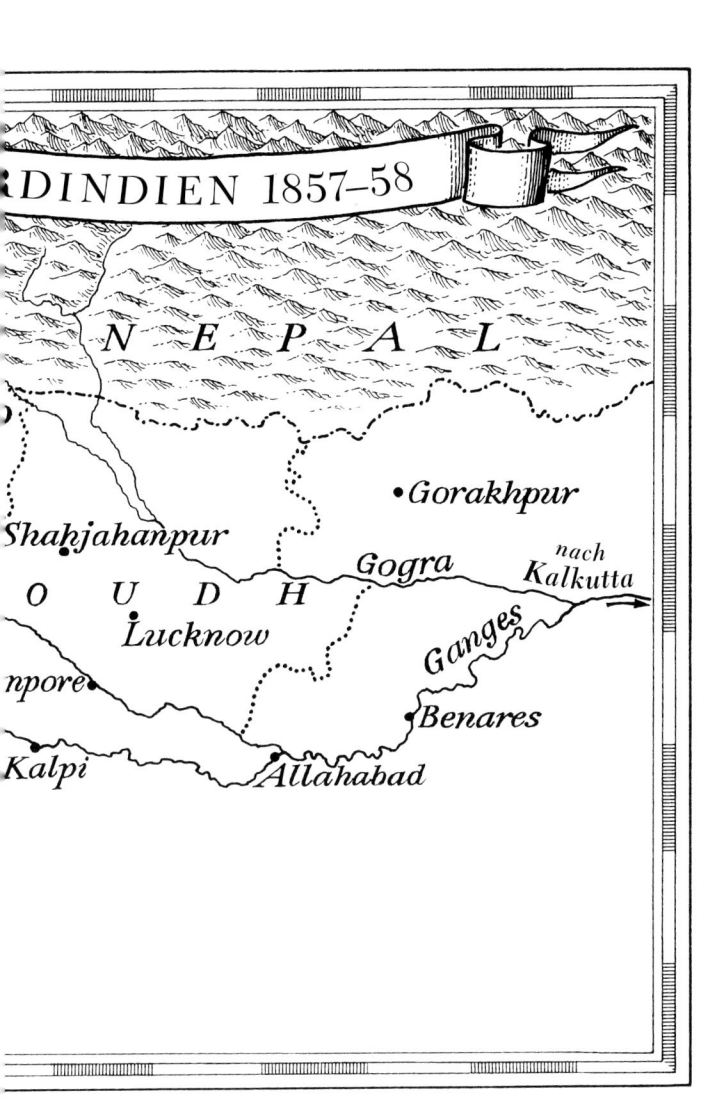

daß unsere Rasse bei vielen oft nicht einmal gefürchtet wird, bei allen jedoch unbeliebt ist. Gebe Gott, daß ich mich irre. Diese Passanten sind unglaublich dreckig und ärmlich gekleidet. Doch mir wurde ja schon gesagt, daß man in Indien nicht nach Äußerlichkeiten gehen dürfe. Das Klima erfordert keine Bekleidung. Die Leute, höre ich, legen zu Hause soviel wie möglich von ihren baumwollenen Sachen ab. Dann aber sehe ich einen eingeborenen »Meister«, der in einem klapprigen *s̄higram*, einer absonderlichen kleinen Hütte auf Rädern, einer Art Tablett in einem Bambusgehäuse, an mir vorüberfährt, und er ist in Schals und üppige Gewänder gehüllt. Das bedeutet gar nichts. »Diese Burschen laufen gern in feinen, goldbestickten Kaschmirstoffen herum, um zu zeigen, wie reich sie sind.« »Das heißt also, wer reich ist, kleidet sich gut, und Nacktheit und Lumpen sind ein Zeichen von Armut?« »Verehrtester, Sie sind wohl neu hier, Sie verstehen diese Nigger noch nicht.«

Wiewohl ein herausragendes Verbrechen, ist das Massaker von Cawnpore keineswegs das einzige Ereignis, das von Schändlichkeit und tiefer Schuld gezeichnet ist. Wir, die wir davon betroffen waren, glauben, daß es noch nie eine solche Missetat auf der Welt gegeben hat, und durch die unablässigen Bemühungen einer Bande von Fälschern und Verbreitern gemeiner Meldungen wurde die Sache völlig umsonst mit erfundenen Schrecknissen angereichert, in der Hoffnung, die Empörung und das brennende Rachebedürfnis, das durch die bloßen Tatsachen geweckt wird, noch zu steigern. Hilflose Garnisonen, die kapituliert haben, wurden dahingemetzelt, Männer, Frauen und Kinder von den Feinden ihrer Rasse brutal abgeschlachtet. Die besondere Schwere des Massakers von Cawnpore bestand darin, daß es von einem unterworfenen Volk begangen wurde – von dunkelhäutigen Männern, die es wagten, das Blut ihrer Herren und das hilfloser Damen und Kinder zu vergießen. Hier haben wir nicht nur eine Mischung aus Sklavenaufstand und Bauernkrieg, sondern auch einen Religionskrieg, einen Rassenkrieg und einen Feldzug der Rache, der Hoffnung, der Sehnsucht eines Volkes, das Joch der Fremden abzuschütteln und die Macht der einheimischen Häuptlinge und den Einfluß der hiesigen Religionen restlos wiederherzustellen. Es steckt eine Art göttliche Rache für Mord in dem erfolglosen Ausgang all der Unternehmungen, die mit einem Massaker beginnen und auf Grausamkeit und Blutvergießen gründen. Was immer der Grund für den Aufstand gewesen sein mag, fest steht, daß die Anführer, aus gemeinsamem Antrieb, ihre Ziele zu verwirklichen suchten, indem sie alle Weißen (ob Männer, Frauen oder Kinder), die ihnen in die Hände fielen, hinmetzelten – ein Vorhaben, das oftmals durch die Freundlichkeit der Menschen oder durch taktische Überlegungen vereitelt wurde. Man darf nicht vergessen, daß die Strafen des Hindu grausam sind, und ob sanftmütig oder nicht, er zeichnet sich ebensowenig wie der Muselmann durch Milde gegenüber seinen Feinden aus. Doch so sehr wir auch philosophieren und theoretisieren, der Name Cawnpore wird in England stets mit Schrecken ausgesprochen werden, wenn die heutige Generation schon längst abgetreten ist.

Ich bin fest entschlossen, alle Einzelheiten über das Massaker von Cawnpore herauszufinden, aber noch liegt alles im dunkeln.

Die Umgebung von Cawnpore ist zwei, drei Zoll hoch mit dem allerfeinsten Staub bedeckt, der bei der geringsten Bewegung aufwirbelt. Wenn die Eingeborenen mit ihren spitzen pantoffelartigen Schuhen dahinschlurfen, fliegen Wolken dieses unangenehmen Stoffes hoch, und wenn diese Schuhe sich vieltausendfach vermehren, ist die Luft erfüllt von einer schwebenden Schicht, die sich fünfzehn oder achtzehn Fuß hoch über die ganze Stadt legt. Selbst früher, als die Straßen noch mit Wasser besprengt wurden, war Cawnpore wegen seines Staubs berüchtigt. Welch zerstörerisches Erdbeben, welch lava- und aschespeiender Vulkan dieser Aufstand war! Nicht allein Städte sind zerstört, auch das Vertrauen ist unwiederbringlich dahin!

Inmitten dieser Berge aus Staub und Asche, dieser tristen Ziegelsteinhaufen, der frisch angelegten Schützengräben versuche ich mir vorzustellen, wie Cawnpore einst ausgesehen haben mag. Das strenge Zeremoniell, die Besuche beim Brigadier und General in *grande tenue*, die Einladungem zum Diner, die weißen Glacéhandschuhe, die Bälle, die Livrees, die gekünstelte Vornehmheit, die Sorgen der Damen, ihre Garderobe betreffend, die Eiskrem, der Champagner, das Souper, Nana Sahib, der in seinem goldbestickten Gewand, begleitet von hochmütigen Blicken und unverhohlener Ablehnung, umherschlendert. »Zum Teufel, was fällt dem General ein, diesen Kerl einzuladen?« Die kleinen und die großen Liebeleien, die Spazierfahrten mit der Kutsche (ein langweiliges, förmliches Amüsement), der verblaßte Spaß der privaten Theateraufführungen, die exotischen Albernheiten der freimaurerischen Veranstaltungen, die Flirts, die Verlobungen, die winzigen Beträge, die von den reichen Händlern berechnet werden, die kleinen und großen pekuniären Beziehungen zwischen Garnison und Basar, das Gefühl der Sicherheit. Und zu dieser übertriebenen Sorglosigkeit einer englischen Garnisonsstadt und einem Tränkplatz gesellt sich eine ahnungsvolle Bangigkeit – erst noch ein tüchtiger Schluck, dann eine glaubhafte Depesche, dann die Gewißheit gärender Unzufriedenheit –, die wie ein Gewitter herannaht und die glatte Oberfläche der fröhlichen Gesellschaft verdunkelt, bis schließlich die stürmische und grausame Wirklichkeit hereinbricht. Doch es gelingt mir nicht.

»Ah, Sie hätten Cawnpore in den glorreichen Tagen sehen sollen, als hier zwei Kavallerieregimenter lagen, einiges an Artillerie und drei Infanterieregimenter. Die vielen schönen Frauen! Die privaten Theateraufführungen jede Woche, Bälle und Picknicks und jeden Abend Diners. Mein Gott, wie furchtbar es jetzt aussieht!« In der Tat. Aber man möchte doch fragen, ob es nicht eine Lektion, irgendeine Warnung gibt, die uns die fürchterliche Katastrophe von Cawnpore in bezug auf Indien erteilt.

Wie verhindert man, daß so etwas noch einmal passiert? Ich bin tief beeindruckt von der Schwierigkeit, Indien zu regieren, wie es jetzt gewaltsam beherrscht wird von einigen wenigen, die sich auf Eingeborene als Instrumente der Machtausübung stützen müssen. Daß unsere Regierung auf Gewalt gründet, steht für mich außer Zweifel, denn in unserem Verhältnis zu den Regierten sehe ich nichts als Gewalt. Um die Verbesserung der Lebensbedingungen des Volkes kümmern sich Einrichtungen oder Einzelpersonen, die unabhängig von den staatlichen Behörden agieren. Reformen veranstaltet die Regierung nur, wenn sie sich davon höhere Steuereinnahmen verspricht. Fühlt sich die große Erzieherin des Volkes, die Repräsentantin unserer erhabenen Moral und Kultur an Verträge gebunden, ist sie maßvoll und gerecht und in ihrem Denken nicht am Gewinn orientiert? Werden unsere Gerichte nicht von uns selbst verurteilt? Wird nicht eingeräumt, daß sie ein Fluch für das Land sind? Der starke, bedrückende Zweifel, der sich meiner bemächtigt, ist, ob unsere Herrschaft, was die soziale Lage der großen Masse der Bevölkerung angeht, für Indien gut ist. Wir haben die Witwenverbrennungen untersagt, wir haben uns bemüht, den Kindesmord zu verbieten, aber ich bin Hunderte von Meilen durch ein Land gereist, in dem es von Bettlern wimmelt und das mit armseligen Dörfern bedeckt ist.

18. Februar. Nach dem Frühstück zeigte mir Oberst Sterling einige interessante Dokumente betreffend den Entsatz von Lucknow. Anscheinend ist der Bedarf der Garnison hin und wieder erheblich übertrieben worden. Im Hinblick auf die Menge der Vorräte in der Residenz und die Frage, wie lange eine Belagerung auszuhalten wäre, sind Havelock, Outram und Sir Colin Campbell allesamt von unzutreffenden Informationen ausgegangen. Hätte Sir Colin gewußt, wie es wirklich aussieht, hätte er noch eine Weile warten und eine Truppe zusammenstellen können, mit der er Lucknow hätte besetzen können, statt sich mit den Frauen und der Garnison zurückzuziehen und die Stadt dem Feind zu überlassen.

23. Februar. Begab mich zum Zelt des Oberkommandierenden, der sich mit Oberst Napier aufmerksam über Pläne und Karten von Lucknow beugte und darauf zu sprechen kam, was die Kundschafter aus der Stadt meldeten. Wie mager ihre Berichte waren – eine winzige Menge Brot neben einer Riesenmenge dünnen Weins. »In Rumi Duwarza hat Abdullah Khan das Kommando über eine Moorcha [Batterie] mit 4 Kanonen,

1000 Sepoys und 3000 Nadschibs [Freischärlern]. Die Begum ist sehr zufrieden mit Mummoo Khan und sagt, er sei der einzige, der mannhaft gegen die Ungläubigen kämpft, während sie Ram Baksch vorwirft, er habe ein Herz aus Wasser. Gestern abend hat ein heiliger Mann aus Mekka gepredigt, ein Magazin ist in die Luft geflogen, ich weiß nicht wo, ich glaube, es war ein Mann, dem ich eine Belohnung versprochen hatte« – und so weiter.

Es ist sonnenklar, daß der Feind sehr stark ist und die Verteidigungsanlagen um Lucknow wirklich formidabel sind, doch Sir Colin verläßt sich lieber auf seine Artillerie und wird kein Leben in Straßenkämpfen opfern. Nachdem ich einen Blick auf die Pläne werfen konnte, war ich froh, in mein Zelt zurückkehren zu können. Puh, wie heiß es jetzt mittags wird! Die Stille ist fast bedrückend. Nur das Wiehern von Pferden, die Schreie von Falken und Bussarden, das Gemurmel der Eingeborenen und gelegentlich ein indischer Offiziersbursche, der sich nach dem *»Lord Sahib ka dera«* (Zelt des Oberkommandierenden) erkundigt, unterbricht die träge Ruhe in den Straßen. In den Zelten herrscht jedoch geschäftiges Treiben, und es gibt kaum einen Faulenzer, abgesehen von den Adjutanten, deren Leben abwechselt zwischen plötzlicher Hektik und energischster Tätigkeit und dann wieder Zeiten, in denen sie Romane lesen. Kein Wunder, daß sie alle – während sich die Sonne in eine riesige glühende Kanonenkugel verwandelt und rasch in einem Dunstschleier versinkt – zu ihren Pferden stürzen und in Staubwolken davongaloppieren, bis es dunkel wird und die Stunde gekommen ist, das Abendessen einzunehmen.

26. Februar. Ging abends zu den *ghauts* [Anlegestellen], wo die Pioniere im Begriff sind (diesmal fest entschlossen), Schiva mitsamt ihren Heiligtümern in die Luft zu jagen. Diese Schreine muß man sich als eine Art Kaimauer vorstellen, ungefähr so lang wie Temple Gardens, aber viel höher, nämlich vierzig oder fünfzig Fuß über dem Fluß, zu dem breite weiße Stufen hinunterführen. Die kleinen Tempelchen, die in ihrer Gesamtheit so prächtig aussehen, sind für sich genommen eher unbedeutend. Massive niedrige Kuppelgewölbe auf gedrungenen Mauern, und alles mit Lotusblättern bedeckt – dunkle, übelriechende Verliese voll verwelkter Blumen, häßlicher Götzenbilder und Holzaltäre: Was in Griechenland vielleicht geschmackvoll und elegant war, ist in Hindustan schrecklich, doch keineswegs unschicklich.

Einige Priester baten um Schonung der Tempelanlage. »Jetzt hört mir mal gut zu«, sprach Robert Napier. »Ihr alle seid hier gewesen, als unsere Frauen und Kinder ermordet wurden. Ihr seid in diesen Schreinen und Tempeln gewesen, die wir in Bälde zerstören werden – nicht aus Rache, wie ihr sehr wohl wißt, sondern aus militärischen Erwägungen, denn die Sicherheit der Brücke muß gewährleistet sein. Sollte einer von euch beweisen, daß er sich gegenüber einem Christenmenschen – Mann, Frau oder Kind – freundlich verhalten hat – nein, wenn er beweisen kann, daß er sich mit einem Wort für ihr Leben eingesetzt hat, dann verschone ich den Tempel, in dem dieser Betreffende gebetet hat, das verspreche ich euch.« Schön gesagt, wackerer Robert Napier! Doch es kam keine Antwort, und so wurden die Tempel gesprengt. Heute abend bei Tisch geht es erstaunlich lebhaft zu – viel Lärm und, wie mir scheint, auch mehr Korkenknallen und Besteckklappern als sonst. Unser Wohlleben hält sich in Grenzen – der Sherry gilt als dubios, der Portwein ist dünn, getrunken wird Bier, und an Rotwein gibt es nur noch etwas *ordinaire*. Die Suppe ist wie immer von gallertartiger Festigkeit, unsere Currys sind zäh wie eh und je, und an Hammel und unsäglichen Pasteten herrscht kein Mangel. Heute abend wird das große Kasinozelt zusammengepackt und mit Tischen, Tellern, Besteck, bitterem Bier und Vorräten auf vier Kamele und einen Elefanten verteilt, und mit der Armee von Bediensteten, die dazugehören, ziehen wir ins Feld, so wie der große Sonnenkönig von Versailles aus zum Kriegsschauplatz zog.

Ich werde den ganzen Prunk orientalischer Kriegführung erleben, die, wenn sie keinen Glanz, so doch genügend Zeremoniell hat – allerdings in grausamer Form, denn auf beiden Seiten wird kein Pardon gegeben. Furchtbar ist es, in einen solchen Krieg verwickelt zu sein. Wo immer die Rebellen einem Christen oder Weißen begegnen, schlagen sie ihn auf der Stelle tot, gnadenlos. Die Eingeborenen, die jemanden bei sich verstecken, riskieren ihr Leben. Wo immer wir einem bewaffneten Aufständischen begegnen oder irgendeinem Verdächtigen, bringen wir ihn ebenso rasch um, ohne viel Mitleid.

Am 3. März verlassen die Engländer Cawnpore.

Wenn ich heute daran denke, kommt es mir vor wie ein Tagtraum, wie eine Fata Morgana aus Palästen, Minaretten, azurblauen und goldenen Kuppeln, Kolonnaden, langen, wunderschönen Fassaden aus Pfeilern und Säulen und flachen Dächern – eine Märchenstadt, die sich aus einem friedlichen Meer üppigster Vegetation erhebt. So weit der Blick reicht, nichts als Meer, und mittendrin schimmernde Minarette, goldene Dächer, die in der Sonne glitzern, sternengleich funkelnde Türme und Goldkugeln. Man sieht nichts Schäbiges oder Armseliges. Eine Stadt, größer und prachtvoller als Paris, scheint vor uns zu liegen. Ist dies hier eine Stadt in Oudh? Ist dies die Hauptstadt einer halbbarbarischen Rasse, errichtet von einer ruchlosen, schwachen und entarteten Dynastie? Ich muß gestehen, daß ich mir immer wieder am liebsten die Augen gerieben hätte.

Rechts unter uns, entlang der Parkmauer der Martinière*, liegen die feindlichen Gräben und Schützenlöcher. Darin lauter Männer in Weiß, hier und da einige rotberockte Sepoys oder Telungas. »Sergeant, ein paar Mann sollen sich die Burschen dort drüben unter dem Baum vorknöpfen!« Vom Westportal der Dilkusha verlief ein Weg direkt nach Banks, Bungalow, und dort, unter einem großem Baum, suchten

---

* Ein Palast, so genannt nach seinem Erbauer, dem französischen General Claude Martin, der im 18. Jahrhundert am Hof der Fürsten von Oudh tätig war.

Der Indische Aufstand

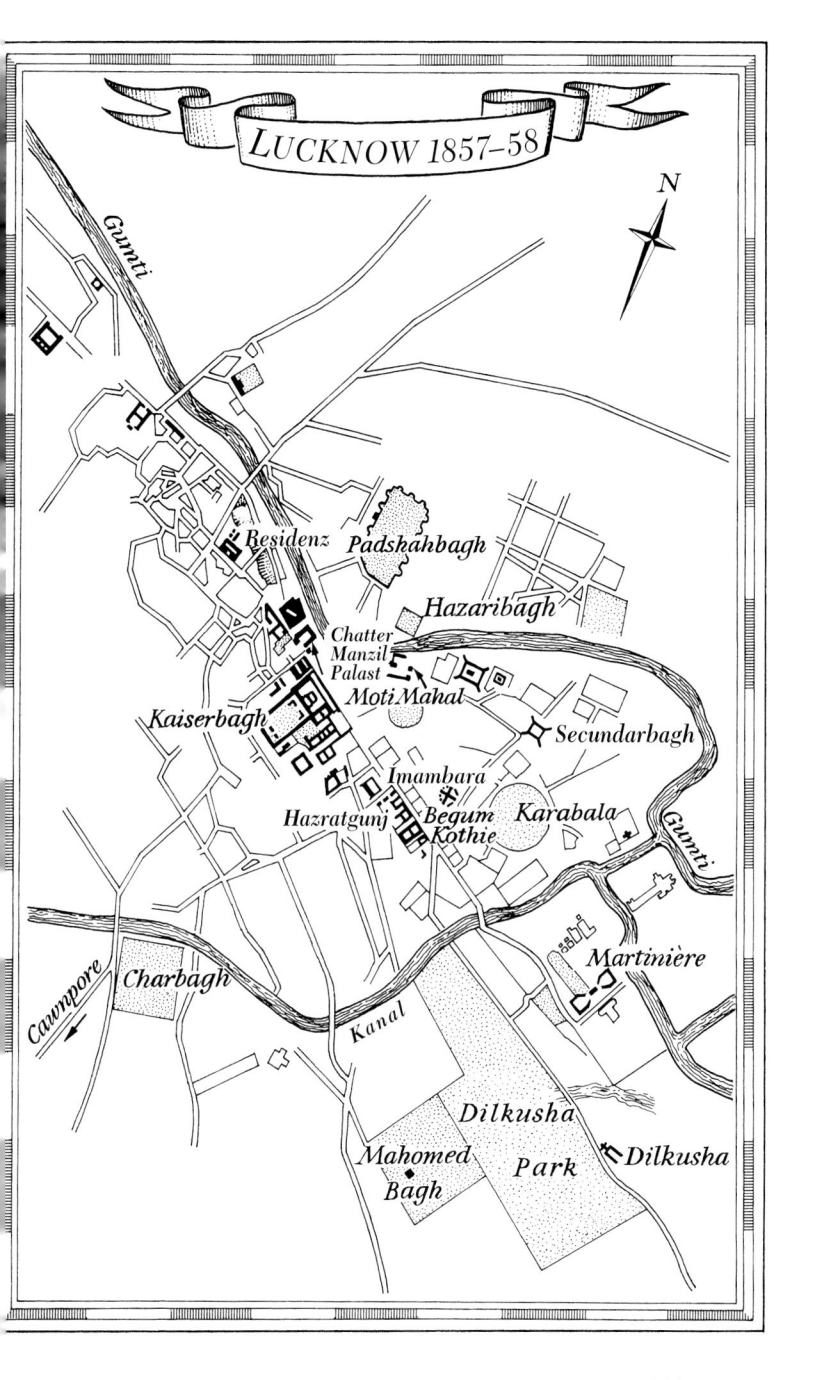

sechs, sieben Burschen Deckung und begannen, auf uns zu schießen. »Schätzungsweise siebenhundert Meter, Macalister!« sagte der Sergeant. »Ich halt' mal lieber auf sechshundertfünfzig drauf.« Peng, machte das Gewehr. Unsere Freunde zogen sofort die Köpfe ein und rannten zum Graben. Einer warf die Arme in die Höhe und fiel in seine Zufluchtsstätte. »Erwischt!« rief der Sergeant und schob eine neue Patrone in den Lauf.

Während wir auf die ruhige Stadt blickten – das wiederaufgenommene abendliche Feuer war zu schwach, als daß man es bemerkt hätte –, kamen Sir Colin, Mansfield und Lugard mit einigen Angehörigen ihres Stabes auf das Dach. Sir Colin verschwand sogleich in einem der Türmchen, um sich mit Oberst Napier über ein Kartenblatt zu beugen. Etwa eine Million Einwohner sollen in der Stadt sein, darunter mindestens 150 000 Bewaffnete. Die Stadt erstreckt sich in einem Umkreis von dreißig Meilen. Wir müssen aber nur das südöstliche Quartier einnehmen, dann fällt uns alles andere schon in die Hand. Die Kundschafter melden umfangreiche Verteidigungsvorbereitungen – drei innere Sperrlinien werden angelegt und viele Kanonen in Stellung gebracht. Doch es gibt Zwist in der Stadt. Der führende Kopf der Verteidigung ist Hazrat Mahal, Begum von Lucknow, deren Sohn, ein Knabe von 14 Jahren, der Marionettenfürst von Oudh ist. Ein gewisser Mummoo Khan ist der Günstling der Begum. Die anderer Seite wird angeführt von einem *maulawi* [islamischer Gelehrter], der ein leidenschaftlicher Fanatiker sein soll.

Man wird bemerken, daß dies keine Belagerung ist. Bislang ist es eher eine Enttäuschung, denn es sieht so aus, als wären wir gezwungen, einen Angriff auf diese große Stadt zu unternehmen und den Feind durch Straßen und Häuser zu jagen und dabei mit Sicherheit große Verluste erleiden. Sir Colin wird das, wenn irgend möglich, vermeiden. Angesichts der Größe von Lucknow kommt eine Blockade nicht in Betracht. Der Feind hat eine Flanke zur Verteidigung ausersehen, von der anzunehmen ist, daß wir dort angreifen werden, und hat eine bahndammartige Schanze vom Gumti linkerhand bis zum Charbagh rechterhand aufgeworfen, wobei ein alter Wasserlauf in Richtung Charbagh als Graben und Wall dient. Unmittelbar dahinter verläuft eine zweite Verteidigungslinie, die den Palast der Begum, die Kaserne und das Kasino umfängt und dann zu den alten Palästen innerhalb der Residenz verläuft. Und darin wiederum steht der verschanzte Kaiserbagh mit seinen Nebengebäuden. Es gibt kein reguläres Werk, das anzugreifen, keine Batterie, die zum Schweigen zu bringen wäre, und keine Mauer, die man einreißen könnte. Daher haben wir keine Schützengräben, und die Pioniere müssen nicht ihr ganzes Können unter Beweis stellen. Der Hauptvorteil des Feindes ist seine große Zahl und die Tatsache, daß er eine bevölkerungsreiche Stadt hält, in der unsere Truppen sich leicht verirren. Mein Eindruck ist, daß der Feind in puncto Artillerie sehr schwach ist. Er verfügt nicht über schwere Kanonen, die Granaten sind aus Messing, und die äußeren Anlagen sind, soweit ich das erkennen kann, nur mit fünf Kanonen bestückt. Wenn dort schwere Geschütze stünden, wäre die Dilkusha nicht zu halten. Die Russen hätten sie binnen zwölf Stunden zusammengeschossen und einen Hagel von Granaten über den Ruinen niedergehen lassen. Die meisten Sepoys sollen sich in Lucknow aufhalten, aber sie werden nicht so gut kämpfen wie die Musketiere von Oudh, die den Häuptlingen gefolgt sind, um für die Sache ihres jungen Fürsten Birjeis Kuddr [»erhabener Merkur«] einzutreten, von dem man durchaus sagen könnte, daß er einen patriotischen Krieg für das Heimatland und dessen Monarchen führt. Während der Belagerung der Residenz haben die Sepoys nie so kühn gekämpft wie die Aufgebote der Großgrundbesitzer und die Nadschibs. Diese Begum beweist viel Energie und Talent. Sie hat ganz Oudh aufgerufen, für die Sache ihres Sohnes einzutreten, und die Häuptlinge haben ihm Treue geschworen. Wir wollen seine Legitimität in Frage stellen, doch die Großgrundbesitzer, die es wissen müßten, akzeptieren Birjeis Kuddr bedingungslos. Wird die Regierung diese Männer als Rebellen behandeln oder als ehrenhafte Feinde? Die Begum erklärt uns ewigen Krieg, und angesichts der Annexion des Fürstentums, des stillschweigenden Vertragsbruchs, der offensichtlichen Undankbarkeit gegenüber der Familie für geliehenes Geld und Hilfe in kritischer Zeit, ist ihre Empörung auch vollauf berechtigt. Mummoo Khan, ihr Berater und Freund, soll eine armselige Kreatur sein. Man gewinnt den Eindruck, daß diese zupackenden Ranis und Begums in der Abgeschiedenheit ihrer Frauengemächer eine beträchtliche geistige Kraft entwickeln und jedenfalls fähige Intrigantinnen sind. Ihre Bemühungen, die Welt der Männer zu beeinflussen, verleihen ihrem Denken Nachdruck und Scharfsinn.

Als am 11. März der Maharadscha Jung Bahadur mit einer Gurkha-Streitmacht eintraf, mußte ihm zu Ehren ein feierlicher Empfang abgehalten werden.

Der Durbar [die feierliche Hofzeremonie] war eröffnet. Es wurden wohlklingende Ansprachen gehalten, die Hauptmann Metcalfe dolmetschte, während Engländer und Nepalesen einander musterten. Die letzteren untersetzt, kalmückengesichtig, breitschultrig, säbelbeinig, in ihrer halb europäischen, halb asiatischen Uniform überaus eindrucksvoll. Der Maharadscha prächtig wie ein Pfauenrad in der Sonne, und seine beiden Brüder standen ihm an Glanz nicht nach. Aber heller noch als all seine Juwelen sind seine Augen, kalt wie Phosphorkugeln leuchten sie. Was für Augen, tigerartig, grausam, listig, scharfsinnig! Wie sie glänzten und funkelten und rollten und bis in die hintersten Winkel des Zeltes drangen. Jemand neben mir sagte: »Das ist der größte Schurke weit und breit.«

Während der Zeremonie erschien ein Offizier von Mansfields Stab, um Sir Colin zu melden, daß »der Begum Kothie erobert ist. Nur geringe Verluste auf unserer Seite. Feindlicherseits etwa fünfhundert Tote.« Da wir nicht laut jubeln konnten, taten wir es in Gedanken. Der Maharadscha machte ein bemüht freundliches Gesicht, als ihm die Nachricht überbracht wurde, die Sir Colin auf der Stelle bekanntgab. Ohnehin war der Durbar eine törichte Veranstaltung, aber als die Dudelsäcke draußen erklangen, wurde es vollends hoffnungslos, doch niemand wagte, zu gehen. Schließlich erhoben sich der Befehlshaber und der Maharadscha, dem die britischen Offiziere vorgestellt wurden. Seine Hoheit und seine beiden Brüder bestiegen den Elefanten, der eine silberne *howdah* [Sänfte] trug und dessen Körper grotesk bemalt und mit goldenem Putz geschmückt war. Und so zog Tamerlan von dannen, seine berittene Entourage hinterdrein.

12. März. Große Aufregung heute. Fast das komplette Hauptquartier bricht nach dem Begum Kothie auf; noch immer beschießt der Feind vom Kaiserbagh aus die Straße. Nahmen, wie schon zuvor, den Weg durch die Obstgärten, ließen unsere Pferde bei den Pferdeknechten, überwanden diverse Mauern durch Breschen, die unsere Artillerie geschossen hatte, bis wir schließlich vor dem Palast der Begum standen, der von einem tiefen Wassergraben und einer breiten, starken Brustwehr geschützt wird. Hier waren überall Spuren des Kampfes zu sehen, dunkle Blutlachen, Uniformfetzen, Waffen, Ausrüstung. Der Graben war bis obenhin gefüllt mit den Leichen von Sepoys, welche die Kulis aus dem Palast heranschleppten und auf Befehl der Soldaten kreuz und quer übereinanderwarfen; die starren Leiber, Beine und Arme ausgestreckt, in ihren Baumwollgewändern langsam vor sich hinschwelend, sahen aus, als wollten sie einen Totentanz beginnen. Wir schritten buchstäblich über eine Rampe aus Leichen, die mit einer dünnen Erdschicht bedeckt waren. Die untersten Fenster und Türen des Palastes waren mit Ziegelsteinen und Lehm zugemauert, der von Gewehrkugeln völlig durchlöchert war.

Durch eine schmale Mauerlücke gelangten wir in den Innenhof des Begum Kothie. Hier wimmelte es von unseren Soldaten, die eifrig nach Beute suchten oder im Schatten saßen und rauchten und plauderten; die Waffen standen vorsichtshalber bereit. Lugard saß im Schatten eines Baumes und machte ein herzhaftes Frühstück in dem Garten, der nun wirklich nicht wie der Garten Eden aussah. Lugard schickte mir freundlicherweise einen seiner Adjutanten, Scott, der mich durch den Palast begleiten sollte. »Passen Sie gut auf«, sagte er, »es sollen sich hier noch einige Aufständische verstecken!« Und recht hatte er mit dieser Warnung, denn eine Minute später wurde ein Sergeant von einem Sepoy getötet, der sich, mit mehreren anderen, in einem Raum versteckt hatte, aus dem die Männer nur mit scharfen Granaten vertrieben werden konnten. Bis zuletzt wehrten sie sich, aber sie hatten keine Chance. Im Innenhof stieß ich auf Adrian Hope, und da er tatsächlich einen der Sturmtrupps geführt hatte, nahm ich sein Angebot, mir den Palast zu zeigen, dankbar an. Er hatte sich von seinen Männern durch ein Fenster bugsieren lassen und war in der Dunkelheit in einem Trupp Sepoys gelandet, die beim Anblick dieses hünenhaften rothaarigen Kelten, der sie mit Säbel und Pistole in der Hand überraschte, eilends die Flucht ergriffen. Eine zweite Gruppe hatte das Werk weiter links gestürmt, eine dritte weiter rechts, in der Nähe der Straße. Der Kampf hatte einige Zeit sehr heftig getobt, aber die Stärke des 93. Regiments und die Raserei der Sikhs entschieden alles. Hof um Hof, Gebäude um Gebäude, überall wurden die Sepoys vertrieben, und nun lagen an jedem Ort Hunderte von Toten, erschossen oder mit dem Bajonett erstochen. Grauenhafte Szenen. Die Zimmer, in denen die Sepoys lagen und in ihrer baumwollenen Kleidung langsam verbrannten – die Haut versengt, das Fleisch buchstäblich im eigenen Fett röstend, während sich ein bläulicher Rauchschleier von abscheulichem Gestank bildete, durch den man die grauenhaften Bilder nur undeutlich sehen konnte – waren in der Tat Orte unaussprechlichen Schreckens. Ich konnte den Gestank nicht ertragen, wir hatten noch nicht gefrühstückt.

13. März. Ich bin sicher, es war stockdunkel, als der General uns heute morgen weckte, auch wenn er felsenfest behauptete, daß der Tag anbreche. Ich weiß, daß unsere Zigarillos beim Ankleiden im Zelt wie Leuchtkäfer glühten. Eine Tasse Tee weckte unsere Lebensgeister, und als sich der Himmel im Osten hellrosa zu färben begann, saßen wir auf und ritten zur Eisernen Brücke. Doch es begrüßten uns keine sehr angenehmen Gerüche, keine schönen Blumendüfte, nicht die Frische eines neuen Tages. Die Straßen waren übersät mit Toten, und als wir zu den alten Kavallerielinien kamen, wo Outram bei seinem Vormarsch etliche Feinde überrascht und hingeschlachtet hatte, war der Gestank nur mit brennendem Tabak einigermaßen zu ertragen. Überall Grabesstille. »Dort drüben«, sagte einer meiner Begleiter, »sahen wir am Tag unseres Angriffs einen Knaben von acht, neun Jahren, sehr hübsch, gut gekleidet. Er war von einer Kartätschkugel im Rücken getroffen worden und lag im Sterben. Neben ihm war ein Käfig mit einem Papagei, der krächzte, als wüßte er, was passiert. Wir ließen den armen Vogel frei.« Es ist schrecklich, aber unsere Männer haben tatsächlich die Gewohnheit, Eingeborene wie Tiere »abzuknallen«. Manchmal tun sie es aus Mitleid.

14. März. Nach dem Frühstück im Hauptquartier. Wer nicht gerade mit der Abfassung von Berichten und Planung zu tun hatte, rauchte Zigarre oder las Zeitung. Plötzlich ertönte schweres Gewehrfeuer, das aber ebenso plötzlich wieder verstummte. Eine Ordonnanz kam mit einem kleinen gefalteten Papier in der Hand die Straße entlanggeeilt und sprach an einem der Zelte vor. Kurz darauf sah ich Norman in seinem üblichen Tempo über die Straße laufen. »Was gibt's, Norman? Haben wir die Imambara?« »Die Imambara? Menschenskind, wir sind im Kaiserbagh!«

Das war nun wirklich eine Sensation. Das Lager war in heller Aufregung. Pferdeknechte liefen hin und her, der Oberbefehlshaber und seine Stabsoffiziere riefen nach ihren Pferden. Alles eilt zum Begum Kothie! Vorbei an Höfen und Gärten und wieder Höfen, vorbei an Mauern von Moscheen und Zenanas [Frauengemächern], an langen geduckten Häusern, durch Einfahrten und Tore, hierhin und dahin, den Graben entlang, in dem unsere Männer durch all diese Hindernisse vorgestoßen waren. Zahllose Sänften mit Verwundeten zeigten, daß der Ort nicht ohne Verluste gefallen war. Ein Gurkha- oder Sikh-Offizier (ich kann die beiden nicht auseinanderhalten) im scharlachroten, goldbestickten Rock, beide Beine verwundet, der Unterkiefer zermalmt, kam mir, gestützt auf zwei Eingeborene, entgegen. In diesem Moment flog eine Kugel über die Mauer, durchschlug seinen Kopf, und er fiel tot um. Als wir die Bresche der Imambara erreichten, war fast kein Weiterkommen, so viele Männer drängten sich dort. Es ist unrühmlich, durch eine bereits geschlagene Bresche zu steigen, aber es war mir ein Trost, in guter Gesellschaft zu sein und zu wissen, daß jeder Mensch seinen eigenen Ehrbegriff hat. Für jemanden wie mich wäre es nicht mit Ehre, Prestige und Anerkennung verbunden, morgen eine Bresche zu erstürmen. Wie ich kürzlich zu Sir James Outram sagte, als wir unter Feuer gerieten: »Wenn es Sie erwischt, wird es heißen, und zwar zu Recht, daß Sie wie ein Soldat gestorben sind – mit Lorbeeren bedeckt, ein Krieger, der bei der Erfüllung seiner Pflicht gefallen ist, aber wenn der Schädel Ihres bescheidenen Dieners nicht dick genug ist, einer Musketenkugel zu widerstehen, wird es heißen, daß er einen Narrentod gestorben ist, daß er dort nichts zu schaffen hatte und sich noch im Tod lächerlich gemacht hat. *Voilà la différence!*«

Höre Jubelgeschrei hinter uns. Sir Colin kommt die Straße entlanggeritten. Jetzt sitzt er ab und schreitet unter den begeisterten Rufen seiner Truppen die Stufen der Imambara hinauf. Welches Bild der Zerstörung bietet sich dem Auge, als wir die große Eingangshalle betreten. Es ist keine Übertreibung, wenn ich sage, daß der Marmorboden zwei, drei Zoll hoch bedeckt ist mit Fragmenten zerbrochener Spiegel und der Kandelaber, die einmal an der Decke hingen. Und noch immer sind die Männer dabei, alles kurz und klein zu schlagen. Dieser Mutwille ist rüde, sinnlos und brutal, aber niemand schreitet ein. Ich denke an Kertsch auf der Krim und gehe seufzend weiter.

Wir stehen auf dem flachen Dach der Imambara-Moschee, aus der Ferne beobachtet von ein paar Aufständischen, die sich einen Jux daraus machen, uns zu beschießen, vor lauter Angst aber nicht genau zielen. Unter uns ziehen Sikhs und Hochländer wie in einer Prozession ameisengleich durch den Innenhof und zerren unter großem Hallo einen armen Aufständischen aus seinem Versteck.

Es gibt keine Fläche, die nicht Spuren schweren Beschusses aufweise. Die Höfe der Imambara sind übersät mit Trümmern, Uniformteilen, Ausrüstung, gefüllten Pulverhörnern, Musketen, Schilden und Krummsäbeln. Hinter uns sind die vielfarbigen Kuppeln und Türmchen und die mannigfaltigen Dächer des Kaiserbagh zu sehen, von dem uns noch immer Gewehrfeuer entgegengespuckt wird.

Es war ungeheuer schwül, unsere Männer in ihrer alten europäischen Uniform, ohne einen vernünftigen Sonnenschutz, taten mir leid. Ohne deutliche Anzeichen von Ermattung konnte ich in der Hitze nicht einmal hundert Meter weit gehen. Der Schweiß lief einem in Strömen über das Gesicht. Und diese armen Burschen waren stundenlang nicht nur dieser furchtbaren Hitze ausgesetzt, sondern mußten auch einen harten, schweren Kampf führen. »*Pani! Pani!* Wasser! Wasser!« erscholl es allenthalben.

Die Kasematten der Imambara, jedes bewehrte Hausdach, jeder Portikus, jede Kolonnade in den Innenhöfen war zugemauert und mit Einschußlöchern übersät. Und nun, da wir auf der Straße standen, begriffen wir, welch ein mörderisches Unterfangen es gewesen wäre, sich durch diese, man muß schon sagen, doppelte Linie von Brustwehren und zinnenbewehrten Mauern durchzukämpfen, ohne irgendwo eine Sturmleiter anlegen zu können. Aus den rechtwinklig zur Straße verlaufenden Verteidigungsstellungen hätte man uns mit einem verheerenden Kugelhagel überschüttet, der sich mit dem Beschuß aus vorspringenden Palästen und Giebeln zu einem Kreuzfeuer verbunden hätte, und unser gesamter Vorstoß wäre von den hohen Moscheen mit ihren Spitztürmen, von den flachen Häusern und von Zitadellen wie der Imambara und anderen Gebäuden aus jederzeit aufzuhalten gewesen.

Stewart und ich gelangten im Schatten der Mauer schließlich zu einem mächtigen Straßenverhau, der mit einem tiefen Graben davor und mit holzverkleideten Schießscharten ausgestattet war, die lichterloh brannten. Durch die Flammen lugten die Mündungen von zwei (höchstwahrscheinlich geladenen) Kanonen, so daß wir schleunigst nach links abbogen, da es weder sinnvoll noch ruhmreich gewesen wäre, sich von einer explodierenden Kanone zerfetzen zu lassen. Wir liefen an einer zinnenbewehrten Mauer entlang, kamen durch ein hohes Tor, das nahezu unpassierbar war, wenn unsere Pioniere nicht kurz zuvor einen Weg durch die Trümmerberge gebahnt hätten, und fanden uns in einem der Innenhöfe des Kaiserbagh wieder! Das hintere Ende des kleinen Pioniertrupps verschwand gerade im Laufschritt durch ein anderes Tor am anderen Ende des weiten Hofs. Ein Offizier, der kurz zuvor durch den Torbogen gekommen war, sagte: »Hier muß man aufpassen. Die Räume zum Hof sind voller Sepoys. Ich kann sie sehen und hören.« Wir waren völlig allein. Umkehren kam nicht in Frage, also holten wir noch einmal tief Luft und rannten los. Es war wirklich knapp. Die Kugeln pfiffen uns um den Kopf und schlugen in den Boden zu unseren Füßen ein, aber wir erreichten alle, atemlos und lachend, den schützenden Torbogen, hinter dem sich ein weiterer Hof befand, voller Statuen, Orangenbäume und Büsche, umgeben von einem italienisch anmutenden Palazzo, in dem, wie einer unserer Freunde erklärte, »alles drunter und drüber geht«. Eine kleine Abteilung rotberockter Soldaten stand in halbwegs geordneter Formation an einem Tor und produzierte ein energisches Feuer. Ansonsten herrschte überall Chaos und Lärm.

Es war wohl eines der seltsamsten und bedrückendsten Bilder, die man sich vorstellen kann, aber es war auch sehr aufregend. Disziplin mag Soldaten zusammenhalten, bis die Schlacht gewonnen ist, aber sie dauert garantiert nur so lange, bis der Angriff oder die Erstürmung abgeschlossen ist.

Man stelle sich Höfe vor, groß wie Temple Gardens, umgeben von verschiedenen Palästen oder jedenfalls reich dekorierten Bauwerken, mit Wandgemälden auf den blinden Fenstern und mit grünen Jalousien und Rolläden über den doppelt angeordneten Maueröffnungen. Im eigentlichen Hof sieht man Statuen, Laternenpfähle, Springbrunnen, Orangengärtchen, Wasserleitungen und Pavillons mit metallisch schimmernden Kuppeldächern. Und überall laufen unter Gebrüll europäische und eingeborene Soldaten herum, schießen auf die Fenster, aus denen bisweilen ein Schuß fällt oder eine Musketenkugel heranpfeift. Vor jedem Eingang ist eine erregte Menge im Begriff, mit dem Gewehrschaft die Türblätter zu zertrümmern oder die Schlösser mit gezielten Schüssen aufzubrechen. Hier und da haben sich die Eindringlinge in lange Korridore vorgekämpft, und man hört das laute Krachen der Musketen, die im Innern losgehen. Splitterndes Glas, das Gebrüll der Kontrahenten und dünne Rauchfahnen, die aus den geschlossenen Gitterfenstern ziehen. Unter den Orangenbäumen liegen tote und sterbende Sepoys. Die weißen Statuen sind blutrot. An einer lächelnden Venus lehnt, schwer keuchend und langsam verblutend, ein britischer Soldat mit einem klaffenden Halsdurchschuß. Offiziere laufen herum, um ihren Leuten gut zuzureden, zu drohen – vergeblich. Aus den zerstörten Portalen kommen Soldaten heraus, schwer beladen mit Schals, reichen Wandbehängen, Gold- und Silberbrokat, Juwelen, Waffen, kostbaren Gewändern. Die Männer sind außer Rand und Band, buchstäblich trunken vor Raublust. Einige kommen mit Vasen oder Spiegeln heraus, zerschmettern sie und kehren um, um sich wertvollere Beute zu suchen. Andere sind eifrig dabei, aus Tabakspfeifen, Satteldecken, Schwertgriffen oder allerlei Handfeuerwaffen die Edelsteine herauszureißen. Manche Soldaten hüllen sich in Stoffe, die mit kostbaren Metallen und Juwelen besetzt sind, andere schleppen nutzlosen Plunder davon, Messingtiegel, Bilder oder Vasen aus Jade und Porzellan.

Überall, in jedem Hof, bot sich das gleiche Bild. Der Hof, den wir nunmehr betraten, war ziemlich schmal, eine Sackgasse. Auf der einen Seite lagen offene Remisen, in denen diverse Karossen und Fuhrwagen samt Geschirr untergebracht waren, *palkis* [Palankin: kastenartige Sänfte mit Seitenöffnung] mit reich vergoldeten Samtbehängen und allerlei Gegenstände, wie man sie in einer Wagnerwerkstatt findet – Räder, Achsen und derlei Dinge. Gegenüber befanden sich Magazine mit Wohnquartieren, deren massiv verbarrikadierte Türen auf den Hof hinausgingen. Halb im Schatten stand ein gemauerter Brunnen, und in der Nähe war ein Lagerraum, dessen Tür offenstand oder von einem Plünderer aufgebrochen worden war. Wir traten ein und sahen zahlreiche Holzkisten, die säuberlich verpackte Vasen, Schalen, Pokale, Tassen aus dem allerfeinsten Porzellan enthielten. Andere waren mit nichts anderem als Löffeln, Mundstücken für Wasserpfeifen und kleinen Trinkgefäßen und Tellern aus ähnlich wertvollem Material vollgestopft. Ich übertreibe keineswegs, wenn ich sage, daß es mindestens eine Kamelladung von diesen Kuriositäten gab, von denen Stewart und ich und noch ein paar andere Offiziere ein paar Stücke auswählten und sie neben dem Brunnen deponierten.

Das war auch gut so, denn kaum hatten wir diese Objekte hingestellt, fiel der Schatten eines Mannes über den Hof, ein Bajonett schob sich vorsichtig vor, dann erschien die Enfield und schließlich der Kopf eines britischen Soldaten. »Die Luft ist rein, Bill!« rief er. »Komm schon! Nur ein paar Offiziere, und hier war bestimmt noch niemand!« Es treten auf drei oder vier Banditen vom …ten Regiment, das Gesicht pulvergeschwärzt, das Kreuzbandelier blutbeschmiert, der Uniformrock vollgestopft mit allerlei Wertgegenständen. Und nun begann vor unseren Augen die Plünderei. Die erste Tür widerstand jedem Ansturm, bis das Gewehr auf das Schloß gehalten wurde und durch die Explosion das ganze Ding in die Luft flog. Die Männer stürzten mit Gebrüll hinein und kamen bald wieder heraus mit Schatullen voller Juwelen, eisernen Schachteln und Holzkisten voller Waffen, die mit Gold und Edelsteinen besetzt waren. Ein Kerl stemmte einen Deckel auf, der aussah, als sei er aus Blei, tatsächlich aber aus massivem Silber war, und zog ein Armband aus Smaragden und Diamanten und Perlen heraus, die so groß waren, daß sie mir nicht wie richtige Edelsteine erschienen, sondern als Bestandteile einer Kronleuchteraufhängung. »Was geben Sie mir dafür?« rief er. »Ich nehme hundert Rupien.«

Ach, wie dumm! Ich hatte keinen Penny in der Tasche, niemand von uns hatte Geld dabei. In Indien hat der Diener das Geld. Mein Simon war im fernen, stillen Lager. Jeden Morgen durchsuchte er meine Sachen, weder Goldmünze noch Silberrupie durfte in einer Tasche sein, und so sagte ich: »Ich gebe Ihnen hundert Rupien, aber Sie sollen wissen, daß die Steine, wenn sie echt sind, erheblich mehr wert sind.«

»Bei Gott, ich werde es Ihnen nicht neiden, und Sie sollen sie für die hundert Rupien gern haben. Hier, nehmen Sie!«

»Dann müssen Sie mich heute abend im Hauptquartier aufsuchen oder mir Ihren Namen und die Kompanie nennen, damit ich das Geld schicken lassen kann.«

»Meiner Treu, woher soll ich wissen, wo ich heute abend bin? Vielleicht bin ich tot, mit einer Kugel im Leib. Geben Sie mir sofort zwei Goldmohurs* und dazu eine Flasche Rum. In Zeiten wie diesen sollte man Gelddinge auf der Stelle erledigen.«

Gegen die Ansicht unseres Freundes gab es nichts einzuwenden, und so steckte er die Kette mit den großen Smaragden und Diamanten und Perlen wieder in die Schatulle, und ich sah mein Glück schwinden.

Der Mann wandte sich zum Gehen um, hielt plötzlich inne und holte, betroffen über seine Strenge, zwei Geschmeide aus der Schatulle und sagte: »Meine Herren, auch Sie sollen ein kleines Souvenir haben. Suchen Sie sich etwas aus, Sie können mir ein andermal etwas dafür geben.«

Mir fiel ein Nasenring mit kleinen Rubinen und Perlen und einem einzelnen Diamanten zu. Mein Freund wurde mit einer wunderschönen Brosche bedacht, die aus einem großen

---

* Münze im Wert von 32 Shilling. (A.d.Ü.)

Schmetterling mit Flügeln aus Opalen und Diamanten bestand. Doch das war nur eine kleine Episode. Die Plünderszenen waren unbeschreiblich. Die Soldaten hatte mehrere Lagerräume aufgebrochen und den Inhalt in den Hof geschleppt, der nun übersät war mit Kisten, bestickten Gewändern, Gold und Silberbrokat, silbernen Gefäßen, Waffen, Fahnen, Trommeln, Tüchern, Schals, Musikinstrumenten, Spiegeln, Gemälden, Büchern, Rechnungsbüchern, Arzneiflaschen, prächtigen Standarten, Schilden, Speeren und vielen anderen Dingen, die aufzuzählen diese Seite zu einem Auktionskatalog machen würde. Und inmitten des Ganzen bewegten sich die Männer, wild vor Erregung, trunken vor Gier. Ich habe diese Redewendung schon oft gehört, aber noch nie die entsprechende Situation erlebt. Die Männer zertrümmerten Flinten und Pistolen, um sich der in den Knauf eingelassenen Goldbeschläge und Steine zu bemächtigen. Mitten auf dem Hof machten sie ein Feuer und verbrannten Brokat und bestickte Tücher um des Goldes und Silbers willen. Aus purem Übermut zertrümmerten sie Porzellan, Glas und Jade. Bilder wurden aufgeschlitzt oder in die Flammen geworfen, Möbelstücke erlitten das gleiche Schicksal.

Was für ein Tag! Nie habe ich mich erschöpfter gefühlt. Schlimm genug war es, durch endlose Höfe zu stolpern, in denen man sich wie im Dampfbad fühlte, an Leichen vorbei, konfrontiert mit infernalischen Szenen, an brennenden Mauern entlang, in deren Breschen Minen versteckt sein mochten, durch glimmende Schießscharten zu steigen, über schwankende Leitern, halb erstickt vom bestialischen Gestank verwesender Leichen, ranzigen Ghees oder widerlichster indischer Gerüche, aber die kochende Menge, der wir in Hazratgunj begegneten, war noch viel schlimmer. Raubgierig wie die Geier standen sie dicht an dicht auf den Straßen, angsterfüllt oder anderweitig unfähig, in die Paläste zu gehen, und wie die Vögel, denen sie ähnelten, warteten sie, um nach beendetem Kampf über ihre Beute herzufallen.

Schließlich erreichte ich das Lager. Simon war in seinem kleinen Zelt eifrig dabei, Gold und Silber für die Eingeborenen auszuwiegen, die schon mit Beute zurückgekehrt waren. Tagelang klapperte seine Waage. Da er eine Kommission für das Auswiegen bekam, muß er ein glänzendes Geschäft gemacht haben.

Ich warf mich auf mein Feldbett, schlief eine Stunde und träumte von Dingen, die fast so schlimm waren wie das, was ich gerade in der Realität erlebt hatte.

16. März. Die Rebellen werden keine Ruhe finden. Und heute wurden sie gnadenlos zurückgedrängt in die Gassen der Stadt und aus den befestigten Stellungen herausgeworfen, die in ihrer Hand waren.

Grauenhafte Szenen erwarteten uns auf dem Rückweg ins Lager. Ein alter Fakir, den wir vor einigen Sikhs gerettet hatten, lag dort, wo wir ihn noch immer in Sicherheit wähnten, mit gespaltenem Kopf auf der Erde. Viele Leichen, die wir zuerst nicht bemerkt hatten, lagen auf den Straßen. Nachdem die Füsiliere das Tor erreicht hatten, kam ein Kaschmiri-Knabe, mit einem blinden alten Mann an der Hand, zu dem Posten, warf sich vor einem Offizier in den Staub und flehte um Schutz. Dieser Offizier zog daraufhin, wie mir von seinen Kameraden berichtet wurde, seinen Revolver, hielt ihn dem armen Knaben an den Kopf und drückte ab. Seine Untergebenen protestierten. Wieder drückte er ab, auch diesmal passierte nichts. Wieder spannte er den Hahn, und abermals versagte die Waffe ihren Dienst. Beim vierten Mal endlich – dreimal hatte der wackere Mann Gelegenheit, Milde walten zu lassen – war ihm Erfolg vergönnt. Unter den empörten Rufen seiner Männer sank der Knabe blutüberströmt zu Boden!

Heute konnten dem Feind keine nennenswerten Verluste zugefügt werden. Die meisten Aufständischen sind offensichtlich geflohen. Die Philanthropen, die sich schon auf eine »große Strecke« in Lucknow freuen, werden enttäuscht sein. Natürlich ist es schade, daß wir nicht so streng durchgreifen konnten, um ein für allemal zu verhindern, daß sie sich anderswo zusammenrotten und den Kampf gegen uns wieder aufnehmen. Am Abend sah ich Sir Colin. Er schien zufrieden – »die Leute werden nach Hause gehen.«

21. März. Napier ist dabei, einen Bericht über eine grandiose Umgestaltung der Verteidigungsanlagen von Lucknow zu schreiben. Der Entwurf ist großartig, aber wo soll das Geld herkommen? Heute war Gottesdienst im Kasinozelt, doch nur wenige kamen. Sir Colin Campbell gehört zwar der schottischen Kirche an, aber er hätte bedenkenlos der wohlklingenden, freilich unlogischen Predigt des exzellenten Mr. McKay lauschen können, der zu beweisen suchte, daß England nicht das Schicksal aller großen Weltmächte teilen werde, da es eine christliche Nation sei und die Bundeslade trage, während jene Heiden gewesen seien.

Unser Zelt war von Hindus und Mohammedanern umringt. Sie waren unsere Untertanen, Teil unseres Staates. Die Christlichkeit eines römischen Kaisers konnte sein Imperium nicht retten; und wie »Sarmatien unbeweint und unschuldig fiel«, so werden wir vielleicht fallen, unbeweint, aber schuldig vieler Verbrechen, von denen unsere Bevölkerung nichts weiß, obgleich wir doch Christen sind, in einem protestantischen Staatswesen und in einem Reich leben, in dem alle Religionen der Welt vertreten sind. Wir lassen es zu, daß in Indien Dinge geschehen, die wir in Europa nicht hinnehmen würden und auch nicht tun könnten, ohne einen Aufschrei der Öffentlichkeit zu riskieren, und unsere christliche Lebensart in Europa, unser christlicher Eifer in Exeter Hall* versöhnt gewiß nicht mit Eroberung und Unterwerfung in Hindustan oder mit Gewalt und Betrug in den indischen Nordprovinzen.

Mit dem Fall von Lucknow war der Aufstand im übrigen Teil der Provinz Oudh oder in der benachbarten Region Rohilkhand noch keineswegs niedergeschlagen. Im April marschierten die Briten abermals nach Cawnpore, ehe sie nach Rohilkhand aufbrachen.

---

* Ein evangelischer Versammlungsort in London.

18. April. Als wir gerade zum Essen gehen wollten, wurde ein Sepoy hereingebracht, den Maxwell gefangengenommen hatte. Der Mann war kaltblütig und beherrscht, wußte aber, was ihm bevorsteht. Da Sonntag ist, wurde er nicht hingerichtet, aber morgen früh wird der Ärmste aufgeknüpft, denn man hat ihn mit Waffen in der Hand erwischt. Zwei Eurasierinnen kamen nach Kutchery, um sich über das unverschämte Betragen der europäischen Offiziere am gestrigen Abend zu beschweren. Diese armen Geschöpfe waren von den Rebellen entführt worden und Schlimmerem als dem Tod entronnen, indem sie sich in das Schlimmste gefügt hatten. Die beiden waren durchaus willens, über ihr Mißgeschick zu sprechen. Sie waren nicht einmal sechzehn Jahre alt.

26. April. Heute morgen kamen wir aus dem Badehaus des Maharadscha, um in einer kleinen Pagode beziehungsweise Moschee zu frühstücken, die, in einem weitläufigen Serail gelegen, von unseren Offizieren gewissermaßen als Club benutzt wird. Wie empört die Eingeborenen sein müssen, daß wir ihre heiligen Stätten benutzen! Welcher Schock, als ich zwei indische Diener, mit Pflastern und blutigen Verbänden bedeckt, stöhnend auf ihren Feldbetten liegen sah. Auf entsprechende Fragen erfuhr mein Freund von einem der Gäste, daß sie die Diener eines Mr. Soundso waren, der ihnen gerade »eine ordentliche Tracht Prügel« verabreicht hatte. Diese Praxis ist barbarisch und entwürdigend. Ich habe Menschen gehört, die sie verteidigen, aber kein empfindsamer, gebildeter oder gütiger Mensch kann sie rechtfertigen oder nach ihr verfahren. Die Schluchzer der armen Frau, die neben den Bettgestellen saß (sie war die Frau eines der beiden Männer), rührten mich, aber niemand ging hin, sie zu trösten oder ein freundliches Wort zu sagen. Der Herr, der seine nichtsnutzigen Diener auf so einfühlsame Weise »angespornt« hatte, saß mürrisch und verdrießlich am Tisch und schämte sich hoffentlich seiner Gewalttätigkeit, hatte aber keine Angst vor Strafe oder anderen Maßnahmen des Gesetzes.

9. Mai. Metcalfe kam herein und erinnerte mich daran, daß heute der Jahrestag des Ausbruchs der Rebellion in Delhi ist. Ganz sicher wurden in keinem einzigen Jahr seit Erschaffung der Welt Stärke und Mut eines Volkes strenger auf die Probe gestellt als im Jahre 1857 der Charakter der Briten in Indien.

Trotzdem muß man sagen, daß sie, bei allem Mut, ausgelöscht worden wären, wenn ihnen die Eingeborenen geschlossen entgegengetreten wären! Die verzweifelt sich wehrenden Garnisonen haben gewiß einen heldenhaften Kampf geführt, aber die Eingeborenen haben an ihrer Seite mitgekämpft, und nur durch ihre Hilfe und Präsenz war eine Verteidigung überhaupt möglich. Eine britische Garnison beispielsweise, die sich in einer schwachen Stellung befand, wurde fast bis auf den letzten Mann aufgerieben. Unsere Belagerung von Delhi wäre ganz und gar unmöglich gewesen, wenn die Radschas von Patiala und Jhind nicht unsere Freunde gewesen wären und wenn die Sikhs nicht in unseren Bataillonen mitgekämpft und sich im Pandschab ruhig verhalten hätten. Die Sikhs haben in Lucknow gute Dienste geleistet, und jede britische Garnison konnte sich auf die Hilfe von Eingeborenen verlassen, so wie unsere Armeen im Feld von Eingeborenen verstärkt wurden. Man schaue nur einmal, wie es in diesem Moment in unserem Lager aussieht! Eingeborene stellen die Vorposten, Eingeborene versorgen und pflegen die Pferde, sie füttern die Elefanten, sie kümmern sich um den Transport, Eingeborene beliefern das Kommissariat, das für unsere Verpflegung zuständig ist, sie kochen für uns, sie machen sauber, sie tragen die Zelte und schlagen sie auf, sie bedienen unsere Offiziere und borgen uns sogar Geld. Der Soldat, der als mein Sekretär fungiert, sagt, daß sein Regiment nicht eine Woche ohne die Diener, Träger, Krankenpfleger und die anderen Hilfskräfte existieren könne. Er gibt zu, daß es ihn heute ziemlich angestrengt habe, in der Sonne herüberzukommen. Nie ist öffentlich ein Wort der Anerkennung für ihre Dienste zu hören.

25. Mai. Der Marsch ging weiter, meilenweit, über eine sandige, staubige Ebene. Allerseits waren flehende Rufe nach den *bheesties* [Wasserträgern] zu hören. Urplötzlich brach in der heißen, schwarzen Nacht ein furchtbarer Sturm los – aber nicht einer aus Regen und Donner, sondern aus Wind und Sand, der wie heiße Asche brannte. Die Kolonne machte sofort halt. Dieser Wucht, diesem heißen Atem des Samum konnte weder Mensch noch Tier widerstehen! Es war wie ein Lavastrom, und er erfaßte meine *doolie* [Sänfte] so heftig, daß ich mich auf der windgeschützten Seite in den Sand fallen ließ, um nicht mit ihr fortgeweht zu werden. Die Träger warfen sich auf die andere Seite und hielten die Sänfte fest. Ich spürte den heißen Sand auf mir, meine Haut brannte wie im Fieber. In der Nähe lag ein alter, verhutzelter Soldat des 80. Regiments, der in den windstillen Momenten mit schwacher, keuchender Stimme nach dem *bheestie* rief. Ich sagte, er solle nicht verzweifeln, es sei bald vorbei.

»Für mich ist es bestimmt bald vorbei. Ich bin seit achtzehn Jahren in der Armee, aber so eine ... habe ich noch nie erlebt. Das ist ja nicht auszuhalten, Sir! Von meiner Abteilung sind zehn Mann verschwunden, kein Wunder!« Alle Offiziere waren abgesessen, und die Männer kauerten auf der Erde, während der Sturm tobte. Nach fünfzehn Minuten ließ der Wind nach. Die Männer formierten sich neu und setzten den Marsch fort. Doch der arme Kerl in meiner Nähe hatte die Wahrheit gesagt. Man rüttelte ihn wach, aber er war tot. In dieser Nacht starben mehrere Mann unserer Eskorte. Bei unserer Ankunft in Fatehgarh wurden mehrere von ihnen ins Hospital geschafft, wo sie kurz darauf starben. Als ich das Fort verließ, wurden einige von ihnen noch immer vermißt.

Ich kroch zurück zu meiner Sänfte, in ein Bett aus heißem Sand, und lag erschöpft da. Stundenlang marschierten wir weiter. Ach, welche Freude, endlich in der Mitte eines frischen, klaren Stroms zu erwachen und jenseits des Ufers noch einen zweiten, breiteren Strom zu erblicken. Man hatte mich in einer Art Dämmerzustand über den Ramgunga getragen, und selbst der größte Durst hatte mich nicht geweckt. Doch jetzt war ich von Wasser umgeben. Wie eine kleine Insel stand meine Sänfte in dem flachen Wasser, das leise plätschernd über das sandige Bett rollte und die Beine meines Lagers umspülte. Und dann kam der alte Sukeeram, schöpfte das erfrischende Naß in ein Trinkgefäß und hielt es mir an die aufgesprungenen Lippen. Dann tauchte er die hohle Hand in das Wasser und besprengte mein Gesicht. Ich konnte mir gut vorstellen, wie die sonnenverbrannte Erde den ersten Herbstregen trinkt. Die Eingeborenen, die Pferdeknechte und Händler tollten prustend wie eine Schar Tümmler im Fluß umher. Wir befanden uns in einem Seitenarm des Ganges, und weiter vorn, hinter einer langen niedrigen Kette von Sandbänken, floß der eigentliche Heilige Strom.

Wie schön die Lehmmauern von Fatehgarh sind, wenn sie in der Ferne erscheinen und man hoffen kann, bald das gastliche Fort zu erreichen! Es war geradezu ein Vergnügen, im Gedränge und Gewimmel auf der schmalen langen Bootsbrücke zu stehen, die Insel mit Insel verbindet und schließlich den beiten Strom überspannt.

Und schließlich kamen wir an. Legeyt Bruce empfing uns. Alison, Baird und ich wurden in einem einsamen Bungalow gastfreundlich aufgenommen. Das Badezimmer! Das Frühstück! Dieses große Weinglas! Baird war so krank, daß er sich nicht von seinem Lager erheben konnte, doch Alison und ich krochen bald zu den beiden Betten in einem niedrigen, abgedunkelten Raum, der mit *tatties* [Grasfasermatten, die regelmäßig befeuchtet werden] und Deckenfächern ausgestattet war, und genossen das pure animalische Glück des Ausruhens. Und so endetete unser Gewaltmarsch über den Ganges, von Shahjahanpur nach Fatehgarh, den wir fast nicht überstanden hätten.

28. Mai. Abends, auf der Veranda oberhalb des Ganges, beobachtete ich zwei riesige Fledermausschwärme, die von Westen angeflogen kamen und genau nach Osten steuerten. Keine von ihnen wich vom Kurs ab – alle bewegten sich in einer schnurgeraden Linie. Es waren Tausende.

29. Mai. Da wir gerade nichts anderes zu tun hatten, erklärten Bruce, Alison und ich uns zu einer politischen Versammlung und verabschiedeten eine Resolution des Inhalts, daß es ratsam sei, im benachbarten Zimmer mit Hauptmann Mylne zu speisen. Dieser stimmte zu, und so saßen wir mit ihm bis tief in die Nacht hinein und erzählten uns Geschichten aus alten Zeiten, in demselben Zimmer übrigens, in dem einige bedauernswerte Engländerinnen von den Sepoys massakriert worden waren. Mylne hatte keinen Zweifel, daß zwei Frauen von Kanonen zerfetzt worden waren und daß die Männer der 10. und 41. BNI* beim Übungsschießen ein paar Kinder als lebende Zielscheibe benutzt hatten. Das waren Handlungen unzivilisierter Barbaren.

Aber handeln wir wie zivilisierte Christen, wenn hier an diesem Ort ein Verwandter des Nawab von Farrukhabad unter den allerunwürdigsten Bedingungen aufgeknüpft wurde, im Angesicht eines Kaplans, der sich unter den Zuschauern befand? Es ist tatsächlich so, daß der bedauernswerte Mann am Tag vor seinem Tod zwei britische Offiziere in seinem Palast empfangen hatte und nun glaubte, daß seine Aussagen hinsichtlich seiner Unschuld akzeptiert worden seien, doch nur wenige Stunden, nachdem er einen Obersten der britischen Armee gastfreundlich bewirtet hatte, stürzte sich die Zivilverwaltung auf ihn und brachte ihn in einer Art und Weise an den Galgen, die das Mißvergnügen eines jeden Augenzeugen hervorrief.

Alle diese grausamen und unchristlichen Foltermethoden in Indien (beispielsweise Mohammedaner in Schweinehäute einzunähen und vor ihrer Hinrichtung mit Schweinefett einzuschmieren und ihre Leichen zu verbrennen, oder Hindus zu zwingen, sich zu verunreinigen) sind äußerst schändlich und fallen letzten Endes auf uns zurück. Es sind Torturen von Geist und Seele, auf die zurückzugreifen wir kein Recht haben und die wir in Europa auch nicht zu praktizieren wagen.

---

* [Bengal Native Infantry] bengalische Infanterieregimenter. (A.d.Ü.)

Russell beschloß, sich eine Zeitlang in den Bergen von Simla zu erholen. Als er einige Monate später wieder zurückkehrte, schickte ihm der Radscha von Patiala seine Privatkutsche entgegen und eine berittene Eskorte, die Russell von Ambala in seine Hauptstadt begleiten sollte.

9. Oktober. Es war neun Uhr vorbei, als unsere Eskorte, die schon seit einiger Zeit aufmerksam durch den Staub nach vorn spähte, auf eine weit entfernte Staubwolke wies. Mr. Melville rief: »Das ist der Radscha! Er kommt uns ein großes Stück Weg entgegen!« Da mir die Gepflogenheiten orientalischer Etikette nicht ganz fremd sind, weiß ich, daß die Länge der Strecke, die ein Herrscher einem fremden Gast entgegenkommt, genau dem Respekt entspricht, den er seinem Besucher erweisen will. Und natürlich glaubte ich, daß diese Aktion des Radscha, der sich über eine Meile von seiner Hauptstadt entfernt hatte, Mr. Melville galt, dem Stellvertretenden Provinzgouverneur.

Meines Wissens ist allgemein unbestritten, daß wir, ungeachtet der Bemühungen von Mr. Montgomery und Sir John Lawrence, Delhi verloren hätten, wenn der Radscha von Patiala nicht, im Zusammenwirken mit den Oberhäuptern der benachbarten Fürstentümer, unsere Verbindungen nach dem Pandschab offengehalten und den Nachschub ermöglicht hätte. Wäre Patiala annektiert worden (wofür es zweifellos allerlei Vorwände gegeben hätte – an denen es ja nie mangelt, wenn der stärkere Staat vom *animus furandi* getrieben wird), hätten wir sicher miterlebt, wie in allen anderen Teilen Indiens auch, daß die Eingeborenen sich erheben, um ihren mediatisierten oder abgesetzten Fürsten wieder an die Macht zu bringen. Niemand würde fragen, worauf seine Herrschaft gründet, oder genau prüfen, mit welchem Recht wir seine Dankbarkeit einfordern könnten, und der Radscha wäre die längste Zeit Fürst gewesen, wenn er sich nicht an die Spitze der Bewegung gestellt hätte. Von zuverlässiger Seite ist mir immer wieder versichert worden, daß Indien in einem solchen Falle für uns verloren wäre. Unser Reich wäre mit Sicherheit untergegangen, hätte der Radscha seine Loyalität aufgekündigt in dieser schwierigen Situation, als die zarten Wurzeln, die wir in den indischen Boden gepflanzt hatten, auf das brutalste herausgerissen waren und das große Gewächs, das so rasch hervorgebrochen war und seinen mächtigen Schatten rasch über alle Throne des Orients gebreitet hatte, im Staub darniederlag.

Doch der Radscha von Patiala schwankte nicht einen Moment, seine Trompeten bliesen nicht einen falschen Ton. Zu fragen, ob er aus Liebe oder Berechnung oder aber aus politischer Klugheit mit solcher Tatkraft und Entschiedenheit handelte und uns unschätzbare Hilfe leistete, wäre unhöflich und unnütz. Neben seiner regulären Armee stellte er uns sogleich eine große Streitmacht zur Verfügung, deren Aufgabe es war, die Wege zu sichern und die Bagage- und Munitionswagen zu eskortieren. Er gab uns alle Lasttiere und Fuhrwerke, er öffnete seine Schatzkammern und lieh uns, zu einem niedrigen Zinssatz und gegen eine Sicherheit, die nur für den alleraufmerksamsten Beobachter nicht wertlos war, Geld, und zwar zu einer Zeit, da man Silber mit Gold hätte aufwiegen können.

»O ja, das mag ja alles sein, aber Thompson weiß, daß der Bursche Kontakt zum König von Delhi hatte.« Es gibt in der Tat eine Geschichte, derzufolge er dem König oder einem seiner Minister eine große Summe gegeben haben soll, um zu verhindern, daß ein Brief, den er an den Mogul geschrieben hatte, den Briten in die Hände fiel. Selbst wenn dem so wäre, hätten wir kein Recht, uns mit etwas anderem als seinen konkreten Handlungen zu beschäftigen oder uns etwas anderes anzusehen als die offenen Beweise guten Willens, die wir von ihm erhalten haben. Es ist nicht verwunderlich, daß ein indischer Fürst, der sich bedroht fühlt vom Zorn der Anführer des großen Aufstands, bei dem die mächtigsten seiner Nachbarn mitwirkten, während die Fremden, die das Land mit Waffengewalt oder aufgrund von Verträgen beherrschten, absolut unfähig waren, ihn zu schützen oder zu bestrafen, daß dieser indische Fürst bemüht ist, seine Position abzusichern und den König, dessen Thron auf einmal so gefestigt schien, geneigt zu machen.

Ich mußte daran denken, wie hart die Zügel unserer Herrschaft in die sanfte Haut der Eingeborenen einschneiden mochten. Noch der kleinste englische Beamte behandelt diese Menschen mit Geringschätzung und glaubt, er habe das Recht, sie zu besuchen, wie er den Wildhüter in seinem Forsthaus besuchen würde. Sir Colin und andere sagen, daß sie die Unverschämtheiten und Grobheiten einiger Zivilisten gegenüber den Heerführern und Stammesfürsten im Nordwesten oft als peinlich empfunden hätten. Einige unserer besten Beamten sitzen hemdsärmelig zu Gericht (Manschetten dienen übrigens im ganzen Land als Löschpapierersatz), sie legen während der Sitzung die Beine hoch und rauchen Zigarre, und ich habe erlebt, wie ein hervorragender Beamter, so wie er gerade aus dem Bad kam – mit herunterhängenden Hosenträgern, die bloßen Füße in Pantoffeln und das Hemd bis zur Brust offen –, einen Stammeschef zu einer Besprechung über eine Angelegenheit von beträchtlicher politischer Bedeutung empfing. Die Inder sehen, daß wir uns untereinander ganz anders verhalten und ziehen entsprechende Schlußfolgerungen. Als wir heute abend heimfuhren, erzählte mir Mr. Melville, daß der Radscha von Patiala vor einiger Zeit Sir John Lawrence in der Nähe von Ambala besuchte habe und unter klingendem Spiel und Ehrensalut in dessen Lager einziehen wollte, da aber Sonntag war, habe er, Mr. Melville, darum gebeten, dies zu unterlassen. Daraufhin erklärte der Radscha gedemütigt und verärgert, daß er unter seinen Verwandten und in den Nachbarstaaten in Ungnade falle, wenn er auf das für ihn angemessene Zeremoniell verzichte. Doch der Stellvertretende Gouverneur mochte nicht einlenken. »Warum durfte er denn am Sonntag überhaupt kommen?« fragte ich. »Nun ja, *das* war also das Problem!«

Niemand kann behaupten, daß die Atmosphäre von Feindseligkeit und Mißtrauen, die heutzutage das Verhältnis zwischen Eingeborenen und Europäern beherrscht und ein beklagenswertes Ergebnis des Aufstands ist, seiner Verbrechen und der Sanktionen, nicht überaus schädlich ist, da sie diejenigen Übel des indischen Systems verschärft, die in gewisser Weise den Aufstand erst ausgelöst haben. Von zwei Dingen eines – entweder war es eine militärische Meuterei oder es war ein Aufstand, der von der Bevölkerung mehr oder weniger unterstützt wurde, nachdem sich die Soldaten einmal erhoben hatten. Wenn es eine rein militärische Erhebung war, ist es ungerecht, die Bevölkerung des Landes für Akte zu bestrafen, die sie von allein nie begangen hätten; außerdem ist es politisch unklug, die Menschen dafür zu bestrafen, daß sie bewaffneten Männern nicht energisch genug widerstanden haben, Soldaten, die von uns ausgebildet sind und vorübergehend Herren des ganzen Landes waren. Sympathien können wir nicht bestrafen. Damit würden wir zweifellos Animositäten und tiefe antibritische Gefühle provozieren. Schlagen wir die Sepoys im Kampf, vernichten wir unsere Feinde auf dem Schlachtfeld, nehmen wir diesen blutrünstigen Verrätern das Leben, weil sie auf grausamste Weise ihre Vorgesetzten ermordet und unsere Frauen und Kinder kaltblütig massakriert haben. Aber ganze Distrikte zu bestrafen, weil dort Missetaten verübt wurden oder weil feindliche Truppen dort ihr Lager errichtet haben, ist ebenso ungerecht wie unklug. Wenn wir den Ausbruch als Volksaufstand ansehen, müssen wir uns damit begnügen, die Anführer zu bestrafen, die tatsächlichen Mörder zu verurteilen, angemessene Strafen zu verhängen gegen diejenigen, die bei Plünderung, Brandstiftung und Rebellion an führender Stelle mitgewirkt haben. Von der Masse ihrer Anhänger müssen wir nicht nur die Finger lassen. Wir müssen uns gründlich fragen, warum es zu einer so ausgeprägten Unzufriedenheit kommen konnte.

England kann von Glück reden, daß seine Verwalter in Indien und seine Generäle im Feld zumindest in einer Hinsicht von Einmütigkeit beseelt sind und daß im Kabinett und bei den Operationen, die unsere Generäle zur Befriedung der Unruheprovinzen durchführen, im allgemeinen so gehandelt wird, wie es sich für aufgeklärte Staatsmänner und Christen schickt – im Gegensatz zu jenen wutheulenden Männern, die so lange unter Orientalen gelebt haben, daß sie erfüllt sind von deren wilden Leidenschaften und alle Zivilisation und Religion vergessen haben. Unbarmherzig wie Glaubenskrieger, aber ohne deren Glauben, gnadenlos wie Inquisitoren, aber ohne deren Fanatismus, tauchen diese mörderischen Kreaturen, geschützt hinter ihren Schreibtischen, die Feder in die wallende Tinte und rufen »Blut! Noch mehr Blut!« mit der unerschöpflichen Energie und dem unstillbaren Durst eines Marat oder eines Saint-Just. »Wir wollen Rache!« rufen sie. »Uneingeschränkte Rache. Es ist uns einerlei, wenn sie blind wütet. Wir sind jetzt keine Christen, denn wir haben es hier mit Leuten zu tun, die nicht unseres Glaubens sind; vielmehr sind wir die wahren Gläubigen und die Anhänger dessen, der Rache und ewigen Haß predigte.« Möge ihre Schule untergehen, und zwar möglichst bald, sonst wird Indien, beifällig beobachtet von der ganzen Welt, für Britanniens Krone verloren sein.

Sikh-Offiziere der britischen Armee in Indien.

Lucknow. Die Martinière.

William Russell

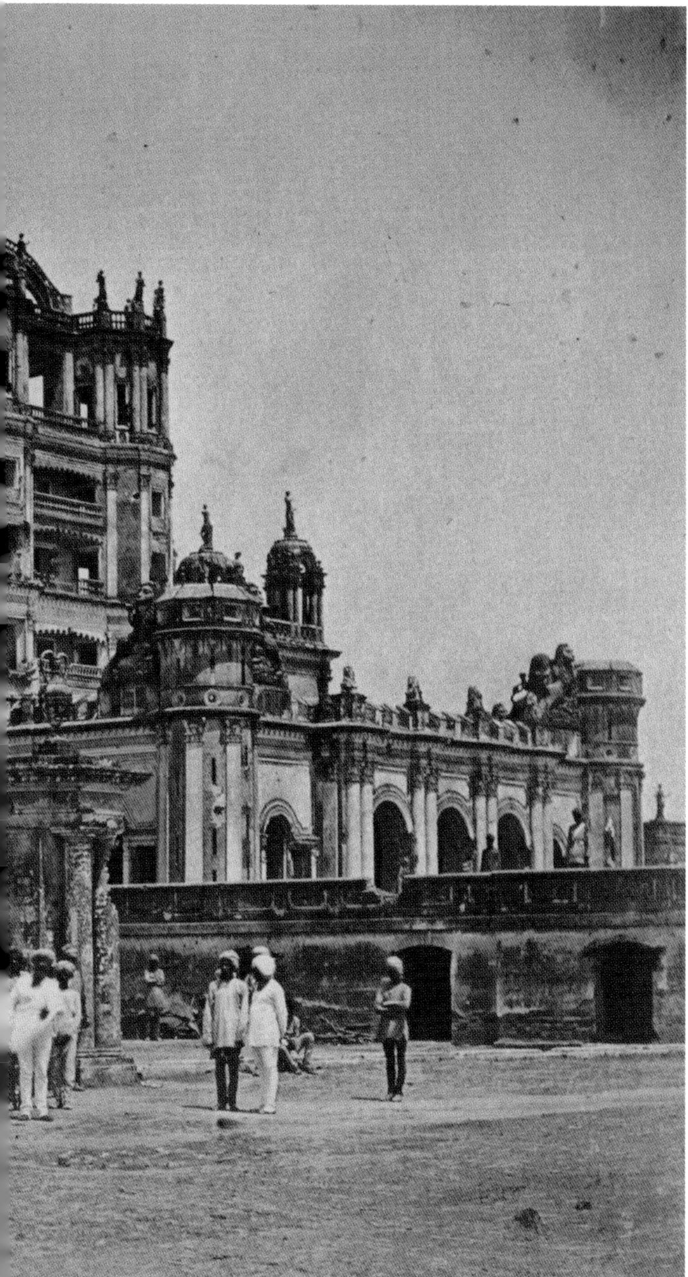

Lucknow. Der Kaiserbagh.

William Russell

Der Indische Aufstand

Lucknow. Innenhof des Secundarbagh.

William Russell

Der Indische Aufstand

Lucknow. Der zerstörte Chatter-Manzil-Palast.

Der Indische Aufstand

Delhi. Hinrichtung von Aufständischen.

William Russell

Der Indische Aufstand

DER AMERIKANISCHE BÜRGERKRIEG
1861–62

Dieser Krieg wurde in erster Linie durch den Konflikt zwischen Nord und Süd in der Frage der Sklaverei verursacht. Im achtzehnten Jahrhundert, als der Tabakanbau immer weniger Profit abwarf, hatte alles auf ein allmähliches Ende der Sklaverei in Amerika hingedeutet, doch dann führte der Aufschwung der britischen Textilindustrie zu einem ungeheuren Bedarf an Baumwolle. Die Baumwollplantagen florierten und mit ihnen die Sklaverei.
Es waren freilich nicht nur die Plantagenbesitzer, die an diesem System festhielten. Auch die meisten Südstaatler, die selbst keine Sklaven besaßen, traten vehement für die »besondere Institution« (so lautete der im Süden geprägte Euphemismus) ein, da die Abschaffung der Sklaverei mit einem Statusverlust für sie selbst einhergehen mußte. Während die dynamischen Nordstaaten von der Woge sozialer Reformen erfaßt wurden, ließen sich die Südstaaten von einem anderen Phänomen des Zeitalters hinreißen, dem Nationalismus. Man sah immer mehr Anlaß, sich von der Union zu lösen, besonders um die Jahrhundertmitte, als die Forderung des Südens, die Sklaverei auch in den neu hinzugekommenen Territorien einzuführen, auf Widerstand stieß. Der Erfolg der Republikanischen Partei unter Abraham Lincoln forcierte diese Entwicklung.
    Russell traf Mitte März 1861 in New York ein. Bevor die Feindseligkeiten begannen, hatte er noch Zeit, nach Washington zu fahren und die neue Regierung unter Präsident Lincoln im Amt zu sehen.

Es dämmerte schon, als der Zug abfuhr, doch die zahlreichen schmucken Dörfer mit ihren weiß gestrichenen, einstöckigen Holzhäusern, ein jedes mit korinthischem Portikus, vermittelten noch einen trefflichen Eindruck vom Komfort und Wohlstand der Menschen. Da die Eisenbahn in den meisten dieser Ortschaften die Hauptstraße entlangfährt, ertönte zur Warnung die Glocke, woraufhin die Leute beiseite traten, um dem Zug Platz zu machen. Die Waggons waren überfüllt, und in der Mitte stand ein mächtiger gußeiserner Ofen, so daß sich bald eine heiße und stickige Luft entwickelte, die ziemlich unangenehm war, obwohl ich die Tortur ofengeheizter New Yorker Wohnungen fast eine Woche lang ertragen hatte. Jede Minute ging die Tür an einem der beiden Wagenenden auf und fiel laut krachend wieder zu, so daß man hochschreckte und von Schlaf nicht die Rede sein konnte. Meistens war es immer derselbe Mann, der offenbar nichts anderes im Sinn hatte, als durch den Zug und wieder zurück zu laufen – manchmal war es der Zeitungsjunge mit einem Stapel von Journalen und billigen illustrierten Blättern unter dem Arm, manchmal der Schaffner, hin und wieder ein junger Mann mit Bauchladen, der saure Drops, Tabakwaren, Kekse und Äpfel feilbot, die von den Reisenden in großen Mengen konsumiert wurden.

Um zehn Uhr abends setzten wir per Schiff nach Philadelphia über, fuhren durch die Stadt und hielten kurz im La Pierre Hotel, um dort das Abendessen einzunehmen. Nach der Ausdehnung der Straßen mit unzählig vielen kleinen, aber schmucken Häusern zu urteilen, dürfte Philadelphia die Stadt mit den meisten Einfamilienhäusern sein. Am anderen Kopfbahnhof, zu dem uns eine Droschke brachte, erwarben wir für einen kleinen Betrag (ich glaube, es war ein Dollar) Plätze in einem Schlafwagen, einer sehr sinnvollen amerikanischen Einrichtung. Bedauerlicherweise fuhr im selben Waggon eine Gruppe von Preisboxern mit, was der Nachtruhe keineswegs förderlich war. Die Männer hatten massenhaft Whisky dabei, waren fröhlich und sangesfreudig, und ihren nachdrücklichen Einladungen, ein Glas mit zu trinken, entging man auch nicht, indem man sich schlafend stellte. Einer der Männer, ein Schrank von einem Kerl mit gebrochener Nase, sanften Augen und reichlich mit Ringen, Juwelen, Kettchen und Nadeln ausgestattet, war in allerbester Laune. Er berichtete, daß er nach Washington unterwegs sei, um sich bei [Außenminister] Bill Seward um eine auswärtige Mission zu bewerben. Paris würde er nicht nehmen, da er Frankreich und die Franzosen nicht besonders leiden könne, aber John Bull würde er gern zeigen, was eine Harke sei, und wenn es nicht anders ginge, würde er auch Japan nehmen. Jeder Appell der Schaffner an die Adresse diese Männer, sich mit Rücksicht auf die anderen Reisenden ruhig zu verhalten, wurde mit souveräner Verachtung gestraft, doch am Ende zeigte der Whisky Wirkung, und nachdem sie eben noch lauthals erklärt hatten, daß sie sich von niemandem vorschreiben ließen, wann sie zu schlafen hätten, fielen sie in einen tiefen Schlaf und schnarchten.

Um sechs Uhr wurden wir durch die Ankunft des Zuges in Washington geweckt, nachdem wir, ohne es zu merken, im Laufe der Nacht große Flüsse überquert und Städte passiert hatten. Ich blickte aus dem Fenster und sah zur Linken eine eindrucksvolle weiße Marmorpracht, die mit kolonnadenartigen Portiken versehen war und auf deren unfertiger Kuppel Baugerüste und Kräne ihre schwarzen Arme ausstreckten. Das war das Kapitol. Rechts erstreckte sich eine weite Fläche mit einzelnen Blockhütten, hinter der man rudimentäre Straßen mit kleinen roten Backsteinhäusern und einige Kirchentürme sehen konnte.

Unweit des Kapitols steht Willard's Hotel, in dem Kandidaten für Staatsämter und die Abgeordneten des neu gewählten Kongresses Quartier nehmen, ein sechsgeschossiger Kasten, an die hundert Schritt im Quadrat, der in diesem

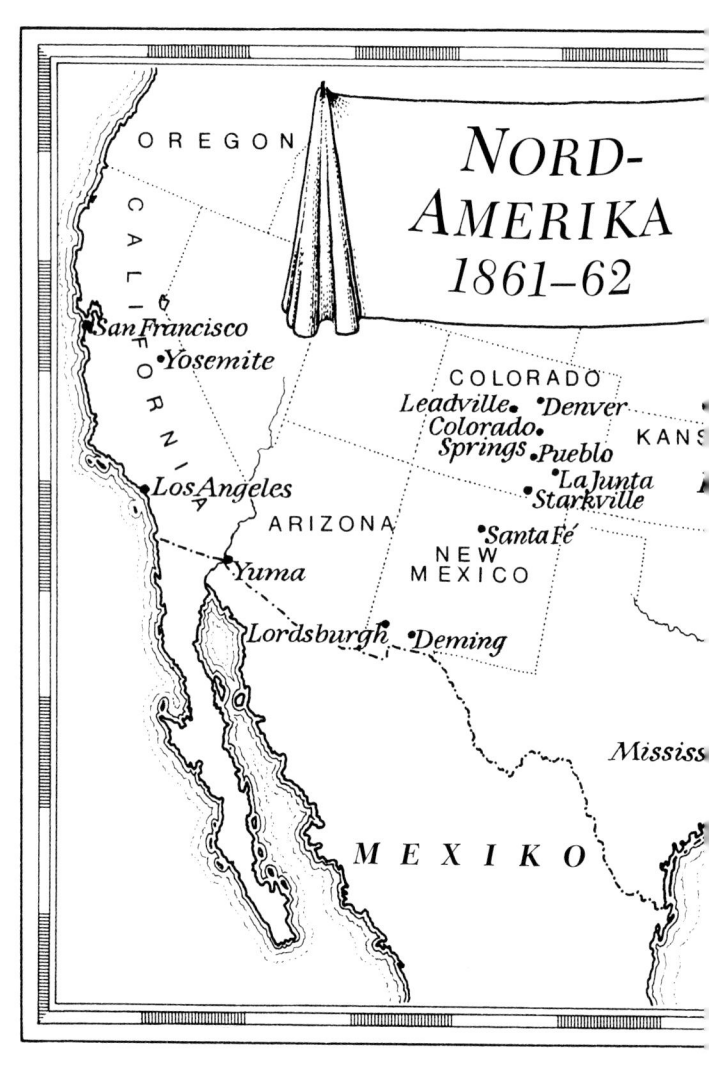

Augenblick wahrscheinlich mehr planende, intrigierende, konspirierende Köpfe enthält, als irgendein anderes, ähnlich großes Gebäude auf der Welt je enthalten hat. Ich wurde in ein Zimmer geführt, das ein Kandidat gerade geräumt hatte – ob ihm Erfolg beschieden war, weiß ich nicht, aber wenn seine Hinterlassenschaft nicht trog, hätte man ihn unverzüglich in allerhöchste Ämter berufen müssen. Das Zimmer war nämlich übersät mit vervielfältigten Empfehlungsschreiben, wonach J. Smith aus Hartford (Conn.) der fähigste, ehrlichste, klügste und beste Mann sei, den die Unterzeichner kennen. Überall in den langen Korridoren traten Männer aus den Türen und eilten, Dokumente in der Hand, geschäftig hin und her, als ginge es um ihr Leben, und das Gebäude erbebte unter den Schritten der Kandidaten.

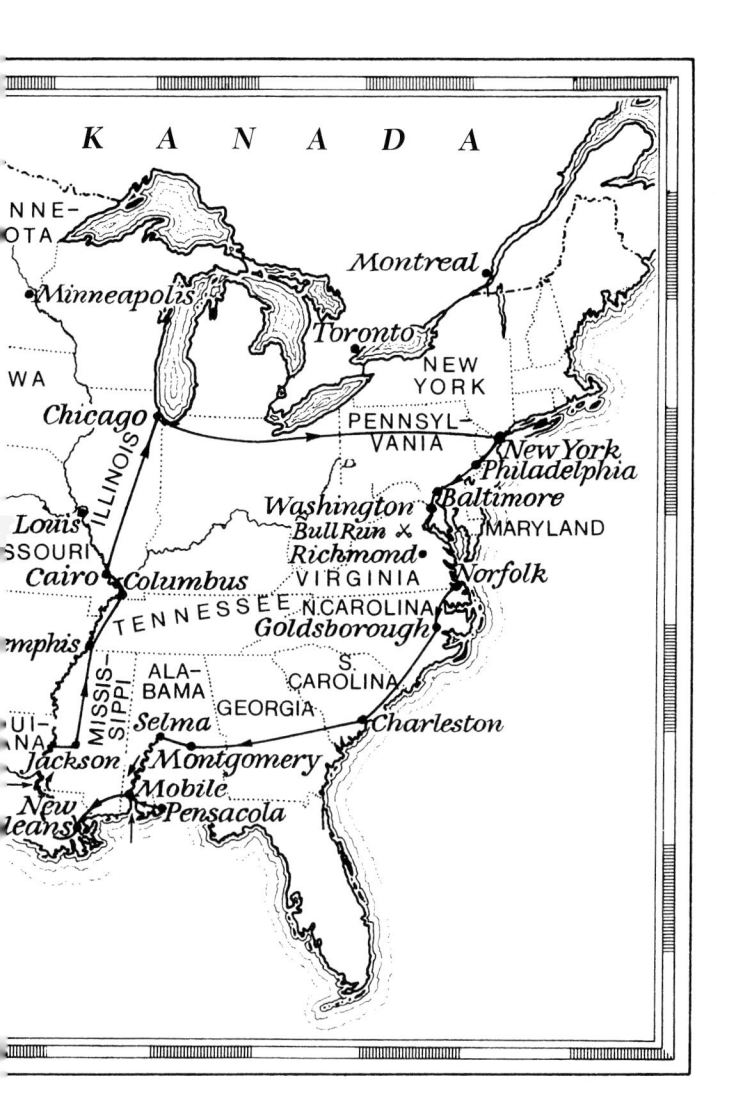

Der Amerikanische Bürgerkrieg

Gegenwärtig nehmen nicht weniger als zweitausendfünfhundert Personen Tag für Tag im Speisesaal das Essen ein, in einer Halle ohne Teppiche und Möbel, nur mit einfachen Tischen ausgestattet, an denen die Leute essen oder plaudern oder von denen sie entfliehen. Unablässig schieben die Kellner die Stühle mit einem unangenehm scharrenden Geräusch über den Boden, so daß man seinen Nachbarn kaum versteht. Wenn, dann würde man ihn wahrscheinlich das Frühstück bestellen hören: »Schwarzer Tee und Toast, Rühreier, frische Heringe, Taube, Schweinefüße, zwei Drosseln auf Toast, Austern« sowie diverse Brote und Kuchen. Der Lärm, die buntgemischte Gesellschaft – meine Freunde, die Preisboxer, stehen schon auf der Schwelle –, die überheizten, muffigen Zimmer, ganz zu schweigen von den (trotz reichlich aufgestellter Spucknäpfe) grauenhaften Korridoren und Hallen, tragen dazu bei, daß sich ein Europäer an solchen Orten nicht übermäßig wohl fühlt.

Ich speiste an Mr. Sanfords Tisch und wurde dort Außenminister Seward vorgestellt, einem scharfsinnigen, machtbewußten Mann, der stets zu einem Scherz aufgelegt ist, sich gern weitschweifig und geheimnisvoll äußert und, durchaus wichtigtuerisch, erfüllt ist von der Würde seines Amtes, die Außenpolitik der – nach Ansicht aller Amerikaner – größten Nation der Welt zu lenken.

Mr. Seward äußerte sich höchst temperamentvoll und geringschätzig über all jene, die in der Sezession ein durchaus seriöses Unternehmen erblicken. »Schauen Sie«, sagte er, »auch in unserer Familie waren wir alle Sezessionisten. Wir Geschwister sind als junge Leute von zu Hause weggegangen, aber früher oder später sind wir wieder heimgekehrt. Auch diese Staaten werden zurückkehren.« Ich bezweifle, daß er jemals im Süden war. Aber er bestätigte, daß die Lebensbedingungen und die sozialen Verhältnisse dort mit denen zu vergleichen seien, wie sie im Staate New York vor sechzig, siebzig Jahren geherrscht hätten. Der Norden sei erfüllt von Leben, unternehmerischer Tatkraft, Fleiß und Geschick. Im Süden sei man angewiesen auf schwarze Arbeitskräfte und pflege einen Müßiggang, die mit stilvoller Lebensart verwechselt werde – klapperige alte Kutschen, wie man sie nördlich des Potomac seit einem halben Jahrhundert nicht mehr gesehen habe, vernachlässigte Pferde, die am einen Tag in der Spinnerei eingesetzt und am nächsten Tag in die Stadt geschickt würden, armselig ausgestattete Häuser, miserables Essen, mangelhaftes Bildungswesen. Die südlichen und die nördlichen Staaten könne man überhaupt nicht miteinander vergleichen.

Am 27. März kam es durch Vermittlung Außenminister Sewards zu einer Begegnung zwischen Russell und Lincoln.

Wir betraten das Weiße Haus, ein bescheidenes Anwesen, dessen Eingangshalle mit ihren Glastüren und wuchtigem Mobiliar fast wie eine Bank oder eine Behörde anmutet. Der Bedienstete, der uns empfing und in ein geräumiges, prächtig eingerichtetes Zimmer führte, war wie ein normaler Bürger gekleidet und zeigte sich gänzlich unbeeindruckt von der Anwesenheit hochrangiger Personen.

Mit ungelenken, fast etwas unsicheren Schritten trat bald darauf ein hochgewachsener Mann in das Zimmer, schlank, deutlich über sechs Fuß, mit hängenden Schultern, langen Armen und schmalgliedrigen Händen, deren enorme Dimensionen von den Füßen aber noch weit übertroffen wurden. Er trug einen schlechtsitzenden, zerknitterten schwarzen Gehrock, in dem er fast wie ein Bestattungsunternehmer aussah. Das schwarze Seidentuch war zu einer großen Schleife geknotet, deren Enden über die Revers seines Rocks hinausreichten. Aus dem Kragen ragte ein sehniger, muskulöser, gelber Hals und darauf ein eindrucksvoller, von einem schwarzen, dichten Haarschopf bedeckter Kopf. Das also war Präsident Lincoln. Der Eindruck, den die Größe seiner Gliedmaßen und die abstehenden Ohren erzeugten, wurde durch das freundliche, aufmerksame und sympathische Gesicht aber sofort wettgemacht. Der Mund ist riesig. Die Lippen werden nur durch zwei tiefe Falten gezähmt, die von der Nase zum

Kinn verlaufen. Die auffällige Nase ragt neugierig aus dem Gesicht, als wollte sie im Wind etwas Gutes wittern. Die Augen sind dunkel und durchdringend, aber erfüllt von einem Ausdruck, der fast an Zärtlichkeit grenzt, darüber buschige Brauen und eine Stirn, die halb verdeckt wird von wilden Haarsträhnen. Man könnte sagen, daß der Mund einen guten Witz erzählen, aber auch das allerstrengste Urteil sprechen kann, welches ihm der Kopf diktiert, daß dieser Mann aber durchaus bereit ist, bei aller Strenge auch Milde walten zu lassen und das Leben zu genießen, statt die Menschen allzu streng zu beurteilen und die Welt in einem asketischen oder puritanischen Geist zu betrachten. Wer ihm auf der Straße begegnet, würde wohl nicht einen »Gentleman« (nach europäischem Verständnis) in ihm vermuten. Und in der Tat, seit meiner Ankunft in den Vereinigten Staaten habe ich mehr abfällige Bemerkungen über ihn gehört, als ich von einfachen Republikanern erwartet hätte, die sich doch alle als Gleiche empfinden. Aber noch dem gleichgültigsten Passanten auf der Straße würde er auffallen.

Der Präsident kam uns gutgelaunt und lächelnd entgegen. Mr. Seward nahm mich bei der Hand und sagte: »Gestatten Sie, daß ich Ihnen Mr. Russell von der Londoner *Times* vorstelle.« Daraufhin streckte Mr. Lincoln die Hand aus und sagte: »Mr. Russell, ich freue mich sehr, Ihre Bekanntschaft zu machen und Sie bei uns in Amerika begrüßen zu können. Die Londoner *Times* ist eine der bedeutendsten Mächte auf der Welt – ich wüßte nicht, wer mehr Macht hätte, abgesehen vielleicht vom Mississippi. Ich freue mich, Sie als ihren Abgesandten kennenzulernen.« Die Unterredung, die der Präsident mit einigen geistreichen Anmerkungen belebte, dauerte nur ein paar Minuten. Ich war beeindruckt vom Witz und Scharfsinn dieses Mannes.

3. April. Heute hatte ich ein Gespräch mit den Repräsentanten der Südstaaten, das über eine Stunde dauerte. Wenn die Ansichten dieser hochrangigen Männer, die aus unterschiedlichen Teilen des Südens kommen, tatsächlich die Meinungen ihrer Landsleute spiegeln, bestärkt mich das in meinem Eindruck, daß die Einheit der Union nicht mehr wiederherzustellen ist. Diese Männer betrachten sich gleichsam als Repräsentanten einer auswärtigen Macht, die mit den Yankees verhandelt, und es empört sie, daß die Regierung nicht bereit ist, mit ihnen zu sprechen, obwohl sie uneingeschränkt bevollmächtigt sind, über die Regelung einer gütlichen Trennung zu verhandeln – etwa über die Ansprüche der Union in Bezug auf Grundstücke, Forts, öffentliche Arbeiten, Schulden, Landkauf und dergleichen mehr.

Ihrer Ansicht nach haben sich die Bewohner des Nordens durch Handel und Industrie und Gewinnstreben derart deformieren lassen, daß sie nicht mehr den Mumm haben, für die Werte, die sie in Theorie und in Worten hochhalten, kämpferisch einzutreten. Ob nun aufgrund einer geheimnisvollen Wirkung, welche die Sklaverei auf das Denken der Menschen hat, oder weil die Kritik des Nordens an ihren Institutionen auf schärfste Ablehnung stößt – fest steht, daß das Verhältnis der Südstaatler zum Norden von einem unglaublichen Haß geprägt ist. Ich bin überzeugt, daß diese Gefühle der Verachtung auch gegen England gerichtet sind. Auch uns hat angeblich das Krebsgeschwür der Friedfertigkeit erfaßt. Als Beweis dafür gilt die Abschaffung des Duells, denn aus südlicher Sicht ist das Duell eine überaus sinnvolle, nützliche Einrichtung.

Einer der Herren bemerkte, daß er es für ehrenrührig halte, eine Beleidigung von Frau oder Tochter auf finanziellem Weg zu regeln. »Bei uns«, sagte er, »gibt es nur eine Antwort darauf. Wer es wagt, die Ehre einer weißen Frau anzutasten, weiß, was ihm blüht. Wir knallen ihn über den Haufen wie einen erbärmlichen Hund, und kein Gericht im Süden wird einen Mann, der solch einen Schuft bestraft, als Mörder schuldig sprechen.« Mit einem Argument, auf das ich hier nicht näher eingehen kann, versuchten sie zu zeigen, daß einer solchen Straftat in Staaten mit ausschließlich weißer Bevölkerung nicht dasselbe Verständnis entgegengebracht wird wie in Sklavenstaaten. Tatsächlich ist hier, wie auch in ande-

Der Amerikanische Bürgerkrieg

ren Fragen, die Sklaverei das *summum bonum* von Moral, körperlicher Kraft und sozialer Reinheit. Ich war geneigt, den angelegten Maßstab in Frage zu stellen und zu fragen, ob eine Tugend, deren Verteidigung den rücksichtslosen Einsatz von Pistole und Dolch verlangt, nicht gewisse Zweifel erlaubt, doch ich stellte fest, daß die Anwesenden meiner Ansicht wenig Sympathie entgegenbrachten. Die Herren erklärten mit Nachdruck, daß die weißen Männer in den Sklavenstaaten den Männern in den freien Staaten körperlich überlegen seien, und ergingen sich in kuriosen Theorien über Moral und Naturlehre, die mir fremd waren.

Mr. Seward befürchtet, daß in dieser Phase zwischen erzwungenem Stillhalten und dem Coup, mit dem sie [die Unionisten] die Sezession niederschlagen wollen, Großbritannien die Regierung anerkennen könnte, die sich in Montgomery etabliert hat, und er ist bereit, Großbritannien notfalls mit Krieg zu drohen. Er geht aber davon aus, daß es in vielen Südstaaten eine starke pro-unionistische Einstellung gibt, und räumt ein, daß es dem Geist der amerikanischen Regierung oder dem föderalen Aufbau der Nation insgesamt nicht gut täte, die Südstaaten gegen den Willen der Bevölkerungsmehrheit mit militärischen Mitteln zu unterwerfen. Wenn die Mehrheit eine Sezession wolle, solle man sie ihnen zugestehen, aber so etwas Ungeheuerliches könne er sich gar nicht vorstellen, denn aus seiner Sicht sei die Bundesregierung und die Bundesverfassung, so wie sie von seiner Partei interpretiert wird, gottgegeben.

Am 12. April erfuhr Russell, daß jederzeit mit einem Angriff der Konföderierten auf Fort Sumter (bei Charleston, Südkarolina) zu rechnen sei.

Ich beschloß, heute nach den Südstaaten aufzubrechen und über Baltimore nach Norfolk (Virginia) zu fahren statt über Richmond, das wegen Hochwassers abgeschnitten war. Um sechs Uhr abends begab ich mich, begleitet von Mr. Warre von der Britischen Gesandtschaft, bei strömendem Regen zum

Bahnhof. Der Zug war gedrängt voll mit Reisenden, darunter vielen enttäuschten Pöstchenjägern, und es wurde lebhaft darüber diskutiert, ob es richtig sei, Sumter mit Nachschub zu versorgen. Die meisten Leute lehnten eine solche Maßnahme ab. Vom Präsidenten und seinem Kabinett wurde höchst despektierlich gesprochen. Ein dicker Mann im Pelzmantel meinte: »Den alten Abe, Seward oder General Scott würde ich sofort über den Haufen schießen, wenn sie das Militär einsetzen, um den Staaten ihre Rechte zu nehmen. Wenn die Staaten gehen wollen, dann haben sie das Recht dazu.« Woraufhin sich ein vielstimmiges »Recht hat er! Ganz genau!« erhob.

Als wir abends um acht in Baltimore eintrafen, standen dort die Straßen unter Wasser. Ein Droschkenkutscher verlangte zwei Dollar (das entspricht acht Shilling und vier Pence) für die Viertelmeile nach Eutaw House, was mich aber nicht überraschte, da ich in Washington dreieinhalb beziehungsweise vier Dollar für die Fahrt vom Hotel zum Dinner und zurück bezahlt hatte. Bei meiner Ankunft nahm mich der Wirt, kein geringerer als ein Major oder Oberst, beiseite und fragte, ob ich die Neuigkeit gehört habe. »Nein, was gibt's?« »Der Präsident der Telegraphengesellschaft sagt, sein Angestellter in Charleston habe ihm gemeldet, daß die Batterien das Feuer auf Fort Sumter eröffnet haben, weil die Regierung eine Flotte losgeschickt hat, die Besatzung mit Nachschub zu versorgen.« Diese Nachricht hatte sich aber schon herumgesprochen. In der Halle und in der Bar des Hotels herrschte großes Gedränge, und viele Leute, die ich noch nie in meinem Leben gesehen hatte, wollten von mir wissen, was ich von diesem Gerücht hielt. Mir erschien es nicht verwunderlich, daß die Charlestoner jeden Versuch der Union, die Forts mit militärischen Mitteln zu sichern, ablehnten. Immerhin hatten mir die Südstaatenbeauftragten ja zu verstehen gegeben, daß man eine solche Aktion energisch verhindern, ja sogar als *casus* und *causa belli* betrachten würde.

Der Amerikanische Bürgerkrieg

13. April. In der Dunkelheit schiffte ich mich auf der *Georgianna* nach Norfolk ein.

Von Norfolk fuhr Russell mit der Eisenbahn durch Nord- und Südkarolina nach Charleston.

In Goldsborough [Nordkarolina], dem ersten größeren Ort an dieser Strecke, brachen die Wogen der Sezession mit Macht über uns herein. Der Bahnhof, die Hotels, die Straßen – überall scharten sich erregte, waffentragende Menschen, hier und da Zeichen des Wunsches, sich eine Uniform zuzulegen, gerötete Gesichter, wilde Augen und aufgerissene Münder, Hurrarufe auf »Jeff Davis«* und die »Konföderation des Südens«, lauter noch als die schrillen Kapellen, die emsig »Dixieland« spielten. Der revolutionäre Eifer war hier auf das heftigste entbrannt. Die Männer grölten, fluchten, klatschten und schlugen sich auf die Schulter, während festlich gekleidete Frauen mit Taschentüchern winkten und Girlanden aus dem Fenster warfen. Allenthalben Lärm, Staub, Patriotismus.

Es war ein seltsamer Anblick und ein wunderbares Ereignis. Diese Männer waren das Aufgebot von Nordkarolina, das die unionistischen Forts Caswell und Macon einnehmen sollte. Die Begeisterung der »Bürger« kannte keine Grenzen (und war auch nicht frei von Alkohol). Viele Freiwillige führten Flinten mit sich, kaum jemand ein Gewehr. Allerlei Kopfbedeckungen waren zu sehen, Mützen, Gürtel und die unterschiedlichsten Patronentaschen. Ein Mann, der einen großen Schlapphut mit einer Hahnenfeder auf dem Kopf trug, einen blauen Uniformrock mit roter Schärpe und eine Baumwollhose, die er sich in die Stiefel gestopft hatte, kam aus Griswold's Hotel gewankt, mit einem Säbel unter dem Arm und einem Gegenstand in der Hand, bei dem es sich vielleicht um eine altgediente Serviette handelte, die er begeistert schwenkte, und brüllte: »Es lebe Jeff Davis, es leben die

---

* Jefferson Davis, Präsident der konföderierten Staaten.

Rechte des Südens!« Und dann stapfte er, begeistert gefeiert von taschentuchschwenkenden Damen auf den Balkonen, durch die Menschenmenge zu den bereitstehenden Eisenbahnwaggons.

In Charleston eingetroffen, machte sich Russell sogleich auf den Weg nach Fort Sumter.

Als wir uns Morris' Island näherten, einer Ansammlung von Sand, bedeckt mit Hügeln ebenfalls aus Sand, von karger Vegetation und Marschland, sahen wir in der Ferne einige Zelte inmitten der Sandhügel. Vor uns lagen Sandsackbatterien und eine häßliche schwarze Verschanzung, durch deren bullaugenartige Schießscharten Geschütze lugten. Soldaten schwärmten wie Ameisen umher. Am Strand hatte sich eine Schar Uniformierter versammelt, uns in Empfang zu nehmen, begierig auf Nachrichten und Proviantnachschub und Zeitungen, von denen eine ungeheure Menge sogleich unter ihnen verteilt wurde. Mehrere Posten mit eigentümlich gekreuzten Bajonetten wachten darüber, daß kein Unbefugter an Land ging. Die Männer trugen die übliche graue Jacke aus grobem Stoff, mit Garnlitzen, gelben Aufschlägen und Bleiknöpfen mit aufgeprägter Fächerpalme, und eine plumpe Mütze. Die unbronzierten Gewehre waren mit einer Rostschicht überzogen. Die Soldaten waren in der Mehrzahl groß und schlank, jung und alt, einige sahen wie Gentlemen aus, andere waren eher ungeschlacht, langhaarige Gesellen, die überhaupt nichts Militärisches an sich hatten, aber erfüllt waren von Kampfgeist und brennendem Enthusiasmus, in manchen Fällen nicht ohne Nachhilfe eines kruderen Aufputschmittels.

Die ganze Insel war voller Leben und Erregung. Offiziere galoppierten umher, als wären sie im Manöver oder im Gefecht. Intendanturkarren fuhren eifrig zwischen den Lagern und dem Strand hin und her, und aus den Zelten erklang ausgelassenes Gelächter. Die Zelte standen kreuz und quer und waren von allen möglichen Formen und Größen, viele entstellt durch grobe Holzkohlezeichnungen und Aufschriften wie etwa »Die wilden Tiger«, »Das Nest der Klapperschlange«, »Yankees, wir kriegen euch!« usw. Die nähere Umgebung des Lagers war in einem unsäglichen Zustand, und als ich den Sanitätsoffizier, der mich begleitete, auf die damit verbundenen Gefahren hinwies, seufzte er nur: »Ich weiß. Aber was sollen wir machen. Bedenken Sie, es sind alles Freiwillige, sie tun nur, wozu sie gerade Lust haben.«

In jedem Zelt wurden wir sehr gastfreundlich empfangen. Kisten mit Champagner und Rotwein, französischen Pasteten und anderen Delikatessen standen draußen, wenn im Innern nicht genügend Platz war. Inmitten dieser fröhlichen Versammlung fühlte ich mich wie jemand, der spät am Abend völlig nüchtern zu einer Trinkrunde erscheint. »Kommen Sie, trinken Sie mit mir auf das … (etwas Furchtbares) von Lincoln und allen Yankees!« »Nein! Entschuldigen Sie, bitte.« »Dann sind Sie gewiß der einzige Engländer, der das nicht tut.« Unsere Karolinier sind feine Burschen, aber ein wenig neigen sie zu Überheblichkeit und Arroganz, als wäre das ihr gutes Recht. Sie glauben, daß die britische Krone auf einem Baumwollballen ruht, so wie der Lordkanzler auf einem Wollkissen sitzt.

Nach einem langen und wegen der Hitze ermüdenden Rundgang durch Staub und Sand kehrten wir zum Strand zurück, bestiegen das Boot und legten in Richtung Fort Sumter ab. Über den Mauern wehte die Konföderierten-Flagge. Aus der Nähe waren die Einschußlöcher im Mauerwerk gut zu erkennen, aber die Beschädigungen waren nur geringfügig, abgesehen von den Ecken. Die Brustwehren waren in Mitleidenschaft gezogen, und die Kaimauer war hier und da etwas eingerissen, aber größere Beschädigungen, die das Werk unhaltbar gemacht hätten, waren nicht zu erkennen. Am schwersten getroffen waren zweifellos die ausgebrannten Truppenquartiere, die man sträflicherweise im Innern des Forts errichtet hatte, in der Nähe der Flankenmauer gegenüber Cumming's Point.

Anschließend verschaffte Russell sich einen Eindruck vom Leben auf den Plantagen, erst in der Nähe von Charleston, dann weiter südlich.

22. April. Für heute war ein Besuch bei Mr. Pringle geplant, der oberhalb von Georgetown, in der Nähe des Peedee River, eine Plantage besitzt. Unsere Gruppe (bestehend aus Mr. Mitchell, einem namhaften Anwalt aus Charleston, Oberst Reed, einem Plantagenbesitzer aus der Nachbarschaft, Mr. Ward aus New York, unserem Gastgeber und mir) ging morgens um sieben Uhr an Bord des Dampfschiffs, das Unmengen von Proviant, Munition und anderen Dingen für die entlang der Küste stationierten Truppen geladen hatte. Um diese Tageszeit waren Einladungen an die »Bar« keineswegs ungewöhnlich. Langbeinige, ernste, blasse Männer diskutierten dort über die politische Situation und machten sich über die »Scheinblockade des alten Abe Lincoln« lustig. Die Meldung, wonach die Regierung angeordnet hatte, die Besatzung von konföderierten Kaperschiffen als »Piraten« zu behandeln, löste höhnische und giftige Kommentare aus.

Es war fünf Uhr, als wir schließlich unser Ziel White House Plantation erreichten. Ein alter livrierter Neger trug mein spärliches Gepäck, kümmerte sich darum, daß es mir an nichts fehlte, und erwies sich überhaupt als perfekter Butler. Mein Zimmer, ein niedriger Raum mit kolorierten Mezzotintos, Kletterpflanzen vor den Fenstern, einem altmodischen Bettgestell und wunderschönen Stühlen, war überaus behaglich. Und nachdem wir uns umgekleidet hatten (unser Gastgeber legte für unsere Junggesellenpartie großen Wert darauf), nahmen wir ein exzellentes Mahl ein, das von Negern zubereitet und von Negern aufgetragen wurde. Dazu gab es Rotwein, der unter der karolinischen Sonne herangereift war, und Madeira.

Zu uns gesellte sich ein weiterer Plantagenbesitzer aus der Nachbarschaft, und nach dem Essen wandte sich das Gespräch dem alten Thema zu – alle Frösche bitten um einen König, mindestens um einen Fürsten, der sie regieren soll.

Unser trefflicher Gastgeber möchte bald nach Europa reisen, wo sich seine Frau und die Kinder aufhalten. Seine einzige Angst ist, als Südstaatler in New York angepöbelt zu werden, obwohl es ihnen in dieser Hinsicht vermutlich besser geht als schwarzen Republikanern im Süden. Einige Gäste sprachen von den Duellen und den Männern, die sich als Pistolenschützen einen Namen gemacht haben. Das Gespräch klang fast so, wie vor sechzig Jahren ein Gespräch unter irischen Aristokraten geklungen hätte, die bei einem Glas Wein zusammensitzen – es war sehr angenehm. Niemand, aber auch niemand ist bereit, sich der Union jemals wieder anzuschließen. »Gott sei Dank«, sagen sie, »haben wir die Tyrannei endlich abgeschüttelt!«

23. April. Die Neger hatten gerade wenig zu tun. Halbnackte Kinder beiderlei Geschlechts angelten in den Kanälen und stehenden Gewässern und zogen gräßliche Katzenfische heraus. Die Kleinen waren so scheu, daß sie bei unserem Anblick meistens wegliefen. Die Männer und Frauen waren apathisch, weder neugierig noch verschlossen. Ich stellte fest, daß ihr Herr nichts über sie wußte. Es sind nur die Hausbediensteten, die überhaupt so etwas wie ein vertrautes Verhältnis zu ihrer weißen Herrschaft haben.

26. April. Wieder unterwegs. Wir fuhren mit der Charleston-Savannah-Eisenbahn nach Pocotaligo, der Bahnstation von Barnwell Island. Die Mitreisenden sprachen über nichts anderes als Politik – besonders leidenschaftlich äußerten sich schöne Frauen, jedenfalls waren sie die entschiedensten Patrioten, so als hofften sie, sich durch rüde Bemerkungen über die Yankees in Männer zu verwandeln.

Das Land ist völlig flach, durchzogen von Wasserläufen, die der Zug auf langen und hochbeinigen Holzbrücken überquert. Ohne die schönen Bäume, die Magnolien und die immergrüne Eiche wäre die Landschaft überaus langweilig, denn anders als in Holland gibt es hier nicht diese adretten, hübschen Dörfer, die Abwechslung in das monotone Einerlei von Reisfeldern und Land und Wasser und Schlamm bringen. An den kleinen, schlichten Bahnstationen warteten im Schatten Männer zu Pferde und Damen mit schwarzen Kindermädchen und Dienern, die in altmodischen Kutschen, die jetzt im Schatten standen, hergefahren waren.

Diejenigen Passagiere, die eine lange Reise vor sich hatten, nahmen, eingedenk der großen Ödnis, Wegzehrung und einige Flaschen Milch mit. Die Kindermädchen und Sklaven hockten wie selbstverständlich neben ihnen auf dem Boden. Niemand hatte etwas gegen ihre Anwesenheit – im Gegenteil, sie erfuhren von seiten der Passagiere eine eigentümliche Fürsorglichkeit und widmeten sich aufmerksam ihren Schutzbefohlenen, von denen einige das kleine weiße Gesicht keineswegs widerwillig an den braunen Busen der Amme drückten.

Um 12.20 Uhr erreichten wir Pocotaligo. Dort stiegen wir in Trescots Kabriolett und tauchten ein in eine schattige Straße, die eine ganze Weile durch einen Wald führte. Das Land war völlig flach – rechts und links Reisfelder, nur wenige Wohnhäuser, kaum ein Mensch auf der Straße – sechs, sieben Meilen fuhren wir, ohne einer Menschenseele zu begegnen. Nach etwa zwei Stunden bog der Wagen an einem offenen Tor auf einen Pfad oder Weg ein, der durch sattes Sumpfland führte, typisches Reisland, und schließlich zum Haus eines Plantagenbesitzers. Mr. Heyward kam heraus und begrüßte uns auf das herzlichste, ganz in der Art eines echten Südstaatlers. Sein Haus ist reizend, umgeben von Bäumen, bewachsen mit Rosen und Kletterpflanzen, belebt durch Vögel und Schmetterlinge. Mr. Heyward ging selbstverständlich davon aus, daß wir zum Dinner bleiben würden – eine Vorstellung, die uns angesichts der Hitze, der staubigen Straße und des ungezwungenen, liebenswürdigen Empfangs keineswegs unangenehm war. Ein prachtvolles Exemplar von Plantagenbesitzer und, abgesehen von seinem breitkrempigen Strohhut und der lässigen Kleidung, kein schlechtes Muster eines englischen Gutsherren in häuslicher Umgebung.

27. April. Mrs. Trescot hat offenbar einen Teil der Nacht am Krankenlager eines jungen farbigen Mannes gesessen, der von seiner armen Mutter, einer Sklavin, als unfreier Mensch zur Welt gebracht worden war. Solche menschenfreundlichen Akte kommen öfter vor, als man glaubt, und es wäre unredlich, die Motive der Sklavenhalter, die sich dergestalt um ihr Eigentum kümmern, allzu rigoros zu interpretieren. Wie Mrs. Trescot selbst erklärt: »Wenn die Leute davon sprechen, daß ich so viele Sklaven habe, weise ich immer darauf hin, daß es die Sklaven sind, denen ich gehöre. Morgens, mittags, nachts muß ich mich um sie kümmern, sie pflegen und in jeder erdenklichen Weise versorgen.«

Das Haus ist recht neu und wurde unter Mr. Trescots Anweisung gebaut. Es besteht überwiegend aus Holz, die meisten Arbeiten wurden von seinen Negern ausgeführt, Fensterrahmen und Wandtäfelungen allerdings in Charleston angefertigt. Hinter dem Haus liegt ein hübscher Garten. Und von den Fenstern aus fällt der Blick über weite Baumwollfelder und hier und da auch auf den Fluß.

28. April. Die Kirche ist ziemlich weit entfernt. Man erreicht sie per Boot und muß dann noch ein Stück Weg im Wagen zurücklegen. Morgens brachte mir ein Kind die Wasserkanne und meine Stiefel – ein intelligentes, kraushaariges Geschöpf, angetan mit einer Art formlosen Sackkleid, barfüßig. Ich dachte, es sei ein Junge, bis mir das Kindchen erklärte, daß sie ein Mädchen sei. Ich fragte, ob sie zur Kirche gehe, was sie enorm zu verwundern schien, aber schließlich sagte sie, daß sie mit dem »Onkel« in einer der Hütten bete. Die Bezeichnung »Onkel« und »Tante« für alte Leute ist hier weit verbreitet. Liegt es daran, daß sie keine Eltern haben? Im Tagesverlauf fragte mich das Mädchen, das etwa vierzehn, fünfzehn Jahre alt war, ob ich sie nicht kaufen wolle. Sie könne gut waschen und nähen, und sie glaube, daß die gnädige Frau nicht viel für sie verlangen werde. Schließlich zeigte sich, was ihr wahres Begehr war. Sie wollte die Schönheiten von Beaufort sehen, von denen sie aus dem Munde der Fischer gehört hatte. Und sie schien sehr erstaunt, als ich ihr erklärte, daß ich in einem anderen Land wohnte und noch nie in Beaufort gewesen sei. Sie war noch nie außerhalb der Plantage gewesen.

Nachmittags unternahm ich eine kurze Fahrt, um einen großen Baum zu besichtigen, was aber nicht sehr spektakulär war, und um bei den Negerquartieren und in der Spinnerei vorbeizuschauen. Die alten Neger hielten sich meistens innerhalb ihrer vier Wände auf, schlurften beim Eintreffen ihres Herren und der Fremden über die Schwelle ihrer Holzhütten und verbeugten sich linkisch, wirkten aber nicht sehr neugierig. In ihren zerschlissenen Sachen, zerrissenen Strohhüten und Filzkappen und abgetragenen Schuhen machten sie einen armseligen Eindruck. Die letzteren waren teure Artikel, und ohne Schuhe können Neger nicht arbeiten. Mr. Trescot stöhnte über die seit Beginn der Unruhen gestiegenen Preise.

Die Hütten stehen einzeln in einer Reihe, ausnahmslos ohne Fenster, und die Öffnungen, die eines schönen Tages gewiß verglast werden sollen, waren in der Regel mit Brettern ausgefüllt. Die Dächer waren mit Schindeln gedeckt, und der Anstrich, durch den die Siedlung früher einen Eindruck von Reinlichkeit vermittelt hatte, war nur noch an einzelnen regengeschützten Stellen zu entdecken. Mir fiel auf, daß viele Türen mit Kette und Vorhängeschloß versperrt waren. »Wieso das?« fragte ich. »Die Bewohner sind nicht zu Hause, und Ehrlichkeit ist eine Tugend, die sie untereinander nicht sonderlich pflegen. Wenn sie nicht abschließen, werden ihnen die Sachen gestohlen.« Mrs. Trescot beharrte jedoch darauf, daß die schwarzen Hausbediensteten absolut vertrauenswürdig seien, allenfalls Süßigkeiten, Zucker und derlei Dinge seien vor ihnen nicht sicher. Um Geld und Juwelen brauche man sich jedenfalls keine Sorgen zu machen. Offenkundig muß es einen Grund geben für diese Einstellung zum Eigentum der Herrschaft, wenn das Verhalten untereinander so ganz anders ist. Es hat wohl damit zu tun, daß Neger kaum unbemerkt Geld stehlen können. Juwelen und Schmucksachen dürften für sie kaum von Wert sein, da sie solche Dinge weder tragen noch weiterveräußern könnten. Dieses System macht aus der weißen Bevölkerung eine Polizei, die die schwarze Rasse kontrolliert, und die Strafen sind nicht nur gewiß, sondern schwer. Was sie voneinander stehlen können, ist schnell ermittelt.

Bei der Rückkehr stellte ich fest, daß in der Zwischenzeit Mr. Edmund Rhett eingetroffen war, ein Angehöriger dieser politisch aktiven und einflußreichen Familie, ein überaus intelligenter und sympathischer Gentleman, aber einer der schärfsten und unversöhnlichsten Südstaatler, der mir je begegnet ist. Er erklärte, daß die meisten Leute in Südkarolina eher bereit seien, in den Schoß Britanniens zurückzukehren, als sich den Yankees zu beugen. »Wir leben auf dem Land und vom Land, wir haben unser eigenen Ziele, die wir verfolgen und für die wir arbeiten, und unsere jungen Männer und Frauen sollen einmal etwas anderes werden als ordinäre, fanatische, betrügerische Yankees – heuchlerisch, wenn sie sich als Frauen tugendhaft geben, lügnerisch, wenn sie als Männer von Ehre reden. Bei uns gibt es solche anständigen Männer und Frauen. Wir haben eine Ordnung, die es uns erlaubt, die Früchte des Bodens mit Hilfe einer Rasse zu ernten, die wir vor der Barbarei bewahren, indem wir ihnen ihren Platz als Arbeitskräfte zuweisen, während wir die Künste und die Lebensart kultivieren, die Wissenschaft entwickeln, uns den Pflichten der Regierung widmen und uns um die Angelegenheiten des Landes kümmern.«

Am 4. Mai traf Russell in Montgomery (Alabama) ein, der Hauptstadt der neuen Südstaatenregierung.

6. Mai. Nach dem Frühstück ging ich mit Senator Wigfall zum hiesigen Kapitol – einem jener wahrhaft athenisierenden Gebäude dieser neoklassischen Nation, errichtet an einem Ort, der Besseres verdient hätte. Unterwegs begegnete ich an einer offenen Zisterne einem Gentleman, der gerade im Begriff war, einige lebende Ebenholzgestalten an einen kleinen Kreis von Personen zu verkaufen, die mehr Interesse als Geld hatten, denn sie reagierten nicht im geringsten auf die eindringlichen Worte des Auktionators. Diese Szene war eine ungute Einstimmung auf die gesetzgebende Versammlung einer Konföderation, die diese Institution als Grundstein ihres sozialen und politischen Fundaments betrachtet. Aber hier saßen sie alle, die Gesetzgeber oder Verschwörer, in einem großen Raum mit Bänken und Stühlen, und lauschten einer Predigt, wie sie ein Balfour of Burley* seinen Genossen gehalten haben mochte – resolute und massive Köpfe, korpulente Leiber – solche Männer müssen einen Glauben haben, der sie antreibt.

Der Geistliche, ein würdiger alter Mann, stieß laute Verwünschungen über den Feind aus und erflehte Gottes Segen für die Soldaten und Ratsmitglieder des neuen Staates. Anschließend schlug Mr. Howell Cobb, ein dicker Mann mit Doppelkinn und sanften Augen, mit seinem Hammer auf den Tisch, an dem er als Versammlungspräsident saß, woraufhin die Beratung begann. Ich fand, daß die Anwesenden, wenn auch nicht in ihrer Aufmachung, jenen Männern glichen, die den großen Aufstand ersonnen hatten, der zur Unabhängigkeit dieses vortrefflichen Landes führte – so ernst waren sie, so bedächtig, so nüchtern und so unbeugsam.

Immer wieder fiel das Wort »Freiheit« in der kurzen Zeit, die zur öffentlichen Debatte und zum Verlesen von Dokumenten zur Verfügung stand; der Kongreß wollte rasch an die Arbeit gehen, und bald schlug Mr. Howell Cobb abermals auf seinen Tisch und rief, daß die Sitzung nunmehr eine »nichtöffentliche« sei, weshalb all jene Personen, die keine Delegierten waren, den Saal zu verlassen hatten. Ich selbst saß auf dem Platz eines Delegierten, mußte also mit anderen und mit den enttäuschten Damen und Herren von der Tribüne hinausgehen, aber einer der Anwesenden (ich glaube, es war Mr. Rhett) rief mir vergnügt zu: »Sie sollten bleiben, Mr. Russell. Wenn die *Times* den Süden unterstützt, sind Sie

---

* Figur aus Walter Scotts Roman *Old Mortality*.

uns als Delegierter willkommen.« Ich entgegnete, daß ich einem Kongreß von Sklavenstaaten bedauerlicherweise nicht als Delegierter beiwohnen könne. Und ich war in der Tat noch sehr beeindruckt von der Sklavenversteigerung, die ich kurz zuvor auf den Stufen des öffentlichen Brunnens erlebt hatte. Der Auktionator, ein ungeschlachter, häßlicher, liederlicher Bursche, hatte seine »Ware« neben sich auf einer Holzkiste präsentiert – einen kräftigen jungen Neger, der, ärmlich gekleidet und mit schlechtem Schuhwerk versehen, seine ganze Habe in einem kleinen Bündel in der Hand trug und die lustlose Schar der Männer ansah, die Tabak kauend und Stöckchen schnitzend näher gekommen waren, als sie merkten, daß auf der anderen Straßenseite ein Sklave versteigert würde.

Ein Mann auf einem Karren, einige Freiwillige in derber Uniform, ein paar irische Arbeiter auf einem langen Wagen und vier, fünf Männer im üblichen schwarzen Rock, mit Satinweste und schwarzem Hut bildeten das Publikum, an das sich der Auktionator mit dröhnender Stimme wandte: »Ein erstklassiger Landarbeiter! Schaut nur her – gutmütig, freundlich, ohne Narben, keine minderwertige Ware! Aaaachthunnert – nur achthunnertfuffzich Dollar für den Burschen. Ein Spottpreis! Achthunnertfuffzich! Also wirklich... Ausgezeichnet, besten Dank, mein Herr! Achthunnertfümensippzich Dollar für diese nützliche Arbeitskraft.« Bei tausend Dollar schließlich erhielt einer der schwarzen Hüte neben mir den Zuschlag. Der Auktionator und der Neger und sein Käufer stapften davon, um die Transaktion zu besiegeln, und die Menge zerstreute sich.

»Der war aber billig«, sagte ein Mann zu seinem Nachbarn. »Stimmt, Neger sind derzeit billig, in der Tat!«

9. Mai. Vor mir, an einer Straßenecke, lag Jeff Davis' »Staatsministerium«, auf dessen Dach die Flagge der Konföderierten wehte. Durch die offene Tür gelangte ich in eine große, weißgetünchte Halle mit Türen, die zu kleinen Bürostuben gehörten, in denen die allerwichtigsten Dinge geregelt wurden – nach den Namen zu urteilen, die auf kleinen Zetteln draußen an den Türen hingen und auf hohe Ämter hinwiesen. Ein paar Sekretäre gingen ein und aus, und auf den Stufen war der eine oder andere Gentleman zu sehen, aber im Gebäude selbst herrschte kein geschäftiges Treiben.

Ich hatte Gelegenheit, den Präsidenten aus der Nähe zu beobachten. Er schien mir nicht so eindrucksvoll, wie ich erwartet hatte, obschon er völlig anders wirkt als Mr. Lincoln. Er ist ein Gentleman – schmal, etwa mittelgroß, aufrechte Haltung. Er trug einen einfachen schiefergrauen Anzug mit einem schwarzen Seidentuch um den Hals. Er ist von schlichtem Auftreten, aber reserviert und energisch. Der Kopf ist wohlgeformt, die Stirn schön und voll, kantig und hoch, überzogen mit zahllosen feinen Linien und Falten, die Gesichtszüge sind regelmäßig, die Backenknochen allerdings etwas zu hoch und die Wangen zu hohl. Die Lippen sind dünn, beweglich und geschwungen, das Kinn eckig, markant; die Nase fein, mit großen Öffnungen, die Augen groß und voll und tiefliegend – eines ist trüb und wie mit einem Schleier überzogen, offenbar aufgrund von unangenehmen neuralgischen Anfällen. Sympathischerweise kaut Mr. Davis nicht Tabak, und er ist überhaupt eine saubere Erscheinung mit gepflegtem Haar und geputzten Stiefeln. Sein Gesichtsausdruck ist besorgt, abgehärmt und schmerzgeplagt, aber im Gespräch läßt er nur die größte Zuversicht und Tatkraft erkennen. Er stellte mir einige Fragen hinsichtlich meiner Reiseroute.

Ich erwähnte, daß ich im Süden große militärische Vorbereitungen gesehen hätte und erstaunt sei, mit welcher Selbstverständlichkeit die Leute zu den Waffen eilten. »In der Tat«, antwortete Mr. Davis in seinem typisch amerikanischen Tonfall, »in Europa werden wir wegen unser Begeisterung für militärische Titel und militärisches Auftreten verlacht. Alle britischen Reisenden berichten, wie viele Generäle, Oberste und Majore es hierzulande gibt. Aber wir sind tatsächlich ein militärisches Volk, man hat das bloß nicht wahrgenommen. Daß wir kein stehendes Heer haben, muß ja noch lange nicht heißen, daß wir keine Soldaten sind. Aber vielleicht sind wir das einzige Volk auf der Welt, wo Männer eine Kriegsakademie besuchen, obwohl sie nicht die militärische Laufbahn einschlagen wollen.«

Da ich bei Mrs. Davis, der Gattin des Präsidenten, zu einem Empfang eingeladen war, kehrte ich ins Hotel zurück, um mich umzukleiden. Unterwegs kam ich an einer Kompanie Freiwilliger vorbei, die gemeinsam mit 120 Artilleristen und drei Feldhaubitzen nach Virginia unterwegs waren und von einer großen Schar von Bürgern und Negern beiderlei Geschlechts unter großem Jubel zum Bahnhof geleitet wurden. Die Kapelle spielte lebhaften »Dixie«. Die Männer – kräftige, feine Burschen in grauen, groben Uniformjacken mit gelben Aufschlägen und französischen Mützen – besaßen altmodische Musketen, trugen Rucksäcke aus wasserfestem Material über der Schulter, die zum Marschieren gänzlich ungeeignet waren, und hatten nicht das allerbeste Schuhwerk an den Füßen. Die Geschütze hatten keine Munitionswagen.

Die bescheidene Villa des Präsidenten ist weiß gestrichen – ein zweites »Weißes Haus« – und steht in einem kleinen Garten. Die Tür war offen. Ein farbiger Diener nahm unsere Karten entgegen, und Mr. Browne stellte mich Mrs. Davis vor, die im Halbdunkel eines mittelgroßen Salons, umringt von Damen mit Haube und schwarzberockten Herren, gerade auszumachen war. Die Atmosphäre hatte überhaupt nichts Prunkvolles und Förmliches. Mrs. Davis, die im Freundeskreis »Queen Varina« genannt wird, ist eine lebhafte, anmutige Frau, vielleicht eine Spur matronenhaft, mit einer guten Figur und gepflegten Manieren, geschmackvoll gekleidet, vornehm und gescheit und eine gesuchte Gesprächspartnerin. Just in diesem Moment schien sie etwas verärgert, da in den Zeitungen zu lesen stand, daß der Norden eine Belohnung auf den Kopf des Erzrebellen Jeff Davis ausgesetzt habe. »Das ist ihnen wirklich zuzutrauen«, sagte sie. Es waren höchstens achtzehn, zwanzig Personen anwesend, da jede Gruppe nur kurz blieb, und nach einer Weile empfahl auch ich mich mit einer Verbeugung. Mrs. Davis lud mich ein, am Abend vorbeizuschauen, dann würde ich den Präsidenten zu Hause antreffen.

Bei Sonnenuntergang wurden vor dem Staatsministerium unter großem Jubel der Bevölkerung zur Feier des Beitritts von Tennessee und Arkansas zur Konföderation zehn Schuß Salut abgefeuert.

Ab 11. Mai war Russell in Mobile. Von dort aus unternahm er einen Abstecher nach Pensacola (Florida), und am 20. Mai fuhr er nach New Orleans, wo er sich bis zum 2. Juni aufhielt. Anschließend fuhr er mit dem Dampfer den Mississippi hinauf. Am 14. Juni traf er mit der Eisenbahn in Jackson (Mississippi) ein.

Jackson selbst besteht aus einer Ansammlung von Holzhäusern mit weißen Portiken und Säulen, die viel zu groß sind für die winzigen Zimmer, sowie diversen kirchlichen und anderen öffentlichen Gebäuden von hydrozephalitischen Dimensionen, mit protzigen Kuppeln und übertrieben hohen Türmen auf viel zu kümmerlichen Unterbauten. Es gibt natürlich ein monströses Hotel und grelle Bars – das erstere Schauplatz vieler heftiger Auseinandersetzungen, die so mancher Teilnehmer nicht überlebt hat. Die Straßen bestehen aus Häuserzeilen, wie ich sie in Macon, Montgomery und in Baton Rouge gesehen habe. Und auf unserem Weg zum Kapitol oder State House gab es sehr viel mehr Einladungen auf einen Drink, als ich und mein Kompagnon annehmen konnten. Wir lenkten unsere Schritte nach dem State House, einem steinernen Giganten mit offenen Kolonnaden, der von weitem eine Gewichtigkeit ausstrahlt, die einer näheren Inaugenscheinnahme des verfallenen Baus nicht standhält. Mr. Pettus, der Gouverneur des Staates Mississippi, befand sich im Kapitol. Nachdem wir unsere Karten ausgehändigt hatten, wurden wir in sein Zimmer geführt, das mehr als nur republikanische Schlichtheit ausstrahlte. Im Raum ein paar Glasvitrinen, in denen Papiere und allerlei Bücher lagen, an Mobiliar ein Tisch, ein paar Stühle und ein fadenscheiniger Teppich; die Fensterscheiben kaputt, Wände und Decke schimmelfleckig.

Der Gouverneur ist ein schweigsamer Mann, schroff, aber leicht zugänglich. Und tatsächlich, im Verlauf unseres Gesprächs kamen wildfremde Leute und Soldaten herein, sahen sich um und verhielten sich überhaupt so, als seien sie in einer Schenke, nur daß sie nichts zu trinken bestellten. Dieser grimmige, hochgewachsene, kantige Mann schien mir eine solche Fortentwicklung der politischen Institutionen im Süden zu sein, wie Mr. Seward es in einer wichtigen Phase im Norden war. Jahrelang war er als Jäger und Fallensteller in den Wäldern des Fernen Westens tätig gewesen und hatte ein einfaches Leben geführt. Und als man ihn im Wahlkampf deswegen verspottete, schämte er sich dessen nicht, sondern wies zu Recht auf seine Unabhängigkeit hin und darauf, daß er hart gearbeitet habe.

Der finanzielle Lohn ist für den Gouverneur des riesigen Staates Mississippi nicht so bedeutend. Er bezieht ein Jahressalär von 800 Pfund Sterling und hat eine Dienstvilla. Er ist aber nicht nur zufrieden mit dem, was er hat, sondern überhaupt der Ansicht, daß die Gesellschaft, in der er lebt, die höchste Form zivilisierten Lebens darstellt, obwohl es in seinem Staat mehr Überfälle gibt, allein in der Hauptstadt sogar mehr Morde als zu finstersten Zeiten im mittelalterlichen Florenz oder Venedig. Ein Bürger sagte: »In Jackson gibt es durchschnittlich einen Mord im Monat« – er benutzte allerdings eine mildere Bezeichnung für das Verbrechen.

Im Gespräch über die politische Lage ließ der Gouverneur dieses wunderbare Vertrauen in die eigene Bevölkerung erkennen, das mir so bemerkenswert erscheint, ob es nun auf Unkenntnis über die Stärke des Nordens beruht oder auf dem Glauben an die eigene Überlegenheit. »Nun ja«, sagte er und spuckte haarscharf am Napf vorbei (seine Miene besagte, daß er die Mitte natürlich getroffen hätte, wenn er gewollt hätte), »England ist ohne Frage eine große Nation. Es hat eine Flotte und so weiter und hat in Europa gewiß viel zu sagen. Aber der unabhängige Staat Mississippi kommt ohne England sehr viel besser aus als umgekehrt England ohne ihn.«

16. Juni. Unser Gastgeber bat mich zu einem frühen Abendessen, bei dem ich einige Bürger von Jackson kennenlernte, und um sechs Uhr ging mein Zug nach Memphis. Die Waggons waren voll von Soldaten und Freiwilligen, die unterwegs waren zu einem großen Lager in der Nähe einer Ortes namens Corinth. Angeregt durch enorme Mengen von Whisky und entsprechende Mengen von Tabak (gekaut und geraucht) machten sie so viel Lärm, daß an Schlaf nicht zu denken war. Auch die Hitze in den Waggons und die Unmengen von beißendem Ungeziefer an den Schlafplätzen trugen nicht gerade zum allgemeinen Wohlbefinden bei.

17. Juni. Wenn es ein Trost für mich war, daß die Soldaten nach einer ungemein lauten und turbulenten Nacht heute morgen überaus zerschlagen, unlustig und ermattet waren, so wurde er mir uneingeschränkt zuteil. Unentwegt riefen sie nach Wasser, um ihren inneren Brand zu löschen.

Der Sieg bei Big oder Little Bethel hat diese Männer in eine großartige Stimmung versetzt, und nun glauben sie, daß sie die Nordstaaten quasi im Spaziergang erobern können. Es war eine Wohltat, an einer Station namens Holly Springs den Zug für ein paar Minuten verlassen zu können. Die Passagiere frühstückten an einem verdreckten Tisch, es gab schauderhaften Kaffee, Maisbrot, ranzige Butter und reichlich dubiose Fleischgerichte, während die Soldaten, die sich inzwischen von ihrer Depression erholt hatten, auf die Wagendächer kletterten und zur Musik ihrer Kapelle und zur großen Bewunderung der umstehenden Neger ausgelassen tanzten. Sie sind ganz anders als die bedachtsamen, ruhigen Nordstaatler.

Die Begeisterung der gesamten Bevölkerung für die Sache des Südens ist wirklich erstaunlich – beim Anblick der Fahne, die aus dem Waggonfenster hing, kamen die Bewohner der Dörfer und die Landarbeiter, schwarz und weiß, herbeigelaufen, um Jeff Davis und die Konföderation hochleben zu lassen, und dazu schwenkten sie mit allem, was gerade zur Hand war.

Kurz vor Memphis, wo sich die Bahnlinie dem Mississippi nähert, kommen prächtige Farmen ins Blickfeld. Trotzdem beneide ich niemanden, der hier, in dieser trostlosen, abgeschiedenen Gegend, umgeben von Sklaven, sein Leben verbringen muß. Memphis hat an die dreißigtausend Einwohner, aber viele von ihnen sind Fremde, und es ist ein ständiges Kommen und Gehen in der Stadt, überall stößt man auf Kaschemmen, Tanzdielen und Spielsalons. Und dieses merkwürdige Kaleidoskop von Negern und Weißen unterschiedlicher Kulturen in ihren amerikanischen Extremen, von Halbwilden, die durch den Kontakt mit den Weißen degeneriert sind, von gigantischen Dampfern auf dem Mississippi, der auch das Kanu oder den Einbaum des schwarzen Fischers trägt, und die Eisenbahn dringt in die entlegensten Sumpfgebiete vor, die sich seit Jahrhunderten gewiß nicht verändert haben.

In Memphis sah ich mich genötigt, meine Tour durch den Süden abzukürzen, obwohl ich liebend gern geblieben wäre, um die erstaunlichsten sozialen und politischen Veränderungen zu beobachten, die die Welt wohl je gesehen hat. Mein Auftrag zwang mich, nach Norden zurückzukehren – denn solange ich nicht schreiben konnte, hatte mein Aufenthalt im Süden überhaupt keinen Sinn. Der Union ist es mittlerweile gelungen, die Häfen zu blockieren, wenn nicht de facto, dann immerhin so weit, daß jede Beförderung von Briefen fraglich wäre, und es muß in jedem Fall ein Umweg gesucht werden. Wie mir versichert wurde, war Mr. Jefferson Davis bereit, mir in Richmond jede Unterstützung zu gewähren, damit ich alles, was in der Konföderation militärisch und politisch von Interesse ist, in Augenschein nehmen kann. Aber welchen Sinn haben solche Informationen, wenn ich sie nicht der Zeitung übermitteln kann, für die ich tätig bin!

Ich beschloß, nach Chicago und von dort nach Washington weiterzureisen, wo die Unionisten eine große Armee versammelt hatten, die gegen Richmond vorstoßen sollte. Ich erklärte General Pillow, daß ich nach Cairo weiterreisen würde, um mich zu den Unionisten durchzuschlagen. Da die

Flußschiffahrt unterbunden war, konnte ich mit der Bahn nach Columbus fahren und dort auf einen Dampfer umsteigen, der mich zu den unionistischen Stellungen bringen würde. An Bord des Dampfers schrieb ich meinen letzten Bericht aus »Dixieland«.

19. Juni. Zahlreich waren die Einladungen von Offizieren, im Süden zu bleiben. »Bleiben Sie! Was mag einen Gentleman veranlassen, sich unter schwarze Republikaner und Yankees zu begeben?« Ganz offensichtlich wird meine Rückkehr in den Norden mit einigem Mißtrauen betrachtet. Aber ich muß sagen, daß meine Erklärung, weshalb mir keine andere Wahl blieb, stets akzeptiert wurde, und daß meine Südstaatenfreunde einsahen, daß ich dies meinem Beruf schuldig war. Ein Sonderkorrespondent, dessen Berichte das Land, in dem er sich gerade aufhält, nicht verlassen können, ist kaum imstande, seine Aufgabe zu erfüllen. Und immer wieder pflegte ich diese Herren freundlich darauf hinzuweisen, daß sie die Verkehrswege nach Norden wiederherstellen oder die Blockade brechen und Schiffsverbindungen nach Europa einrichten sollten, andernfalls sähe ich mich gezwungen, meine Tätigkeit woanders ausüben.

In Columbus wartete der Dampfer, der uns nach Cairo bringen würde, und ich beglückwünschte mich, rechtzeitig zur letzten Transportmöglichkeit auf dieser Route nach Norden eingetroffen zu sein. Die Generäle Pillow und Prentiss haben beschlossen, den Mississippi zu blockieren.

Russell fuhr mit der Eisenbahn von Cairo nach Chicago und anschließend weiter nach New York, bevor er abermals nach Washington aufbrach.

3. Juli. Fast vier Monate ist es her, daß ich auf dieser Strecke nach Washington gefahren bin. Seit dieser Zeit hat sich hier alles unglaublich verändert. Früher haben die Menschen von Staatsämtern, von Kompromissen zwischen Nord und Süd, von Frieden gesprochen. Jetzt sprechen sie nur von Krieg und Schlacht. Seit ich aus dem Süden kam und die Zeitungen sah, bin ich beeindruckt von der Unbekümmertheit der Amerikaner, von ihrer grenzenlosen Gutgläubigkeit. Ob es ihnen gefällt oder nicht, sie lassen sich etwas vormachen. Es vergeht kein Tag, an dem nicht irgend jemand verkündet, daß die Unionstruppen vorrücken und eine große Schlacht bevorsteht.

Mir fiel auf, in welch arrogantem Tonfall Leute, die von militärischen Dingen nicht die leiseste Ahnung haben, den Generälen bestimmte Aktionen vorschlagen. Sie fordern, daß eine Armee, die keine adäquaten Transportmöglichkeiten, keine Artillerie und keine Kavallerie besitzt, zwecks Niederwerfung der Sezession nach Richmond vorstoßen soll, und im gleichen Atemzug berichten sie, daß die Armee nicht nur undiszipliniert, sondern auch unzureichend ausgerüstet sei. Ein allgemeiner Aufschrei der Empörung hat sich gegen das Kriegsministerium und die Lieferanten von Ausrüstungen erhoben, und es wird ganz offen erklärt, daß Minister Cameron keine sauberen Hände habe.

Da ich erst vor kurzem aus dem Süden gekommen bin, bemerke ich den enormen Unterschied zwischen den Rassen (wenn man sie so nennen will) – an den Menschen, mit denen ich gesprochen habe, und an den Leuten, die im Zug nach Washington sitzen. Diese Freiwilligen haben nichts gemein mit den schwadronierenden, großspurigen, stolzen Südstaatlern. Es sind ruhige, gelassene Männer, und die Pennsylvanier, die unterwegs sind zu ihrem Regiment in Baltimore, sind in Größe und Stärke den Männern aus Tennessee und Karolina deutlich unterlegen.

Von Baltimore bis Washington sind es etwa vierzig Meilen, und etwa alle Viertelmeile kamen wir an einem Posten vorbei, der die Gleise bewachte. Beiderseits der Strecke tauchten immer größere Militärlager auf. Und die Strahlen der untergehenden Sonne erfaßten zahllose Zelte, als wir uns schließlich der unfertigen Kuppel des Washingtoner Kapitols näherten. Rauchsäulen auf der Virginia-Seite des Potomac wiesen auf biwakierende Unionstruppen hin. Auf den Feldern hallten Kommandos und der Tritt von Soldaten, überall blitzten Waffen, das öde Land war mit Artillerieparks gespickt, und Planwagen zogen in endlosen Kolonnen durch die Vororte von Washington.

Für mich war das alles ein wunderbarer Anblick. Als ich die Pennsylvania Avenue hinauffuhr, konnte ich kaum glauben, daß diese breite Straße – überall rote, weiße und blaue Fahnen, staubaufwirbelnde Pferde und Intendanturwagen, die Trottoirs voller Menschen, von denen ein Großteil Säbel oder Bajonett trug, in den Geschäften Leben und Trubel – daß diese Straße dieselbe war, durch die ich am Morgen meiner Ankunft in Amerika gekommen war. Washington ist in der Tat die Hauptstadt der Vereinigten Staaten, aber es ist nicht mehr Schauplatz vernünftiger Gesetzgebung und friedlicher Regierung, sondern Zentrum einer kriegführenden Armee, die im Begriff ist, zum Schlag gegen den Feind auszuholen.

8. Juli. Die Zufahrt zur Long Bridge wurde von Freiwilligen kontrolliert. Der Wachposten saß auf einem Baumstumpf, das Gewehr auf den Knien, und las Zeitung. Er streckte die Hand nach meinem Passierschein aus, den mir General Scott in Form eines Briefes mitgegeben hatte. Darin ersucht er alle Offiziere und Soldaten der Potomac-Armee, mich ungehindert passieren zu lassen, und empfiehlt mich dem Brigadegeneral McDowell und allen unter seinem Kommando stehenden Offizieren. »In Ordnung, Sie können passieren«, sagte der Posten. »Was für ein Papier ist das, Abe?« rief ein Feldwebel. »Von General Scott, der Mann darf überall hin.« »Dann hoffe ich, daß Sie sofort nach Richmond gehen und uns den Skalp von Jeff Davis bringen«, sagte der patriotische Feldwebel.

Am anderen Ende bewachte ein schwacher Brückenkopf samt einer etwas weiter rückwärts gelegenen Straßensperre die Zufahrt. Ich wandte mich nach rechts, kam durch ein Labyrinth von Lagern, vor dem verschiedene Regimenter, aufgeteilt in kleinere Gruppen, die Grundbegriffe militärischen Drills lernten. Viele Männer waren Deutsche, und die meisten

Offiziere besaßen keinerlei Kenntnis der Exerziervorschriften, denn sie waren sichtlich verwirrt und unsicher, wenn die Kompanien kehrtmachen oder schwenken sollten. Die Mannschaften waren, was Größe und Alter angeht, bunt zusammengewürfelt und, von einigen trefflichen Ausnahmen abgesehen, den Soldaten der Südstaaten unterlegen. In den Lagern gab es keine Latrinen, die Zelte waren nicht einheitlich, und es ging auch nicht besonders reinlich zu, aber insgesamt machten sie einen ganz ordentlichen Eindruck.

Ich hätte es kaum geglaubt, wenn General McDowell es mir nicht selbst gesagt hätte, aber es gibt tatsächlich keine vernünftigen Karten von Virginia. Der General weiß wenig bis gar nichts über das Terrain, das vor ihm liegt, kaum mehr als die allgemeine Richtung der Straßen, die ohnehin in einem miserablen Zustand sind, und er kann keine Informationen bekommen, da ihm der Feind auf ganzer Front gegenübersteht und er, McDowell, keinen Offizier hat, der eine Rekognoszierung durchführen könnte – ein Unterfangen, das wegen der dichten Wälder, die den Feind vollständig verdecken, selbst die besten Männer vor große Schwierigkeiten stellen würde. Die Konföderierten haben in dem etwa dreißig Meilen entfernten Eisenbahnknotenpunkt Manassas schwere Batterien in Stellung gebracht, und ich glaube nicht, daß General McDowell darüber sehr begeistert ist, aber der Ruf nach entschlossenem Handeln wird so laut erhoben, daß der Präsident nicht untätig bleiben kann.

13. Juli. Ich habe den ganzen Tag damit zugebracht, die verschiedenen Regimenter in ihren Lagern diesseits und jenseits des Potomac zu besichtigen. Erstens ist festzustellen, daß für den Feldzug wohl nicht mehr als 30 000 Mann bereit stehen. Die von den Zeitungen genannten Zahlen schwanken zwischen 50 000 und 100 000 Mann, die meisten tendieren zu 75 000. Zweitens ist die Artillerie überaus dürftig. Die Unionisten haben höchstens fünf, sechs komplette Batterien, bunt zusammengewürfelte Geschütze unterschiedlichsten Kalibers, mit schlechten Zugtieren versehen und mit den miserabelsten

Kanonieren und Kutschern, die mir, der ich die türkischen Feldgeschütze gesehen habe, je zu Augen gekommen sind. Sie haben keine Kavallerie, nur ein paar armselige Gestalten, die bei der ersten kritischen Situation vermutlich davonlaufen, kümmerliche, zahnlose Mähren und ein paar Reguläre, die im Kampf gegen Indianer etwas taugen mögen, bei einer Attacke von indischen Freischärlern aber wie die Kegel umfallen würden. Das Transportwesen ist nicht schlecht, aber unzureichend: es gibt keine Fuhrwerke für Munitionsnachschub, die Intendanturkutscher sind Zivilisten, die kaum oder überhaupt nicht zu kontrollieren sind, die Offiziere sind völlig unsoldatisch, die Lager extrem verdreckt, die Männer laufen in den verschiedensten Uniformen herum, und nach allem, was ich höre, darf bezweifelt werden, daß diese Regimenter auch nur Manövererfahrung haben oder daß die Offiziere wissen, wie man etwa eine Marschkolonne in Gefechtsformation antreten läßt. Es sind zum größten Teil Dreimonatige, deren Zeit bald vorbei ist. Sie sind erleichtert und freuen sich, daß sie den Feind »kampflos« von Washington ferngehalten haben. Und mit diesen wilden Haufen will der Norden nicht nur den Süden unterwerfen, sondern, wie einige Zeitungen schreiben, auch Großbritannien demütigen und anschließend Kanada erobern!

17. Juli. Ich war heute in General Scotts Quartier und sah dort einige Stabsoffiziere – junge Männer, militärisch zum Teil völlig unerfahren, die nicht einmal einfache Kommandos erteilen konnten – und fand sie in bedrückter Stimmung. McDowell wird morgen von Fairfax aus etwa acht, zehn Meilen in Richtung Centreville marschieren, denn der Feind steht bei Manassas. Ich sehe mich vergeblich nach einem Stabsoffizier um. Es gibt ein paar alte Pedanten, die mit Landkarte und Lineal und Kompaß in kleinen Stuben sitzen und Memoranden schreiben, und ein paar ignorante junge Männer, die sich faul im Hauptquartier herumtreiben und mit Sporen an den Stiefeln und verwegen aufgesetzten Mützen herumstolzieren, als wären sie Frontsoldaten, aber ich kann kein

System, keine Ordnung, kein Wissen, keine Begeisterung entdecken!

Jeder englische General, und sei er noch so stiefmütterlich behandelt, hat stets ein, zwei junge Burschen, die wie die Teufel querfeldein reiten, eine grobe Skizze anfertigen und etwas über die feindlichen Stellungen herausfinden können, die Befehle verstehen und übermitteln können und sie auch befolgen. Solche Typen suche ich hier vergeblich. McDowell kann über den Feind nichts herausfinden. Er hat keine zuverlässigen Karten, er weiß nichts über Position oder Stärke des Feindes. Alle Leute seien gegen die Regierung, sagt er. Fairfax war menschenleer, als er sich näherte, die Einwohner waren dem zurückweichenden Feind gefolgt. »Wo sind die Schützengräben der Konföderierten?« »Nur in der Phantasie der New Yorker Zeitungen. Wenn sie eine Kolumne füllen müssen, schreiben sie einen ausführlichen Bericht über die Verteidigungsanlagen des Feindes. Niemand kann ihnen in diesem Moment widersprechen, und wenn sich später herausstellt, daß alles erfunden war, lachen die Leute wie über einen guten Witz.«

Am Abend wurde mir mitgeteilt, daß die Armee am nächsten Morgen vorstoßen werde, sobald General McDowell sich Klarheit darüber verschafft habe, ob er den rechten Flügel des Feindes am Occacunga Creek umgehen könne. Auf der Pennsylvania Avenue, in den Läden, Hotels und Bars hatten sich Menschen versammelt, die Berichten von bittersten Kämpfen und der Überwältigung völlig demoralisierter feindlicher Truppen lauschten. Amüsiert vernahm ich in Willard's Hotel die ausgeschmückten Darstellungen einiger betrunkener Offiziere, die ihre Phantasie als Tatsache ausgaben, denn ich wußte ja, daß die Verteidigungsanlagen bei Fairfax beim Vormarsch der unionistischen Truppen ohne einen Schuß geräumt worden waren. Die New Yorker Zeitungen brachten glühende Beschreibungen vom heldenhaften Vormarsch der großen Potomac-Armee, die angeblich aus mehr als 70 000 Mann bestand. Dabei wußte ich doch, daß nicht einmal halb so viele Soldaten tatsächlich im Feld standen. Viele Leute glauben, daß General Winfield Scott, der zu diesem Zeitpunkt in seinem bescheidenen Bett in der Pennsylvania Avenue lag und schlief, an der Spitze der Armee ins Gefecht ziehen wird. Die Pferdehändler sind noch immer äußerst hartnäckig. Ein Bürger verlangt tausend Dollar für einen lahmen Braunen mit Überbeinen. Auf meinen vorsichtigen Hinweis, daß dieser Preis womöglich etwas übertrieben sei, entgegnete er: »Dann lassen Sie's eben! Wenn Sie die Schlacht sehen wollen, sind tausend Dollar nicht viel. Ich vermute, manche Jungs haben mehr Geld bezahlt, um Jenny Lind an ihrem ersten Abend erleben zu können. Und dieser Kampf wird gewiß nicht wiederholt, das versichere ich Ihnen. Der Preis für Pferde wird weiter steigen, wenn die Kunden dort draußen mit Jagdmessern und Pistolen übereinander herfallen.«

18. Juli. Nach dem Frühstück. Ich verließ das Hauptquartier, um General Mansfield aufzusuchen, und wollte schon die Treppe hochsteigen, als der General, ein weißhaariger, graubärtiger und ausgesprochen soldatisch wirkender Mann, erregt aus dem Zimmer stürzte und mir zurief: »Mr. Russell, schlechte Nachrichten von der Front!« »Wird schon gekämpft?« »Ganz recht. Dieser Taylor hat mit seinen Leuten eingegriffen. Wir sind besiegt.« Ich wandte mich sofort wieder an meinen Pferdehändler, doch inzwischen hatte er den Preis auf zweihundertzwanzig Pfund erhöht. »Ich will schließlich nicht, daß meine Tiere durch Kanonen- oder Gewehrkugeln zerfetzt werden, und wer für ein solches Verbrechen verantwortlich sein will, muß den Preis dafür zahlen.« Im Kriegsministerium, im Außenministerium, im Senat und im Weißen Haus, überall eilten Boten und Ordonnanzen hin und her, besorgt dreinschauende Adjutanten und Zivilisten zeugten vom geschäftigen Treiben und von der Aufregung, die im Innern der Gebäude herrschte. Ich stieß auf einen freudestrahlenden Senator Sumner. »Wir haben einen glänzenden Sieg errungen. Die Rebellen weichen in alle Richtungen zurück. General Scott glaubt, daß wir Samstag abend in Richmond sind.« Wenig später rief ein Offizier, der mich einmal in Begleitung von General Meigs besucht hatte und jetzt rasch vorüberritt: »Haben Sie gehört? Wir haben eins auf den Deckel bekommen. Die Freiwilligen sind einfach davongelaufen, verflixt und zugenäht.« Ich fuhr zum Kapitol, von wo aus man angeblich den Pulverdampf der Kanonen sehen konnte, doch als ich dort eintraf, zeigte sich, daß der Rauch aus Wohnhäusern kam, in denen gerade gekocht wurde.

Ich betrat einen Laden, dessen Besitzer mir sofort entgegenkam: »Haben Sie schon gehört? Beauregard hat ihnen eine Abreibung verpaßt.« »Glauben Sie mir«, sagte seine Frau, »der Allmächtige hat seine Hand im Spiel. Hat er die Nigger denn nicht verflucht? Warum sollte er sich jetzt mit den Yankee-Abolitionisten auf ihre Seite stellen, gegen anständige Weiße?« »Woher wollen Sie das denn wissen?« fragte ich. »Es stimmt wirklich. Verlassen Sie sich darauf, ganz egal, woher wir das wissen. Wir haben auch unsere Untergrundbahn,* nicht nur die Abolitionisten.«

20. Juli. Die große Schlacht, die den Aufstand entweder beenden oder ihn zu einer Macht im Lande machen wird, ist nicht mehr eine entfernte, ungewisse Möglichkeit. McDowell hat die Rekognoszierung beendet, und General Scott geht davon aus, daß er morgen abend Manassas eingenommen haben wird. Alle Offiziere äußern sich übereinstimmend, daß sich die Konföderierten vor der Eisenbahnlinie am Bull Run verschanzt haben.

Da ich sehen wollte, welchen Eindruck die herannahende Krise auf den Kongreß der Vereinigten Staaten machte, fuhr ich mittags zum Senat. Keinerlei Anzeichen von Enthusiasmus in den Wandelgängen, keine Nervosität, keine erregte Stimmung. Man trank das übliche Eiswasser, aß Kekse oder lutschte Pfefferminzbonbons, kaute Tabak und plauderte mit-

---

* Es existierte eine legendäre »Untergrundbahn«, mit deren Hilfe schwarze Flüchtlinge nach Norden in die Freiheit gebracht wurden. Vgl. hierzu James McPherson, *Für die Freiheit sterben. Die Geschichte des amerikanischen Bürgerkriegs*, München 1997, S. 72. (A.d.Ü.)

einander oder begrüßte bekannte Gesichter, als würde im Haus über nichts Wichtigeres debattiert als die Kosten einer Eisenbahnlinie oder eine Postkonzession. Ich betrat den Saal und stellte fest, daß Mr. Latham, Senator von Kalifornien, gerade einen weitschweifigen Vortrag über die politische Lage aus republikanischer Sicht hielt. Niemand hörte zu. Die Senatoren waren, wie üblich, damit beschäftigt, Zeitung zu lesen, Briefe zu schreiben oder sich flüsternd zu unterhalten, während Mr. Latham Beifall von den Besuchern auf der Galerie erhielt, die bei den schwülstigsten Passagen fast mit den Füßen getrampelt hätten. Und während ich dem zuhörte, was höflichkeitshalber Debatte genannt wird, erhielt ich durch Boten einen Brief aus Centreville, in dem es hieß, daß General McDowell am nächsten Morgen in aller Frühe vorrücken und daß es höchstwahrscheinlich vor Mittag zu einem Zusammentreffen mit dem Feind kommen werde.

Da es mir nicht gelungen war, ein Pferd aufzutreiben, mußte ich mit einem Droschkenbesitzer verhandeln, der noch einen gedeckten Einspänner übrig hatte, den er so herrichten wollte, daß er von zwei Pferden gezogen werden konnte. Allerdings mußte ich mich verpflichten, ihm den geschätzten Wert des Wagens und der Pferde zu ersetzen, falls das Gefährt durch feindlichen Beschuß vernichtet würde.

21. Juli. Angesichts der Ruhe und der Stille in den Washingtoner Straßen an diesem schönen Morgen mußte ich daran denken, daß sich in wenigen Meilen Entfernung höchstwahrscheinlich völlig andere Szenen abspielten.

Pünktlich zum verabredeten Zeitpunkt fuhr unser Wagen vor. Ich trank eine Tasse Tee und aß ein Stück Brot, füllte den restlichen Tee in eine Kanne, steckte noch eine Bouteille leichten Bordeaux ein, dazu eine Flasche Wasser und belegte Brote, füllte meine kleine flache Brandyflasche und verstaute alles im hinteren Teil des Wagens. Aber mein Bekannter, der es nicht gewohnt ist, so früh aufzustehen, war noch nicht da, so daß ich mehrmals nach ihm schicken lassen und ihn zur Eile ermahnen mußte.

Der frühe Morgen verhieß einen wunderbaren Tag, und die beschauliche Anmut der waldigen Landschaft, durch die wir hinter Arlington kamen, die weißen Gebäude, die in der zarten Sonne schimmerten, und der Potomac, der sich wie ein breites Silberband durch das Bild zog alles atmete Frieden.

Die Straße war dermaßen von Kanonenrädern, Munitionskarren und Intendanturfahrzeugen verunstaltet, daß unsere Pferde bei dem unablässigen Hin und Her der Zügel nur langsam vorankamen, doch schließlich verkündete unser Kutscher, der das Land aus besseren Zeiten kannte, daß wir die Straße nach Fairfax erreicht hätten. Leider war meine Uhr stehengeblieben, aber nach meiner Schätzung dürfte es kurz vor neun gewesen sein. Als ich kurz darauf durch das ewige Rumpeln unseres klapperigen Gefährts ein Geräusch zu hören glaubte, befahl ich dem Kutscher anzuhalten. Wir horchten. Wenig später das bekannte Donnern einer Kanone, dann zwei, drei Kracher in rascher Folge, aber in beträchtlicher Entfernung. »Haben Sie das gehört?« Der Kutscher hatte nichts gehört, mein Kompagnon ebensowenig, doch der schwarze Diener, der mit weit aufgerissenen Augen auf dem Handpferd saß, brüllte: »Ich hör's, Massa, ich hör's, ja, ja, wie die Kanone im Navy Yard.« Und im selben Moment ertönte noch einmal dieses dumpfe Geräusch, wie wenn man mit der Hand leicht auf eine Pauke schlägt. »Es geht los! Wir kommen zu spät! Fahren Sie, so schnell Sie können!« Noch schneller eilten wir weiter und gelangten bald zu einem Bauernhaus. Ein Mann und eine Frau standen mit einigen Negern an einer Hecke und guckten die Straße hinunter, einer Staubwolke entgegen, die sich über den Bäumen erhob. Wir hielten kurz an. »Seit wann geht das schon so?« »Seit heute morgen«, antwortete der Mann, »und ich glaube, daß manche von unseren armen Jungs wirklich genug haben. Denn diese verdammten Sezessionisten marschieren jetzt schon auf Alexandria.« Unser Kutscher schien nicht völlig überzeugt von dieser Erklärung der Staubwolke, und als wir in der nächsten Wegbiegung eine endlos lange Kolonne bewaffneter Männer erblickten, deren Bajonette in der Sonne aufblitzten, schien er geneigt, anzuhalten oder umzukehren. Wir fuhren noch etwas näher und sahen, daß es Unionisten waren, und bald erkannte ich, daß sie unmöglich eine militärische Operation durchgeführt haben konnten: die Männer marschierten ohne erkennbare Ordnung, in Zweier- und Dreiergrüppchen oder noch größeren Gruppen, manche ohne Waffen, mit großen Bündeln auf dem Rücken, andere hatten sich den Rock über das Gewehr gehängt, manche hatten wunde Füße. Alle redeten, viele lachten, was für mich nur bedeuten konnte, daß sie keinesfalls einer geschlagenen Armee angehörten, und ich dachte, daß McDowell möglicherweise eine Flankenbewegung durchführte. »Gestatten Sie die Frage, wohin sind Sie unterwegs?«

»Wenn dies der Weg nach Alexandria ist, dann sind wir hier richtig.«

»An der Front wird gekämpft, nicht wahr?«

»Ja, wahrscheinlich, aber wir selbst haben nicht gekämpft.«

Die Männer waren zwar guter Dinge, aber nicht besonders mitteilsam, und so setzten wir unsere Reise fort, vorbei an den in aufgelöster Ordnung marschierenden Soldaten und den Karren voller Gepäck und Stühle, Tische und anderem Hausrat, der nie und nimmer einer kämpfenden Truppe gehören konnte. Es war ein endloser Zug. Ich befahl dem Kutscher, an einem Flüßchen zu halten, wo einige Männer im Schatten saßen, Wasser tranken und sich Hände und Füße wuschen. Ich wandte mich an einen Offizier: »Dürfte ich erfahren, wohin Ihr Regiment unterwegs ist?« »Wir gehen nach Pennsylvania, Sir, nach Hause.« »Sie sind das 4. Pennsylvania-Regiment?« »Jawohl, Sir, ganz recht.« »Nach dem Lärm zu urteilen (der Kanonendonner war immer deutlicher und lauter geworden) sieht es ja wohl so aus, als würde dort hinten ziemlich heftig gekämpft.« »Ja, Sir, das stimmt.« Ich wußte nicht recht, was ich noch sagen sollte, hätte aber gern eine Erklärung bekommen. Nach einer Weile fügte der epaulettierte Gentleman unsicher hinzu: »Wir gehen nach Hause, weil die Dienstzeit der Männer um ist. Sie haben ihre drei Monate hinter sich, das reicht.«

Es muß gegen elf Uhr gewesen sein, als wir auf die ersten Spuren der Konföderierten stießen. In Fairfax hatten sie einige Bäume gefällt und einen Straßenverhau errichtet, allerdings sehr nachlässig, so daß er weder den Geschützen noch den Männern selbst Schutz geboten hätte.

[Zwei Stunden später] erreichten wir die Straße nach Centreville, auf der allerlei Karren und Wagen mit Zivilisten fuhren, und bald gelangten wir zu einem ansteigenden Hügel, hinter dem die Straße verschwand. Die Hänge waren bedeckt mit Soldaten, Fuhrwerken und Pferden, und oben auf dem Kamm standen Schaulustige, die uns den Rücken zukehrten und in das (für uns verborgene) Tal hinunterblickten. »Dort liegt Centreville«, sagte der Kutscher und trieb unsere keuchenden Pferde weiter, geradewegs durch die Biwaks der Konföderierten, durch Intendanturparks, Rinderherden und zwei deutsche Regimenter und eine Geschützbatterie, die am Straßenrand haltmachte. Die Hitze war enorm. Unser Kutscher klagte über Hunger und Durst, wofür mein Kompagnon und ich durchaus Verständnis hatten. Ich ließ also anhalten, schickte den jungen Diener hinunter in das Dorf, durch das wir gerade gekommen waren, herauszufinden, ob er für die Pferde ein Quartier und für uns, die wir noch nicht gefrühstückt hatten, etwas Eßbares besorgen könne.

Es war ein merkwürdiger Anblick, der sich uns bot. Vor unseren Augen lag ein dicht bewaldetes Terrain, fünf, sechs Meilen breit, hier und da unterbrochen von grünen Feldern und gerodeten Stellen, linkerhand begrenzt von blauen und scharlachroten Bodenwellen, die plötzlich in aufgeworfenen Verschanzungen endeten, rechts bis zu den Ausläufern der Blue Ridge Mountains reichend. Nach links wurde der Blick begrenzt durch einen Wald, der den Hügel, auf dem wir standen, bedeckte sowie dessen Auslauf bis tief hinunter in die Ebene. Die Umstehenden zeigten auf den Paß von Manassas, durch den die Eisenbahnlinie nach Westen führt, und noch näher vor uns lag der Knotenpunkt, wo sich diese Strecke mit der Linie nach Alexandria und derjenigen in südlicher Richtung nach Richmond kreuzt. Das ganze Terrain war keineswegs flach. Wellige Bodenpartien markierten den Verlauf der Flüsse, die sich durch die Ebene zogen, und verliehen der Landschaft durch die Vielfalt ihrer Farben einen zusätzlichen Reiz. Die blauen und purpurfarbenen Hügel, die sich in der Ferne in ein zartes Violett auflösten, präsentierten eine der lieblichsten Landschaften, die man sich vorstellen kann.

Doch der Lärm, den der Wind herantrug, und der Anblick, der sich uns bot, widersprach auf das schrecklichste dem friedvollen Charakter der Landschaft. Aus den Wäldern hallte uns Kanonendonner entgegen, und dünne blaue Rauchlinien zeigten, woher das gedämpfte Krachen der Gewehre kam. Hoch über den Baumspitzen standen weiße Rauchwölkchen, die die Position der Geschütze und Haubitzen markierten. Staubwolken trieben über den Wald, und durch die hin und her wogenden hellblauen Rauchschwaden und die dunkleren Staubwolken konnte ich das Schimmern der Waffen und das Funkeln der Bajonette sehen.

Nach dem Pulverdampf zu urteilen, verlief die Kampffront in einer schrägen Linie von links nach rechts, quer über die Straße nach Centreville, deren Verlauf an den weißen Planen der Troß- und Intendanturwagen bis zu den Bäumen zu erkennen war, hinter denen sie schließlich verschwand. Weit rechts hinter den Rauchwölkchen erschienen hin und wieder aufwirbelnde Staubwolken, als bewegten sich Kavallerieabteilungen über eine sandige Ebene.

Die Staubwolken rechterhand waren mir völlig unerklärlich. Mein philosophischer Kompagnon fragte mich ganz ernsthaft: »Findet hier wirklich eine Schlacht statt? Wird dort, wo der viele Rauch aufsteigt, tatsächlich gekämpft? Das ist ja hochinteressant, wissen Sie.«

Auf einmal brachen die Leute in unserer Nähe in laute Beifallsrufe aus, als ein Mann in Offiziersuniform, den ich ungestüm über die Ebene hatte preschen sehen, mützeschwenkend herangaloppiert kam. »Wir haben sie geschlagen«, rief er. »Wir haben ihre Batterien erobert. Sie sind dabei, sich zurückzuziehen, aber wir verfolgen sie.« Welcher Beifallssturm sich daraufhin erhob! Die Abgeordneten schüttelten einander die Hände und riefen: »Bravo! Ausgezeichnet! Ich hab's ja gleich gesagt!«

Auf der schon erwähnten Straße, die ich nach ein paar Minuten erreichte, fuhren die Intendanturwagen ziemlich schnell voran, so daß ich warten mußte, bis meine Freunde am Straßenrand erschienen. Dann jagte ich querfeldein los, gab meinem Pferd, das sich von dem Siebenundzwanzigmeilenritt erholt hatte und voller Energie war, die Sporen, machte hier und da einen kleinen Umweg durch ein Gatter, an den kleinen Flüssen entlang, die sich durch das Land ziehen. Das Feuer wurde nicht heftiger, sondern eher schwächer, obwohl es sich manchmal ganz nah anhörte.

Nach etwa dreieinhalb, vier Meilen erregten laute Rufe meine Aufmerksamkeit, und dann sah ich schon etliche Wagen aus der Richtung des Schlachtfelds kommen. Die Kutscher hatten große Mühe, ihre Pferde an den Munitionswagen vorbeizudirigieren, die in der entgegengesetzten Richtung unterwegs waren. Eine dicke Staubwolke stieg hinter ihnen auf, und neben den Wagen liefen Uniformierte, die ich für Wachleute hielt. Mein erster Eindruck war, daß die Wagen zurückkehrten, um frischen Nachschub an Munition zu laden. Doch es wurden zusehends mehr. Kutscher und Männer brüllten und gestikulierten heftig. »Umkehren! Umkehren! Wir sind geschlagen!« Sie packten die Pferde bei den Köpfen und fluchten auf die widerspenstigen Kutscher. Plötzlich tauchte neben mir ein Mann in Offiziersuniform auf, dessen Degenscheide leer am Gürtel schlenkerte. »Was ist los? Was hat das alles zu bedeuten?« fragte ich ihn. »Nun ja, es bedeutet, daß wir furchtbar eins auf Haupt bekommen haben, das ist die Wahrheit«, sagte er atemlos und hastete weiter.

Inzwischen hatte die Verwirrung das Ende des Zuges erreicht, und die Kutscher fingen an, ihre Fahrzeuge auf der schmalen Straße zu wenden, was bei den Männern die üblichen Flüche auslöste und bei den Pferden heftige Bewegungen und Tritte. Immer größer wurde die Masse der Soldaten, die von der Front kamen, die Hitze, das Chaos und der Staub waren unbeschreiblich, und dann tauchten zu allem Überfluß noch einige säbelschwingende Kavalleristen auf, die »Platz da, macht Platz für den General!« riefen und eine Gasse für einen Planwagen schafften, in dem ein Mann mit blutverschmiertem Taschentuch um den Kopf saß.

Bevor der Wagen sich näherte, hatte ich gerade noch die Brücke passieren können, und ich sah, daß die Menge auf der Straße immer dichter wurde. Abermals fragte ich einen Offizier, der, mit dem Säbel unter dem Arm, zu Fuß unterwegs war: »Was soll das alles?« »Wir sind geschlagen, Sir. Wir sind auf dem Rückzug. Alle sollen umkehren.« »Wissen Sie, wo ich General McDowell finde?« »Nein, das kann Ihnen niemand sagen.« In der Nähe explodierten zwar einige Granaten, doch das war keine Erklärung für dieses ungewöhnliche Durcheinander. Ein dritter Offizier bestätigte jedoch, daß die Unionstruppen allenthalben geschlagen seien und sich auf dem Rückzug befänden, doch nichts an diesem Chaos deutete auf eine völlige Niederlage hin. Alles spielte sich innerhalb weniger Sekunden ab. Ich lenkte mein Pferd auf ein Kornfeld, durch das Männer mit schweißüberströmtem Gesicht liefen oder gingen, zumeist ohne ihre Waffen. Etwa eine halbe Meile arbeitete ich mich auf diese Weise gegen einen immer stärkeren Strom von Flüchtenden vor. Die Erde war bedeckt mit Uniformjacken, Decken, Gewehren, Kochgeschirren, Mützen, Gürteln, Bajonetten – und immer wieder erkundigte ich mich erfolglos nach General McDowell.

Mir blieb gar nichts anderes übrig, als in diesem Menschenstrom, den niemand aufhalten konnte, mitzuschwimmen. Ich wendete mein Pferd und ritt wieder zurück. Überall versuchte ich, herauszufinden, was geschehen war. Die einen gaben ausgemachten Unsinn von sich, beschrieben die mächtigsten Batterien, Hinterhalte und kniehohe Blutlachen. Andere beschrieben, wie ihre Kameraden ganze Schützengräben erobert hätten, wegen fehlender Verstärkung aber gefallen seien. Viele Regimenter waren angeblich völlig aufgerieben. Kavallerie- und Bajonettattacken und getarnte Batterien spielten in allen Darstellungen eine große Rolle. Einige Offiziere schienen die Schmach der Niederlage zu empfinden, aber wirklich sonderbar war die allgemeine Gleichgültigkeit, mit der das Geschehen von denjenigen betrachtet wurde, die in Panik vom Schlachtfeld geflohen waren und nun ganz ruhig erklärten, daß sie nur bis Centreville gehen würden und daß morgen früh ein großer Kampf stattfinden würde.

Ungewollt näherte ich mich inzwischen Centreville. Hitze, Staub, Chaos, Flüche – es war unbeschreiblich. Das Gedränge wurde immer wilder. Der staubige Boden war bedeckt mit Waffen, Kleidung und Ausrüstungsgegenständen, über die Mensch und Tier hinweggetrampelt waren. Gnadenlos trieben die Kutscher ihre Pferde an. Fast hätte ich laut losgelacht, doch dann verspürte ich eine Abscheu und jenes unbestimmte Gefühl, Zeuge einer ungewöhnlichen Begebenheit zu sein, das man hat, wenn man viele Menschen sieht, die wie von einer unerklärlichen Angst gepackt werden. Immer wieder versuchte ich den Leuten klarzumachen, daß sie nicht vom Feind verfolgt würden, aber genausogut hätte ich zu den Steinen sprechen können.

Nie hätte ich gedacht, daß dies ein großes Debakel war. Noch immer glaubte ich, daß die Masse der Armee nicht besiegt sei und daß ich ringsum nur das Ergebnis eines Durcheinanders sah, das ein mangelhaft organisierter, erzwungener Rückzug ausgelöst hatte.

Abermals der gefürchtete Schrei »Die Kavallerie! Die Kavallerie!« Ich sah wirklich eine Anzahl Berittener die Anhöhe herunterkommen, die man auf den ersten Blick für Kavalleristen halten mochte, welche sich anschicken, die Flüchtenden niederzumetzeln. Tatsächlich aber waren es Soldaten und Zivilisten (darunter auch einige Offiziere, wie ich zu meinem Leidwesen sagen muß), die mit Stöcken oder irgendwelchen anderen Dingen, derer sie habhaft werden konnten, auf ihre Pferde einprügelten. Ich rief den völlig verängstigten Männern in meiner Umgebung zu: »Sie gehören zu euch, es ist keine Kavallerie!« – doch niemand hörte mir zu. Ein Bursche, der neben mir die Straße entlanglief und dabei »Lauft los! Lauft los!« brüllte, schien Gefallen daran zu finden, Angst zu verbreiten, und da er einen ausgesprochen gelassenen Eindruck auf mich machte, fragte ich ihn: »Warum diese Eile? Warum laufen Sie weg? Wovor haben Sie Angst?« Der Mann sah mich an und antwortete: »Vor Ihnen ganz gewiß nicht!«, nahm seine Flinte und drückte schon ab, so daß ich, wenn der Schuß losgegangen wäre, kaum hätte ausweichen können. Da der Schurke nunmehr stehenblieb, um das Schloß zu überprüfen, erschien es mir ratsam, ihm keine zweite Gelegenheit zu bieten, sondern mich rasch zu entfernen. Ich sagte mir, daß der Mann nur ein Irrer oder betrunken sein könne.

Ich ritt ein kurzes Stück, um dem Gedränge zu entkommen, denn ich vermochte nicht zu erkennen, wohin dieser Infanteriekörper sich eigentlich bewegte, ob nach Centreville oder in die entgegengesetzte Richtung, aber die Berittenen preschten ungestüm an mir vorbei, mit dem Ruf »Kavallerie! Kavallerie!« auf den Lippen, was die Unruhe und das Durcheinander nur weiter verstärkte. Als ich auf zwei Offiziere stieß, die in gemächlicherem Tempo daherritten, tippte ich an meinen Hut und sagte: »Ich schlage vor, daß Sie die Leute haltmachen lassen. Sonst verbreiten sie überall Angst und Schrecken, bis nach Washington, und das wird katastrophale Folgen haben.« Der eine sah mich kurz an, nickte stumm, gab seinem Pferd die Sporen und preschte los, der Spitze des Zuges entgegen. Plötzlich bewegten sich die Massen sehr viel langsamer. Ich wandte mich dem Wald zu, um ungehindert weiterreiten zu können, und kam dabei an mehreren Zivilfahrzeugen vorbei. In einem saß Mr. Raymond von der *New York Times*, der keineswegs glücklich aussah.

Nachdem ich im Wirtshaus genaue Angaben eingeholt hatte, wie ich zur Long Bridge kam (ich wollte weder nach Alexandria noch nach Georgetown), galoppierte ich eine Meile, bis ich in den Schutz eines Wäldchens kam. Washington war noch etwa siebzehn, achtzehn Meilen entfernt. Inzwischen war die Sonne schon untergegangen, aber im Schein des aufgehenden Mondes war die Straße gut zu erkennen. Mein wackeres Pferd jagte immer weiter durch die kühle Nacht, bis ich von einer Anhöhe hinter Arlington die Lichter Washingtons sah und die weißen Gebäude des Kapitols und der Präsidentenvilla, die im Mondschein wie Schnee glitzerten.

22. Juli. Heute morgen erwachte ich gegen sechs Uhr aus einem tiefen Schlaf. Es goß in Strömen, und der Regen trommelte dumpf auf die Dächer. Aber noch lauter war ein sonderbares Geräusch, das sich anhörte wie der ungleichmäßige, schwere Tritt einer marschierenden Truppe, dazu Stimmen. Ich stand sofort auf und lief ans Fenster, das zur Straße lag, und sah ich zu meiner großen Überraschung einen endlosen Zug von dreckigen, durchnäßten Männern, die in völlig aufgelöster Ordnung die Pennsylvania Avenue in Richtung Kapitol heraufkamen. Bei näherem Hinschauen bemerkte ich, daß sie unterschiedlichen Regimentern angehörten – New Yorker, Michiganer, Rhode Islander, Massachusetter, Minnesotianer, alles kunterbunt durcheinander. Viele waren ohne Tornister, ohne Kreuzbandelier, ohne Gewehr, manche hatten weder Mantel noch Schuhwerk, wieder andere waren in Decken gehüllt. Ich kleidete mich rasch an, lief hinunter und fragte einen »Offizier«, der gerade vorüberkam, einen bleichen jungen Mann, der todmüde aussah und seinen Säbel verloren hatte (die Scheide an seiner Seite war leer), woher die Männer kämen. »Woher? Wir kommen alle aus Virginia, und wir sind geschlagen.« »Was? Die ganze Armee?« »Das weiß ich nicht. Vielleicht bleiben sie hier. Ich gehe jedenfalls nach Hause. Ich habe genug gekämpft. Mir reicht's.«

General Scott ist ziemlich überwältigt wegen der ganzen Sache und rührt sich nicht. General McDowell ist noch nicht eingetroffen. Der Kriegsminister weiß nicht, was er tun soll, Mr. Lincoln ist ebenfalls ratlos, und auch Mr. Seward, der sich eine gewisse Gelassenheit bewahrt hat, weiß trotz seines militärischen Rangs und seiner Milizerfahrung nicht weiter. Angeblich befinden sich noch erhebliche Truppenmassen in den Lagern und Forts jenseits des Potomac, aber sie sind völlig desorganisiert und werden davonlaufen, wenn der Feind auftaucht, ohne einen Schuß abzugeben, und dann wird die

Hauptstadt sofort fallen. Warum Beauregard nicht erscheint, weiß ich nicht, und ich habe auch keine Vermutung.

Gegen Abend ließ der Regen etwas nach, und der Lärm auf den Straßen nahm zu. In dem allgemeinen Durcheinander kamen rasch allerlei Gerüchte über einen feindlichen Vormarsch auf, über aufgeriebene Unionsregimenter, über ungeheure Verluste auf beiden Seiten, über Kavallerieattacken, über die Erstürmung gigantischer Verschanzungen und eindrucksvoll getarnter Batterien und (begünstigt durch die Unmengen von Alkohol, die zum Schutz vor der äußeren Nässe notwendig waren) auch detaillierte Berichte über persönliche Heldentaten sondergleichen. Ich vernahm nicht ein Wort der Zuversicht, sah kein einziges fröhliches Gesicht in dieser riesigen Menge, die noch vor wenigen Tagen eine Armee gewesen und nun kaum mehr war als ein kümmerlich bewaffneter Mob. Ich sah keine Kanonen, und auf meine diesbezüglichen Fragen wurde mir meistens geantwortet: »Die Sezessionisten haben sie wohl erobert.«

Während ich bei Tisch saß, bestätigten mehrere Herren meine Vermutung hinsichtlich des Desasters, dessen Ausmaß immer deutlicher wird. Übereinstimmend bezeichneten sie die Armee als desorganisiert. Washington sei infolgedessen kaum zu halten. Manche behaupten, es sei gefährlich, auf die Straße zu gehen. Viele glauben, daß der Kampf jetzt vorüber sei, aber die Washingtoner Herren sympathisieren mit dem Süden, wohingegen ich überzeugt bin, daß durch diesen Stich in den großen Nordstaatenballon ein reichliches Quantum giftigen Gases ausströmen wird und die Menschen erkennen werden, um welchen Konflikt es hier eigentlich geht. Im Weißen Haus herrscht große Nervosität. Mr. Lincoln, der mit General Scott und Mr. Seward im Telegraphenraum saß, lief in heller Aufregung hinaus, als die fatalen Wörter von der Nadel hüpften und ihm die Niederlage deutlich vor Augen führten.

23. Juli. Es war schon ziemlich spät, als ich aufwachte und draußen auf der Straße die Fuhrwerke rumpeln hörte. Zuerst dachte ich, daß die Unionisten tatsächlich im Begriff seien, die Hauptstadt zu räumen. Doch vom Fenster aus sah ich einen ungeordneten Zug von Karren, Bauernwagen, Ambulanzen und Fuhrwerken mitten auf der Straße, während die Gehsteige überfüllt waren mit Massen von Soldaten, besser gesagt uniformierten Männern, von denen viele so aussahen, als hätten sie sich im Schlammm gewälzt. Der arme General Mansfield lief zwischen seinem Quartier und dem Kriegsministerium hin und her. Und am Nachmittag wurden erste Anstrengungen unternommen, die Ordnung wiederherzustellen, indem Sammelpunkte bekanntgegeben wurden, an denen sich die Reste der Regimenter einfinden sollten. Außerdem wurden berittene Patrouillen eingesetzt, die auf den Straßen für Ordnung sorgen sollten. Ich ging hinaus auf die Straße in Richtung Long Bridge, doch man kam nicht hinüber, denn sie war buchstäblich vollgestopft mit unzähligen Wagen und Ambulanzen mit Verwundeten, deren Schmerzensschreie die Rufe der Kutscher übertönten, so daß ich meinen Versuch aufgab, auf die andere Seite zu gelangen, was angesichts der Unmengen von Schlamm auf der Straße ohnehin nicht ganz unbeschwerlich gewesen wäre.

Auf dem Rückweg wurde ich Zeuge einer Szene von unbeschreiblicher Brutalität. Eine Abteilung konföderierter Gefangener wurde von ihren Bewachern nur mit Mühe vor den wütenden Angriffen einer schäumenden Menge bewahrt, Zivilisten und irgendwie militärisch gekleidete Männer, die ihre Opfer, über die Köpfe der Eskorte hinweg, mit allerlei Gegenständen und Dreck bewarfen und unflätigst beschimpften.

Der arme McDowell wurde für seine Niederlage beziehungsweise den glücklosen Ausgang seines Unternehmens sofort bestraft. Sobald die Katastrophe zweifelsfrei feststand, wurde General McClellan vom Präsidenten telegraphisch zum Oberkommandierenden der Armee ernannt. Es ist bezeichnend für das Militärsystem der Amerikaner, daß sie im Norden keinen einzigen Soldaten haben, der jemals eine Brigade im Gefecht kommandiert hat.

Der neue Oberbefehlshaber ist ein Major, der etliche Jahre als Zivilist für eine Eisenbahngesellschaft gearbeitet hat.

Gemeinsam mit zwei anderen West-Point-Offizieren erhielt er seinerseit von Mr. Jefferson Davis, dem damaligen Kriegsminister, den Auftrag, über den Krimkrieg zu berichten. Vernünftigerweise wurden die drei nach Kriegsende entsandt. Ich habe ihn und seine Begleiter gesehen, wie sie in den zerstörten Schützengräben und Batterien herumstapften und wie sie auf Pferden herumritten, die ihnen von britischen Offizieren zur Verfügung gestellt worden waren. Die Engländer boten ihnen auch Quartier. Der Herzog von Malakoff* weigerte sich jedoch, sie zu empfangen. Major McClellan ignorierte diesen Affront, sprach mit keinem Wort darüber und bewies seinen christlichen Geist, indem er die Alliierten lobte und John Bull mit vorsichtigem Beifall bedachte, den er mit hehrer Kritik würzte. Damals war McClellan aber noch sehr jung, und heute ist er so beliebt, daß seine Ernennung allenthalben Anerkennung finden wird. Sein Renommee und der Vertrauensbeweis der Regierung beruht aber nur auf der Tatsache, daß er in West Virginia in einige Scharmützel mit Konföderierten verwickelt war. Zur Zeit genügt das jedoch als Empfehlung für allerhöchste Ämter. McClellan ist etwa sechsunddreißig Jahre alt und ebenso wie McDowell und Beauregard Absolvent von West Point.

Da das Gerücht von einem Vorstoß der Konföderierten aufgekommen war, fuhren der Präsident und der Außenminister in einem Wagen los, um den Zustand der Truppe persönlich in Augenschein zu nehmen. Das Plateau war übersät mit Männern verschiedener Regimenter, die von den Patrouillen aus der Stadt gescheucht oder an den Brücken aufgehalten worden waren. In Fort Corcoran herrschte große Aufregung. Die Männer drohten damit, einen Offizier zu töten, der sie in eine Art Formation zwingen und gegen den Feind werfen und einen Offizier des 69. Regiments wegen Befehlsverweigerung umstandslos erschießen wollte, doch die Männer hatten Partei für diesen Hauptmann ergriffen. Der Präsident kam gerade

---

* Marschall Pélissier wurde nach dem Krimkrieg, am 22. Juli 1856, zum Herzog von Malakoff ernannt. (A. d. Ü.)

rechtzeitig, um diese Situation mitzuerleben. Die Soldaten verlangten lautstark, daß der Offizier bestraft werden solle, woraufhin der Präsident fragte, warum er dem Hauptmann so rüde Worte an den Kopf geworfen habe. »Ich habe nur gesagt, daß ich ihn auf der Stelle erschieße, wenn er meinen Befehlen nicht Folge leistet. Und ich wiederhole: Solange ich hier das Kommando führe, werde ich jeden Mann erschießen, der sich meinen Befehlen widersetzt.«

Daß Sherman in Anwesenheit des Präsidenten so entschlossen auftrat, flößte den Männern Ehrfurcht ein, woraufhin sie die Verschanzung in eine Art von Ordnung brachten.

24. Juli. Vor dem Frühstück ritt ich in der Begleitung von Mr. Monson über die Long Bridge nach Arlington House. General McDowell, der an einem Tisch vor seinem Zelt unter einem Baum saß, holte seine Landkarten heraus, um uns seine Strategie zu erläutern. Obschon seines hohen Rangs beraubt und mit Schimpf und Schande überhäuft, ließ er eine so ruhige und beherrschte und so liebenswürdige Art erkennen, die nur aus innerer Gelassenheit kommen konnte und aus der Gewißheit, daß er die Schmähungen seiner Landsleute überdauern werde. Er machte niemandem Vorwürfe, aber man konnte unschwer erkennen, daß er der Eitelkeit, dem Egoismus und dem Ungehorsam einiger seiner Offiziere und grundsätzlichen Fehlern im Aufbau der Armee geopfert worden war.

22. August. Ein General sagte zu mir: »Natürlich werden Sie nicht bleiben können, wenn die Presse sich erst einmal auf Sie gestürzt hat. Nicht mal für eine Million Dollar möchte ich an Ihrer Stelle sein!« »Aber habe ich die Unwahrheit geschrieben?« »Gott bewahre! Wissen Sie, wenn man hierzulande nur genügend viele Leute dazu bringt, eine Lüge über jemanden zu verbreiten, ist der Betreffende ruiniert, selbst wenn öffentlich von allen Kanzeln erklärt und geschworen wird, daß die Sache erfunden ist. Tausende glauben, daß McDowell, der sein Lebtag nichts Stärkeres genossen hat als eine Wassermelone, bei Bull Run sturzbetrunken war. Passen Sie gut auf. Ich bin sicher, man wird Sie in den Dreck stoßen.«

26. August. General Sherman, den ich heute kennenlernte, sagte zu mir: »Mr. Russell, ich kann alles bestätigen, was Sie geschrieben haben. Ihre Bemerkungen über die Schlacht, von der Sie sagen, daß Sie sie nicht persönlich erlebt haben, sind ebenfalls zutreffend. All die Geschichten von kühnen Angriffen und Bajonettattacken sind einfach erlogen, jedenfalls was mein Kommando angeht, wenngleich einige Leute tapfer gekämpft haben. Was die angeblichen Kavallerieattacken angeht, so wünschte ich, wir hätten ein paar Reiter gehabt, um wenigstens versuchsweise einen Angriff zu unternehmen. Bei den Schwarzen Reitern hatte man den Eindruck, als würden die Pferde mit ihnen durchgehen.«

1. September. Ritt am frühen Morgen über die Long Bridge. Als ich die auf der Anhöhe gelegene Schanze, auch Festung genannt, passierte, rief ein abgerissener deutscher Soldat von der Brustwehr: »Bull-Run Russell! Nie wieder wirst du Bull Runs schreiben!«, zückte im selben Moment sein Gewehr und legte auf mich an. Ich ritt sofort auf den Kerl zu und fragte ihn, der noch immer auf mich zielte, was er damit sagen wolle, und rief gleichzeitig nach dem wachhabenden Sergeanten, der auch sofort erschien und auf meine Bitte den Mann arrestierte. Der Kerl legte die Waffe nunmehr nieder und sagte: »Es war doch nur ein Jux – ich wollte Bull-Run-Russell erschrecken.« Da seine Waffe aber geladen und der Hahn gespannt war und er den Finger am Abzug gehabt hatte, konnte ich nicht recht sehen, was daran ein Jux gewesen sein sollte. Ich ließ den Mann also zum zuständigen Offizier bringen, der mir versprach, den Vorfall zu untersuchen und dem Brigadier formell Bericht zu erstatten. Doch dann sagte ich mir, daß es besser sei, die Sache auf sich beruhen zu lassen. Der Jux könnte sich herumsprechen, und es war schon mißlich genug, die unverschämten Blicke und wütenden Gesichter der Posten auszuhalten, denen ich, sooft ich die Stadt verlassen wollte, meinen Paß vorweisen mußte.

8. September. Mr. und Mrs. Lincoln kamen mir heute in ihrem neuen offenen Wagen entgegen. Sie erwiderten meinen Gruß, aber der Präsident war nicht so jovial und Mrs. Lincoln nicht so freundlich wie sonst. Ganz offensichtlich wird meine Unbeliebtheit landauf, landab immer größer, und zwar nur deswegen, weil ich die Schlacht am Bull Run nicht in einen Sieg der Unionstruppen ummünzen konnte, weil ich der Eitelkeit der Leute keinen Vorschub leisten mochte und – der geringste Grund – weil ich nicht die Knie beugen werde vor diesen heruntergekommenen Kreaturen, durch die schon das Wort »freie Presse« in den Ohren anständiger Menschen einen schlechten Klang bekommt.

8. Oktober. Als ich kürzlich beim General zu der Zeit vorsprach, da er üblicherweise zurückkehrt, teilte mir eine Ordonnanz mit: »Der General ist zu Bett gegangen und kann niemanden mehr empfangen. Er hat das auch dem Präsidenten ausrichten lassen, der vor zehn Minuten hier war.«

Der arme Präsident! Er kann einem leid tun – inmitten solcher Szenen versucht er mit aller Macht, sich Kenntnisse zu verschaffen über Strategie, Seekrieg, Artillerie, Truppenbewegungen, Militärkarten, Aufklärung, Besatzung, innere und äußere Linien und all die technischen Details der Kunst des Mordens. Bewaffnet mit Plänen, Papieren, Berichten, Empfehlungen, läuft er von Haus zu Haus, manchmal gutgelaunt, nie schlechtgelaunt, gelegentlich bedrückt und stets ein wenig linkisch. Als ich neulich im Hauptquartier mit einem englischen Bekannten saß, der einen befreundeten General besuchen wollte, trat ein hochgewachsener Mann mit Seemannsmütze und schlechtsitzenden Jägeranzug ein, aus dessen Taschen die verschiedensten Papiere herausguckten. »Ist George [McClellan] da?« sagte er zu Brigadier van Vliet, der sich erhob, um ihn zu begrüßen.

»Ja. Er ist zurück, hat sich aber hingelegt, er ist sehr erschöpft. Ich werde ihm ausrichten lassen, daß Sie ihn sprechen wollen.«

»Nein, nein, ich kann warten. Ich denke, ich werde mit ihm zu Abend essen. Nun, und welchen Dienstgrad haben Sie, verzeihen Sie, Ihr Name ist mir entfallen, Major, Oberst oder General?«

»Ganz wie es Ihnen beliebt, Sir.«

Da General McClellan also nicht zu sprechen war, ging ich mit meinem Bekannten wieder hinaus. Draußen auf der Straße fragte er mich, warum ich aufgestanden sei, als dieser lange Lulatsch ins Zimmer gekommen war. »Weil es der Präsident war.« »Welcher Präsident?« »Der Vereinigten Staaten.« »Ach komm, willst du mich auf den Arm nehmen? Ich schau' ihn mir noch einmal an.« Er kam mit noch ungläubigerem Gesicht heraus, doch ich versicherte ihm, daß es mein voller Ernst sei. »Die Vereinigten Staaten sind ein hoffnungsloser Fall«, sagte er daraufhin.

Wie dem auch sei, es hat viele standesbewußtere Präsidenten gegeben, die in einer vergleichbaren Krise weniger Charakter, Anstand und Offenheit bewiesen hätten als Abraham Lincoln.

Der Amerikanische Bürgerkrieg

Fort Sumter nach Beschuß durch die Konföderierten.

Infanterist der Union.

Schützengraben der Konföderierten bei Fredericksburg, Virginia.

William Russell

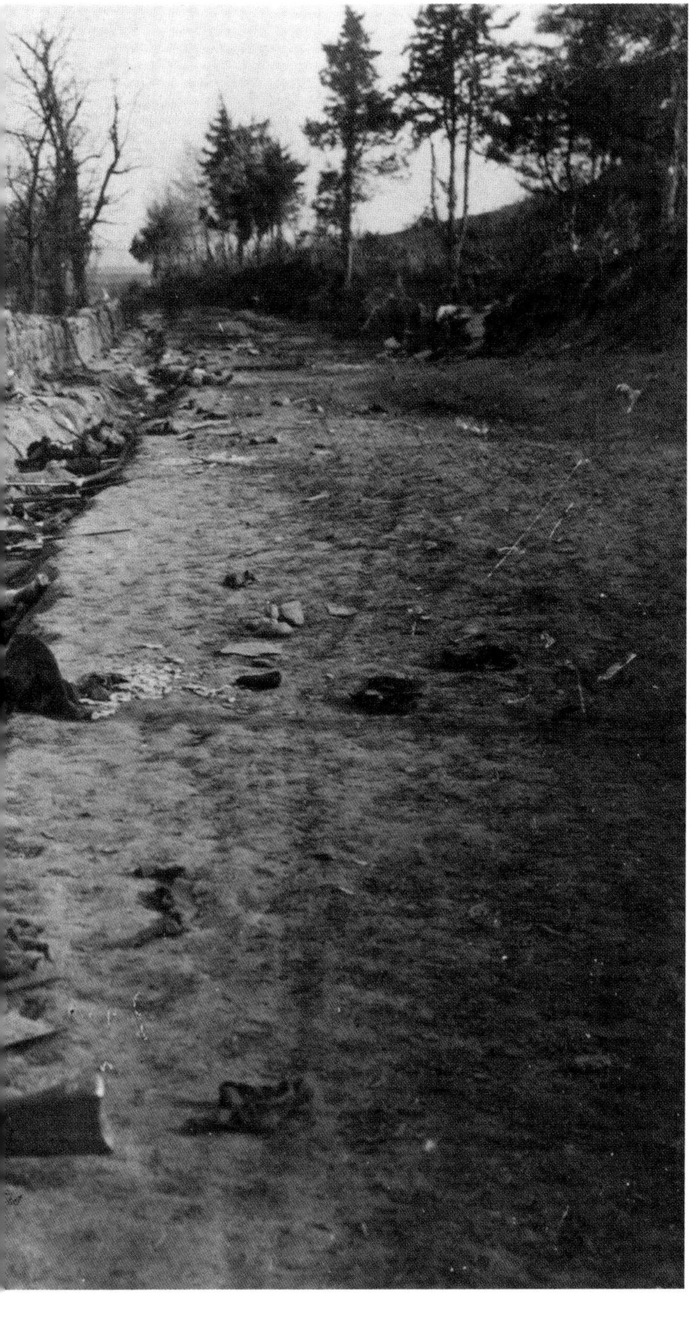

Abraham Lincoln im Zelt des Oberbefehlshabers der Potomac-Ar

...eral George McClellan.

Der Amerikanische Bürgerkrieg

Im zerstörten Charleston, Südkarolina.

William Russell

Der Amerikanische Bürgerkrieg

DIE SCHLACHT BEI KÖNIGGRÄTZ
1866

Die Schlacht bei Königgrätz, die am 3. Juli 1866 mit der Niederlage der Österrreicher endete, zählt zu den Wendepunkten in der europäischen Geschichte. Wie Russell in der *Times* schrieb: »Nach der Katastrophe von Königgrätz mußten die Österreicher erkennen, daß ihnen das Szepter der deutschen Kaiser entrissen worden war.« Nun besaßen es die Preußen. Das Wagnis, das Bismarck mit diesem Krieg eingegangen war, hatte sich gelohnt. Da die Preußen über das neuartige Zündnadelgewehr mit Hinterladung verfügten, das eine sehr viel raschere Schußfolge erlaubte und eine fürchterliche Durchschlagskraft hatte, waren sie den Österreichern am Ende deutlich überlegen.
    Russells Bericht, am 7. Juli in Wien fertiggestellt, erschien am 11. Juli in der *Times*. Am 26. Juli schlossen die Kriegsgegner einen Waffenstillstand.

Es ist jetzt früh am Morgen. Nach einem langen nächtlichen Rückmarsch vom Schauplatz einer der größten und schrecklichsten Schlachten unserer Zeit bin ich soeben hier eingetroffen. Benedek* hatte seine gesamte riesige Armee sowie etwa 20000 Sachsen versammelt, um Königgrätz und die Verbindungswege nach Prag und den Teilen Böhmens, die gegenwärtig nicht vom Feind besetzt sind, sowie nach dem österreichischen Kernland und Schlesien zu sichern. Königgrätz liegt auf dem linken Elbufer, an der Mündung der Adler, die sich um die Festungsanlagen windet und wie ein Kanal durch Schleusen und Wehren gelenkt wird, so daß das Umland im Notfall geflutet werden kann und die Festung gänzlich isoliert ist. Die Vorsichtsmaßnahme, das flache Land unter Wasser zu setzen, war schon vor einiger Zeit getroffen worden, so daß man die Stadt nur auf den erhöhten Dämmen erreichte, die durch die überschwemmten Felder führten.

Die Männer waren viel marschiert, manche Regimenter hatten auf regelmäßige Verpflegung verzichten müssen, und wenn die Armee auch etwas besorgt schien ob des Zündnadelgewehrs, so herrschte insgesamt eine gute Stimmung, namentlich bei der Kavallerie, und alle hatten Vertrauen in die eigene Stärke und in ihren General. Da es in diesem Teil Böhmens nur wenig Weideland und daher auch kaum Vieh gibt, führte man im Troß ganze Herden ungarischer Rinder mit, die unterwegs geschlachtet wurden. Hin und wieder war ein Korps vom Nachschub abgeschnitten, doch aufgrund meiner Beobachtungen bin ich zu der Auffassung gelangt, daß von Versäumnissen der Intendantur nicht die Rede sein kann

---

* Feldzeugmeister Ludwig August von Benedek, Oberbefehlshaber der österreichischen Armee. (A.d.Ü.)

und daß die Soldaten stets über einen ausreichenden Vorrat an schwarzem Kommißbrot verfügten. Vielleicht gibt es Ausnahmen, mir indes sind jedenfalls keine bekannt. Am Dienstag konnten die meisten Korps einen ganzen Tag Ruhepause einlegen.

Gestern morgen wurde ich kurz vor sechs Uhr von einem lauten Rauschen geweckt, das sich anhörte, als würden Soldaten durch ein Kornfeld marschieren. Ich schaute hinaus und sah, daß dieses eigenartige Geräusch von einem Regenguß herrührte, einem monsunartigen Wolkenbruch, der nur wenige Minuten dauerte und anschließend in dichten Regen überging. Nach einer halben Stunde verwandelte er sich in ein leichtes Nieseln, das vor acht Uhr zwar aufhörte, aber immer wieder von neuem einsetzte. Es war ein grauer, trostloser Morgen, und beim Frühstück, einem überaus bescheidenen Mahl, sprachen wir darüber, daß die Preußen vermutlich bald angreifen könnten, da sie wußten, daß ihre Zündnadelgewehre weniger anfällig waren als die österreichischen Vorderlader und daß fast das gesamte österreichische Heer unter freiem Himmel biwakierte, sie selbst dagegen zumeist in Dörfern Quartier bezogen hatten. Während unseres Gesprächs drang durch den Morgennebel jenes dumpfe Grollen heran, das natürlich nur aus dem Schlund einer Kanone stammt, das aber, wenn man es zum ersten Mal hört, einem im unklaren darüber läßt, ob es sich nicht um ein rumpelndes Fuhrwerk, ein harmlos daherrollendes Faß oder um klappernde Pferdehufe auf hölzernem Grund handelt. Wir lauschten. Sehr bald konnte kein Zweifel mehr sein, worum es sich bei diesem Lärm handelte.

Tags zuvor hatte ich von einem hohen Turm unweit des Prager Tors über das Land geblickt, von wo aus Josefstadt im Norden und sämtliche Stellungen der Armeen sich wie auf einer Reliefkarte darboten, doch wußte ich nicht, daß mir dieser Aussichtspunkt derart gute Dienste leisten und ich von dort aus eine der heftigsten und bedeutendsten Schlachten der Welt verfolgen würde. Nur ein feines und doch kühnes Panorama von gigantischen Ausmaßen könnte einen Eindruck von der Aussicht und von der Mannigfaltigkeit der Landschaft vermitteln, die man von diesem Turm aus überschauen konnte, und kein Panorama könnte einen Begriff von jener Szenerie vermitteln, in der eine halbe Million Mann über das Gelände hinwegwogt wie die Meeresbrandung oder eine Wolke im Wind.

Regenschwer trieben die Wolken über das Land, und hier und da gingen dichte Schauer nieder. Ein ziemlich starker Wind wehte aus Südwest, der merkwürdigerweise von einer durchdringenden Kälte war, und in Verbindung mit dem naßkalten und freudlosen Morgen schien es, als hätte man einen trüben englischen Novembertag mitten in den Sommer verlegt. Natürlich war es verboten, den Turm zu besteigen. Man könnte ja dem König von Preußen oder dem Kronprinzen oder dem Prinzen Friedrich Karl dort drüben ein Zeichen geben und den Preußen auf diese Weise zum Sieg verhelfen! Aber Schwierigkeiten sind gelegentlich dazu da, überwunden zu werden, und so stand ich schließlich draußen auf dem hohen Ausguck, der einen weiten Blick über das Gelände bot, um das König und Kaiser gerade ihren fürchterlichen Wettstreit begannen.

General Benedeks Armee war mindestens 225 000 Mann stark, vermutlich standen ihm aber nicht mehr als 190 bis 195 000 Mann zur Verfügung. Das Terrain, das er zu verteidigen hatte, war etwa neun Meilen breit. Seine Artillerie bestand aus zirka 540 Geschützen. Die Kavallerie machte einen ganz vorzüglichen Eindruck auf mich, und zahlenmäßig war es die größte, die in jüngster Zeit auf einem Schlachtfeld angetreten war. An die 20 000 Reiter dürfte Benedek gestern unter seinem Kommando gehabt haben. Die Österreicher schienen zum größten Teil auf höher gelegenem Terrain zu stehen. Nachteilig für sie war (soweit ich sehen konnte) nur der Umstand, daß sich die Preußen auf der linken Seite hinter einem Wäldchen verstecken konnten. Die Straßenverhältnisse kamen ihnen zugute. Hier und da mögen die attackierenden Preußen mit einer Hügelkuppe oder einem Dorf Glück gehabt haben, aber im großen und ganzen war

Die Schlacht bei Königgrätz

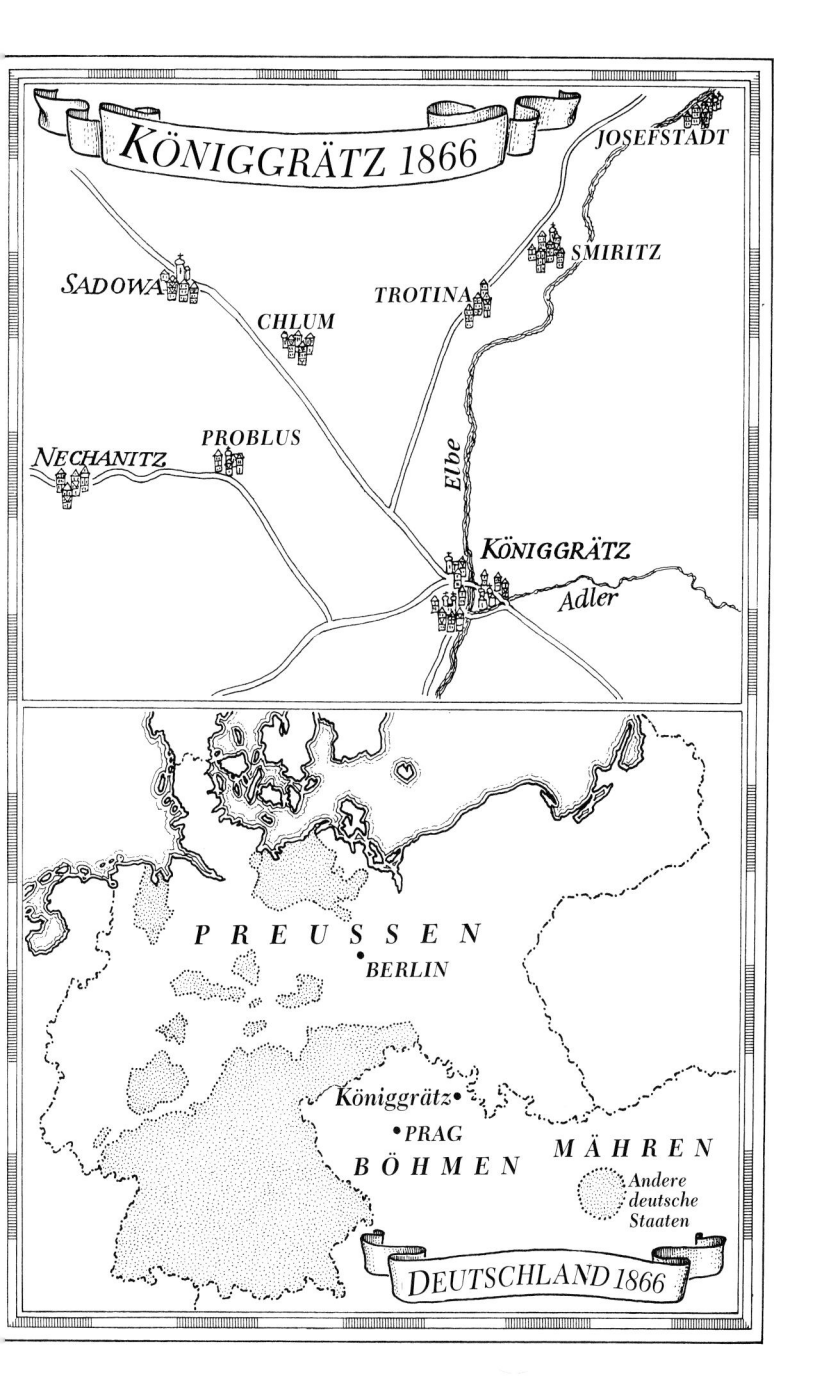

klar, daß die Verteidiger in einer weitaus günstigeren Position waren als die Angreifer.

General Benedek wußte, daß die Preußen nunmehr ihre ganze militärische Macht aufbieten würden, ihn wenn irgend möglich zu vernichten. Gewiß, er stand mit dem Rücken zu einem Fluß und konnte sich auf eine befestigte Stadt stützen, doch diese Stadt war nicht imstande, seine Armee aufzunehmen oder im Falle einer Niederlage mit ihren Geschützen den Rückzug zu decken. Benedeks Position war dergestalt, daß er, sollte ihm kein Erfolg beschieden sein, die direkte Eisenbahnverbindung nach Prag, Sachsen und Bayern verlöre und von den wichtigsten Nachschublinien abgeschnitten wäre. Allerdings gingen die Preußen das Risiko einer vollständigen Vernichtung ein, denn im Falle einer Niederlage konnten sie nicht damit rechnen, sich über die Gebirgspässe und Schluchten zurückzuziehen, über die sie nach Böhmen eingefallen waren. Wenn sich heutzutage zwei so gewaltige Heere, per Eisenbahn herangeführt, in Schußweite gegenübertreten, so entspricht das in der Wirkung dem Verhalten zweier elektrisch aufgeladener Wolken – sie fliegen rasch aufeinander zu und lösen sofort Blitz und Donner aus.

Schon früh am Tag war ein eigentümliches Anzeichen von Vorsicht oder Unschlüssigkeit zu bemerken, das einem nicht behagte. Die Österreicher fällten die prächtigen Bäume, die die Straße beiderseits der Inundationen säumten, und neben dem Gefechtslärm konnte man den ganzen Vormittag das Krachen des langsam umstürzenden Astwerks vernehmen. Außerdem fiel eine gewisse Sorglosigkeit oder Zuversicht auf, die, sofern fundiert, ermutigend sein mochte. Wenn die Amerikaner das Prinzip des Anlegens von Schanzen und Gräben allzu übertrieben pflegen, so können sie sich natürlich auf alte Gewohnheit und auf die Praxis großer Feldherren der jüngeren Zeit berufen. Die Österreicher hätten, ohne ihre Kavallerie und Artillerie ernsthaft zu behindern, Schützengräben ausheben können und auf diese Weise zahlreiche Kanonen vor der Zerstörung bewahrt, die Opferung ihrer Reiterei, die Niederlage und den Untergang eines Teils ihrer

Armee vermieden. Einige Stunden Arbeit am Rand der zweiten Hügelkette hätten den preußischen Ansturm eventuell aufgehalten.

Doch nun zählten allein Geschick, Disziplin und Furchtlosigkeit. Auf den Feldern zwischen den Gehöften und Dörfern jenseits der Inundationen waren in tadelloser Ordnung solche Massen von Soldaten aufmarschiert, daß man kaum glauben konnte, daß dies nur die halbe Streitmacht des einen Kontrahenten war. Sie bewegten sich jetzt, um Stellung zu beziehen, und obwohl kein Sonnenstrahl auf die blanken Gewehrläufe, Bajonette, Lanzen, Säbel und Helme fiel, schimmerte ein kaltes, graubleiernes Licht über dem stählernen Aufgebot und wurde von ihm zurückgeworfen. Die ungarischen Regimenter waren beim Marschieren an der Form der Männerbeine zu erkennen, auch wenn die weißen Feldröcke von Mänteln bedeckt waren. Mit Ausnahme der Sachsen und der Kavallerie präsentierte sich die ganze Armee, in der Ebene und auf den Hängen, in einem eintönigen Grau. Die schwere Kavallerie – bestehend aus Kürassieren (die noch immer so genannt werden, obwohl der Küraß, wie ich höre, schon vor zwei, drei Jahren abgeschafft wurde) und Dragonern (die leichte Kavallerie besteht aus Ulanen oder Husaren) –, die in Rechtecken und Parallelogrammen von Schneeweiß, Dunkelgrün und hellem und dunklem Blau angetreten war, zeichnete sich auf den Kornfeldern wie eine buntgewürfelte Flickendecke ab. Unter klingendem Spiel nahmen die Reserven der zweiten Linie ihre Position ein. Stabsoffiziere ritten wie bei einer Heerschau umher, und mit dem Glas hätte man ein bekanntes Gesicht unter den Trägern dieser goldbetreßten Hüte mit dem hellgrünem Federbusch mühelos noch am Hang des nächsten Hügelkamms ausgemacht.

Trotz des trüben Morgens und der grauen Uniformen, aus denen nur das dunkle, aber lebhafte Grün der Jäger und ihrer Federbüsche hervorstach, ging von diesem riesigen Heer, das nun vorrückte, ausschwärmte, rechts und links Stellung bezog oder in langer Kolonne marschierte, eine so lebhafte Wirkung aus, daß man kaum glauben mochte, daß sie alle,

Pferde und Mannschaften, unter dem verhangenen Himmelszelt geschlafen hatten und der nächtliche Tau und der morgendliche Regen noch immer schwer auf ihnen lag. Die Natur ihres Tuns jedoch war unverkennbar. Auf dem Hügel rechterhand nahmen die Österreicher den unsichtbaren Feind im Tal unter vehementen Beschuß. Daß dort ein Feind stand, war klar, denn er antwortete mit aufblitzenden Granaten, die in den rückwärtigen Reihen der Infanterie explodierten, daß die Erde hochspritzte. Das war gegen halb neun. Eine große weiße Fahne in einiger Entfernung hinter dem hohen Baum auf dem Hang markierte ein Feldlazarett. Ein zweites Lazarett befand sich bei Chlum, ein drittes weiter links. Dies waren die humanitären Symbole der Genfer Konferenz. Wie zum Spott über die Mildtätigkeit der Menschen, deren Bestreben, die selbstverantworteten Schrecken des Krieges zu lindern, durchaus etwas Heuchlerisches hat, wurden die Orte, an denen diese Flaggen wehten, im Laufe des Gefechts besonders gern beschossen. Bald nach Beginn der Schlacht lagen dort nur noch Tote, und solange in der Hitze der Schlacht noch etwas zu sehen war, flatterten die Fahnen, als wollten sie die kriegführenden Philanthropen verhöhnen.

Um neun Uhr verdüsterte ein heftiger Schauer das Terrain. Als er nordwärts weitergezogen war, sah man, daß auf dem Hügel noch immer drei österreichische Batterien engagiert waren und mehrere Infanteriekolonnen, die dort standen, um die Anhöhe herummarschierten und im Tal verschwanden. Dann protzten die Batterien auf und setzten sich ebenfalls in Bewegung, was darauf hinwies, daß der Feind zurückwich. Rechts bewegte sich die zweite Linie etwas nach außen und stieg höher, doch hatte es nicht den Anschein, als interessierten sich die Österreicher für das Terrain zwischen Imilowitz und der Elbe. Die Kanonade, welche die ganze Zeit angedauert hatte, erfaßte nun auch das Zentrum. Auf dem Plateau rechts von Chlum erschien eine Linie von Batterien, die bald avancierte, bald innehielt, um zu feuern. Offenbar hatte der Feind dort sehr starke Kräfte zusammengezogen. Es schien, als hätten die Preußen diese Stellung fast gleichzeitig von links angegriffen, denn kaum hatte sich diese Aktion im Zentrum entfaltet, wogte sie linkerhand von Nechanitz wieder zurück, und noch vor halb zehn machte das ganze hügelige und wellige Gelände den Eindruck, als wäre ein Schneesturm darüber hinweggefegt.

Vor zehn Uhr stieg eine dichtere und dunklere Rauchwolke von dem Wäldchen und dem Dorf rechterhand auf. »Mein Gott, Imilowitz brennt!« rief der Turmwärter. Die Offiziere sagten »Ach!« und »Tja!«, gaben noch diverse andere, möglicherweise bedeutsame Laute von sich und schauten zigarrerauchend zu. Imilowitz brannte schließlich lichterloh. Etwa fünfzehn Minuten später arbeiteten sich die österreichischen Batterien wieder hügelaufwärts, protzten ab und feuerten. Dann schoben sich weitere Batterien in die Nähe des großen Baums vor, und ich sah Männer, die auf dem Hügel in Richtung Bahnlinie ausschwärmten, und solche, die sich nie mehr bewegen würden (deren Zahl nahm ständig zu). Rauchwölkchen, hoch oben in der Luft oder in Bodennähe aufsteigend, zeigten an, wo die Preußen dem rechten Flügel der Österreicher zusetzten. Deren Geschütze erwiderten aber energisch das Feuer, und den ganzen Tag verhielt sich die österreichische Artillerie, obschon hier und da unvorteilhaft plaziert, überaus tapfer. Man konnte nicht genau erkennen, warum die österreichischen Korps auf der rechten Seite so unstet waren und warum so viele Männer die Reihen unsichtbarer Regimenter verließen, aber nach einer Weile wischte eine Regenwolke wie ein Schwamm alles weg, so daß man wie auf eine saubere Tafel blickte, hinter der sich dröhnendes Kanonenfeuer erhob, das so nahe war wie die Salven eines Feuerwerks.

Als der Regen aufhörte, hatte die Kanonade rechts neben dem Baum deutlich nachgelassen, und nach dem Vorrücken ihrer Artillerie und Infanterie zu urteilen, schienen die Österreicher auf ganzer Front, ausgenommen das linke Zentrum und der rechte Flügel, die Oberhand zu gewinnen. Linkerhand stieg abermals eine schwarze, flammenumzüngelte Wolke auf. »Gott im Himmel«, rief der Turmwärter, »jetzt brennt Sadowa!« In der Tat. Das hübsche kleine Dorf, die schmucke Kirche, die gastliche Mühle – alles brannte.

Der Kampf wütete von zehn Uhr bis halb elf mit außerordentlicher Heftigkeit – eine halbe Stunde, die einer Ewigkeit glich. Doch unentwegt avancierten die Österreicher und verschwanden, eine einzige graue Menge, in den Rauchschwaden. Gegen Sadowa und Nechanitz auf dem linken Flügel gewannen sie ebenfalls Boden, und vor elf Uhr waren ihre Kolonnen in den Talsenken verschwunden, während die Preußen, erkennbar an ihrem Feuer, auf die Hänge der zweiten Hügelkette zurückgewichen waren.

Das furchtbare Spektakel bekam nun, da die schwere Kavallerie von der Prager Chaussee gegen das Zentrum vorstieß, etwas Munteres und Prächtiges. Die großen weißen Karrees wogten, allmählich ausschwenkend, über die Getreidefelder, und unter dem Getrampel der Pferdehufe verfärbte sich die Erde dunkel. Eine Kolonne näherte sich der Nechanitzer Chaussee, die beiden anderen gingen in Richtung Chlum vor, doch nach einer Weile hielten sie an, einige Regimenter saßen ab und standen nun neben ihren Pferden. Die Sachsen, an ihrem Hellblau gut zu erkennen, rückten ebenfalls entlang der Straße zur Anhöhe vor. Das war kurz nach elf Uhr, als die Preußen auf dem linken Flügel und im Zentrum, obschon mit erbitterter Härte kämpfend, deutlich zurückgewichen waren. Gleichzeitig stieß leichte Kavallerie gegen Chlum vor und wartete auf den Moment, da sie wie eine Flut über die Ebene hereinbrechen würde.

Aber noch war es nicht soweit. Die Preußen, die inzwischen Verstärkung erhalten hatten oder ihre zweiten Linien und Reserven herbeiriefen, stiegen links und rechts in energischer Manier die Anhöhen hinauf und trugen einen neuen Angriff gegen das Terrain links der Prager Chaussee vor, die, sobald der Pulverdampf vom Wind weggeweht wurde, wie ein schwarzes Zierband aussah. Die Preußen waren zwar fest entschlossen, unsere linke Flanke zu überrumpeln, stießen jedoch auf hartnäckigen und erfolgreichen Widerstand. Wenig später, während eines heftigen Regengusses, unternahm die Kavallerie einen neuen Vorstoß, und als es wieder aufklarte, sah man, daß die österreichische Infanterie noch weiter nach links und gegen das Zentrum vorgerückt war. Inzwischen war der Lärm der Geschütze so ohrenbetäubend, daß die Preußen offenbar zurückgedrängt worden waren, noch über die Stellungen hinaus, die sie zu Beginn des Gefechts eingenommen hatten.

Zwischen halb zwölf und zwölf waren die Österreicher im Zentrum und an dessen Flanken durchaus erfolgreich, obschon die furiose Kanonade und das unablässige Knattern der Gewehre auf der ganzen Front, von Nechanitz bis zur Ebene bei Chlum, von der Heftigkeit des Kampfs und vom hartnäckigen Widerstand der Preußen zeugte. Nunmehr stand auch das schmucke Dorf Problus in Flammen. Drei Dörfer brannten gleichzeitig, Bauernhöfe kamen dazu, Munitionswagen explodierten, Granaten krachten, und die Hänge und Hügel waren übersät mit grauen und blauen Punkten – Schwerverwundeten oder Toten.

Wieder stieß die Kavallerie vor. Diesmal erklomm eine Division in drei Truppenkörpern den Hügelkamm, um sich im Zentrum und auf dem linken Flügel unweit der Front, unterhalb der Kirche, links von Chlum, erneut zu formieren und dort zu warten. Doch nun lebte rechterhand der Kampf wieder auf, und zu unserer Überraschung hörten wir schweres Gewehrfeuer aus Richtung Smiritz. Die Österreicher bewegten sich nur zögernd auf dem Hügelkamm, und sehr viel mehr Plänkler, als einem lieb sein konnte, drängten nach der Bahnlinie. Was immer der Grund für diese Unruhe sein mochte, die Preußen trugen ihre Attacke mit neuer Wucht vor, und es entspann sich ein Kampf von außerordentlicher Härte, den der Feind aber nicht für sich entscheiden konnte. Die Österreicher hielten nicht nur die Stellung, sondern schlugen die Preußen zurück, drängten selbst vor, eroberten Terrain und machten Gefangene. Von Chlum bis zur Prager Chaussee – allerorts Feuer und Rauch. Das Stimmengewirr war schrecklich und von einer Art, wie man es nur in einer fürchterlichen Schlacht hört. Die Österreicher avancierten wieder bis in die Nähe des großen Baumes, unterstützt von zwei heranjagenden Batterien Reserveartillerie. Doch wieder wurden die preußischen Reserven gerufen, und von halb eins bis kurz vor ein Uhr tobte über sechs Meilen oder mehr ein Artilleriegefecht, das in der Geschichte kaum seinesgleichen finden dürfte. Daß in den vorderen Stellungen immer mehr Munition benötigt wurde, war an dem Hin und Her der Versorgungstruppen deutlich zu erkennen. Und mit großem Interesse beobachteten wir die Kavallerie, für die offenbar der Moment gekommen war, in den Kampf einzugreifen.

Die Preußen wirkten unentschlossen. Um ein Uhr eroberten sie jedoch einen Teil des Geländes rechts neben dem großen Baum zurück. Die österreichische Artillerie begann, über den Höhenzug zurückzufallen, und abermals kamen Schützenbataillone in Sicht und zogen verdeckt in Richtung Zentrum. Die Preußen tauchten zwar noch immer nicht auf, aber sie drängten die Österreicher auf dem rechten Flügel zurück. Ich hätte erwartet, daß die Reserven losgeschickt würden, den Hügel zu halten, konnte aber nicht erkennen, ob dem so war. Auf der Bahnstrecke erschienen jetzt zahlreiche Nachzügler, die Felder waren übersät von ihnen, und hier und da schlug eine Granate unter den Infanteristen ein, die am Hang marschierten, und hinterließ einen kleinen Haufen von toten oder sich windenden Männern in den Lücken der sich öffnenden Kolonne. Ich muß sagen, daß mir der Vorstoß der Preußen in dieser Richtung unerklärlich und sehr bedenklich erschien, denn der linke Flügel und das Zentrum der Österreicher mochte zwar siegreich sein, aber diese Bewegung, die den rechten Flügel bedrängte, drohte, sie von Königgrätz abzuschneiden – zumindest gewann man diesem Eindruck vom Turm aus. Aber es ist merkwürdig, daß ein Schlachtfeld an verschiedenen Beobachtungspunkten einen gänzlich anderen Eindruck vermittelt. Ein General, der das sah, was die Beobachter auf dem Turm sahen, hätte vermutlich eine Beunruhigung verspürt und beschlossen, die Lücke im Zentrum zu schließen und die rechterhand vorstoßenden Preußen zurückzudrängen.

Während das Zentrum langsam, aber unbeirrt vorrückte, schien eine Lücke übrigzubleiben zwischen dem Terrain, das sie besetzt hatten, und der linken Flanke der Österreicher, die sich unablässig dorthin zurückzogen. Aus den brennenden Häusern in Chlum stiegen Rauchwolken, die nach rechts getrieben wurden. Ein weiteres Dorf, links neben der Prager Chaussee, dessen Name sich wie Groß Biaritz oder Hiaritz anhörte*, brannte jetzt ebenfalls. Noch mehr Munitionswagen flogen dort in die Luft. Von links nach rechts sah ich sechs oder sieben brennende Dörfer. Das Schlachtfeld bot jetzt wirklich ein grauenhaftes Bild, und die schwachen Sonnenstrahlen, die hin und wieder durch die aufreißenden Wolken drangen, verstärkten nur den Schrecken. Herrenlose Pferde sprengten im Galopp über die Verwundeten hinweg, die allerorts lagen, Dragoner taumelten nach hinten, und Männer krochen in solchen Massen über das Gelände, daß sie aussahen wie ein breiter Saum am Rande des Schlachtfelds, ganz besonders in der Ebene, in der Nähe des großen Baumes. Der Lärm der Gewehre in den Senken legte sich über das Dröhnen der Artillerie.

Schließlich wurden die Reserven entschlossen nach vorne geholt. Die Artillerie eröffnete aus sechzehn Geschützen das Feuer auf die dichtgedrängten blauen Kolonnen, die die Österreicher vor sich hertrieben, und bot ihnen Einhalt, bis die preußische Artillerie von dem kleinen Hügel aus das Feuer erwiderte. Doch auch hier, wie anderswo, verharrten die Österreicher aufopferungsvoll bei ihren Geschützen, und erst als die preußische Infanterie von einer Baumgruppe aus das Feuer auf ihre Flanke eröffnete, zogen sie sich zurück und ließen mehr als einen schwarzen Haufen zurück, der ihre Position kennzeichnete.

Auf der linken Seite setzten die Österreicher indes ihren Vorstoß fort. Die sächsischen Reserven stürmten hügelaufwärts gegen Nechanitz vor, und eine mächtige Kavallerietruppe jagte in wellenartigen Kolonnen durch den Rauch

---

* Gemeint ist das Dorf Rosberitz. (A.d.Ü.)

auf die Preußen zu und bedrohte deren Artillerie, die von dreißig bis vierzig österreichischen Geschützen mit stetigem und raschem Feuer bedeckt wurde. Zwischen den Kolonnen von Verwundeten, die sich an der Prager Chaussee entlangschleppten, tauchten immer wieder preußische Gefangene auf, die, nach ihren Schulterklappen zu urteilen, überwiegend zum 6. und 31. Regiment gehörten. Unter ihnen war auch ein hochgewachsener Offizier, der seine Gefangennahme mit großem Gleichmut trug und wie ein Sieger ausschritt.

Während die Österreicher links und im Zentrum Terrain gewannen, wich der rechte Flügel zurück, und Kolonne auf Kolonne erschienen die Preußen, unentwegt feuernd, auf dem Höhenkamm, während ihre Kanonen die langsam, aber nicht ungeordnet zurückweichenden Österreicher von der Flanke her mit Schrapnellen und Granaten überschütteten. Manchmal hielten die Österreicher an und eröffneten das Feuer, ein- oder zweimal bildeten mehrere Regimenter Karrees, um sich der Kavallerie entgegenzustellen, doch auf dem nahegelegenen Hang war nirgendwo preußische Kavallerie zu sehen. Beide Seiten schienen zu zögern, was nicht recht begreiflich war, und mehrere Male feuerten die Offiziere, die den preußischen Kolonnen voranritten, über die Köpfe ihrer Pferde hinweg und richteten sich in den Steigbügeln auf, als wollten sie die Hohlwege einsehen. Über einem dieser Offiziere explodierte eine Granate, und als sich der Rauch verzogen hatte, lagen Roß und Reiter dahingestreckt am Boden und rührten sich nicht mehr. Die Bodensenken dürften den größten Teil der Preußen verborgen haben, denn die Kanoniere richteten ihre Geschütze hauptsächlich gegen die preußischen Kanonen, die rasch Verstärkung erhielten und ihre ganze Aufmerksamkeit beanspruchten.

Schließlich gewahrte man die Preußen. Fünf österreichische Reservebataillone versuchten nun ganz rechts außen, den Vormarsch durch seitlichen Beschuß aufzuhalten. Der Feind blieb stehen und antwortete im nächsten Moment mit einem überraschend vehementen Feuer. Die Österreicher erwiderten das Feuer, wurden aber rasch dezimiert, und schließlich erstürmten zwei Bataillone mit großer Bravour den Hügel, wurden jedoch von einer donnernden Salve und mehreren Granaten der Artillerie getroffen, woraufhin sie sich in einiger Unordnung hinter einen Hügelvorsprung zurückzogen. Die Preußen ließen nicht locker und hatten bald die Ebene in der Nähe des großen Baumes eingenommen, verschwanden in einer Talsenke, tauchten auf der anderen Seite wieder auf und bildeten dichtgedrängte, karreeartige Formationen und ließen die Plänkler gegen das eine Meile entfernte Chlum vorgehen. Die Österreicher, die weiter unterhalb und vor Königgrätz standen, sahen sich alsbald mit einem neuen Feind konfrontiert, denn die Preußen tauchten nun auch in der Nähe des Bahndamms auf, und in einem Wäldchen kam es zu einem blutigen Zusammenstoß, bei dem Artillerie und Infanterie eine Viertelstunde lang wie ein tosender Wirbelsturm wüteten. Auch etliche Gebäude bei einem hohen Fabrikschlot direkt am Elbufer waren offenbar Schauplatz eines heftigen Kampfs.

Das Dorf Trotina ging ebenfalls in Flammen auf, und aus den Rauchwolken ganz rechts tauchten die preußischen Plänkler und weitere Infanterie auf. Der Feind war tatsächlich von unerschöpflicher Zahl, doch linkerhand konnte er sich noch immer nicht behaupten.

Plötzlich kam von links eine österreichische Batterie herangeprescht und begann, die Preußen niederzumähen. Sie zogen sich hinter das brennende Trotina zurück, aber ihre Artillerie war bald wieder tätig. Von einem Weg oberhalb des Dorfes eröffneten sie das Feuer auf die Österreicher, und gleichzeitig nahm eine andere Batterie, die über den Hang unterhalb des großen Baumes heranstürmte, die Österreicher unter Beschuß. »Kreuzfeuer, Kreuzfeuer«, riefen die Offiziere. »Großer Gott, wo kommen die nur her?« Gute Frage! Der Kampf nahm nun unvorstellbare Dimensionen an. Die Preußen zeigten sich rechts in großer Stärke, und die Hügel waren bedeckt mit ihren Regimentern, die in tadellosester Ordnung vorrückten. Allenthalben konnte man Hunderte von davonhumpelnden Verwundeten sehen, und an den Wegen und im Getreide lagen Berge von Toten. Der Feind, dessen Stärke durch die Hügel verborgen geblieben war, zeigte sich nun in einer Masse, die den Rückzug der Österreicher auf der rechten Seite erklärte.

Gegen dieses Kreuzfeuer und die Wucht der Geschütze waren die österreichischen Kanoniere machtlos. Was half es ihnen, daß sie im Zentrum an Boden gewannen! Durch das Glas konnte man sie in einem Gewitter von Pulverdampf und Flammen Stück für Stück vorrücken sehen. Es war jetzt kurz vor zwei Uhr. Kein Zweifel, links und im Zentrum waren die Preußen so gut wie geschlagen. Es schien, als könne die Kavallerie, die meilenweit auf dem Plateau bereitstand, mit einer massiven Attacke das linke Zentrum überrollen oder die linke Flanke vernichten.

Das Feuer in Chlum, das sich gelegt hatte, brach mit neuer Heftigkeit wieder aus, und bald brannte das ganze Dorf. Die Preußen unternahmen abermals eine große Anstrengung, und es wäre nur eine Wiederholung von Adjektiven, bestenfalls äußerst schwachen, eine Ahnung von dem Kanonendonner zu vermitteln, der diesen neuerlichen Versuch verkündete, dem Tag eine entscheidende Wendung zu geben. Den Pulverdampf, der sich wie ein Meer aus wirbelnden Wolkenmassen über das Schlachtfeld legte, konnte nicht einmal der starke Wind fortwehen. Unentwegt explodierten Munitionswagen. Die Bewegungen der Österreicher, die sich dem letzten Ansturm der Preußen entgegenwarfen, vergrößerten die Lücke zwischen dem Zentrum und dem rechten Flügel, der sich unweit der Elbe zurückzog, was die Österreicher jedoch nicht bemerkten, und wenn, dann konnten sie den Vormarsch des Feindes auf der Ebene nach Chlum nicht verhindern. Der rechte Flügel der Österreicher und die Reserven wurden von Unruhe erfaßt, aber ihre Artillerie kämpfte tapfer um jeden Fußbreit Boden.

Plötzlich ergießt sich ein Kugelhagel aus den Bäumen und den Häusern von Chlum über die österreichischen Kanoniere und die weiter unten an den Hängen zusammengezogenen Infanteriekolonnen. Die Kanoniere sinken getroffen zu Boden, ihre Pferde sind verwundet, das Feuer wird immer heftiger, die Preußen rücken auf dem Plateau weiter vor – eine fürchterliche Katastrophe! Zwei österreichische Kolonnen werden gegen das Dorf geführt, können dem Feuer aber nicht widerstehen und ziehen sich nach drei Versuchen wieder zurück. Der Hügel ist übersät mit Toten. Ein schrecklicher Moment. Die Preußen sehen ihren Vorteil: sie sind nun im Zentrum der Stellung. Vergeblich jagen einige Stabsoffiziere zu den Reserven, um Geschütze von der Front heranzuholen. Die dunkelblauen Regimenter werden immer mehr, und von überallher ertönt das Krachen unentwegt aufblitzender Gewehre. Die Artillerie beeilt sich, vom Hang aus die Österreicher außen rechts und die Reserven an der Flanke unter Beschuß zu nehmen. Sie schwärmen in die Wälder an der Prager Chaussee und überfallen die österreichische Artillerie von hinten.

Dergestalt wurde ein immer breiterer und tieferer Keil mitten in die österreichische Armee getrieben. Der linke Flügel und das Zentrum sind nun vom rechten Flügel getrennt. Die Soldaten in der Mitte und links halten erschrocken inne, als sie in ihrem Rücken die feindlichen Kanonen hören und bald deren Feuer ausgesetzt sind, was den Kampfgeist einer ohnehin überraschten Truppe ganz besonders erschüttert. Rechts stürzen die Männer in heller Aufregung nach der Prager Chaussee und verbreiten Panik unter den Reserven. Die geordneten Linien lösen sich auf. Offiziere reiten umher, bemühen sich, die Ordnung wiederherzustellen. Einige Regimenter halten zusammen, obschon sie schreckliche Verluste erleiden. Der linke Flügel bleibt stehen. Die preußischen Generäle, die den Feind zögern sehen, werfen ihre Bataillone gegen ihn und spornen ihre Artillerie an, noch einmal alle Kräfte zu mobilisieren, doch die österreichische Kavallerie verhindert jede rasche oder enthusiastische Aktion seitens der Preußen, die der lange, unausgesetzte Kampf und die schweren Verluste wohl ein wenig geschwächt haben.

Doch noch immer war Hoffnung für die Österreicher! Dort, vor der preußischen Front, stand eine Kavallerie, mit der ein Murat, ein Kellermann oder ein Seydlitz* eine Schlacht gewonnen und ein Imperium gerettet hätte. Und dort standen, weiterhin unerschüttert, mindestens 40 000 Mann, von denen kaum einer einen Schuß abgegeben hatte. Nach wie vor richtete die unbezwingbare österreichische Artillerie Hunderte von Kanonen gegen die feindlichen Kanonen und legte ein Band aus Feuer um ihre Mannschaften. Diese Kavallerie beiderseits an Chlum vorbeipreschen, sie gegen Infanterie und Artillerie herandonnern zu lassen erschien als durchaus lohnendes Unterfangen, wenngleich ein Mißlingen den Unterschied zwischen Niederlage und Untergang ausgemacht hätte. Für eine solche Armee wäre es in der Tat passend gewesen, eine so kritische Aktion glänzend zu vollenden oder bei dem Versuch vernichtet zu werden. Und vom Turm aus waren keine natürlichen Hindernisse zu erkennen, die einer grandiosen Attacke hätten im Wege stehen müssen. Die Preußen, losgelöst vom Zentrum und der linken Seite, wären in das Tal zurückgedrängt und völlig aufgerieben worden, und österreicherseits hätte man im Zentrum und links genügend Luft gehabt, den Kampf fortzuführen. Jeder Moment war kostbar. Das preußische Feuer wurde heftiger, das Zögern der Österreicher deutlicher. Das Fällen der Bäume an der Prager Chaussee, der Ansturm der Flüchtenden, die Tatsache, daß die preußischen Granaten in immer größerer Nähe einschlugen, einige sogar schon über dem Bahnhof krepierten – das alles wies auf den Ernst der Lage hin. Sämtliche Straßen waren verstopft mit zurückeilenden Fahrzeugen. Die Männer warfen ihre Waffen weg und wateten durch die Inundationen. Die österreichischen Kanoniere auf dem Damm gewahrten die Preußen in dem nahegelegenen Wäldchen und beschossen sie mit Schrapnellen und Granaten. Es war jetzt ungefähr halb drei, aber wer sieht schon auf die Uhr, wenn in nächster Nähe derlei Dinge passieren. Kaum hatte man das Glas auf

---

* Joachim Murat war Kavalleriegeneral unter Napoleon, desgleichen François Etienne Kellermann, der die Schlacht von Marengo entschied. Friedrich Wilhelm von Seydlitz war preußischer Kavalleriegeneral. (A.d.Ü.)

irgendeinen Punkt gerichtet, mußte man es, nach dem Ausruf eines Offiziers oder einem furchtbaren Lärm, auf einen anderen Punkt richten. Sekunden waren von unschätzbarem Wert, denn nicht nur fielen Hunderte von Soldaten, und zwar umsonst – jetzt wurde über all die Angelegenheiten entschieden, deretwegen ein Imperium seine ganze Macht aufgeboten und der Kaiser sein Volk ins Feld geführt hatte, und das Werk ganzer Generationen von Herrschern, Soldaten und Staatsmännern war im Begriff, für immer verlorenzugehen. Es war die Stunde der Preußen.

Der Geist Bismarcks beherrschte das Schlachtfeld. Während die Österreicher zauderten, handelte der Preuße. Die Dunkelblauen, die rechts ins Blickfeld kamen, stürzten, wie von der Erde ausgespuckt, aus den Tälern hervor und füllten den ganzen Hintergrund des grauenhaften Bildes, dessen Mittelpunkt Chlum war. Sie drängten nach links zur Prager Chaussee, in Karrees, in Kolonnen, hierhin und dorthin ausschwärmend, dabei unentwegt einen Feuerregen von tödlicher Präzision auswerfend, durchstießen sie die gesamte österreichische Front und waren trotzdem nicht imstande, den hartnäckigen Feind in die Flucht zu schlagen. Allerorts stießen sie auf tapfere, wenn auch glücklose Männer, die bereit waren zu sterben, wenn sie nichts mehr tun konnten. Neben der Chaussee wurde der Kampf mit unglaublicher Härte fortgesetzt. Die Österreicher besaßen noch immer eine überaus starke Artillerie, und obwohl sie das vor ihr liegende Terrain konzentriert bestrich, erreichte ihr Feuer nicht die volle Wirkung, zum einen, weil das Gelände anstieg, zum anderen, weil sie ihre Kanonen auf so viele feindliche Punkte gleichzeitig richten mußte. Viele Österreicher müssen durch die eigene Artillerie gefallen sein. Einmal ging eine österreichische Kolonne, die sich aus der Menge weiter unten gelöst hatte, angeführt von ihren mützen- und säbelschwenkenden Offizieren, mit gerichtetem Bajonett direkt gegen das Wäldchen bei Chlum vor und trieb die preußischen Schützen zurück, wurde aber von schrecklichen Gewehrsalven erfaßt. Alle Offiziere wurden getötet oder verwundet. Voller Panik wichen sie zurück, gejagt von den Preußen, die sie aber mit Bajonetten und umgedrehten Musketen empfingen und in das schützende Wäldchen zurücktrieben. Einige Preußen wurden als Kriegsgefangene von der sich zurückziehenden Kolonne nach rückwärts gebracht. Übrigens kamen den ganzen Tag über preußische Gefangene in die Stadt (was deutlich zeigte, wie unentschieden der Kampf war), und ein beträchtlicher Teil des 27. Regiments, darunter auch einige Offiziere, befindet sich zur Stunde auf dem Großen Ring. Chesta und Viza* standen nun auch in Flammen, so daß zehn brennende Dörfer und die Blitze von Kanonen und Musketen mit der Sonne, die sich durch die Wolken bohrte, um die Ehre wetteiferten, die Masse von Stahl und die Leichenfelder zu bescheinen.

Es war drei Uhr. Die Österreicher, die sich erfolglos bemüht hatten, Chlum zu besetzen und das eigene Zentrum zu entlasten, wurden rechterhand, wehrlos einem Feuerregen von Kugeln und Granaten ausgesetzt, gegen Königgrätz getrieben. »Alles ist verloren!« So heftig und ungestüm wütete die Artillerie, daß ein unbeteiligter Beobachter vermutlich angenommen hätte, daß kein Feind ihr widerstehen könne. Die österreichische Kavallerie hing noch immer wie weiße Gewitterwolken an den Flanken und bedrohte die preußische Front, die in geordneten Karrees und Kolonnen verharrte. Aber schon strömte der Troß auf das andere Elbufer. Der Griff der Preußen war nicht zu erschüttern. Man forderte mich auf, die Stadt umgehend zu verlassen, da die Tore geschlossen würden, und die Kanoniere auf dem Glacis richteten schon ihre Geschütze auf Inundationen und Dämme. Ein letzter Blick zeigte ein wahres Höllenfeuer – Getreidefelder, Chausseen, Abhänge und Talsenken und Hügelkuppen von Toten bedeckt –, Österreichs Stolz und Pracht aufgerieben, gedemütigt.

Über die weiteren Ereignisse kann ich nur vom Hörensagen berichten. Am Ende aber soll die österreichische Artillerie gerettet haben, was noch nicht verloren war, und in glänzen-

---

* Gemeint ist offenbar Cistowes. (A. d. Ü.)

den Attacken die heranwogende preußische Infanterie abgewiesen haben. Die Kanoniere warfen ihre Geschütze in die Elbe und in das überschwemmte Land, zu Hunderten ertranken die Männer, während sie massenhaft über die eiligst errichteten Pontonbrücken drängten, die Feuer fingen oder sanken, bevor die Kolonnen das andere Ufer erreichten. Troßwagen, Munition, Geschütze und Gefangene, die Überreste dieses riesigen Heeres – alles fiel den Siegern in die Hände. Auf neun Meilen war das Schlachtfeld mit Toten übersät. So mochte Benedek wohl zu Recht ausrufen: »Alles ist verloren! Wollte Gott, ich hätte auch mein Leben verloren!«

Ich habe meinen traurigen Bericht in der vorliegenden Form anhand von Notizen geschrieben, die ich auf dem Turm von Königgrätz angefertigt habe, während der Schlacht, in den Pausen, die sich während des verzweifelten Rückzugs ergaben, bei erzwungenen Aufenthalten, inmitten von Staub, auf schmalen Straßen, am Rande von Kornfeldern, in Bauernstuben, in jedem Moment der Ruhe. Sämtliche Telegraphen-, Post- und Eisenbahnverbindungen sind unterbrochen, und wann sie, wenn überhaupt, wiederhergestellt werden, vermag ich nicht zu sagen.

Unsere Reise war quälend und langsam. Allerorts Verwundete, Reste von Regimentern auf dem Rückmarsch, am Straßenrand erschöpfte, schlafende Soldaten, die ihre Wunden verbanden oder sich die Füße kühlten. Zu beiden Seiten Fuhrwerke, Kanonen, Reiterei jeglicher Couleur, Tiroler Jäger, Ungarn, Kroaten, Italiener. Zum Glück hatte österreichische Artillerie den Preußen eine tüchtige Lektion erteilt, so daß sie uns nicht verfolgen. Es gibt keine genauen Zahlen über unsere Verluste, Schätzungen schwanken zwischen 10 000 und 25 000. Rechnet man Gefangene mit, so dürfte wohl die letztgenannte Zahl zutreffen. Der Verlust an Geschützen wird auf 150 bis 180 beziffert. Ich wäre nicht überrascht, wenn es mehr wären.

DER DEUTSCH-FRANZÖSISCHE KRIEG
1870–71

Bismarck erhoffte sich von einem Krieg gegen Frankreich entscheidende Impulse für den deutschen Einigungsprozeß. Den äußeren Anlaß lieferte die Frage der spanischen Erbfolge. Die von Bismarck unterstützte Kandidatur des katholischen Hohenzollernprinzen Leopold wurde nach französischem Protest zurückgezogen. Frankreich, das sich an zwei Fronten bedroht sah, verlangte jedoch weitere Verzichtgarantien für die Zukunft. Für Bismarck war das eine günstige Gelegenheit. Seiner brüskierenden »Emser Depesche« vom 13. Juli 1870 folgte tags darauf die französische Mobilmachung, am 19. Juli dann die offizielle Kriegserklärung aus Paris.

Wenn Preußen aus der Schlacht von Königgrätz als führender deutscher Staat hervorgegangen war, so sollte Deutschland 1871 nach dem Sieg über Frankreich zur europäischen Hegemonialmacht aufsteigen.

19. Juli. Selbstverständlich mußten wir zuerst nach Berlin fahren. Der erste Hinweis auf den Krieg: die vielen Deutschen auf dem Dampfer nach Ostende, die in ihre Militärbezirke heimkehrten, erfüllt von einer Begeisterung, der nicht einmal die Seekrankheit etwas anhaben konnte. Alle Gespräche drehten sich um den Krieg. Ein rühriger Spekulant fuhr erster Klasse, in der Hoffnung, den Passagieren Revolver verkaufen zu können. Auf dem Brüsseler Bahnhof drängten sich Belgier in der ganzen Pracht ihrer Uniformen, freudig erregt über jene Sorte Kriegszustand, der ihnen alle militärischen Pflichten auferlegt, nur nicht die unangenehme Pflicht des Kämpfens, doch auch dafür schien man durchaus bereit. Eisenbahnbrücken wurden gesprengt, andernorts Viadukte. Geschlagene acht Stunden verloren wir in Brüssel, weil die Zollbeamten unbedingt unser Gepäck kontrollieren wollten. Um 17.40 Uhr ging es weiter nach Köln, das sich als eine Ansammlung erregter Bürger präsentierte. Viel Militär auf den Straßen, der Bahnhof von Zügen verstopft, der Perron voller Soldaten. Eine Ehrengarde erwartete die Ankunft von Königin Augusta. Die »Wacht am Rhein«, »Heil dir im Siegerkranz« und Hochrufe empfingen Ihre Majestät, die von einer begeisterten Menge zum königlichen Waggon geleitet wurde, was für das Feuer spricht, welches im Herzen des äußerlich so kalten Deutschen lodert.

23. Juli. [Berlin.] Begab mich um 2 Uhr nachmittags zu Graf Bismarck. Vor dem großen, nach außen hin schmucklosen Haus kein Gepränge, kein Wachposten am Eingang, kein geschäftiges Hin und Her in den Korridoren. Ein ernster Herr in Schwarz geleitete mich eine Treppe hinauf, einen Gang entlang, ließ mich in einem kleinen Zimmer Platz nehmen und kehrte kurz darauf zurück mit den Worten: »Seine Exzellenz wird Sie sogleich empfangen.« Wenig später sah ich mich dem großen Mann gegenüber. Er saß an einem mit Papieren übersäten Tisch, und der Tabakgeruch im Raum zeigte an, daß Bismarck ein Freund guter Zigarren war. Er erhob sich, kam mir durchaus freundlich und mit ausgestreckter Hand entgegen. Er trug einen hochgeschlossenen Uniformrock, der auf sein militärisches Naturell verwies, und in seiner Erscheinung ähnelte er ohne Frage sehr viel eher einem Soldaten als einem Staatsmann. Die gröbsten Karikaturen nähern sich ihm an, so wie die besten Photographien oder die feinsten Stiche keinen Eindruck von der unendlichen Vielschichtigkeit des Ausdrucks vermitteln, vom Spiel seines Mundes und (muß das betont werden?) von der Lebhaftigkeit seiner Augen.

Sofort kamen wir zur Sache. Bismarck sagte: »Sie werden fahren. Eine Order kann ich Ihnen nicht verschaffen, das ist Sache des Kriegsministers. Es ist eine Verfügung erlassen worden, wonach Pressekorrespondenten unsere Armee grundsätzlich nicht begleiten dürfen, aber Sie sind eine Ausnahme und werden in Kürze Ihre Legitimation erhalten.« Sodann fand Graf Bismarck die Zeit, mehr als eine Stunde lang über die Lage zu sprechen, seine Ansichten über Frankreich und die Franzosen, über französische Politiker und den Kaiser darzulegen, die Geschichte französischer Einmischung in die deutschen Angelegenheiten zu skizzieren und seine Gespräche mit dem Kaiser zu schildern. Über diese enorm wichtigen Themen sprach er mit einer Offenheit und Direktheit, die für ihn selbst charakteristisch, für jemanden in meiner Situation indes peinlich ist. Sein Englisch ist ausgezeichnet. Hin und wieder verwendet er ein Wort, das etwas ungebräuchlich, aber korrekt ist.

Unsere Suche nach einem passenden Gefährt für unser inzwischen einigermaßen reduziertes Gepäck blieb erfolglos. Die besseren Sachen sind weggepackt. Ich beschränke mich auf ein paar Reiseanzüge, Reitstiefel, Flanellhemden, Regenmäntel, Reitsachen und Sattelzeug, ein kleines Kochgeschirr in zwei leichten Handkoffern, die so konstruiert sind, daß sie von einem Packtier getragen werden können. Gestern abend wurden noch einmal Boten losgeschickt mit Depeschen und Gesuchen bei höheren Stellen. Wenn es zum Krieg kommt, was sehr wahrscheinlich ist, werden sich diese Dinge nicht mehr erledigen lassen. Irgendwie hat man den Eindruck, daß unter der Bevölkerung eine große Zuversicht herrscht. Jede Stunde, die die Deutschen gewinnen, ist ein enormer Vorteil. Alle Aufmarschpläne sind so detailliert ausgearbeitet, daß eine plötzliche Invasion die ganze Planung durcheinanderbringen würde. Die große Frage ist also, ob sich bei den Franzosen etwas tut; und wenn stündlich Telegramme eintreffen, die »nichts Neues an der Front« melden oder höchstens belanglose Patrouillen, dann reibt man sich gutgelaunt die Hand. Ein Vorstoß von dreißig- oder vierzigtausend Mann, etwa gegen Trier, hätte Moltkes Pläne durchkreuzt. Die deutschen Armeen werden mit jeder Stunde stärker. Die Ströme sammeln sich vor der Grenze und bilden ein Meer von Bajonetten, und unablässig rollen Eisenbahnzüge aus dem Norden, Osten und Süden nach der Grenzregion zwischen Straßburg und Luxemburg.

Eine kurioses Erlebnis! Ich wollte mir gerade Landkarten von der Pfalz und den umliegenden Gebieten kaufen, als der Ladenbesitzer mich zur Seite nahm und mir riet, Karten der »ostfranzösischen Departements« zu nehmen. Viele Offiziere besäßen sie, und das Kriegsministerium lasse in aller Eile französisches Kartenmaterial lithographieren. Manche Blätter mit eingezeichneten militärischen Angaben stammten von 1866 und 1867. Ich entsann mich, daß der *Spectateur Militaire* vor einigen Jahren die deutschen Aufmarschpläne abgedruckt hatte. Ein Büchlein mit dem Titel »Die Organisation des französischen Heeres«, sehr begehrt und überall im deutschen Heer gelesen, bietet eine Übersicht über die Truppen, ihre Kampfmethoden, über Uniformen und Gliederungen etc. und ist mit Abbildungen der verschiedenen französischen Soldaten (Spahis, Zuaven, Turkos u. a.) versehen. Wir kommen voran. Pemberton ergatterte gerade noch recht-

zeitig zwei schwarze Pferde, kräftig und stämmig, nützliche
Tiere mit langem Schweif und langer Mähne. Sechzig Pfund
hat er für beide bezahlt – jetzt haben wir also Zugtiere. Aber
die Wagen sind noch nicht fertig. Geschirre sind in Berlin
derzeit Mangelware.

**Christopher Pemberton, Oberst a.D., ebenfalls Bericht-
erstatter für die Times, schloß sich der im Zentrum stehenden
Zweiten Armee unter Prinz Friedrich Karl an, während
Russell zur Dritten Armee des Kronprinzen vorstoßen wollte,
die den linken Flügel bildete. Am 5. August hatte Russell
das Hauptquartier des Kronprinzen fast erreicht.
Abends verließ er Landau, die letzte große deutsche Festung
vor der Grenze.**

Ein paar Minuten später, und wir wären über Nacht hier gefangen gewesen. Am Tor stand der Offizier, ein junger Bayer,
mit dem Schlüssel in der Hand, während Trommler und
Hornisten den letzten Sonnenstrahlen zusahen, die hinter
den Elsässer Bergen verschwanden. Wir ritten weiter, trieben
die bedauernswerten Pferde zum Galopp an. Bald brach die
Dunkelheit herein, aber nicht einfach die Dunkelheit der
Nacht, sondern auch mächtig sich auftürmende Gewitterwolken. Wenig später leuchteten unentwegt Blitze am Himmel auf, die von Artilleriebeschuß herzurühren schienen. Bald
brach der Sturm richtig los. Es goß in Strömen, die Blitze
blendeten, und unablässig rumpelte der Donner. Im Schein
der grellen Blitze zogen die deutschen Kolonnen immer weiter voran, Bayern, Württemberger, Hessen und Badener. Wir
passierten mehrere Dörfer, in denen es von Soldaten wimmelte, die ihre Gewehre auf der Chaussee aufgestellt hatten.
Langsam bahnte sich unser Kutscher einen Weg an ihnen
vorbei. »Links, rechts, links rechts« wurde ihm zugerufen, hin
und wieder auch das slawische »*na pravo, na levo*«.

Um halb elf erreichten wir das Fünfte Armeekorps. Unser
Führer kam nach einem Gespräch mit dem Wirt heraus und
erklärte mit langem Gesicht, daß der Bürgermeister von

Weißenburg soeben von den Preußen erschossen worden sei und mehreren Einwohnern dasselbe Schicksal drohe, da sie auf deutsche Soldaten geschossen hätten. Wie die meisten Bewohner umstrittener Regionen (Luxemburg usw.), ist auch er fest überzeugt von der militärischen Überlegenheit Frankreichs. Nachdem wir diesen Ort verlassen hatten, gerieten wir in einen Wolkenbruch, der uns fortzureißen drohte. Es war wirklich eine grauenvolle Nacht. In den Wäldern entlang der Straße suchten Soldaten Schutz. Im Schein der Blitze sah man sie an den Lagerfeuern stehen, die ständig ausgingen, mit Kiefernzapfen sogleich wieder angefacht wurden, so daß sie rasch auflöderten und dann wieder erloschen. Kaum ein Laut war zu hören, nur das Rauschen von Bächen, der Regen und der weithin hallende Donner. Unmengen von Kavalleristen waren abgesessen und standen neben ihren Pferden. Der Kutscher wurde unruhig. »Ein paar Meilen von hier«, sagte er, »war kürzlich noch ein französisches Lager. Vielleicht sind sie ausgewichen, um uns von hinten anzugreifen. Himmel! Was für eine Nacht!« Er war ganz sicher, daß in Steinselz viel französisches Militär gelegen hatte. Gegen Mitternacht gelangten wir zur Lauter, die hier die Grenze zwischen Frankreich und Bayern bildet.

6. August. Um sechs Uhr früh rumpelten wir in westlicher Richtung durch Weißenburg. Die Namen über den Geschäften waren fast ausnahmslos deutsch (Schmidt und Schulz und dergleichen), aber die Artikel trugen durchweg französische Bezeichnungen, und an den Mauern hingen Anschläge der »Messageries Imperiales«. Die Chance, unsere Pferde und den Wagen mit unseren Habseligkeiten wiederzusehen, war nicht sehr groß, und unser Erscheinen auf dem Kriegsschauplatz schien nicht sehr erfolgversprechend zu sein. Selbst meine Legitimation schützte mich nur vor Verhaftung, solange ich auf dem Weg zum Armeehauptquartier war, und bot mir nicht die Möglichkeit, unterwegs irgendwo haltzumachen. Es war wirklich eine elende Nacht. Die Truppen, wieder in Bewegung, waren wie in ein gleichmäßig schlammfarbenes Braun getaucht. Der Staub des Vortags hatte sich durch den Regen den Uniformen eingeprägt. Besonders erschöpft waren die Bayern. Einzelne Reiter saßen schlafend im Sattel, am Straßenrand und auf den Feldern lagen unendlich viele durchnäßte, schlafende Soldaten.

Das Landschaft war zauberhaft – sanft hügelig, überzogen von Äckern, Weinbergen und Hopfenfeldern –, doch der Krieg war über sie hinweggetobt, alles war niedergetrampelt. Geplünderte Tornister, Kavalleriemützen, Jacken, Röcke, Eßnäpfe, Stiefel, Gewehre, Kochgeschirre, Säbel, Bajonette, umgestürzte Troßfahrzeuge, tote Pferde, die die Beine in die Luft streckten, und hier und da Leichen, meist Turkos und Zuaven. Bestattungstrupps (Bauern unter dem Kommando der preußischen Krankenträger) schaufeln nasse Erde über einen Gefallenen, der im Hopfen oder im Getreide entdeckt wurde. In Bauns (wenn ich den Namen richtig verstanden habe) hatte ein schweres Gefecht stattgefunden. Auch in Riedselz war es zu einem Rencontre gekommen. Die Dörfler waren völlig verängstigt und verschreckt. Sie konnten es nicht verstehen. Der Einmarsch traf sie hart. »Diese Schurken haben ihnen Brot, Fleisch und Wein weggenommen, sind in ihre Häuser eingebrochen und haben das Mobiliar zerschlagen, haben auf der Straße um sich geschossen und sich überhaupt sehr barbarisch und aggressiv aufgeführt. Aber keine Frage, die französischen Truppen hätten kurzen Prozeß mit ihnen gemacht. Es war nur eine kleine Division gegen eine ganze Armee. General Douay war ein Narr. Er ist gefallen, der arme Kerl. Seine Männer saßen in einer hübschen Falle, trotzdem haben sie wie richtige Helden gekämpft! Haben sie den Kronprinzen und seine große Armee etwa nicht aufgehalten? Obwohl sie nur eine Handvoll waren, ein kleiner Vorposten der großen Armee von Straßburg.«

Bald kamen Fuhrwerke mit gefangenen Zuaven und Turkos, einige davon verwundet. Nach dem nächtlichen Regen konnte ich in diesen niedergeschlagenen, verzweifelten Männern nicht mehr die tapferen Soldaten erkennen, die ich auf der Krim erlebt hatte.

Russell erreicht schließlich das Quartier des Kronprinzen, kann aber, in Ermangelung eines Pferdes, die Schlacht bei Wörth nicht beobachten.

Der für den Feldtelegraphen zuständige Offizier erlaubte mir, eine kurze Depesche nach London senden. Doch ich war bedrückt. Gegen Abend trafen Prozessionen von Ambulanzen, Tragen, Fuhrwerken mit Verwundeten ein. Unser Quartier wurde teilweise requiriert. Die Verwundeten wurden hereingeschafft und im Erdgeschoß untergebracht. Es war ein Tag voller Unruhe und Verzweiflung, ein Abend voller Erregung und Schrecken und eine Nacht voller Qualen.

7. August. Vergangene Nacht war schrecklich. Die Verwundeten im Erdgeschoß starben, kaum daß man sie hereingebracht hatte. Sobald man ihre Leichen aus dem blutgetränkten Stroh entfernt hatte, folgten schon die nächsten Verwundeten, die kaum noch lebten. Durch den dünnen Fußboden konnte man alles hören. Draußen klopften Soldaten an der Tür, baten um Brot und Quartier. Mitten in der Nacht zogen dann große Kolonnen durch den Ort, und der Tritt schwerer Stiefel hallte auf dem Kopfsteinpflaster. Unter solchen Bedingungen war an Schlaf kaum zu denken, obwohl ich einiges gewöhnt bin. Und mein Ruhebett war so kurz, daß ich zusammengekrümmt dalag wie ein Fisch, den man an Kopf und Schwanz zusammengebunden hat, damit er in den Kochtopf paßt. Ich versuchte, mich mit Gedanken an das Los der Verwundeten zu trösten. Aber wer kann ein Feuer in der Hand halten, wenn er an den eisigen Kaukasus denkt! Ich glaube, daß es zu allen Zeiten den Verwundeten nach großen Schlachten schlecht ergangen ist, obschon ich Ärzte, die einem Soldaten gerade ein Bein oder einen Arm amputiert und ihn verbunden hatten, habe erklären hören, daß er »gut beieinander« sei und es »keinen Anlaß zu Klage« gebe. Ich konnte nicht schlafen und sagte mir ständig: »Ich habe eine bedeutende Schlacht verpaßt!«

Im Hinterzimmer der kleinen Bäckerei lagen die verwundeten Offiziere, deren Fieberträume immer wieder von Siegesrufen unterbrochen wurden. Die Hitze war enorm. Die herumschwirrenden Fliegen (eine der vielen Plagen des Frontlebens) quälten die Verwundeten obendrein. Das Wasser war so knapp, daß auf die Frage, ob wir noch etwas mehr bekommen könnten außer dem wenigen, das unser Helfer in einer Kanne zum Waschen brachte, uns erklärt wurde, daß wir sparsam damit umgehen sollten.

Die Bäckersfrau, eine blasse Frau mit dunklen Augen in einem hübschen, sympathischen Gesicht, schien völlig überwältigt von den grauenhaften Szenen ringsum. Sie stand einfach an der Tür des kleinen Zimmers und schaute, wie die Franzosen (respektive was von diesen armseligen Kreaturen noch übrig war) auf dem nassen Stroh stöhnten, mit so furchtbar verzerrten Gesichtern, daß man sie mit Tüchern abdecken mußte, auf denen sich Fliegenschwärme niedergelassen hatten. Beine und Arme waren von Granaten abgerissen oder mit der Chirurgensäge abgetrennt. Da ich nicht in Uniform war, hatte die Frau keine Scheu, mich anzusprechen. Sie winkte mich zur Tür, hob den Vorhang, der über der Schwelle hing, zeigte in den Raum, schlug die Hände vor das Gesicht und sagte, während ihr die Tränen durch die Finger liefen: »Ist das nicht schrecklich? Wie konnte das nur passieren? Ist die französische Armee denn geschlagen?« Am nächsten Morgen in der Frühe kam der Bäcker herauf, um Schutz zu erbitten. Er besitze nur ein paar Sack Mehl, sagte er, aber die Soldaten würden ihm alles wegnehmen. Es stimmte tatsächlich. Der Offizier, der die Sache befehligte, konnte keinen vernünftigen Grund nennen. Hier sind etwa zweitausend verwundete Franzosen, die seit gestern morgen nichts mehr zu essen bekommen haben. Gott stehe ihnen bei!

Heute morgen kamen hier mit dem Zug aus München achtzig bis hundert Barmherzige Schwestern an. Sie gingen die kleine Hauptstraße entlang, und bei jedem Haus wurden es weniger, denn fast überall hingen weiße Fahnen mit dem roten Kreuz zum Zeichen dafür, daß es dort Verwundete gab, und jedesmal verschwanden dann ein, zwei Schwestern, um sich, müde wie sie waren, sogleich ans Werk zu machen. In der Menge der preußischen Uniformen französische Sanitätsoffiziere, die, geschützt von der Genfer Konvention, nach eigenen Verwundeten Ausschau hielten. Die Bevölkerung ist niedergeschmettert. Die meisten jungen Männer sind geflohen, alte Weiber und Greise stehen in den Türen und starren entgeistert auf den nicht enden wollenden Zug von Gefangenen (Infanteristen, Reiter, Artilleristen, Zuaven, Turkos), die, blutig, verdreckt, deprimiert, unter Bedeckung zu den großen Gefangenenlagern vor der Stadt marschieren.

Später kam ein Offizier und bat uns in das Hauptquartier des Kronprinzen. Seine Königliche Hoheit, angetan mit Schirmmütze, einfachem Rock mit Verdienstorden und Generalsabzeichen, weißer Reithose und schweren Stulpenstiefeln, trat ein und hieß uns auf das herzlichste willkommen. Er war außerordentlich gutgelaunt. Von Stunde zu Stunde zeigte sich klarer, wie wichtig die Schlacht gewesen war. »Sehr schade, daß Sie nicht dabeiwaren«, sagte der Kronprinz. »Sie hätten alles wunderbar beobachten können. Von unserer Position aus konnte man die ganze Operation deutlich verfolgen.« Ich erklärte ihm das Problem mit dem Pferden. »Aber Sie hätten doch Pferde meines Gestüts bekommen! Jederzeit hätte man Ihnen eines geliehen! Na jedenfalls, General Blumenthal wird Ihnen den Verlauf der Schlacht schildern, die Einzelheiten selbst sind noch nicht bekannt. Ich war bei den Verwundeten, ihr Kampfgeist und ihre Einsatzbereitschaft sind wirklich bewegend. Sie sind sehr stolz auf das Opfer, das sie dem Vaterland gebracht haben. Aber ach, warum müssen sie nur so leiden, warum muß nur dieser schreckliche Krieg sein.«

In diesem Moment trat ein Offizier ein, eine distinguierte Erscheinung mittleren Alters, mit grauem Haar und Schnurrbart, nicht sehr groß, eher schmächtig, aber drahtig. Seine Augen, blau und klar, ruhten auf uns. Das war General Blumenthal, dem ich vom Kronprinzen vorgestellt wurde. Da bis zum Frühstück noch etwas Zeit war, führte mich der General in einen Raum, in dem ein großer, mit Karten und Papieren bedeckter Tisch stand. Überaus präzise erklärte er mir auf englisch die französischen Stellungen und die deutschen Bewegungen. Besonders beeindruckend fand ich die ruhige, sichere Art des Generals. Er rieb sich die Hände und sagte: »Die Franzosen haben eins aufs Dach gekriegt. Wir haben sie zurückgeworfen, ihre vordersten Linien überwunden, haben ihre Stellungen überrannt, ihren besten General geschlagen und, wie ich glaube, auch ihre beste Armee. Ich muß sagen, sie haben sich hervorragend geschlagen. Noch nie wurde heftiger gekämpft als hier bei Reichshofen und dort bei Fröschweiler. Aber schauen Sie, die Franzosen haben keine Chance. Sie sind uns zahlenmäßig völlig unterlegen. Angenommen, sie werfen 6000 Mann an die Front, dann greifen wir eben mit 60000 Mann an demselben Frontabschnitt an und haben noch immer 20000 Mann, die sie von der Flanke her überrollen können. Die Franzosen haben keine Chance. Wenn die Bayern nur etwas früher erschienen oder schneller marschiert wären, hätte MacMahon nie und nimmer entkommen können. Der Ärmste! Er ist ein tüchtiger Soldat, und er hat wacker gekämpft. Sein Rückzug war überaus geschickt. Aber ich weiß nicht, was er jetzt tun wird. Unsere Kavallerie ist fast zwei Tagesmärsche voraus. Wir jagen die Franzosen in alle Richtungen. Sehr bedauerlich, daß Sie die Schlacht nicht miterlebt haben. Sie hätten sehen sollen, wie hartnäckig unsere Truppen immer wieder angegriffen und sich durch schwierigstes Terrain vorangekämpft haben, zum Teil blutjunge Männer, die zum ersten Mal in der Schlacht standen.«

Wir verließen das Hauptquartier des Kronprinzen, bestiegen unsere Pferde, die nicht in allerbester Form waren, und ritten in Richtung Wörth. Etwa eine Meile außerhalb von Sulz lagerten mitten im Gelände etwa vier, fünf Hektar französische Soldaten (ich wüßte keine andere Mengenbezeichnung), bewacht von einer doppelten Postenlinie, ohne Decken oder sonstige Ausrüstung, nach Regiment oder Truppengattung gruppiert. Mit Erlaubnis eines jungen Kavallerieoffiziers, der die berittenen Posten auf der Straße befehligte, durften wir die Gefangenen aus der Nähe in Augenschein nehmen. Ich gestehe, daß mir das äußerst peinlich war. Irgendwie schämt man sich, aus reiner Neugier tapfere Männer anzustarren, die durch das Schicksal in eine so erbärmliche Lage geraten sind. Sie waren eifrig beim Kochen, nachdem sie mit französischem Geschick Kochstellen ausgegraben hatten, und von den benachbarten Feldern schafften sie Brennholz in Form von Rebstöcken und Hopfenstangen herbei.

Für alle Gefangenen scheinen die Deutschen Mitleid zu empfinden, nur nicht für die Turkos. Diese gelten ihnen als Barbaren, die keiner Schonung bedürfen. Ihre schlechte Meinung rechtfertigen sie mit Geschichten über die Greueltaten, die diese afrikanischen Soldaten an Verwundeten verübt haben sollen. Wir hatten einen kleinen Vorrat an Zigarren, der aber bald aufgebraucht war, denn als die Soldaten sahen, daß wir die eine oder andere verschenkten, umringten sie uns und baten mit stummen, flehenden Blicken um den Trost, den wir ihnen nicht mehr schenken konnten. Viele waren verwundet, zogen es indes vor, bei ihren Kameraden zu bleiben. Die Turkos wirkten stumpf, die Zuaven trotzig, die Infanteristen im allgemeinen niedergeschlagen oder mutlos, während die Kavallerie, überwiegend feine, tüchtige Burschen, sich wie aufrechte Soldaten benahmen, die wissen, daß sie ihre Pflicht getan haben, und von der Niederlage nicht beeindruckt sind. Es war ein kurioser, für mich gänzlich unerwarteter Anblick. An die viertausend Mann müssen dort auf dem Feld gewesen sein, die mit ihren verschiedenfarbigen Uniformen von weitem wie ein Blumenbeet aussahen. Das Stimmengewirr klang, als käme es von einer großen, keineswegs traurigen Menge. Wir blieben so lange bei ihnen, daß es zu spät war, nach Wörth zurückzukehren, was ich sehr bedauerte. Halb verhungert trafen wir wieder in Sulz ein.

8. August. Es war ganz still, als der Kronprinz um halb neun an der Spitze seines Stabes aufbrach. Die Infanterie war zuvor schon aus Sulz abgerückt. Spähtrupps haben gemeldet, daß die Franzosen nach Toul, Pfalzburg und Straßburg fliehen – überhaupt in alle Richtungen. Wir ritten langsam durch Sulz. Aus fast jedem Haus hing die Fahne der Genfer Konvention. Eine halbe Schwadron ritt in einiger Entfernung vor dem Prinzen, der Rest hinter ihm. Daran anschließend kamen, angeführt von Leutnant von Blumenthal, ein paar Burschen mit den Handpferden des Stabes, und schließlich, eine halbe Meile hinterher, die Bagagewagen des Hauptquartiers.

Neben dem Bahnhof waren mehrere große Holzschuppen, die eiligst errichtet worden und, nach den geschäftig umhereilenden Ärzten und Krankenträgern zu urteilen, mit Verwundeten belegt waren. Im Bahnhof eine Unmenge Waggons, offene Güterwagen, in denen, dicht an dicht, französische Gefangene standen. Völlig durchnäßte Zuaven und Turkos, die sich den blutigen Turban um Brust und Kopf gewickelt hatten, boten einen unbeschreiblichen Anblick. Auf den Feldern Tausende von französischen Soldaten, bewacht von Infanterie mit aufgepflanztem Bajonett. Seit dem Ende der Schlacht waren sie jetzt hier. Der Krieg war mit unverkennbarer Härte über sie hereingebrochen. Einige waren frisch aus Afrika gekommen. Kein Laut war in der großen Menge zu hören. Sie müssen den Kronprinzen mit seinem Stab gesehen haben, der gerade von der Reichsstraße nach Straßburg (via Hagenau) abbog. In diesem Moment drang ein Pfeifen durch die Stille, die Lokomotive stieß eine Dampfwolke aus, der Zug gewann langsam an Fahrt, und nun brachen die Gefangenen auf dem Feld in eine Art Stöhnen aus – ob Abschiedsgruß oder Ausruf des Bedauerns vermochte ich nicht zu erkennen –, während ihre Kameraden in deutsche Gefängnisse abtransportiert wurden.

Um halb elf gelangten wir nach Gunstett. Am Ortsrand stießen wir auf die Spuren des Gefechts – erst ein toter Preuße, der halb in den Graben gefallen war und mit dem Kopf auf der Straße lag, die Füße in der Hecke, erschossen bei dem Versuch, auf das Feld zu springen. Dann verendete Pferde, schon aufgedunsen, die Beine in die Luft gestreckt, schließlich Berge von Tornistern, Musketen, Schuhen, Tschakos; frisch ausgehobene Gräber, durch Säbel und Lanzen gekennzeichnet, dann zertrampelte Weinberge und grüne Hopfenfelder, in denen Zuaven und Turkos lagen; am Straßenrand ordentlich aufgereiht, wie in Schlachtformation, lagen Tote mit verwesenden Gesichtern, bedeckt von regennassen Tüchern, unter denen sich die entstellten Gesichtszüge noch schrecklicher abzeichneten, als wenn man sie unbedeckt gelassen hätte. Hier hatte ein Infanteriegefecht stattgefunden,

Map showing LOTHRINGEN, DEUTSCHLAND, PFALZ, ELSASS, with cities Landau, Weißenburg, Wörth, Sulz, Pfalzburg, Hagenau, Straßburg, Lunéville, and the Rhein river.

bei dem auch Artillerie eingesetzt worden war. Doch auf den Hopfenfeldern außerhalb des Dorfes hatte eine Attacke der französischen Kavallerie unglaubliche Spuren der Verwüstung hinterlassen.

Buchstäblich Hunderte von Kürassen lagen am Straßenrand, dazwischen Berge von Helmen, Säbeln, Sätteln, Geschirren, Tornistern mit den Zahlen »6« und »8« darauf, Blutlachen, tote Pferde, eingeschlagene Helme. Stangen mit rotweißen Wimpeln, Lanzen, Tschakos, Sättel, Tornister, tote Soldaten in blauen Uniformjacken mit weißen Aufschlägen. Ein übler säuerlicher Gestank. Es muß ein fürchterliches Gemetzel gewesen sein! Vermutlich wurden hier ganze Regimenter aufgerieben, denn beiderseits der Straße war auf mindestens zwei Meilen nichts als äußerste Zerstörung zu sehen. Aber sonderbar, obwohl ich genau hinschaute, entdeckte ich keinen einzigen Küraß, der von einer Kugel durchschossen war. Einige waren zerbeult, andere zerkratzt, aber nirgends waren Einschußlöcher zu sehen, weder auf der Vorder- noch auf der Rückseite. Der Kronprinz, den ich auf diesen Umstand hinwies, meinte jedoch, daß er einige mit Löchern gesehen habe.

Die Franzosen sind ungeheuer stolz auf diese furchtbare Katastrophe. Sie sagen, daß die Kürassiere von Reichshofen MacMahons Rückzug gerettet haben. Wenn dem so war, dann haben sie es jedenfalls mit dem Leben bezahlt. In Gunstett wimmelte es von Verwundeten, und überall lag französisches Kriegsmaterial herum. An jedem Haus hing die Genfer Fahne. Noch immer schaffte die Kavallerie auf einfachen, schaukelnden Fuhrwerken, die von traurig dreinblickenden Bauern mit breiten Hüten kutschiert wurden, Gefangene herbei (darunter viele Verwundete). Wie sie gelitten haben müssen! Für manche war die Tortur allerdings vorüber, denn sie lagen steif und kalt da, mit glasigen Augen, das Gesicht dem Regen zugewandt. Ein-, zweimal bemerkte der Kronprinz Offiziere, dann ließ er das Fuhrwerk anhalten und entbot den Verwundeten seinen Gruß, wechselte freundliche Worte mit ihnen oder erteilte Anweisung ihre Versorgung betreffend. Er gehört wohl nicht zu den Menschen, die sich wie selbstverständlich für den Krieg begeistern. Jedenfalls läßt ihn nicht kalt, was der Krieg anrichtet.

Gegen Mittag hörte der Regen auf, und um halb zwei betraten wir Merzweiler, eine Ortschaft mit einer großen Fabrik unweit des Bahnhofs. Man kann sich unschwer vorstellen, daß die Ankunft von hundert oder noch mehr Offizieren mit jeweils ein, zwei Burschen in einem kleinen Ort wie Merzweiler zu einem Ansturm auf die verfügbaren Quartiere führt. Der Kronprinz hielt vor dem Haus von Monsieur Dietrich, einem Eisenfabrikanten. Die Mauern waren bedeckt mit Anschlägen, auf denen Kriegsfreiwillige gesucht und Spenden für das Verwundetenhilfswerk erbeten wurden. Ich wartete geduldig, bis jeder Offizier vom Quartiermeister seine Unterkunft bekommen hatte, und als fast alle untergebracht waren, wurde mir lapidar erklärt, daß für mich nichts mehr übrig sei. Das war mißlich. Da ich gesehen hatte, daß der Kronprinz im Haus des Fabrikbesitzers verschwunden war, hielt ich mich dort in der Nähe auf, bis ich schließlich Graf Eulenburg entdeckte. Ich erklärte ihm, in welcher Situation ich mich befand. Er schaute sich um und zeigte schließlich mit dem Finger auf ein einzelnes Bauernhaus außerhalb der Ortschaft. »Dort können Sie sich einquartieren. Und lassen Sie sich von niemandem hinauswerfen. Sagen Sie, ich hätte Sie geschickt!«

Also gingen wir dorthin. Ein uralter, klappriger Mann kam heraus, fragte nach unserem Begehr und führte uns hinein. Wir begegneten einer alten Frau, an deren Rockschößen ein niedliches kleines Kind hing. Dann erschien ihre Mutter – eine hübsche junge Frau, die Tochter unseres Wirts –, und nach einer Weile auch ihr Mann. Bald hatten wir die ganze Familie Egerter kennengelernt. Die Frauen gingen an die Arbeit, um eine Suppe für uns zuzubereiten, und eine Stunde darauf saßen wir am gedeckten Tisch und langten zu – es gab Gemüsesuppe, Brühe, Kalbsbraten mit Kartoffeln und Landwein. Die deutschstämmigen Egerters waren französische Protestanten. Die Wände waren vollkommen bedeckt mit Bildnissen der ersten Reformatoren, der Genfer Doktoren und der Märtyrer des Glaubens. Ihr bescheidenes Heim war beispiellos reinlich und, gemessen an ihrem Stand, durchaus gemütlich eingerichtet. Der alte Mann konnte die Niederlage der französischen Armee weder verstehen noch verwinden.

15. August. [In Lothringen.] Die Requisitionen stoßen auf wachsende Empörung. Die Leute sind aufgebracht. Einem Mann, der sich beklagte, daß er fünfzig Pferde, aber kein Futter habe, wurde geholfen – er mußte die fünfzig Pferde abgeben. Die Preußen müssen überaus siegesgewiß sein, sonst würden sie es nicht darauf ankommen lassen, sich im Falle einer Niederlage mit soviel Feindseligkeit konfrontiert zu sehen. Auch sonst Zeugnisse des Krieges. Allerorts Bekanntmachungen, unterschrieben mit »Guillaume« oder »Frédéric Guillaume, Prince Royal de Prusse«, die den Franzosen die Todesstrafe androhen für den Fall, daß sie Dinge tun, die aus französischer Sicht sehr ehrenhaft sind. Man bedenke nur, wie empört wir Engländer wären, wenn in Dover, Canterbury usw. Anschläge hingen, unterschrieben mit »Bazaine« oder »Napoleon III.«, in denen darauf hingewiesen würde, daß es bei Todesstrafe verboten sei, englische Truppen zu unterstützen, Brücken oder Telegraphenleitungen zu zerstören, sich als Spion zu betätigen oder einen Spion zu beherbergen. »*Mon Dieu! Est-ce que nous sommes Français, et est-ce que nous sommes en France?*« empört sich ein grimmiger kleiner Mann, der mir einen Rockknopf annäht und bei jedem Wort so heftig mit der Nadel zusticht, als wollte er einen Preußen erdolchen. Dieser Knopf wird nicht so schnell abgehen.

Lothringen ist hier nicht besonders ansehnlich. Lange Zeit hat es nicht geregnet, das Land sieht verbrannt aus, und weil es keine Hecken gibt, muten die weiten braunen Felder noch kahler an. Seit kurzem gibt es aber reichlich Kartoffeln, allerdings kein Heu und nur wenig Hafer oder Weizen. Und obendrein noch der Krieg! Wenn Lothringen auch erst seit kurzem zu Frankreich gehört, so macht es doch einen entschieden französischen Eindruck, und daran wird sich auch nichts ändern, bloß weil sich die Preußen hier frank und frei einquartiert haben. Dieser Landstrich ist seit Jahrhunderten ein Schlachtfeld.

Die Chaussee von Blâmont nach Lunéville ist eine dieser Zumutungen, die dem unschuldigen Reisenden dank Eisenbahn erspart bleiben. Sie verläuft so schnurgerade durch die

Landschaft, daß sie, wenn es bergan geht, wie ein eisernes Band aussieht, welches an einer Hauswand lehnt, und wenn es wieder bergab geht, verschwindet sie wie durch einen Zaubertrick plötzlich in einem Loch. Die Straße, die selbstverständlich von Pappeln gesäumt wird, die wie gigantische Rasierpinsel mit langem Griff und elektrischen Borsten aussehen, übt eine Wirkung aus, und heute sind es dreißig Kilometer davon bis Lunéville. Auf einer Straße, deren Zustand der Krieg nicht unbedingt verbessert hat, passierten wir in rascher Folge Herbéviller, Fréménil, Bénaménil, Thiébauménil und Marainvilliers. Es war sehr heiß, aber die Infanterie legte auf den dreißig Kilometern nur eine einzige Marschpause ein. Unter den Soldaten sind verheiratete Männer und traurige Herzen. Vor unserem Quartier saß ein armer Kerl, der nicht aß und nicht trank und den ganzen Abend nur dahockte, den Kopf in die Hände gestützt, und an seine Kinder dachte, denen der Vater höchstwahrscheinlich recht gleichgültig war. Als ich ihm Brot und Wein anbot, meinte er, daß er nichts hinunterbringe, das Herz sei ihm viel zu schwer. Von solchen Kümmernissen wissen die Franzosen bestimmt nichts. Ein Offizier erklärte dem Kronprinzen: »Es ist grausam, verheiratete Männer einzuberufen.«

Um halb zwei rollte unsere Abteilung in Lunéville ein. Wenn Truppen des Eroberers mit allem militärischen Pomp in besiegte Städte einmarschieren, ist das immer eine hochemotionale Angelegenheit. Wie muß das erst für die Deutschen sein! Ihre Kolonnen bewegen sich langsam voran. Die Leute sitzen vor ihren Häusern oder schauen aus den Fenstern. Nirgends fällt ein Wort, kein Laut ist zu hören, nur das Rumpeln und Rasseln der Kavalkade, gelegentlich ein »Jawohl!« oder das Flüstern eines erschrockenen Kindes. Rechts und links Gesichter, die Rufe der Empörung ausstoßen würden, wenn sie den Mut hätten, aber immerhin bleich und leidenschaftlich dreinschauen. Ab und zu stößt ein Soldat seinen Kameraden an, um auf einen besonders finster dreinblickenden Herrn zu zeigen, aber sobald man ihm den Blick zuwendet, läßt er den Arm sinken und schaut weg.

Der gefürchtetste Mann unserer Kompanie war nicht der Stabsarzt, auch nicht der Artilleriegeneral oder der General des Ingenieurskorps oder der Postmeister, sondern der Intendant, ein hagerer, eiserner Mann in einem dunklen Rock mit Samtaufschlägen, der, auf einem ungestümen Pferd sitzend, durch dicke Augengläser streng in die Welt hinausblickte. Er war es nämlich, der über Bürgermeister und Stadträte hereinbrach wie ein Blitz aus heiterem Himmel. Der Stab betritt eine Stadt, die zitternden Amtspersonen lassen sich von der liebenswürdigen Art und den freundlichen Worten des Kronprinzen sofort besänftigen, gehen frohgemut von dannen. Doch der Intendant! Rasch folgt ihnen der eiserne Mann. Und dann – Zorn, Verzweiflung, Zähneknirschen, Empörung. »Ich gebe Ihnen sechs Stunden, die Summe von zwei Millionen Francs aufbringen. Sie werden 500 000 Zigarren, 10 000 Paar Schuhe, 20 000 Flaschen Burgunder und Bordeaux, 6000 Flaschen Champagner, 2000 Rinder, 10 000 Schafe liefern usw., sonst...«

Auf Einwände hat der Intendant zweierlei Antworten parat. Die eine lautet lapidar: »Sie haben zu gehorchen, und zwar binnen sechs Stunden!« Die andere ist eher ein Argumentationsversuch: »*Monsieur le Maire!* Ihre Stadt hat fünftausend Einwohner. Wenn ich Ihnen diese Kontribution abverlange, so halte ich mich an Napoleon Bonaparte. Er hat der Stadt Donnersberg *mutatis mutandis* denselben Betrag auferlegt, einer Stadt, die, wie ich versichern darf, exakt dieselbe Einwohnerzahl hat wie die Ihre. Es ist jetzt neun Uhr. Also: Um drei. Ich hoffe, Sie haben mich verstanden. Diese Stadt ist gewiß ein wohlhabender Ort. Guten Morgen, *Monsieur le Maire!* Um drei Uhr, denken Sie daran!« Mit dem Intendanten war nicht gut Kirschen essen. Er konnte sich auf 300 000 Mann stützen, und er hatte nicht die leiseste Absicht, klein beizugeben.

17. August. Die Aufregung im Hauptquartier gestern abend war nicht unbegründet. Die Armeen des Königs ringen mit denen des Kaisers. König und Kaiser, noch unlängst so gute

Freunde, als sie sich zum Abschluß der Weltausstellung [in Paris] begegneten, sind nunmehr in den bittersten Krieg verstrickt, den die Welt je gesehen hat. Doch schon damals gab es Propheten, die diesen unvermeidlichen Konflikt vorausgesehen haben. Die Pariser Arbeiter warfen mit Steinen nach dem riesigen Standbild des Königs, das im deutschen Pavillon errichtet worden war, und lieferten sich ein Handgemenge mit den preußischen Arbeitern, die es errichteten. Die Franzosen glauben, daß der König sehr erbost war, als er davon erfuhr. Seine aufrechte soldatische Haltung und sein klarer Blick gefällt den Franzosen nicht, sie verspotten ihn vielmehr als »*sous-officier de cavalerie*«, als einfachen Kürassier und so weiter. Aber jetzt befinde ich mich im Hauptquartier des Kronprinzen, wir sind unterwegs nach Nancy, unserem heutigen Etappenziel.

Statt mit seiner 130 000 Mann starken Armee weiter nach Paris zurückzuweichen, beschloß General MacMahon am 23. August, sich mit General Bazaine zu verbinden, der mit seinen 18 000 Mann in Metz festsaß. Bazaine sollte es nicht gelingen, auszubrechen, und MacMahon wurde in Beaumont und Sedan geschlagen.

30. August. Wir vom Zweiten Stab brachen sehr früh auf. Auf der kleinen Straße vor meinem Quartier stand schon eine Gruppe abmarschbereiter Offiziere, kartenlesend, Nachrichten austauschend. Der Herzog von Coburg ist meist schon sehr früh auf den Beinen. Er trägt, genau wie Graf Bismarck, den Interimsrock seiner Husaren – flache weiße Mütze mit gelbem Band, schwarzer zweireihiger Rock mit gelben Aufschlägen und Kragen sowie Metallknöpfen, weiße Beinkleider und schwere hohe Stiefel. Der Prinz von Weimar verzichtet auf seine schöne Husarenuniform, aber es sind doch einige feine Burschen unter den hochwohlgeborenen, langtiteligen Angehörigen dieses Stabes, und sie sprechen gut Englisch. Heute morgen, kurz vor dem Aufbruch, kam die Post, und den Zeitungen waren etliche Informationen über unsere Bewegungen zu entnehmen. Ein Stabsoffizier meinte jedoch, daß die meisten Meldungen von englischen Zeitungen übernommen worden seien. »Herr Doktor« (wie ich diesen »Doktor« verabscheue!) »geben Sie acht, sonst werden Sie erschossen, wenn Sie über uns berichten!« »Wie denn, ich weiß doch gar nichts. Heute sind wir in Termes. Es schadet doch nichts, das zu schreiben. Ich werde nicht sagen, wo wir heute abend sind, weil ich es nicht weiß.« »Hier kommt die Eskorte! Vorwärts!«, und schon geht es in kurzem Galopp gegen Senuc. Die Truppen begrüßen uns schon weitem mit Jubelrufen, wenn sie die Fürsten, unter denen sie »unseren Fritz« vermuten, daherreiten sehen.

Es war ein prächtiger Anblick – ein Wald von blinkenden Bajonetten über Pickelhauben. Nichts sieht *en masse* so martialisch und so schön aus wie diese Helme. Da marschierten sie, drei Armeekorps und die württembergische Division mit Artillerie und Reiterei und Fuhrwerken, so weit das Auge reichte, in geschlossenen Marschkolonnen. Gefangene, die bei den gestrigen Gefechten gemacht worden waren (Zuaven, Turkos und Kavallerie), kamen unter Bedeckung in der Gegenrichtung vorbei. Nie habe ich französische Soldaten in einem so beklagenswerten Zustand gesehen.

Vor Senuc holten wir den Kronprinzen ein, und alsbald wurde am Straßenrand unter Bäumen haltgemacht. Man teilte uns mit, daß es vermutlich in einer Stunde zum Gefecht kommen werde und daß wir bei Beschuß nicht in der Nähe des Kronprinzen bleiben, sondern uns in Gruppen aufteilen und unseren Standort den Umständen entsprechend auswählen sollten, wobei die Reitereskorte als Orientierungspunkt dienen würde. Mir fiel auf, daß die Ulanen ihre Wimpel entfaltet hatten und die Lanzen gesenkt hielten. Oft ist die Rede von Männern, die im Gefecht die Ruhe bewahren. Solche Männer habe ich tatsächlich gesehen, aber ich habe noch nie jemanden erlebt, der *vor* der Schlacht nicht ein bißchen erregt gewesen wäre. Vielleicht sogar auf angenehme Weise. Trotzdem glaube ich, daß das Leuchten in seinen Augen, die etwas geröteten Wangen und das Beben in seiner Stimme nicht von innerer Gelassenheit herrührt. Die Offiziere unseres Stabes sind überaus zivilisiert. Wir geben uns Feuer, tauschen sogar Zigarren aus. Die Männer schauen in ihre Pistolentaschen, ob etwas Eßbares darin ist, und wer ein Stück Wurst, einen Kanten Brot und ein hartgekochtes Ei findet, kann sich glücklich schätzen. Meistens ist auch eine Flasche Wein da. Nie habe ich grauenhafteres Zeug zu trinken bekommen als in der letzten Zeit. Der Landwein ist abscheulich, manchmal saurer als Essig und Wasser. Niemand soll meinen, daß dies keine Rolle spielt, solange er nicht aus eigenem Erleben weiß, was es heißt, bei einem Feldzug miserabel verköstigt zu werden. Die umsichtigsten Generäle sollen über das Thema Verpflegung mit äußerster Besorgnis reden.

Der Prinz gedachte in St. Pierremont Quartier zu nehmen. Wir vom Zweiten Stab sollten uns nach Oches begeben. Ach ja, Oches! Ein unvergeßlicher Ort. Mit einiger Mühe fand ich Unterkunft in einem von zwei alten Weibern bewohnten, unerträglich stinkenden Loch. Die Schwierigkeit besteht darin, Zeit zum Schreiben zu finden. Ich habe reichlich Notizen, aber kaum eine Minute, sie zu übertragen. Die menschliche Natur fordert ihren Tribut, und nach vierzehn Stunden im Sattel oder sonstwo im Freien ohne nennenswerten Proviant ist für die meisten Menschen (und darin bin ich keine Ausnahme) Schlafen das vordringlichste Bedürfnis. Während ich noch versuchte, etwas zu Papier zu bringen, glitt mir die Feder aus der Hand, und mit letzter Kraft warf ich mich auf das Bett in der Ecke und schlief ein, bevor der Lärm auf der Straße und im Erdgeschoß (die Soldaten feierten den heutigen Sieg und schon den erhofften Erfolg von morgen) unüberhörbar wurde.

31. August. Hätte ich den Fliegen nur klarmachen können, daß ich kein Deutscher war. Ein unersättlicher Patriotismus brannte in ihnen, und das Schnarchen der erschöpften Krieger auf dem Stroh, das Wehklagen der alten Weiber am Kamin und die eifrigen Insekten verschafften mir eine grauenhafte Nacht, als ich am meisten der Ruhe bedurfte. Doch so schlimm es auch sein mochte, wir hatten Glück, daß wir so bequem untergebracht waren. Prinz Leopold und ich hatten ernsthaft erwogen, in einem Kuhstall zu nächtigen, bis wir diese (wohl nur unwesentlich) bessere Unterkunft entdeckten. In aller Herrgottsfrühe wachte ich auf, schaute zum Fenster hinaus und sah auf der Straße dieses elenden Kaffs, in dem wir einquartiert waren, daß Ordonnanzen und Stallknechte bereits die Pferde herbeiführten. Großherzöge und Prinzen standen vor den Türen der armseligen Katen und rauchten nachdenklich, mit dem Gesichtsausdruck derjenigen, die wissen, daß ein großes Ereignis bevorsteht. Mein Bursche kam aus irgendeinem Loch, in dem er geschlafen hatte, voller Heu und mit Stroh in den Haaren, und sah noch zerzauster aus als sonst. Die Pferde, nicht sonderlich gepflegt und unzureichend gefüttert, machten nicht den Eindruck, als wären sie vorbereitet auf einen langen anstrengenden Tag. Aber die Schlacht stand unmittelbar bevor – es war förmlich mit den Händen zu greifen.

Wir erfuhren, daß die gesamte französische Armee in der Nähe versammelt sei. Sie hatte versucht, Metz zu erreichen, doch nun, da den Franzosen der Weg verstellt ist, werden sie an Ort und Stelle kämpfen müssen, sich nach Westen zurückziehen oder mit dem Rücken zur belgischen Grenze in die Schlacht ziehen müssen. Sie stehen zwischen den Hügeln und Gehölzen und Bergkämmen und Wäldern der Ardennen. Zweifellos werden auch die Franzosen erbittert kämpfen.

Eine wunderbare Szenerie an einem sonnigen Tag: Ein Blick wie von Richmond Hill, links eine dreibogige Eisenbahnbrücke über die Maas, gleich daneben, etwas höher gelegen, die Chaussee nach der Ortschaft Bazeilles, die von Gärten und Baumgruppen, Schlössern und schönen Landsitzen umgeben ist. Links neben der Brücke flaches Terrain, hinter dem sich die befestigten Mauern, Zitadellen, Türme und Dächer von Sedan eindrucksvoll erhoben. Die Batterien unmittelbar vor uns schleuderten regelmäßig Granaten auf Bazeilles, das an mehreren Stellen gleichzeitig brannte, während zwei etwas entferntere Batterien den Bahnhof mit seinen endlosen Waggons unter Beschuß nahmen. Hinter Bazeilles und Sedan liegen baumbestandene Anhöhen, und noch weiter dahinter erstrecken sich bis an den Horizont die weiten Wälder, durch die die belgische Grenze verläuft.

»Dort drüben werden wir sie packen«, sagte General von der Tann. Und im nächsten Moment sah ich unten auf der Eisenbahnbrücke einer Kolonne bayrischer Infanteristen auftauchen, die auf dem Bahndamm weiter vorrückte. »Sie haben die Brücke vermint«, sagte der General, »aber nicht gesprengt. Wirklich prachtvolle Burschen!« In diesem Augenblick trat ein hochgewachsener Offizier hinzu, der als General Stephan vorgestellt wurde und ausgezeichnet Englisch sprach. Seine Division sollte Bazeilles angreifen. Aufmerksam beobachteten wir, wie die Infanteristen auf dem Damm vorrückten und im Schutz der Böschung bis zum Wald kamen, der die Stadt umgab. Die Spitze der Kolonne betrat den Ort ohne Widerstand. Noch immer drängten die Bayern auf dem Bahndamm voran, und die Straße zur Brücke glitzerte von Bajonetten – etwa neuntausend Mann waren unterwegs.

Doch bald erhob sich Gewehrlärm in Bazeilles. Die bayrischen Batterien, verstärkt von zwei weiteren aus dem rückwärtigen Abschnitt, intensivierten ihren Beschuß. Am Aufblitzen der Geschütze unter den Bäumen war zu erkennen, daß die französische Artillerie die Flanke der Bayern bestreichen wollte, doch explodierten ihre Geschosse schon vor dem Ziel. Wenig später krachte eine Mitrailleuse-Batterie in Bazeilles, und von den Gärten stiegen dichte Rauchwolken auf. Ein staubbedeckter Adjutant kam auf einem schnaubenden Pferd angeprescht, um General Stephan zu melden, daß die Jäger schwere Verluste erlitten hätten und nicht imstande seien, in die Stadt einzudringen, sich vielmehr am Stadtrand etabliert hätten. Von der Tann schien verärgert und verständnislos. Er hatte den Angriff unternommen, weil er sich auf ein Ablenkungsmanöver des Kronprinzen von Sachsen verlassen hatte, von dem weit und breit nichts zu sehen war.

Durch den dichten Pulverdampf, der vom Wind gelegentlich weggeweht wurde, sah man die Franzosen von weiter oberhalb gegen Bazeilles vorrücken. An sieben oder acht Stellen brannte es gleichzeitig. Die Bayern hielten inne. Bald sah man überall ihre Lederhelme, sie strömten hinaus auf die Felder am Fluß und suchten die schützende Böschung. Doch sie fielen rasch. Immer präziser beschoß die französische Artillerie Eisenbahnlinie und Brücke. Um halb vier zogen sich die hellblauen Uniformen, schwer getroffen, mit nicht unangemessener Eile auf das linke Maasufer zurück. Die Bayern schienen aufgebracht. General von der Tann hätte gewiß sein ganzes Korps gegen Bazeilles geworfen. Ich weiß nicht, wie seine Befehle lauteten, aber sein Stab schien der Meinung zu sein, daß die Männer aufgrund eines Mißverständnisses sinnlos geopfert wurden. In rascher Folge schlugen die Granaten auf dem Bahndamm ein. Die bayrische Artillerie indes war dem Feind haushoch überlegen und brachte ihn immer wieder zum Schweigen. Die Franzosen bäumten sich noch einmal auf, und wenn das unablässige Dröhnen der bayrischen Artillerie nicht gewesen wäre, hätte man denken können, daß der Kampf beendet sei.

Bevor ich schlafen ging (ein großes Wort für eine dünne Matratze in einer Zimmerecke), wurde ich ins Hauptquartier bestellt, wo ich in Umrissen von dem Bevorstehenden unterrichtet wurde. Ich ließ die Pferde anständig füttern, denn gottlob war gerade reichlich Futter vorhanden, und der arme alte Wirt brachte mir eine Schale Suppe und ein Stück Fleisch. Ich legte mir für alle Fälle einige Dinge zurecht, die mir nützlich erschienen, packte meine Pistolenhalfter voll, lud den Revolver, füllte das Tintenfaß und machte dann noch einen Rundgang. Das Quartier des Kronprinzen war hell erleuchtet, so daß ich ihn mit verschränkten Armen auf und ab gehen sah. Draußen warteten Ordonnanzen, und die Drähte des Feldtelegraphen, die in das Hausinnere verlegt worden waren, liefen vor lauter unhörbaren Meldungen gewiß heiß. Morgen ist der große Tag. Auf den Hügeln rings um Chémery stehen meilenweit Truppen und brennen Lagerfeuer, und auf den Straßen des kleinen Dorfes wimmelt es von Militär.

1. September. Der Tag von Sedan! Wieviel Uhr es an diesem Morgen war, als an meiner Tür geklopft wurde und eine rauhe Stimme mich mit den Worten »Der Kronprinz läßt bestellen, Sie sollen zum Gefecht kommen« weckte, vermag ich nicht zu sagen. Ich weiß nur, daß ich einen Monat meines Lebens für ein paar Stunden Schlaf gegeben hätte. Müde und abgespannt und erschöpft, wie jemand, der sich nach einem langen Arbeitstag gerade hingelegt hat, wachte ich auf. Das Wort »Gefecht« klang mir in den Ohren, während ich noch immer von der Kanonade von Bazeilles träumte. Mir kam es vor, als wäre ich mitten unter den Bayern bei Remilly erwacht. Es war stockdunkel. Auf den knarrenden Stiegen und Dielen des kleinen Wirtshauses schliefen Soldaten, und in der Küche war der treusorgende Harpes [Russells Bursche] dabei, über einem schwachen Feuer eine Tasse Kaffee aufzuwärmen. Jedermann war erschöpft, und nur mit Mühe konnte ich den Burschen dazu bringen, die Pferde zu satteln. Die Chaussee war erfüllt vom Getrappel der Hufe, Lichter schienen durch die Fenster, der Stab war sehr ungeduldig. Sie waren ja nicht bis spät in die Nacht hinein aufgeblieben, so wie ich, weil ich nach dem anstrengenden Tag noch etwas schreiben wollte. Der Aufbruch des Kronprinzen war für vier Uhr angesetzt.

Als meine Pferde schließlich gebracht wurden, war der Kronprinz mit seinem Stab schon verschwunden im Nebel, der mit der Nacht konkurrierte, und Chémery lag verlassen. Zum Glück hatte ich mir bei der gestrigen Exkursion einen allgemeinen Überblick über die Geländeverhältnisse verschafft. Ich wußte nicht genau, wohin der Kronprinz ritt, wußte aber, daß ich in nördlicher Richtung zur Maas kommen würde, und so verließ ich den Ort ganz beruhigt auf der Straße nach Remilly. Fünf Minuten später waren mein Bursche und ich ganz allein auf der Straße, kein Laut war zu hören, keine Menschenseele zu sehen, aber durch den Nebel schimmerten gelbe und rote Lichter in Bodennähe. Das waren aufgegebene Feuerstellen. Ich ritt bis kurz vor fünf Uhr, dann hob sich der Nebel ein wenig, so daß ich auf einer Nebenstraße, die in das Tal von Raucourt führte, eine marschierende Kolonne erblickte. Sie gehörte zu Hartmanns* Bayern (Kavallerie, Artillerie und Fußsoldaten), die von der Tanns Angriff gegen Bazeilles als Reserve unterstützen sollte. Ich ritt eine Weile mit. Die Männer hatten im Freien genächtigt, ihre Uniformen waren verdreckt, ihre Stiefel schmutzig, die Gesichter ungewaschen. Die Truppe marschierte in tiefem Schweigen, nur das Klappern der Ausrüstung und der Kochgeschirre war neben dem schweren Tritt ihrer Stiefel zu hören. Ich hatte nicht den Eindruck, daß sie dem bevorstehenden Ereignis mit größter Begeisterung entgegensahen. Sie machten einen entschlossenen, dabei nicht unbesorgten Eindruck.

In solchen Situationen empfiehlt es sich immer, Offiziere, an denen man vorbeikommt, als erster zu grüßen. Dann erwidern sie den Gruß und nehmen wie selbstverständlich an, daß alles seine Ordnung hat, und die Männer mischen sich nicht ein, wenn sie merken, daß ihre Offiziere nicht mißtrauisch sind. Wartet man aber auf die fatale Frage »Sagen Sie, mein Herr, wer sind Sie?«, so muß man Dokumente vorzeigen und Erklärungen abgeben, wodurch man viel Zeit verliert. Ich ritt seelenruhig an der Kolonne vorbei und hatte schon ein gutes Stück Weg zurückgelegt, bevor ein neugieriger Mensch Fragen stellen konnte; allerdings bemerkte ich, daß viele Offiziere irritiert waren über den Anblick eines unbekannten Zivilisten, der ihnen in Begleitung eines Burschen zu so ungewöhnlich früher Tageszeit und an einem solchen Ort entgegenkam.

Um halb sechs hatten sich die Nebelschwaden auf den Anhöhen gelichtet, aber sie hingen noch immer, weiß und undurchsichtig wie ein See aus Milch, über dem Maastal. Als ich zur Spitze der bayrischen Kolonne vorstieß, erreichten wir offenes Terrain oberhalb von Raucourt. Das Plateau war gesäumt von tiefen Schluchten und waldigen Partien, Ausläufern des Forstes, der die Anhöhen bis zum Fluß bedeckt. Mit Hilfe meines Kompasses und einer Landkarte verschaffte ich mir zunächst einmal Orientierung. Rechts, zur Maas

---

* Jakob von Hartmann, bayrischer General. (A. d. Ü.)

hin, lag das Tal von Remilly, an dessen Ausgang General von der Tann gestern gestanden hatte. Also hielt ich mich links, um auf der anderen Seite des Tales näher an Sedan heranzukommen. Um diese Stunde war die Luft frisch und sehr angenehm. In den engen Seitentälern weidete Vieh, als hätte es sich, die bevorstehende Schlacht ahnend, dort versteckt. Es gab niemanden, den man etwas fragen konnte, nur das Gezwitscher der Vögel auf den Stoppelfeldern störte die morgendliche Stille.

Als ich eine Viertelstunde später eine Anhöhe hinaufritt, hinter der die Maas liegen mußte, vernahm ich dumpfes Grollen wie von einem Fuhrwerk auf holperiger Chaussee. Dann war alles wieder ruhig. Von der Hügelspitze aus sah ich weit über den Milchsee hinweg bis zu den waldigen Höhen in der Nähe der belgischen Grenze. Ich blieb stehen, um die Karte zu studieren, und wandte mich dann ein wenig nach links, fast genau nach Norden. Wieder dieses Grollen! Schon wieder! Nun sah ich weiter rechts winzige Wölkchen über der völlig reglosen Nebelfläche, die wie kleine Wollknäuel in der Luft schwebten – französische Granaten, die, wie üblich, in großer Höhe explodierten. Der Kronprinz von Sachsen hatte sich an die Arbeit gemacht. Eilends ritt ich durch die Schlucht, während das Donnern der Kanonade, dessen Echo von den Hügeln herüberhallte, immer lauter wurde. Der Reitweg führte zu einer Straße, an der ein kleines Bauernhaus stand. Draußen standen, völlig verängstigt, zwei alte Frauen und fünf, sechs Mädchen und kleine Kinder, die bei unserem Anblick ins Haus flüchteten, allmählich aber Mut faßten. Als sie keinen der gefürchteten bayrischen Ulanen bemerkten, kamen sie wieder heraus, und ein Mädchen, das ein Kind in den Armen hielt, trat schüchtern näher. »Ist Gefahr? Ist Gefahr?« Ich erklärte, daß die Schlacht in großer Entfernung stattfinde, und fragte, ob es niemanden gebe, der für sie sorge. Nein, die Männer seien alle fort. Die ganze Gegend sei verlassen. In Bazeilles, dort hinter den Hügeln, habe es die ganze Nacht gebrannt. »Bleibt im Haus, dann seid ihr sicher.« Ich hoffe, es war tatsächlich so.

Kurz nach sechs Uhr gelangte ich zu einer Höhe oberhalb der Maas. Rasch verzogen sich die Nebelschwaden. Der Vorhang ging hoch, das Schauspiel konnte beginnen. Ich ritt weiter und hielt nach den Preußen Ausschau. Um halb sieben gestaltete sich die Kanonade auf der rechten Seite in Richtung Douzy immer lebhafter. Hin und wieder glaubte ich den Krach von Mitrailleusen zu vernehmen. Die Bajonette und Helme der bayrischen Kolonnen funkelten in der kräftigen Sonne. Etwas weiter rechts ragten die Häuser und Dächer von Bazeilles aus dem Dunst hervor. Ich bemerkte Rauchsäulen, die entweder von den Bränden der letzten Nacht oder vom gerade eröffneten Feuer der bayrischen Geschütze herrührten. Über die Eisenbahnbrücke stieß eine bayrische Kolonne vor. Auf dem anderen Ufer, in einer Flußbiegung etwas weiter unterhalb, überschritt ein anderer Truppenkörper eine Pontonbrücke und schwärmte in den Feldern aus. Je stärker die Sonne wurde, desto schneller löste sich der Nebel auf, und dann sah man schon die Maßnahmen, die in der Nacht getroffen worden waren. Auf den steil zur Maas abfallenden Hügeln schienen sich sämtliche bayrischen Batterien konzentriert zu haben, und die Kanoniere, die im Tageslicht nun sehr viel genauer zielen konnten, begannen damit, Bazeilles, die Eisenbahnlinie, Balan und auch Sedan methodisch zu beschießen.

Ich konnte nicht sehen, was linkerhand passierte, und trotz aufmerksamsten Lauschens auch kein Kanonengeräusch aus dieser Richtung vernehmen, während rechterhand eine Rauchwolke aufstieg, die sich, immer größer und mächtiger werdend, über den Wäldern östlich von Sedan ausbreitete. Am Himmel standen lauter Rauchwölkchen von explodierenden Granaten. Hin und wieder hörte man, gedämpft durch die Wälder, Gewehrfeuer über dem Gedonner der bayrischen Geschütze, die mit teuflischer Ruhe bedient wurden – kaum überraschend, denn die Franzosen ließen sich zu keinerlei Reaktion herab. Die Granaten flogen gegen Bazeilles, zersplitterten Bäume, krachten auf die Chaussee in Richtung Balan, landeten in Gärten, wo bunte Grüppchen von Franzosen standen, schlugen in Häusern ein, so daß Staubwolken aufflogen, zerwühlten Straßen, zertrümmerten die Pappeln am Wegesrand, flogen in die Inundationen, daß das Wasser aufspritzte. Sechs Batterien waren am Werk.

Während ich noch überlegte, ob es in Sedan denn gar keine Kanone gab, mit der man uns belästigen könne, stieg vom alten Festungswall ein weißes Rauchwölkchen auf, aus dem eine Granate über die Bayern hinwegflog, und zwar so dicht an meinem Burschen vorbei, daß er sich durchaus zu Recht als Ziel wähnen durfte. Neugierig betrachtete er das Geschoß, das in der Erde eingeschlagen war, und sagte: »Was denken die sich, wir haben ihnen doch nichts getan!« Kurz darauf schickte dasselbe Geschütz eine Kugel exakt über die Batterie in unserer Nähe. Die Treffgenauigkeit wurde immer besser. Daraufhin befahl der Kommandeur sinnvollerweise, die Batterie etwas weiter nach unten zu verlegen, und setzte den Beschuß fort. Für die französischen Kolonnen, die rechterhand auf die Wälder vorrückten, wo das Gefecht inzwischen tobte, dürfte diese Verlegung nicht sehr vorteilhaft gewesen sein. Der rechte Flügel näherte sich der Straße, und aufspritzende rotbraune Fontänen zeigten die Einschlagstellen der Granaten an. Schließlich nahm eine französische Batterie bei Bazeilles die Eisenbahnbrücke unter präzisen Beschuß.

Die östliche Umgebung von Sedan war komplett von Infanterie überschwemmt. Um acht Uhr herrschte schon ein ungeheurer Gefechtslärm. Offensichtlich hatte der Kronprinz von Sachsen die Franzosen in eine Linie gedrängt, die sie mit großer Hartnäckigkeit verteidigten. Immer wieder ertönte die Stimme ihrer Mitrailleusen über dem Lärm der Geschütze und Musketen. Zwei Rauchstreifen, die, bald dichter, bald dünner werdend, über den Wäldern standen, bezeichneten die Position der gegnerischen Infanterie. Von meinem erhöhten Standpunkt aus bot sich ein atemberaubender Blick fast nach Sedan hinein. Ich sah die Soldaten auf dem Festungswall, die Menschen auf den Straßen und auf einer niedrigen, mehrbogigen Brücke, die tief in der Inundation versunken war. Sodann wandte ich den Blick nach Westen, wo der Prinz

Der Deutsch-Französische Krieg

von Sachsen erkennbar auf energischen Widerstand stieß. Von acht bis halb neun hatte sich die Lage kaum verändert. Die Bayern hatten sich kaum bewegt, Bazeilles stand in Flammen, aber die Infanterie erlitt schwere Verluste. Sie verharrte an den Mauern, Gärten und Häusern östlich der Stadt und schien kaum voranzukommen.

Es ist nicht sehr schön, bloßer Beobachter solcher Szenen zu sein. Es hat etwas Gefühlloses, durch das Fernglas zu verfolgen, wie Soldaten in Stücke zerfetzt werden oder sich verwundet in Sicherheit schleppen oder sich auf der Erde krümmen, viel zu weit weg, als daß man helfen könnte, selbst wenn man es wollte. Wenig später befand ich mich in einem tiefen Wald, der das Geschehen gegenüber dem Tal von Remilly und den Hügeln über Wadelincourt verdeckt. Welch kuriose Szene! In diesem Wald, in dem es nach Kiefernzapfen roch und der so dicht war, daß man von dem Gefecht draußen fast nichts merkte, hörte man Blätterrascheln, wenn ein Stück Wild über den Weg sprang. Unzählige Pfade gingen kreuz und quer in alle Richtungen, einige mit frischen Spuren von Rädern oder Pferden. Ich ritt mit Hilfe des Kompasses in westlicher Richtung, und nach etwa fünfzehn Minuten schimmerte Licht durch die Bäume.

Dann trat ich aus dem Wald. Auf einem nahen Wiesenhang stand eine Gruppe von Offizieren, die durch ihre Ferngläser schauten. Ein Trupp Ulanen und zahlreiche Offiziere hielten sich im Hintergrund. Ich dachte erst, es sei die Begleitung des Kronprinzen, und ritt gutgelaunt näher, als mir ein Offizier eiligst entgegenkam und erregt rief: »Sitzen Sie ab! Haben Sie keinen Augen im Kopf? Dort steht der König!« Genau in diesem Moment pfiff eine Kugel oder Granate aus Richtung Sedan durch die Luft und schlug auf dem Hang ein, unweit der Stelle, wo der König mit Moltke, Bismarck und drei, vier Stabsoffizieren stand. Sofort war ein großes Durcheinander. Ob ich es war, der die Franzosen aufmerksam gemacht hatte, vermag ich nicht zu sagen, aber einige Offiziere aus der Entourage des Königs gaben mir durch Blicke zu verstehen, daß sie mich für einen Riesenverbrecher hielten.

Die Eskorte zog sich noch weiter zurück, die Offiziere in der Nähe des Königs mußten sich zerstreuen, und alle entfernten sich ein wenig vom Rand der Anhöhe.

Der König trug die übliche hochgeschlossene, enganliegende Uniform, Bismarck seinen Kürassierrock und die weiße Mütze mit gelbem Band. Der König war wortkarg, zwirbelte häufig seinen Bart und wandte sich hin und wieder an Moltke, Roon oder Podbielski, den Chef seines Stabes. Moltke und Roon schauten von Zeit zu Zeit durch ein großes Scherenfernrohr nach Osten, doch aufgrund der Bodenverhältnisse dürfte die Stellung des Kronprinzen von Sachsen nicht sehr gut zu erkennen gewesen sein.

Was rechterhand passierte, war indes ganz eindeutig. Der Geländeabschnitt zwischen Donchery und Sedan präsentierte sich wie in einem Diorama. Wenn Moltke nicht gerade durch ein Fernglas schaute oder die Karte studierte, stand er in sonderbar nachdenklicher Haltung, das Kinn in der rechten Hand, den rechten Ellbogen auf den quer über die Brust gestreckten linken Arm gestützt. Bismarck hielt sich etwas abseits, rauchte eifrig und plauderte gelegentlich mit einem kleinen, stämmigen Mann in der Uniform eines Generalleutnants der Vereinigten Staaten. Das war Sheridan, bei dem sich auch der Korrespondent der *Pall Mall Gazette* befand. Prinz Adalbert in seiner Marineuniform, Prinz Karl und die Angehörigen des königlichen Stabes bildeten kleine Gruppen, rauchten, kauten ein Stück Brot oder schauten durch ihre Gläser. Anwesend war auch der bekannte »schwarze Reiter«*, den ich von Berlin bis Sedan allerorts gesehen hatte. Er stand in meiner Nähe und rollte vergnügt mit den großen Augen.

Wie man mich bedrängte, einen Blick durch mein Glas und auf meine Karte werfen zu dürfen, als ich mich etwas abseits von den prominenten Persönlichkeiten hinsetzte und versuchte, das Geschehen im Maastal zu verfolgen. Linkerhand hatte der Kronprinz seine massive Attacke gegen die

---

* So wurde Herr Leverström, der Amtsdiener des Auswärtigen Amtes, bezeichnet. (A. d. Ü.)

französischen Positionen nördlich und westlich von Sedan begonnen. In der Ebene, in einer Biegung der Maas, war in tadelloser Ordnung Kavallerie in geschlossenen Blöcken aufgezogen. Auf den Hügeln marschierte preußische Infanterie, deren Bajonette und Pickelhauben im Sonnenschein funkelten. Von jeder Kuppe und von einzelnen Baumgruppen vor ihnen stiegen unentwegt Rauchwolken aus buchstäblich Dutzenden von Batterien auf, die sich fast halbkreisförmig nach Norden vorgeschoben hatten und nun ihr konzentriertes Feuer gegen die Franzosen richteten, die in ihren Stellungen oberhalb von Floing sichtlich schwere Verluste hinnehmen mußten.

Floing selbst liegt so tief in der Ebene, direkt unter der steil ansteigenden Anhöhe, daß wir nicht sehen konnten, was dort vor sich ging, doch von einem Graben oder einer Schanze am Rand des Plateaus wurde von einer Abteilung französischer Infanterie ein unablässiges Feuer unterhalten. Nicht, daß sie dort sicher waren, denn die preußischen Geschütze auf dem ansteigenden Gelände rechterhand nahmen sie gnadenlos unter Beschuß. Immer wieder gaben die Franzosen ihre Verteidigungsposition auf, aber das Plateau war nicht sicherer, und so kehrten sie mit ihren Offizieren zurück, nur um das allerschrecklichste und unabweisbare Feuer zu erleiden. Die französischen Batterien, deren Aufgabe es war, diese preußischen Geschütze abzuwehren, schienen außerstande, auf nachhaltige Weise zu reagieren. Ein beträchtlicher Haufen Kavallerie, etwa eine Brigade, darunter ein Regiment Chasseurs d'Afrique, stand abgesessen in einer Art Hohlweg oberhalb von Glaire, und noch weiter hinten konnte ich weitere Reiter erkennen, darunter ein Regiment Kürassiere.

Die Sonne schien inzwischen sehr kräftig. Es war so klar, daß man durch ein gutes Glas einzelne Personen deutlich erkennen konnte. Offensichtlich stand die gesamte französische Streitmacht zu einer Attacke gegen den Kronprinzen von Sachsen bereit. Hätte der französische General freilich neben dem preußischen König stehen können, so hätte er geahnt, daß der Tag nicht gut ausgehen würde. Wie wollte er denn Floing und die Anhöhen westlich und nordwestlich von Sedan mit einem Korps gegen die Übermacht verteidigen, deren blitzende Bajonette meilenweit zu sehen waren, deren Kolonnen die Erde verdunkelten und mit schicksalhafter Unausweichlichkeit in gigantischen Massen gegen den nahezu hilflosen Feind vorrückten?

Gegen neun Uhr oder halb zehn waren französischerseits die ersten Anzeichen von Unruhe angesichts der bedrohlichen Bewegungen der Armee des Kronprinzen zu bemerken. Dies erklärte hauptsächlich den Rückzug auf dem linken Flügel und die Verlegung der hinter Sedan befindlichen Truppenkörper nach Floing. Wenn man das Terrain überblickte (und noch nie hatte ich ein Schlachtfeld so deutlich vor mir liegen sehen, da in diesem Moment kein Pulverdampf die Sicht behinderte), so konnte man unschwer eine enorme Verwirrung feststellen. Regimenter oder Bataillone zerschlagen und zusammengewürfelt, Plänkler, die sich in allen Richtungen über das offene Gelände bewegten, das unregelmäßige, gleichsam planlose Feuer, die Staubwolken über den Wäldern – all das zeigte, daß Infanterie und Kavallerie scheinbar ziellos hin und herschwärmten. Doch nach einer Weile fand dieses Wirrwarr ein Ende. Die Truppen auf dem Plateau von Floing bezogen Stellung, als wollten sie den Zugang zur Stadt decken, während sich die Bewegung nach dem Wäldchen (laut Landkarte befindet sich auf der anderen Seite eine tiefe Schlucht) noch entschlossener gestaltete. Auf beiden Seiten dieses schmalen Abschnitts wurde mit großer Bravour gerungen. Die Preußen, die rechts aus dem Wäldchen herausströmten, unternahmen verzweifelte Versuche, sich mit den gegen Bazeilles vorstoßenden Bayern zu vereinigen, und mächtige schwarze Rauchwolken über den Bäumen zeugten von dem Zerstörungswerk, das in dieser bedauernswerten Stadt angerichtet wurde.

Die Offiziere in meiner Umgebung waren noch viel erregter als ich. Hierhin und dorthin schauten sie, und mit zusammengepreßten Lippen flüsterten sie, wie jemand, der unter großer Anspannung steht: »Die Franzosen dort wehren sich

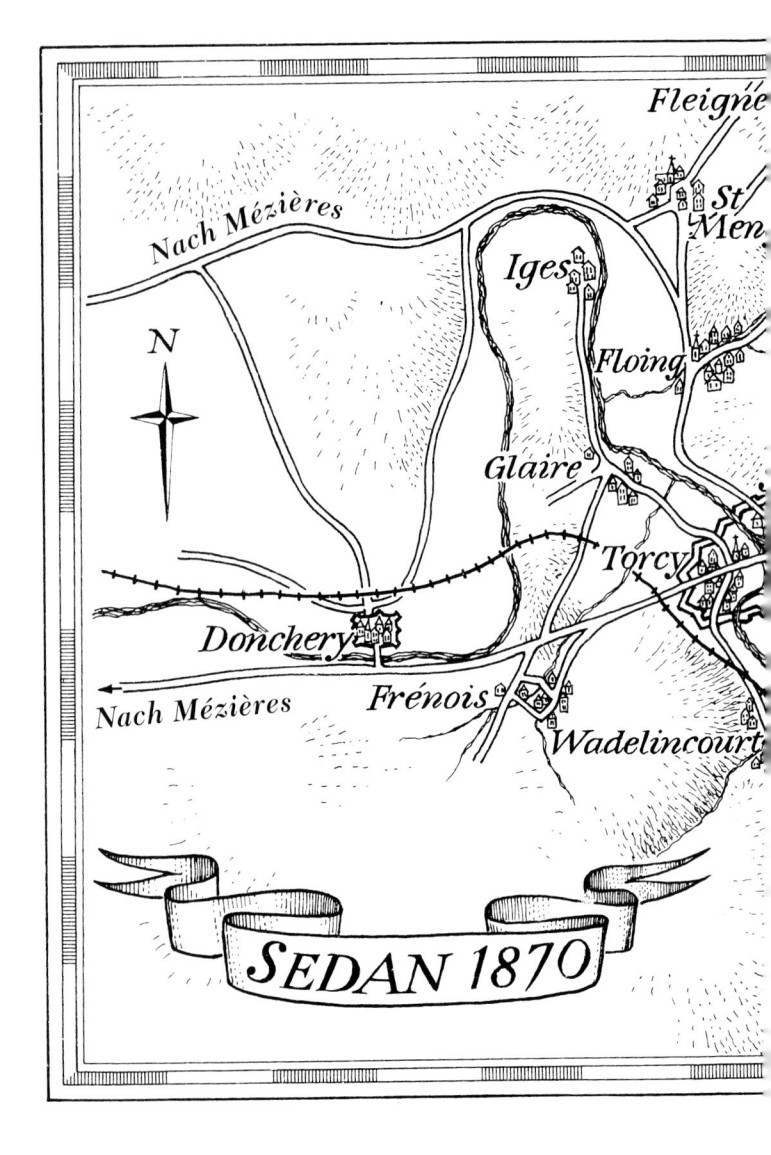

tapfer! Schauen Sie, das muß ein frischer Angriff auf Bazeilles sein!« »Warum drängen die Sachsen nicht entschlossener vor?« »Ein harter Kampf!« »Seht, wie ernst Seine Majestät schaut!« »Ja, aber Bismarck lacht.« Manche saßen auf dem Gras und lasen tatsächlich Briefe oder Zeitungen, andere studierten Karten. Die Maas bot hervorragend Schutz vor feindlichen Aktionen. In Zeiten weitreichender Geschütze wird man wohl nie mehr eine Schlacht in so großer Ruhe und Sicherheit beobachten können.

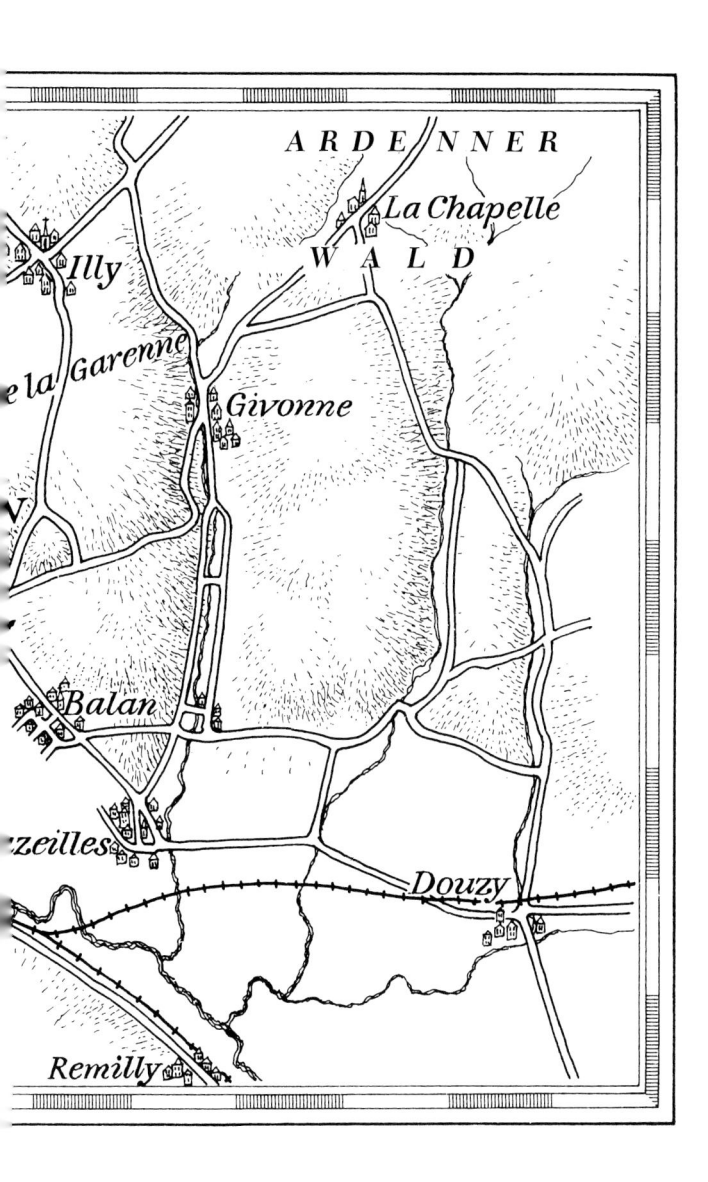

Es dürfte ungefähr elf Uhr gewesen sein (die Aufzeichnungen, die ich an diesem Tag gemacht habe, sind leider verlorengegangen), als ich Seckendorff aus dem Waldstück links von uns heranreiten sah. Er näherte sich der Entourage des Königs, saß ab und übergab einem Stabsoffizier eine Depesche. Seckendorff hatte mich unterwegs erkannt, und so stieg ich sofort in den Sattel, um ihn bei der Rückkehr abpassen zu können. Im leichten Galopp kam er wieder zurück. »Wo ist der Kronprinz?« »Dort drüben, ganz in der Nähe. Wo zum Teufel haben Sie gesteckt? Wir dachten schon, Sie sind verschollen.« Gemeinsam ritten wir weiter. Er erzählte mir, was er alles gesehen hatte, und ich berichtete ihm von meinen Erlebnissen. »Die Franzosen kämpfen wirklich wie die Teufel, aber sie sitzen in der Falle; gleichwohl fügen sie uns schwere Verluste zu. Der Kaiser ist in Sedan. Wir befürchten nur, daß sie vielleicht ausbrechen und nach Belgien entwischen, bevor unsere beiden Armeen sie umzingelt haben.«

Wir kamen an einem Wäldchen vorbei, dann ging es eine kleine Schlucht hinunter, eine Anhöhe hinauf, und tatsächlich, dort auf einem Hügel stand der Kronprinz, im Hintergrund sein Stab und seine Begleitung, an seiner Seite Blumenthal und zwei Offiziere. Ein Klapptisch mit Karten, ein Scherenfernrohr, und vor ihm das ganze Schlachtfeld. Denn nun stießen das 5. und 11. Korps mit aller Macht aus dem Maastal vor und schwärmten hinauf gegen das Plateau. Hier sah ich noch deutlicher als vom Befehlsstand des Königs, was sich in Floing abspielte. Die preußische Artillerie hatte einen geschlossenen Ring um die Franzosen gelegt und bewarf sie nun mit Trommelfeuer.

Ich ging zu einer nahegelegenen Schonung, setzte mich, und bald kam auch Mr. Skinner* zu mir. Meine Uhr und ein großes schwarzes Notizbuch hatte ich ins Gras gelegt, und als mir klarwurde, daß ich mit dem Stift einen aktuellen Lagebericht schreiben konnte, notierte ich alle fünf Minuten die Veränderungen auf dem Schlachtfeld, soweit ich sie erkennen konnte. Sobald ein Blatt vollgeschrieben war, trennte ich es mit einem Messer heraus und steckte es in ein Kuvert in

---

* Ebenfalls ein englischer Kriegsberichterstatter.

meiner Satteltasche. So kommt es, daß ich für die meisten Ereignisse dieses spannenden Tages keine Aufzeichnungen habe. [Der deutsche Militärkurier, der diese Papiere beförderte, wurde von einer französischen Patrouille bei Verdun gefangengenommen.]

Niemand wußte, was sich auf der rechten Seite abspielte. Der Lärm der Gewehre war ohrenbetäubend und übertraf alles, was ich bislang gehört hatte. Der Geschützdonner ließ die Luft erzittern. Und dort standen junge deutsche Fürsten und machten einander auf Einzelheiten aufmerksam, die sie gerade bemerkten. Unterhalb von uns die enorme Masse der Kavallerie, weiter hinten die Infanteriekolonnen, wie hingetuschte Rechtecke, die golden schimmerten, wenn die Sonne auf die Ausrüstung fiel – und die Sonne schien kräftig. Selbst weit draußen auf dem linken Flügel wurde gekämpft. Später erfuhren wir, daß es die Württemberger waren, die Vinoy und Mézières in Bedrängnis brachten. Ich erwähnte bereits, daß Floing und Umgebung durch das überhängende Plateau verdeckt wurden. Pulverdampfschwaden deuteten auf heftige Kämpfe hin. Die Franzosen, die den Rand säumten, wurden von der Artillerie buchstäblich zerfetzt. Aus einem Viertelkreis heraus spuckten die Geschütze ein derart wütendes Feuer, daß die Erde in Fontänen aufspritzte und das Gelände mit blutigen Linien überzogen wurde.

Die Kavallerie weiter hinten, nicht völlig geschützt, bewegte sich zögernd. Am Rand des Plateaus, direkt oberhalb des Dorfes, tauchte plötzlich ganz unverkennbar ein Preuße auf, dann noch einer und noch einer, rasch hintereinander, bis eine Reihe von Plänklern entstanden war, die vom Rand der Schanze und vom Dorf mitten über die Rüben-, Mangold- und Kartoffelfelder des Plateaus und offenbar ohne Unterstützung vorrückte. Es war interessant zu sehen, wie sie sich im Angesicht einer enormen Kavallerietruppe und ganzer Bataillone französischer Infanterie verhalten würde, die linkerhand in einer Bodensenke auf sie warteten. Vorsichtig reckten die Preußen den Hals, um die Lage einzuschätzen. Plötzlich feuerten ein, zwei Mann, und der Rest fiel ein. Noch immer hatten sie keine Unterstützung von hinten. Urplötzlich preschte das vorderste Kavallerieregiment, prächtige Kürassiere, aus dem Versteck, in dem es gewartet hatte, um sich auf die Preußen zu stürzen. Wer die bevorstehende Katastrophe ahnte, wandte sich um und ergriff die Flucht. Andere rückten, unbeirrt aus ihren Gewehren feuernd, weiter vor, bis der Feind heranwogte. Im nächsten Moment war die Roß- und Reiterflut über das Plateau hinweggefegt, hatte die glücklosen Plänkler niedergetrampelt und umgesäbelt und donnerte in einer mächtigen Staubwolke über die Hecke hinweg nach Floing hinunter. Dann waren sie schon verschwunden. Ein paar Pferde und, soweit ich erkennen konnte, auch ein paar Männer lagen auf der Erde; aber es war kurios, wie die Preußen sich hochrappelten und in derselben Richtung wie ihre Feinde verschwanden, um im Dorf Schutz zu suchen.

Eine furchtbare Tragödie muß sich dort unten dann abgespielt haben. Hals über Kopf stürzten die Kürassiere die steile Anhöhe hinunter, so daß ich andertags mehrere Pferde und Reiter mit gebrochenem Genick daliegen sah. Preußische Infanterie feuerte aus den Häusern auf die Reiter, und im nächsten Moment sah ich Massen von grauen, herrenlosen Pferden und Reiter, die taumelnd im Sattel sitzend zurückwichen oder die Chaussee entlangjagten in dem verzweifelten Versuch, nach Mézières zu entkommen. Das alles dauerte höchstens zwei Minuten.

Kaum waren die Kürassiere verschwunden, stürmte die rückwärtige Kavallerie, bestehend aus zwei Regimentern Chasseurs d'Afrique und Lanciers, in zwei Linien den Hohlweg hinauf, während sich französische Infanterie rechts von ihnen in einer Bodensenke formierte, vor der, geschützt durch ein Dickicht, einige Mitrailleusen oder Geschützbatterien standen. Diese waren aber, sooft sie das Feuer eröffneten, derart heftig beschossen worden, daß man sie zurückgenommen hatte. In diesem Moment tauchten über dem Plateaurand, in einer dichteren Linie als zuvor, pickelhaubenbewehrte Köpfe auf – weiterhin ausschließlich Plänkler. Sie mußten durch die Weinberge gekommen sein, in denen die glücklosen

Kürassiere und deren Pferde lagen. Überall Zeugnisse ihrer Attacke. Schußbereit und vorsichtig, wie kurz zuvor schon die erste Linie der Preußen, bewegten sie sich vor, um den Feind zu erspähen, doch aufgrund der Bodenerhebung konnten sie die Kavallerie und die Infanterie nicht sehen. Nach meiner Schätzung dürfte die Entfernung zwischen dieser vorgeschobenen Schützenlinie und der Kavallerie etwa 1200 Meter betragen haben.

Die Preußen, die sich auf dem Plateau durch die Rübenfelder vorschoben, eröffneten das Feuer, sobald sie der Franzosen hinter dem Hügelkamm ansichtig wurden. Just in diesem Moment erschien aus der Schlucht von Floing eine Handvoll Infanteristen, höchstens eine Kompanie, die in geschlossener Formation das Plateau erklomm, ein kleines dunkelblaues Parallelogramm auf grünem Feld. Das Feuer der Schützen wurde nun von den vordersten Abteilungen der französischen Infanterie erwidert, aber die Entfernung war für beide Seiten zu groß. Das vorderste Kavallerieregiment kam in gemächlichem Schrittempo aus dem Hohlweg und ging rasch in Trab über. Die Reiter, die mit ihren weißen und grauen Pferden dort in der Sonne ein sehr fröhliches Bild boten, setzten zum Angriff an. Kaum hatten sie die Höhe erreicht, fielen sie in Galopp, noch zwei, drei Sekunden, und dann fegten sie wie ein Wirbelwind über die Infanteristen hinweg, als wollten sie sie vernichten. Zuerst schien es, als könne eine so kleine Abteilung einer derartigen Attacke nicht standhalten. Als die preußischen Plänkler die Tschakos und Säbel erblickten, wandten sie sich um und liefen los, den Beistand der formierten Infanterie suchend, wobei die einen im Laufen schossen, andere wiederum stehenblieben, sorgfältig zielten, und dann ihren Kameraden hinterherliefen.

Das kultivierte Terrain war sehr ungeeignet für den Einsatz der leichten Kavallerie, deren Ordnung sich inzwischen aufzulösen begann, so daß sich die vordersten Reihen der einen Schwadron mit den letzten der vorausreitenden Schwadron vermengten. Gleichwohl war es ein eindrucksvoller Ansturm. Hier und da stürzte ein Schimmel zu Boden, oder ein

Mann wurde inmitten der Rüben gesichtet, doch erst, als sich die Phalanx der Infanterie (an deren Flanken die meisten Plänkler sich etwas unsicher versammelten) bis auf etwa hundert Meter genähert hatte, ging eine Salve los, deren Getöse an das anhaltende Geknatter eines Feuerwerkskörpers erinnerte. Das Resultat war unglaublich. Die erste Schwadron verwandelte sich in ein Knäuel von weißen und grauen Pferden, aus dem sich die Reiter zu befreien suchten, während andere die Hand in die Höhe streckten, um die Attacke der folgenden Schwadron aufzuhalten. Die Überlebenden, die rasch zu Boden gingen, passierten die Flanken der Infanterie, und als die zweite und dritte Schwadron in wilder Eile über das von toten Pferden und Soldaten übersäte Plateau hinwegstürmte, brachen sie seitlich aus, um nicht in ihr Schicksal zu eilen, und stürmten, den Tod im Nacken, rechts und links an der Infanterie vorbei wie Wasser, das sich an einem Felsen teilt. Das Gelände bot in diesem Moment ein wirklich bemerkenswertes Bild. Es war, als hätte irgend jemand weiße und auch ein paar bunte Papierschnipsel auf einen Teppich gestreut.

Der preußische Stab brach in anhaltende Rufe der Begeisterung aus. Der Kronprinz wandte sich um und sagte ungewöhnlich erregt: »Gut gemacht! Bravo! Wer führt dort Befehl? Unter wessen Kommando steht dieses Bataillon dort?« Ich bin mir nicht ganz sicher, aber ich glaube, es war Hauptmann Struntz vom 5. Jägerbataillon. Der Mann verlor jedenfalls keine Zeit, sondern formierte seine Leute neu, ließ die Plänkler abermals ausschwärmen und avancierte genau gegen die Stellung, aus der etliche Tausend Mann verschiedener Regimenter (ihre bunt durcheinander gewürfelten Uniformen waren gut zu sehen) ein schweres Feuer eröffneten. Diesmal waren seine Chancen aber gar nicht so schlecht. Aus Floing drängten die Bataillone des 5. Armeekorps unablässig nach. Noch bevor sie sich, aus den schmalen Gassen und Gärten des Dorfes kommend, ordentlich formiert hatten, begann das dritte französische Kavallerieregiment höchstens ein, zwei Minuten, nachdem das zweite Regiment auf so schreckliche Gegenwehr gestoßen war, mit seiner Attacke gegen die Jäger, ohne sie allerdings wirklich zu bedrängen, denn als sie aus dem Hohlweg auftauchten, gerieten sie in das Feuer einer Batterie, die preußischerseits inzwischen etabliert worden war, und von vorne trafen sie auf mörderisches Infanteriefeuer. Das war zuviel. Sie wandten sich in Richtung Maas, machten kehrt und galoppierten auf das Wäldchen zu, das im Rücken der Infanterie lag.

In diesem Moment überstieg das Krachen der Gewehre und der Donner der anhaltenden Kanonade, wenn das überhaupt noch möglich war, den Lärm, den wir aus den Wäldern und Schluchten östlich von Givonne gehört hatten. Sedan schien an mehreren Stellen zu brennen. Die am Südufer der Maas stehende Artillerie hatte, unbeeindruckt vom Beschuß aus der Stadt, pausenlos Projektile über Torcy und die südlichen Bastionen regnen lassen, aber viele Granaten schlugen in den Straßen der Stadt ein. Die Artillerie des 11. Korps, das links vom 5. Korps stand, avancierte weiter und bestrich das Plateau von Floing mit gnadenlosem Feuer, um zu verhindern, daß die Infanterie den vorrückenden Preußen noch Gegenwehr bieten konnte. Trotz furchtbarer Verluste behaupteten die Franzosen aber standhaft ihre Stellung. Granaten wühlten das ganze Land auf, überall spritzten Erdfontänen hoch, doch rechterhand zog sich der Kreis immer enger zusammen.

Die Lage des Opfers wurde immer heikler. Oft mußte ich an jenes in Indien so beliebte Spektakel denken, bei dem eine Schar von Treibern allmählich ein wildes Tier einkreist. Die wütenden, verzweifelten Vorstöße der Franzosen, die erbitterten Kämpfe, die hastigen, überstürzten Fluchtversuche – all das erinnerte an das letzte Sichaufbäumen eines verwundeten Tigers. Für uns waren diese eiligen Bewegungen unerklärlich, da wir den Feind, vor dem die Franzosen sich zurückzogen, nicht sehen konnten. Andererseits konnten wir die Gefahren ausmachen, deren ganze Tragweite ihnen noch nicht klar war.

Um zwei Uhr war Floing von deutschen Truppen überflutet, doch stieß ihr Vormarsch an einer waldgesäumten Senke am

Rand der Hochebene, durch die die Chaussee von Givonne nach Sedan verläuft, auf hartnäckigen Widerstand. Der Kreis begann sich zu schließen. Die Truppen des Prinzen von Sachsen und des Kronprinzen hatten sich vereinigt, Verbindung zum Frontabschnitt nördlich von Sedan hergestellt und die Wege zur belgischen Grenze abgeriegelt.

Die Schlacht löste sich in einzelne Gefechte auf. Wohin der Blick auch fiel, überall traten die Franzosen, hier und da von Offizieren gesammelt, den Rückzug an. Einzelne Kanonen und Fuhrwerke, vermutlich Reste von Batterien, zogen sich in Richtung Stadt zurück. Mächtige Rauchsäulen, die sich über den Wäldern erhoben, wiesen auf explodierende Munitionswagen hin. Allmählich erstarb das Knattern der Mitrailleusen: das Gefecht schien jetzt nur noch von Infanteristen ausgetragen zu werden, doch plötzlich hörte man wieder das vertraute Geräusch. Die französische Artillerie unternahm einen neuen Versuch, doch es war augenscheinlich ein hoffnungsloses Unterfangen.

Da ich den Angriff des Kronprinzen von Anfang an beobachtet hatte, war ich überzeugt, daß den Franzosen nur mehr eine einzige Chance blieb. Hätte ihnen die gesamte Armee zur Verfügung gestanden, wäre es nach meiner unmaßgeblichen Meinung durchaus möglich gewesen, einen letzten Ausbruchsversuch in Richtung Mézières zu unternehmen. Tatsächlich dürfte die Verwirrung, die, wie man inzwischen weiß, unter den Franzosen herrschte, sowie der Umstand, daß die Generäle keine Gewalt mehr über ihre Truppen hatten, jede entschlossene Aktion verhindert haben. Das Streben jedes einzelnen schien nur darauf gerichtet zu sein, sich nach Sedan zu retten, was natürlich aussichtslos war, da die Bayern schon bei Balan standen und die Armee des Prinzen von Sachsen die Straßen nördlich von Sedan und rings um La Chapelle kontrollierte. Ehe der Ring geschlossen war, marschierten, besser gesagt flohen Tausende von Franzosen nordwärts und entkamen nach Belgien. Ich bezweifle aber, daß irgend jemand von uns, ob groß oder klein, sich am Ende dieses Tages der enormen Bedeutung dieses Ereignisses bewußt war, das sich zum allergrößten Teil direkt vor unseren Augen abgespielt hatte. Sobald Floing fest in preußischer Hand war und preußische Kolonnen das Plateau mit einem Wald aus Stahl überzogen hatten, mußte selbst dem einfältigsten Beobachter klar sein, daß die französische Armee ganz und gar aufgerieben war.

2. September. Mr. Skinner und ich beschlossen, eilends nach Chémery zurückzukehren, um unsere Berichte zu schreiben. Wir verließen also den Stab in Frénois und ritten querfeldein. Bevor Sedan aus meinem Blickfeld verschwand, sah ich noch eine mächtige Rauchsäule aufsteigen, die sich ausbreitete, bis sie die Form eines gigantischen Baums angenommen hatte, der die ganze Stadt überschattete. Nach wenigen Meilen waren wir völlig allein. Jenseits des Hügelkamms spielte sich der Todeskampf der französischen Nation ab. In Chémery suchte ich sofort mein Quartier auf, überflog meine Notizen und brachte meine Blätter in Ordnung, als mein alter Wirt ins Zimmer humpelte und mit einem Gesichtsausdruck, den ich nie vergessen werde, fragte: »Ist es wahr? Stimmt es? Unsere Armee geschlagen, der Kaiser gefangen?« »Nein, aber es sieht nicht besonders gut aus.« »Hören Sie nur!« sagte er. Aus der Ferne kam ein Geräusch wie ein ungeheurer Beifallssturm, ein vielstimmiges Rufen, Trommelwirbel und Fanfarenklänge. Ein Jäger stürzte freudig erregt herein und sagte mit blitzenden Augen: »Der Tag ist vorbei. Der Kronprinz bittet Sie heute abend zum Diner. Gelobt sei Gott!« Ich lief hinaus auf die Straße. Es war dunkel, aber der Weg zum Hauptquartier des Prinzen war hell erleuchtet von Soldaten, die Kerzen oder Fackeln hielten und von Zeit zu Zeit Freudenrufe ausstießen, die von der Menge auf der Straße beantwortet wurden und wie Donner die ganze Stadt erfüllten. »Der Kaiser gefangen! Die Armee kapituliert!« Diese Worte, oft wiederholt, lösten Stürme der Begeisterung aus. Ich betrat den niedrigen Raum, in dem der Tisch gedeckt war, und erfuhr, daß der Kaiser tatsächlich gefangengenommen war und daß über die Kapitulation der gesamten Armee MacMahons verhandelt wurde. Der Kronprinz schilderte, wie ein Offizier mit dem Handschreiben des Kaisers Sedan verlassen habe – derselbe Offizier, der dem König von Preußen während seines letzten Besuchs im kaiserlichen Schloß zu Paris aufgewartet hatte.

Von Oberst Gottberg erhielt ich den Hinweis, daß ein Sonderkurier binnen einer Stunde mit Depeschen an die Königin und die Kronprinzessin nach Berlin aufbrechen würde. Ich kehrte schleunigst in mein Quartier zurück, schnürte das Päckchen zusammen und schaffte es zurück. Die Stadt war hell erleuchtet, und ich mußte über meinen Wirt lachen, der mich beim Gehen noch um eine zweite Kerze bat. (Harpes hatte ihm schon eine gegeben.) »Dieser Sieg«, sagte er, »verlangt nach zwei Kerzen.« Als ich wieder im Hauptquartier eintraf, hatten sich die meisten Offiziere bereits hingelegt, aber ich konnte meinen Brief noch rechtzeitig übergeben.

[Am nächsten Morgen] stieg ich nach Donchery hinunter, überquerte die von Infanterie bewachte Brücke und betrat den Marktplatz, der buchstäblich vollgepfercht war mit Gefangenen, die, abgeschirmt von Posten mit aufgezogenen Bajonetten, von der Bevölkerung mit Staunen und Mitleid betrachtet wurden. Die Kirche beziehungsweise Kathedrale war ebenfalls angefüllt mit Gefangenen aller Waffengattungen, viele von ihnen verwundet. Donchery feierte ein trauriges Fest, denn an nahezu jedem Haus hing die weiße Fahne mit dem roten Kreuz. Nonnen und Barmherzige Schwestern, Johanniter, Totengräber und Krankenträger drängten sich auf den Straßen. Ich ritt durch den Ort. Nie werde den Gesichtsausdruck der Kriegsgefangenen und der Einwohner vergessen. Der gestrige Tag mit seinem Schlachtenlärm muß entsetzlich gewesen sein.

Am Stadtrand war ein großer Bahnhof. Dort und auf dem angrenzenden Feld befanden sich etwa 3000 Gefangene aus zehn, zwölf Regimentern verschiedener Truppenteile, die von einer Abteilung Württemberger bewacht wurden. Viele der Franzosen waren blutjunge Burschen, aber vor allem Kavalleristen und Kanoniere überragten ihre Aufpasser. Von einfachen Schützenregimentern war kaum jemand anwesend. Die Gefangenen waren korpsweise angetreten, und die Offiziere notierten Namen und riefen Nummern auf, um Verpflegungslisten für die Preußen aufzustellen. Es war eine kalte Nacht gewesen, viele trugen bloß ihre enganliegenden, kurzen Uniformjacken am Leib. Alles in allem machten sie einen guten Eindruck; mit ihren bunten Farben, den Käppis, Turbanen und Tschakos boten sie von weitem fast ein fröhliches Bild. Einer rief mir im Vorbeigehen zu: »Guten Tag, Monsieur! Das haben Sie bestimmt nicht erwartet. Parbleu!« Doch ein unangenehmer kleiner Württemberger hielt ihm sofort das Bajonett unter die Nase. Eine halbe Meile weiter bot sich wirklich ein besonderer Anblick – mindestens 12000 Gefangene auf einem Feld, manchmal komplette Bataillone, 500 bis 600 Mann von einzelnen Regimentern. Viele standen in Reih und Glied, andere lagen, einige rauchten und ließen Pfeifen oder Zigarren nach ein paar Zügen unter den Kameraden herumgehen.

An einer Flußbiegung, an der Chaussee, sahen wir Iges und linkerhand St. Menges. Hier war Infanterie und Artillerie der siegreichen Armee aufgezogen, und in Iges begegneten wir den ersten Kampfspuren. Tote Pferde lagen auf der Erde, Säbel, Lanzen, Ausrüstungsgegenstände. Ein Kürassier sah aus, als wäre er eingeschlafen. Etwas weiter lagen vier tote Soldaten Seite an Seite. Und auch die ersten Hinweise auf preußische Verluste waren hier zu sehen. Ein Mann erzählte uns, daß sein Kavallerieregiment von den Franzosen bis hierher gejagt worden sei. Viele tote Pferde und einige frische Gräber schienen seine Darstellung zu bestätigen.

Schauen wir uns einen der gefallenen Franzosen einmal an. So kalt und tot er ist, kann ich doch alles über ihn erfahren. Die Leichenfledderer sind hier am Werk gewesen. Sein Uniformrock ist aufgerissen, so daß man auf der Brust das kleine blaue Einschußloch sieht, durch welches das Leben von ihm gewichen ist. Seine bunten *pantalons* haben die Plünderer auf der Suche nach Geld zerfetzt, und neben dem übel zugerichteten Mann liegt sein kleines *livret*, in dem seine ganze militärische Geschichte verzeichnet ist. Am 30. Juli 1858 wurde er als *appelé* in das 1. Husarenregiment aufgenommen und unter der Nummer 57 in der Liste des Kontingents des Departements Seine eingeschrieben. Seine Eltern wissen längst nicht so viel wie ich über Jules Auguste Barrilliet, N° 1391, vom 4. Lancierregiment, 1,73 m groß, ovales Gesicht, graue Augen, lange Nase, rundes Kinn, dunkle Augenbrauen, Schnurrbart, kleiner Mund, breite Stirn; geboren am 22. Oktober 1837 zu Etampes, von Beruf Juwelier; Sohn von Jules Victor und Louise Elizabeth Cochery, wohnhaft in Paris, Rue de Duras 7; eingezogen am 6. Februar 1868 zum 1. Husarenregiment. Gemäß den Bestimmungen des Gesetzes vom 26. April 1855 verpflichtete er sich am 28. August 1861 erneut für sieben Jahre; am 1. Januar 1862 wurde er zum Brigadier, 1865 abermals befördert; doch am 19. Februar 1867 hatte er Pech, er wurde degradiert, war jetzt wieder einfacher Husar 2. Klasse. Am 31. Dezember 1871 wäre sein Militärdienst beendet gewesen, und nun ist nicht nur seine Dienstzeit beendet. 1859 und dann wieder von 1864 bis 1867 war er in Afrika stationiert. Er hatte keine Verwundungen, genau wie der Held in der *Großherzogin von Gerolstein**. Er konnte schwimmen und fechten und lesen und schreiben. Am 23. Juli 1869 wurde er zum *maréchal des logis* ernannt. Finanziell dürfte es ihm ganz passabel gegangen sein, da er ein Guthaben von 16 Francs 41 Centimes hatte; sein Militärpaß war jedoch nur bis zum 1. Januar dieses Jahres geführt. Viele seiner Kameraden lagen in der Nähe und hier und da auch ein preußischer oder französischer Infanterist oder ein toter Kürassier in seinem funkelnden Harnisch.

3. September. In den langen Jahren meiner Tätigkeit als Kriegsberichterstatter habe ich noch nie so grauenhaft anzuschauende Leichen gesehen, Soldaten, in deren Gesichtern noch der Schrecken stand. Nie hätte ich es für möglich gehalten, daß seelischer Schmerz und körperliches Leid in der

---

* Operette von Jacques Offenbach, 1867 uraufgeführt. (A.d.Ü.)

sterblichen Hülle verweilen, nachdem der Geist längst entwichen ist durch die abscheulichen Portale, welche die eiserne Hand der Artillerie geschaffen hat. Abgerissene Hände hingen in den Bäumen, Gliedmaßen lagen weit entfernt von den Körpern, zu denen sie gehörten. Besonders bedrückend fand ich einen Ulanen, der auf dem Höhenkamm oberhalb von Floing gefallen war. Der Kopf ruhte auf einer Mangoldwurzel, die Knie waren angezogen, und mit weit aufgerissenen Augen schien er interessiert das säuberlich abgetrennte Haupt eines Turkos oder Zuaven zu betrachten, das mit weit heraushängender Zunge, in die sich die Zähne bohrten, in seinem Schoß gelandet war – ein Anblick, den zu beschreiben einem die Worte fehlen. Die Schrecken der Nacht des 2. September, als ich, unterwegs von Chémery nach Donchery, stundenlang in strömendem Regen neben meinem erschöpften Pferd marschieren mußte, verfolgen mich noch jetzt. Mein Begleiter hatte allzu sorglos darauf bestanden, einen zweifelhaften Weg einzuschlagen, von dem wir nicht wußten, ob er zum Hauptquartier führe. Fast sehne ich mich danach, einer der Gefangenen zu sein, die in der Finsternis zu Tausenden auf der Straße an uns vorüberzogen. Ihre Schritte klangen wie das Rauschen eines dahinfließenden Flusses. Keine einzige Stimme war zu hören! Tausende, Abertausende in weißen und grauen Kapottemänteln, bewacht von Soldaten zu Pferd und zu Fuß, auf dem Weg in die Gefangenschaft!

Und nachdem ich die Brücke vor Donchery überquert und den Ort betreten hatte, ein Gefühl unendlicher Hilflosigkeit angesichts der Soldaten, die auf der Straße lagen und vor dem Regen unter Dachvorsprüngen Schutz suchten. Es war Mitternacht. Eine weinende Frau erklärte mir den Weg zur Mairie, und in der Küche ihres Hauses, das von Verwundeten überfüllt war, fand ich einen schwachsinnigen Alten, der, umringt von quartiersuchenden deutschen Offizieren und von Ärzten, die Tragen, Zupflinnen, Fuhrwerke, Wein und Fleisch forderten, völlig gelähmt war vor Angst, ein einziges Häuflein Elend. Mir schien, als müsse ich die ganze Nacht meinen Gaul halten, bis einer von uns beiden umkippte. Einer der

Offizere erklärte mir, wo sich das Hauptquartier des Kronprinzen befand, das wir nach längerem Suchen schließlich auch entdeckten. Aber der Kronprinz und sein Stab waren schon zu Bett gegangen, nur ein paar Adjutanten waren erschöpft vor einem Feuer eingenickt und hatten keine Ahnung, wo mein Quartier war. Immerhin wußten sie, wo das *ihre* war. Wenn man nur die Nacht überstand, am Morgen würde es schon Hilfe geben. Wir wandten uns um und gingen zur Straße unweit der Kirche. Dort beschloß ich, zu warten, während mein Begleiter sich weiter auf die Suche machte. In der Dunkelheit wurde marschiert. Ich stellte das Pferd an eine Mauer – vor Hunger kaute das arme Tier schon auf meinen nassen Sachen! – und döste an seiner Schulter, als ich eine fröhliche Stimme rufen hörte: »Alles in Ordnung! Kommen Sie, ich weiß, wo es ist!« Wir hatten ein Dach über dem Kopf, und obwohl es mir unangenehm war, mußte ich mein Pferd in den Salon führen, der als eine Art Arbeitszimmer diente, und es neben den Kutschpferden, die den Neuen mit einem freundlichen Nicken begrüßten, festbinden.

Bislang hatte sich keine Gelegenheit ergeben, einen Bericht über die Ereignisse zu schreiben. Jetzt mußte ich diese Chance unbedingt nutzen, ganz gleich, was draußen passieren mochte. Meine Füße waren geschwollen und schmerzten. Ich entledigte mich meiner Stiefel, zündete eine Kerze an und machte mich an die Arbeit – Skinner saß mir gegenüber, Landells hockte in einer Ecke und fertigte Skizzen aus seinem Notizbuch an. Plötzlich erhob sich draußen auf der Straße ein Gemurmel. Landells ging ans Fenster und stürzte mit dem Ruf »Da kommt der Kaiser [Napoleon III.]!« hinaus, Mr. Skinner und ich sofort hinterher. Die Soldaten eilten aus den Häusern und drängten sich an den Fenstern, als eine Abteilung der Schwarzen Husaren an der Spitze des Zuges erschien. Man sah Kutschen mit Pagen und Offizieren in französischer Uniform – Vorreiter mit kaiserlicher Kokarde und wachstuchbezogenen Kopfbedeckungen, von denen der Regen floß –, doch ich hatte nur Augen für den Wagen, in dem »er« saß. Ich konnte es kaum glauben, aber er war es tatsächlich, der gefürchtetste und, nach allgemeiner Auffassung, mächtigste Herrscher der Welt!

Mit einer Hand zwirbelte er den gewichsten Schnurrbart, die andere ruhte auf der Hüfte, fast auf dem Rücken, als wollte er die holperigen Bewegungen der Kutsche federn. Neben ihm saß ein Offizier (ich glaube, es war Achille Murat). Napoleon warf wehmütige Blicke über die Menge am Straßenrand. Als ich meine Mütze abnahm, erwiderte er meinen Gruß sofort mit einem Ausdruck der Neugier, wie mir schien. Doch mein völlig überwältigter Diener kniete schon, und bei seinem Anblick zuckte ein Blitz des Wiedererkennens über des Kaisers Gesicht; denn der Zufall wollte es, daß das Haus, in dem Louis Napoleon anläßlich seines ersten Besuchs in London gewohnt hatte, ausgerechnet jenem Mann gehörte, der hier in Donchery mit gefalteten Händen den Segen Gottes für den Gefangenen von Sedan erflehte. Es ging alles ganz schnell. Noch mehr Schwarze Husaren – und dann waren sie hinter einer Straßenbiegung verschwunden. Gern wäre ich ihnen gefolgt, doch ich besaß weder Stiefel noch Mantel, und der Regen hatte sich in eine Sintflut verwandelt – Blitze zuckten, Donner grollte.

Ich sattelte ein Pferd und ritt trotz strömenden Regens nach dem Château de Belleville in Sedan, in dem die Begegnung zwischen Napoleon und Bismarck stattgefunden hatte, vorbei an Heerscharen französischer Gefangener auf dem Weg nach Deutschland, kehrte nach Donchery zurück und fand Mr. Skinner eifrig bei der Arbeit. Während meines Ausflugs war mir jedoch ein guter Einfall gekommen – ich würde am frühen Morgen, ohne von meinem Vorhaben etwas zu verraten, zur belgischen Grenze reiten, vom nächsten Bahnhof nach Brüssel fahren und weiter nach London, meinen Bericht zu Ende schreiben und den Kronprinzen auf seinem Marsch nach Paris überholen. Also bat ich meinen Burschen, die Pferde ordentlich zu füttern, die Taschen bereitzustellen und sich um sechs Uhr bereit zu halten; meinem vortrefflichen Führer sagte ich jedoch nichts, aus Sorge, er könne dem deutschen Diener meiner Kollegen etwas weitererzählen.

Wenn ich an die Situation denke, die dann folgte, muß ich lachen. Mr. Skinner und ich saßen da und schrieben stundenlang oder taten zumindest so, wobei er denselben Plan gefaßt hatte wie ich und auch alles geheimhalten wollte, und ich war genauso zugeknöpft, ahnte aber, daß er meine Absicht erraten hatte.

4. September. [Sedan.] In welchen Trümmern das besiegte Reich liegt! Man konnte fast nicht durch die Straßen reiten, weil man stets befürchten mußte, auf Bajonette oder Säbel zu treten. Berge von Tschakos und Gewehren, allerlei Kriegsmaterial, Tornister und Gürtel, Tausende von Adlern, die von Infanteriemützen oder Gürteln abgerissen waren – alles lag haufenweise herum. Das Standbild Turennes schien Wache zu halten über Hunderte von Kanonen, an denen stämmige Bayern vorbeizogen. Die Lebenden zogen die Toten durch die Straßen – ich meine natürlich Pferde. Und wie in Donchery, hingen auch hier die Genfer Fahnen reihenweise aus Türen und Fenstern. Nirgends hörte man etwas anderes als Deutsch. Soldaten in jedem Gebäude. Hin und wieder zogen französische Gefangene vorbei, die ihre Ration Fleisch und Brot trugen oder unterwegs zu den Verpflegungsausgabestellen waren, bewacht von Männern, die ihnen von Statur und soldatischer Haltung her unterlegen waren. Ein unsagbar unangenehmer, säuerlicher Geruch lag in den Straßen, so daß ich erleichtert war, als ich mich im Freien wiederfand, genauer gesagt, unterhalb der zerbröckelnden Bastion nahe dem tief eingeschnittenen Hohlweg, der nach Givonne führt und von dort zur belgischen Grenze, die ja mein Ziel war.

Bald stießen wir auf die herumliegenden Toten, und meilenweit boten sich uns dermaßen grauenvolle Szenen, daß meinem englischen Bediensteten schlecht wurde und die Pferde fortwährend scheuten. Die Einzelheiten möchte ich dem Leser nicht zumuten. Auf seinem Weg in die Gefangenschaft muß der Kaiser hier vorbeigekommen sein. Zumindest einige derjenigen, die ich sah, waren jetzt stumm, ihre Lippen für immer geschlossen. Ich entsinne mich nicht, jemals durch einen so schrecklichen Ort gekommen zu sein, so viel Ekelhaftes und Abscheuliches erblickt zu haben. Der Gestank war fürchterlich. Wahrhaft ein Ort für Aasgeier. Die Preußen waren schon längst begraben, doch obwohl wir zahlreiche Bestattungstrupps sahen, die eifrig ihrer Arbeit nachgingen, lagen allenthalben blutige, grausig zugerichtete Leichen in rotem und blauem Tuch, und nur mitfühlende Bauern und Passanten (Zivilisten oder Militärpersonen) hatten sie mit einem Stück Stoff bedeckt, das der Regen in die Gesichter gedrückt hatte, so daß sie um so schrecklicher anzuschauen waren. Merkwürdig, daß die geflohenen Bewohner von Sedan nun grüppchenweise auf der Straße zurückkehrten – die Frauen weinend, das Gesicht bedeckt, während die Männer an den daliegenden Toten vorbeiliefen. Kleine Gruppen, offenbar Belgier oder Deutsche, suchten das Gelände nach Waffen oder anderer Beute ab. Einen Kerl hätte ich am liebsten sofort exekutiert gesehen, und ich bin nicht sicher, ob ich es notfalls nicht eigenhändig getan hätte. In seiner Aufmachung (flache buntscheckige Schirmmütze, bestickte dreckige Joppe, enge Hose und Stiefel mit schiefen Absätzen) erinnerte er an einen deutschen Studenten, und die Armbinde mit dem roten Kreuz diente ihm dazu, seine Gaunerei zu verstecken. Nie habe ich ein gemeineres Gesicht gesehen. Der Mann wankte buchstäblich unter der Last des Sacks, den er auf den Schultern trug, und später erfuhr ich, daß lauter Uhren und Geldbeutel darin waren, die er den Toten und Sterbenden abgenommen hatte, und Goldlitze und Silber von den Uniformen der Gefallenen.

5. September. [Brüssel.] Meine Reise wäre fast an einem törichten Hoteldiener gescheitert. Der Mann hatte es versäumt, mir einen Platz im Frühzug nach Ostende zu reservieren. Obwohl todmüde, hatte ich kaum ein Auge zugetan. Vielleicht war es der Luxus eines weichen Bettes oder vielleicht war ich für ein zivilisiertes Leben nicht mehr zu gebrauchen. Zum Glück mußte ich nicht viel packen, aber für den Portier des Hôtel de Flandre hatte ich doch ein paar heftige Worte, als die armselige Droschke angerumpelt kam, mich zum Bahnhof zu bringen, wofür dem Kutscher nur noch Minuten blieben, wenn er den Zug überhaupt erwischen würde. Solch quälenden Momente sind die Quintessenz der geringeren Mißlichkeiten vieler Jahre. Unterwegs zum Bahnhof wagte ich es nicht, meine Taschenuhr herauszuholen, und auch von jeder öffentlichen Uhr wandte ich den Blick. Plötzlich vermißte ich etwas, das mir mehr bedeutete als das Gold von Ophir – meinen Teilbericht über die Schlacht von Sedan. Er lag natürlich in der Tasche auf dem Sitz vor mir, aber ich hatte völlig vergessen, daß ich ihn dort hingesteckt hatte. Panik erfaßte mich, bis es mir gottlob wieder einfiel. Als wir den Bahnhof erreichten, ertönte die Signalglocke – die mir wie Totengeläut vorkam. Ich habe eine Vision von Billettkontrolleuren, die sich mir in den Weg stellen, von Erklärungen und Beschwerden, doch schließlich sause ich durch einen Nebeneingang, vorbei an Bergen von Gepäckstücken, auf den Perron und erreiche den Zug, der sich in diesem Moment in Bewegung setzt.

Der Tag verging wie im Fluge. Abends um halb sechs war ich im Hotel Grosvenor. Ein paar Freunde kamen, mich zu besuchen, und einer begrüßte mich sogar an der Tür. Durch den Telegraphen hatte meinen Bericht allerdings an Wert verloren, denn die Samstagszeitungen enthielten Schilderungen der Schlacht. Ein englischer Offizier hatte das Kampfgetümmel von der belgischen Grenze aus (jedenfalls dort in der Nähe) verfolgt und der *Times* einen Brief mit seinen Eindrücken übermittelt. Die *Pall Mall* veröffentlichte die Reportage eines Mannes, der näher am Geschehen gewesen war. Doch es gab niemanden, der, wie ich, die Schlacht in ihrem ganzen Verlauf von der Südseite der Maas aus beobachtet hatte, vom Beginn der bayrischen Attacke gegen Bazeilles links neben der Armee des Kronprinzen, niemanden, der über das ganze Schlachtfeld gewandert war, der Sedan besucht, die Abreise des gefangengenommenen Kaisers und den Abmarsch der geschlagenen französischen Armee gesehen hatte. Ich hätte Tage gebraucht, um all das aufzuschreiben, doch mir blieben nur wenige Stunden. Zum Glück waren Maßnahmen ergriffen worden, die es mir erlaubten, die Zeit bestmöglich zu nutzen, so daß ich, dank der flinken Finger einer zweiten Person, bis weit nach Mitternacht diktieren konnte, was anderntags in der führenden englischen Zeitung zu lesen sein würde. Als ich mich endlich hinlegte, konnte ich kaum glauben, daß ich wieder in London war, und so müde ich auch war, die ganze Nacht hindurch verfolgten mich wirre Träume und Bilder.

9. September. [Wieder in Sedan.] Im armseligen Hôtel de la Croix. Den Anblick meines Kollegen, der, von quälender Übelkeit übermannt, auf dem Fußboden lag und auf Ermahnungen überhaupt nicht reagierte, fand ich nicht sehr vergnüglich. Ein unerträglicher Gestank drang von der Straße herauf. Die Luft schien durchsetzt mit Krankheitserregern. Es roch nach verwesenden Tierkadavern. Alles starrte vor Dreck, keine Glocke, kein Diener, kein Wasser zum Waschen. Das einzige Waschbecken hatte der Leidende okkupiert. Ich wanderte durch die Korridore, vorbei an abgerissenen Soldaten, stolperte über grobe Stiefel, zwei, drei Paar vor jeder Tür, je nach Anzahl der Bewohner. Zum Glück stieß ich auf den Adjutanten des Generals von der Tann, der mir den Weg zum Zimmer Seiner Exzellenz zeigte. Dort stand der General, halb angekleidet, inmitten von Karten, Plänen und Depeschen. Er reichte mir eine große Tasse Schokolade und ein Stück Brot, wofür ich sehr dankbar war.

Von der Tann ist nicht sehr glücklich über die Anordnungen des Hauptquartiers, aber als korrekter Mensch übt er an seinen Vorgesetzten keine direkte Kritik. In Sedan herrschen schlimme Verhältnisse. Typhus und Pocken sind verbreitet, für die Pferde gibt es kein Futter, Tausende von Tieren leiden Hunger, manche sind verkauft oder weggegeben, andere erschossen. Nach dem Frühstück machte ich mich auf die Suche nach einer Droschke. Ich hatte mir allerlei Adressen notiert, wo man eventuell einen Wagen mieten konnte. Manche Betriebe waren geschlossen, woanders war kein Fahrzeug mehr da, aber mir scheint, daß kein Franzose bereit ist, sein Fahrzeug aus den Augen zu lassen. Meine Gesprächspartner schienen nicht recht zu wissen, wen sie am meisten verfluchen sollten – die Preußen oder ihren Kaiser. »Schauen Sie sich unsere Leute an«, rief einer. »Sehen Sie, wie frisch und munter sie aussehen, nachdem sie tagelang marschiert sind und gekämpft haben und Hunger leiden. Wieviel besser als die Preußen! Der Kaiser, dieser Gauner! Er hat seine Armee verkauft, als er merkte, daß er sich in Frankreich nicht mehr halten konnte.«

Es regnete in Strömen. Die Straßen versanken im Morast, die Geschäfte waren geschlossen, unendlich lange Prozessionen von Gefangenen aller Waffengattungen zogen vorbei, die Kavallerie mit ihren weißen verdreckten Übermänteln, die Elitekorps mit einer gewissen militärischen Haltung, aber die Linienregimenter stapften zu Abertausenden entmutigt, dreckig, ungepflegt durch die matschigen Straßen.

Auch Unmassen von Bayern drängen sich dort. Sie sind ungewöhnlich verschmutzt und sehen so aus, als hätten sie die ganze Nacht auf der Straße gelegen, was ja vermutlich auch der Fall gewesen war. Die Mauern bedeckt mit Anschlägen, übrigens auch solchen, auf denen die deutschen Behörden darauf hinweisen, daß die Soldaten für alles bezahlen müssen und daß sie keinen Gegenstand entwenden dürfen, daß die verwundeten Franzosen von den Franzosen versorgt werden und daß die Bevölkerung gezählt werden soll und dergleichen mehr. In kurioser Nachbarschaft französische Bekanntmachungen, die vor und nach der Schlacht ausgegeben wurden. Immer wieder kommen Männer mit einer blutbeschmierten Krankentrage vorbei, oder sie schaffen etwas in einer Decke Eingehülltes durch die Menge. Die Lebenden werden bei den Schaukelbewegungen von den Toten angestoßen. Ärzte mit dem Genfer Abzeichen, Johanniter und Krankenschwestern bahnen sich einen Weg durch das Gedränge.

»Diese Banditen, diese Diebe«, murrte ein Franzose neben mir, »sie stehlen unsere Uhren, unser Tafelsilber! Direkt unter Turennes Augen!« »So etwas passiert in einem Krieg eben«, entgegnete ich. »Das ist kein Krieg, sondern Plünderei«, sagte der Mann. »Wenn Sie den Krieg gewollt haben, dann können Sie diese Dinge nicht verhindern.« »Wir haben den Krieg gewollt, wir? Niemals! Die Bauern wollten ihn und der Kaiser, und jetzt werden die Bauern dafür bezahlen. Und der Kaiser wird bis an sein Lebensende dafür zahlen.« Die Suche nach einem Wagen war vergeblich. Aber in Sedan wollte ich keine zweite Nacht verbringen, und so beschloß ich, mich so gut es ging nach Donchery durchzuschlagen. Ich kehrte ins Hotel zurück, verabschiedete mich von General von der Tann, der mich bat, ein großes, mehrfach versiegeltes Dokument für den Kronprinzen mitzunehmen. Dieses Dokument würde mir als Ausweis dienen, mit dem ich sicher durch die preußischen Linie käme. Außerdem versah der gute Mann meinen Reisepaß mit einem Sichtvermerk und versuchte, mir nach Kräften zu helfen. Mit Mühe und Not wurde ich am Tor von Torcy durchgelassen und gelangte auf die Chaussee nach Donchery.

Die Straßen sind unbeschreiblich. Aufgedunsene Pferde verwesen in Gräben und Inundationen, die Trümmer der Schlacht und das furchtbare Chaos von Hunderttausenden, die innerhalb und außerhalb der Stadt eingepfercht sind, Unmengen von Pferden, teils verwundet, die Wiesen, auf denen sie stehen, zu einem schwärzlichen, matschigen Brei zertrampelt, Trupps von Bayern, die die Tiere eines nach dem anderen erschießen und in den Fluß werfen, wo die Kadaver langsam davontreiben wie große bunte Inseln. Es war eine einzige Beleidigung für die Sinne. Donchery war eine Fortsetzung der Schrecken von Sedan.

11. September. [Reims.] Unweit der Kathedrale sah ich einen Mann, unverkennbar Graf Bismarck, der sich, Zigarre rauchend, ohne Begleitung, in seiner bekannten Kürassieruniform erhobenen Hauptes einen Weg durch die Menge bahnte, mit dem Schritt desjenigen, der weiß, daß Zeit ein kostbar Gut ist. »Nanu!« rief er, »wir wähnten Sie verschollen oder tot! Keiner wußte, was aus Ihnen geworden ist. Man hat sich

Sorgen um Sie gemacht.« Ich berichtete von meinem kurzen Abstecher nach London und von meinem Wunsch, vor dem Kronprinzen in Paris zu sein. »Begleiten Sie mich zurück, dann können wir über alles sprechen.« Mit diesen Worten brach der Graf nach seinem Quartier auf, wobei ich durchaus Mühe hatte, Schritt zu halten. Einmal kam ein Mann aus der Menge herbeigelaufen, und bevor Bismarcks scharfes Auge den Beweggrund erfaßt hatte, griff er schon zu seinem Degen. Doch es war nur ein Bettler, der um ein Almosen bat. Der Kanzler blieb stehen, schob die Hand unter den Überrock, holte ein paar Münzen hervor, die er dem Bettler in die Hand legte, und ging weiter. Wir erreichten das Quartier, begaben uns in sein Schlafzimmer. »Ich hoffe, Sie haben nichts dagegen, wenn ich mich während unseres Gesprächs umkleide. Ich habe nur wenig Zeit, der König hat mich an seine Tafel gebeten, und Sie wissen ja, daß wir früh speisen.« Bismarck bot mir eine Zigarre an und begann, über die Ereignisse der letzten Tage zu sprechen. Wenn der Kanzler guter Dinge ist, kann man sich kaum einen reizenderen Menschen vorstellen – lebhaft, offen und liebenswürdig, wie er ist. Ich stand auf, um meine Zigarre anzuzünden, während Bismarck mit seiner Uniform beschäftigt war. »Bitte vielmals um Entschuldigung, daß ich Ihnen nicht Feuer gebe«, sagte er. Die Preußen tragen unter der Uniform üblicherweise eine warme Weste, so daß sie auf einen Überrock verzichten können, und es ist keine unziemliche Bemerkung, wenn ich sage, daß Graf Bismarck vor allen Unbilden des Wetters gut geschützt war.

Auf das lebendigste schilderte er sein Gespräch mit dem Kaiser nach Sedan. »Ich schlief fest, war sehr müde nach dem Tag, als ein Adjutant mich weckte und erklärte, daß Napoleon unterwegs nach Donchery sei, er wolle mich sprechen. Das erstaunte mich sehr, denn ich hatte angenommen, daß der Kaiser mit mir am allerwenigsten sprechen wollte. In der Nacht zuvor war ich bis halb zwei auf den Beinen gewesen, und es war fünf, als man mich weckte. Ich zog meinen Rock an, ließ mein Pferd bringen und ritt sofort los, auch ohne meinen Burschen. Bald sah ich den Kaiser, begleitet von einigen

Offizieren zu Pferde, in einer Kutsche entgegenkommen. Ich saß sofort ab und blieb stehen. Als Napoleon mich bemerkte und sah, wie ich die Hand hob, um ihm meinen Gruß zu entbieten, schien er zunächst erschrocken, war aber gleich wieder beruhigt. Ich brachte ihm den gleichen Respekt entgegen, den ich meinem König gezeigt hätte. Napoleon stieg aus. Ich schlug vor, daß wir uns in ein nahegelegenes Haus begäben. Es gehörte einem Weber, war nicht sehr sauber, und so wurden Stühle nach draußen gebracht, wir setzten uns und begannen unser Gespräch.«

Dann erzählte Bismarck, daß Napoleon unbedingt den König habe sprechen wollen. »Ich bedeutete ihm, daß das erst ginge, wenn die Kapitulation unterzeichnet sei. Doch Napoleon ließ nicht locker, und ich gab jedesmal dieselbe Antwort. Ich wies darauf hin, daß es sinnlos sei, mit dem König verhandeln zu wollen. Immerhin habe er erklärt, daß er keine Macht mehr habe, daß die Befehlsgewalt über Armee und Land bei dem Regenten und der Regierung liege. Da die Unterredung sich zusehends schwieriger gestaltete, schlug ich schließlich vor, das Thema zu wechseln.«

In bezug auf die gegenwärtige Lage erklärte er: »Unsere Truppen müssen weitermarschieren, solange ein Feind sich ihnen in den Weg stellt. Mit welchen Leuten haben wir es in Paris zu tun? Mit ihnen können wir nicht verhandeln. Welche Garantien können sie uns geben? Die Frucht unserer Anstrengungen können wir unmöglich aufs Spiel setzen. Sie müssen nach Paris gehen!« Amüsiert stellte ich fest, daß Bismarck sich in der Eile den Rock über dem Orden *pour le Mérite* zuknöpfte. »So geht es nicht«, sagte er und holte ihn hervor. »Der Sinn solcher Dinge besteht darin, daß sie gesehen werden.« Ich ging mit Bismarck hinaus und verabschiedete mich von ihm vor dem königlichen Quartier, das von einer Menge französischer Schaulustiger umlagert war, die die eintreffenden Gäste sehen wollten, und kehrte in mein Hotel zurück.

Dort fand ich einen schäbigen Gaul und ein klappriges Kabriolet vor – wie mir mitgeteilt wurde, das einzige Gefährt, das weit und breit überhaupt zur Verfügung stand. Der Eigentümer war entweder überwältigt vom Schrecken der preußischen Besatzung oder aber ein Mensch von so beschränktem Verstand, daß er rechts und links nicht auseinanderhalten konnte. Obwohl aus Reims stammend, verirrte er sich immer wieder, und jedesmal, wenn er anhielt, hatte ich das dumpfe Gefühl, daß ich an diesem Abend nicht nach Epernay kommen würde. Und tatsächlich, noch ehe wir uns sechs Meilen von Reims entfernt hatten – die Sonne ging gerade in einem großen Wolkengebirge unter –, machte das Pferd schlapp, und wir mußten halten. Ein Bauernkarren kam uns entgegen, gelenkt von einem stiernackigen, finsteren Kerl mit buschigen Augenbrauen, einem schmierigen Lächeln und einem schrecklichen Auge, und sein Kumpan an seiner Seite wirkte kaum weniger abstoßend. Sie hielten und wandten sich an meinen armen Kutscher. Es sei ja ganz offensichtlich, meinten sie, daß unser Pferd es nicht bis zum Château von Madame Clicquot in Boursault schaffen würde, wo sich das Nachtquartier des Prinzen befand. »Wenn Monsieur dorthin will«, sagte der Mann, »kann ich Sie aber vom nächsten Dorf aus mitnehmen. Ich kenne die Gegend hier wie meine Westentasche. Auf Nebenstraßen können wir die preußischen Patrouillen umgehen.« Weshalb er das vorschlug, war mir unklar. Um mir zu beweisen, daß alles in Ordnung mit ihm sei, oder um herauszufinden, wer ich sei, präsentierte er einen Passierschein des Stadtkommandanten von Reims, der den Inhaber berechtigte, Lebensmittel und Futter für die Armee ungehindert durch die preußischen Linien zu transportieren und in Reims Waren für das Militär einzukaufen.

Er fragte mich nach der Uhrzeit und wechselte einen raschen Blick mit seinem Kompagnon, als er meine Taschenuhr und die Kette sah. »Ich fahre jetzt ins Dorf«, sagte er, »dort werde ich mein Pferd füttern und unsere Fahrt vorbereiten. Wir können dann sofort aufbrechen.« Bevor er losfuhr, wollte er wissen, ob ich ihm eine preußische Banknote über 100 Taler wechseln könne, ohne den Schein freilich vorzuzeigen. Wir holperten auf einer miserablen und steinigen

Straße dem Dorf entgegen, das unter Bäumen lag. Ein erbärmlicher Ort. Ehe wir vor der Dorfschenke hielten, hatte sich dort bereits eine kleine Menschenmenge eingefunden. Wortlos machten mir die Leute Platz. Im Gastraum standen allerhand ungehobelte Burschen mit rußgeschwärzten Hemden und Gesichtern (die Dorfbewohner sind Köhler). Mein Führer ging eifrig flüsternd reihum. Die Luft war stickig. Ich ging nach draußen. Ein kleines Kind kam herbei, ich strich ihm über dem Kopf, und augenblicklich wurde es von einer wild aussehenden Frau weggezerrt und bekam eine Maulschelle. Instinktiv befahl ich dem Knecht, beim Pferd zu bleiben und es nicht aus den Augen zu lassen.

Bald erschien ein ordengeschmückter alter Mann, der einen anständigen Eindruck machte und mich fragte, wer ich sei und was mich in diese Gegend führe. Ich erklärte, daß ich Engländer und auf Reisen sei. »In Zeiten wie diesen geht man nicht auf Reisen. Der Kronprinz ist unser Feind, und Sie befinden sich in Feindesland. Wenn Sie sagen, daß Sie preußischen Schutz genießen, sich von den Preußen aber entfernt haben, dann haben Sie kein Recht, hier zu sein.« »Die Preußen sind aber ganz in der Nähe«, entgegnete ich. »Gewiß, Monsieur, aber sie sind zu weit weg, als daß sie Ihnen helfen könnten. Die Preußen haben geplündert und gestohlen und Elend über die Menschen gebracht. Sie sind Engländer, und ich sehe, daß Sie Ihre Kriegsauszeichnungen tragen (er meinte das Band der indischen Medaille an meinem Überrock). Wahrscheinlich haben Sie mit den Franzosen auf der Krim gekämpft; es ist eine Schande, wenn ein Engländer, der sich mit unseren Feinden verbündet, die unser Land ruinieren, hier erscheint.« »Darf ich fragen, Monsieur, was Sie mir damit sagen wollen?« »Daß Sie auf der Stelle verschwinden sollen«, rief der Mann. »Ich gehe sofort«, erwiderte ich. »Ich fahre mit diesem Mann dort nach Boursault, sobald seine Pferde bereit sind.« »Mit diesem Mann? Nehmen Sie sich in acht, Monsieur! Der Mann hat keinen guten Ruf.« Just in diesem Moment kam ein Bursche und sagte: »Begleiten Sie mich bitte zum *maire*, er möchte Ihre Papiere sehen.«

Ich hatte eine Depesche der preußischen Gesandtschaft an den Kronprinzen dabei, Nachrichten von General von der Tann an das Oberkommando sowie einen Stapel Briefe aus Reims. Auf meine Frage, wer er sei, antwortete der Mann, daß mich das nichts angehe. Er habe bloß den Auftrag, mich zum *maire* zu bringen. Da die Haltung der anwesenden Personen seiner Forderung Nachdruck verlieh, setzte ich ein möglichst unbekümmertes Gesicht auf und ging mit ihm die Dorfstraße entlang, während die Menge, inzwischen etwas reduziert, in einigem Abstand folgte. Unter meinem Mantel, am Gürtel, hing ein Jagdmesser, ein Kompaß und ein Barometer. Alles klapperte beim Gehen, so daß mich der Mann mißtrauisch musterte. Doch es gelang mir, die Depeschen aus der Brusttasche zu holen und zwischen Gürtel und Hemd zu stecken. Bei der flüchtigsten Durchsuchung hätte man die Dokumente sofort entdeckt. Wir gelangten zu einem Weg, der, auf beiden Seiten von einer baumbestandenen Böschung gesäumt, offenbar in den Wald führte.

»Wohin wollen Sie?« fragte ich. »Zum *maire*.« »Aber das Bürgermeisteramt befindet sich doch in der Stadt.« »Ja, aber der *maire* ist nach Hause gegangen. Er wohnt etwa zwei Kilometer von hier im Wald.« »Dann komme ich nicht mit«, sagte ich. »Ich bin nicht gut zu Fuß, und wenn der Bürgermeister mich sprechen will, soll er sich zu mir bemühen.« Der Mann legte die Hand auf meinen Mantelkragen. »Es muß sein.« Mit den Worten »Nehmen Sie sofort Ihre Hand weg, oder ich schieße Sie über den Haufen!« schob ich meine Hand unter den Mantel. Der Mann wich zurück und pfiff, woraufhin überall mit Pfeifen geantwortet wurde.

Rasch lief ich den Weg zurück und rief dabei meinem Burschen, der kein Wort Französisch verstand, in dieser Sprache zu: »Hast du meine Reiter-Eskorte gesehen?« Als ich auf die Straße kam, huschten Gestalten durch das Dämmerlicht. Vor dem Wirtshaus eilten drei, vier Männer über die Straße. Ich rief meinem Burschen auf englisch zu: »Bring mir sofort das Pferd!« Gottlob hörte er mich und war auch im Nu zur Stelle. Ich sagte zu ihm: »Du bleibst hier bei dem Wagen.

Dir droht keine Gefahr, aber ich sitze in der Falle. Ich werde nach dir schicken.« Dann gab ich meinem Pferd die Sporen und ritt in Richtung Reims davon. Ein Mann sprang mit dem Ruf »Halt!« aus einer Toreinfahrt hervor und versuchte, nach dem Kopf meines Pferdes zu greifen, doch ein schneller Peitschenhieb, mitten über das Gesicht, warf ihn zu Boden. Während ich die kleine Anhöhe hinunterpreschte, bemerkte ich, daß Männer querfeldein in Richtung Straße liefen. Der alte Gaul reagierte auf Peitsche und Sporen, und nach zehnminütigem scharfem Galopp erkannte ich ein Kreuz am Straßenrand, das ich auf dem Hinweg passiert hatte. Ich gewahrte die Hügelkette vor Reims und ließ mein Pferd in gemächlicherem Tempo entlangtrotten.

Etwa zwei Meilen vor Reims wurde ich von einer Patrouille des 8. Württembergischen Regiments aufgehalten. Der Kommandeur, ein überaus höflicher junger Hauptmann, fand meine Geschichte höchst interessant. Im Lichtschein einer Laterne, die am Lauf eines Gewehrs hing, studierten wir die Landkarte und lokalisierten das Dorf. Der Offizier sagte: »Ich werde sofort ein paar Mann dort hinaufschicken, und zwar in Begleitung einer Abteilung meiner Kompanie, damit Ihr Bursche und Ihr Besitz in Sicherheit gebracht werden. Seien Sie unbesorgt, ich werde alles Nötige veranlassen.« Ich sagte, daß ich im Hôtel de la Croix wohne, ritt weiter und meldete mich noch vor Mitternacht im Hotel. Der Wirt war sehr erstaunt und gratulierte mir zu meiner gelungenen Flucht. »Ich habe nicht den leisesten Zweifel, daß man Sie ausrauben wollte, und da es gefährlich ist, Begleitpersonen der deutschen Armee auszurauben, wollte man Sie bestimmt auch...« Und dabei fuhr er mit der Hand über den Hals. Im Dorf wohnten einige Banditen, deren Charakter sich im Laufe des Krieges nicht unbedingt verbessert hatte.

18. September. General Blumenthal ist empört. Aufgrund eines Befehls der republikanischen Regierung sollen alle Bäume rings um die Hauptstadt gefällt, die Wälder abgebrannt und die Brücken zerstört werden. Man hört von errichteten Barrikaden und von einer großen Armee, die an der Chaussee nach Versailles kampiert, dort, wo der Kronprinz sein Hauptquartier aufschlagen will. Versailles! Es ist kaum zu glauben! Gerade zwei Wochen sind vergangen, seit das Kaiserreich vom Pariser Mob gestürzt wurde, achtzehn Tage, seit sich der Kaiser in Sedan ergab, und jetzt stehen wir nach einem nicht besonders schnellen Marsch hier und denken ganz ruhig über eine Kapitulation von Paris nach, über ein Ende des Krieges, denn Bazaine und seine Armee sind im fernen Metz eingeschlossen.

20. September. Den Stabsoffizieren wurde gemeldet, daß der Prinz den Schauplatz des gestrigen Gefechts vor der eroberten Redoute besichtigen wolle und daß wir uns, da wir von einigen Forts aus fast einzusehen waren, verteilen sollten, um nicht feindliches Feuer auf uns zu lenken. Die Ulanen unserer Eskorte senkten die Lanzen, und vorsichtig bewegten wir uns auf einer schmalen, steilen Straße entlang, die sich auf ein Plateau emporschraubte, welches stellenweise bewaldet, zum überwiegenden Teil aber mit Getreide-, Rüben- und Kartoffelfeldern bedeckt war. Und dann sahen wir die ersten Spuren des Gefechts. Preußen und Bayern hatten, wie üblich, die Verwundeten größtenteils abtransportiert und die Gefallenen begraben, aber nicht überall, denn Totengräber und Sanitäter streiften durch Wiesen und Gemüsegärten und wurden fündig. Sobald wir das Plateau erreichten, blieb jedermann für sich und achtete darauf, dem Kronprinzen nicht zu nahe zu kommen.

Hier und da lagen zerstörte Geschütze, Lafetten, in die Luft geflogene Munitionswagen, umgeben von den üblichen Toten und Verbrannten, wobei die französischen Verluste immer größer wurden, je mehr wir uns der erhöht liegenden Straße näherten. Quer über der Chaussee lagen gefällte Bäume, hinter denen sich ihre Stellungen verbargen. Ich sah Gefallene des 47., 58., 6., 16., 27., 18. und des 19. Regiments, manchmal zwanzig, dreißig Mann auf einem Haufen, auch außerhalb der Baumgruppen, viele offensichtlich im Moment des Fliehens getroffen. Die Häuser und Gehöfte entlang der Straße zerbombt. Schließlich gelangten wir zu einer Straßenkreuzung. Auf dem Wegweiser stand »Versailles 8 km, Châtenay 4 km, Châtillon 4,5 km, Bièvre 3 km«, und ein Schild zeigte nach »Clamart, octroi«. Hier war es zu einem erbitterten Gefecht gekommen. Direkt an der Wegbiegung, wo es die Häuser am schlimmsten getroffen hatte, waren die frischen Gräber einiger deutscher Offiziere. Mühsam setzten wir unseren Weg fort, vorbei an gefällten Bäumen und Hausruinen, einer bayrischen Einheit entgegen, die hinter einer mächtigen Schanze am Horizont versteckt lag. Das war die Anhöhe mit der verlassenen Redoute.

Der Prinz saß ab und ging in Begleitung mehrerer Offiziere seines Stabes dorthin. Die Redoute war noch nicht fertig armiert, gleichwohl sehr stark. Ein Teil von Vinoys oder Ducrots Armee hatte hier biwakiert. Der Boden war übersät mit Stroh, Proviantresten, Eßgeschirren, Zelten, Lagerausrüstung und dergleichen, dazwischen tote Franzosen. Besonders ein blonder, hübscher junger Bursche fiel mir auf, der mit einem sauberen Stirnschuß auf dem Rücken lag. Sein Tornister war geöffnet, Briefe lagen auf der Erde. Ich griff mir einen. Er war auf englisch geschrieben, offenbar von der Mutter des Gefallenen, der einen sehr gängigen englischen Namen trug. Die Mutter beschwor ihn, von seinem verrückten Bestreben zu lassen, für eine Sache zu kämpfen, die nicht die seine sei, und sich in Erinnerung zu rufen, daß er, wenn sie nicht mehr sei, für seine Schwester zu sorgen habe.

Etwa hundert Meter hinter der Redoute, im Park einer *maison de plaisance*, stand ein kurioses Aussichtstürmchen. Am Rand des Plateaus ging es steil hinunter, auf baumgesäumten Wege, vorbei an Villen und Gärten, bis zu den Vororten von Paris, die vom Verteidigungsgürtel eingefaßt wurden. Ich trat ganz vor und blickte hinunter. Jawohl, dort unten, vor meinen Augen, lag Paris im Sonnenlicht! Die golden schimmernde Kuppel des Invalidendoms, die Türme von Notre-Dame, das Dach der Tuilerien, die Flügel des Louvre, die vielen bekannten Kirchtürme, das Band der Seine – welch schöner Anblick! Etwas näher das Fort Issy, unterhalb von uns Vanves, rechterhand Montrouge. Ich legte mich auf die Erde und sah mir durch das Glas alles ganz genau an. In den Schützengräben wurde eifrig gearbeitet.

Während ich mit dem Glas die Festungsanlagen von Vanves absuchte, erblickte ich in einer Schießscharte einen Offizier, der ernsten Gesichts durch sein Glas zum Plateau heraufschaute und den Bedienungsmannschaften der Kanone an seiner Seite offenbar Kommmandos erteilte. Ich konnte genau in die Mündung des Kanonenrohrs sehen. Das ist der Vorteil eines Feldstechers. Noch mit dem besten Operngucker, sofern er nicht so groß wie ein Fernrohr ist, kann man solche Details unmöglich erkennen, und es gab ein ganz besonders interessantes Detail. Ich rief: »Sie haben uns bemerkt, sie nehmen uns genau aufs Korn!« Ein Rauchwölkchen stieg jetzt auf, und im nächsten Moment kam das Geschoß pfeifend angeflogen, jedermann blieb wie angewurzelt stehen und reckte den Hals, als wollte er den Feind sehen. Das Geschoß pfiff über den Kopf des Kronprinzen hinweg, so daß einige der nervenschwächeren Personen sich duckten, flog weiter zu den Bayern, die sich an der Face der Redoute drängten, und fiel in das rückwärtige Tal, in dem es von Soldaten wimmelte. Wäre das Geschoß eine explodierende Granate gewesen und nicht eine massive Kugel, wären von dem kleinen Plateau bei Plessis Piquet bedeutungsschwere Telegramme ausgegangen!

Eine weitere Kugel oder Granate kam aus Richtung Montrouge angeflogen, aber der Stab und der Prinz entfernten sich in aller Ruhe. Es sei darauf hingewiesen, daß die Bayern, gewiß unbeabsichtigt, die Flagge der Genfer Konferenz unrechtmäßig verwendeten. Auffällig flatterte sie genau über dem Rand des Plateaus, als befände sich dort eine Ambulanz, doch die Männer, die ich sehen konnte, waren allesamt einsatzbereit und bis an die Zähne bewaffnet. Dann saßen wir wieder auf, es war inzwischen kurz vor drei Uhr, und ritten weiter nach Versailles.

Ich kann es mir nicht erklären, aber der Anblick eines Volkes, das im eigenen Land geschlagen und getreten wird, hat etwas sehr Betrübliches für jemanden, der sich den Grund dafür nicht ständig vor Augen führen und in gebührender Weise über die Rechtmäßigkeit und den Sinn aller Dinge nachdenken kann. Daß ich mein Pferd vorsichtig über die Rübenfelder vor Paris dirigieren mußte, damit es nicht auf einen toten Franzosen trat, löste richtigen Unmut in mir aus. Warum bleiben die Leute nicht einfach zu Hause, statt in die Fremde zu ziehen und sich gegenseitig abzuschlachten? Es ist die französische Begeisterung für *la Gloire* und ihre Leidenschaft für öffentliche *promenades militaires*, deretwegen der seßhafte Deutsche nunmehr eine ruhige, kalte Befriedigung darin findet, gen Versailles zu marschieren, in Gedanken daran, was die Franzosen vor langer Zeit in Berlin getan haben und zuvor in der Pfalz, und edle Strafen für all das zu ersinnen, was die Vorfahren seiner gefallenen Feinde seinem Großvater, wenn nicht seiner Großmutter angetan haben.

23. September. […] Um sechs Uhr waren wir wieder in Versailles und feierten im Hôtel des Réservoirs. Ich war sehr beeindruckt vom Kontrast zwischen jener einsamen Redoute mitsamt den verlassenen Feldern und dem Glanz des prächtigen Salons, voll von Männern, die sich völlig ungefährdet wähnten. Trotzdem saßen sie und wir auf einer Sprengladung, deren Lunte bereits brannte. Konnte es etwas Prekäreres geben als ihre Situation? Ich hatte unterwegs von Versailles nach Clamart meine Augen offengehalten und war völlig überzeugt, daß es keine Streitmacht gab, die einen wirklich entschiedenen Ausbruch von 3000 Mann und entsprechend Artillerie zwischen Issy und Montrouge am südlichen Stadtrand von Paris, gedeckt von den Geschützen der Forts, würde aufhalten können. Gewiß, die Dörfer auf dem linken Ufer der Seine waren allesamt besetzt, Sèvres und Meudon und Clamart usw. wurden von starken Kräften gehalten, aber die tatsächliche Belagerungslinie war so schwach, daß ein entschlossener Durchbruch an jeder Stelle möglich schien. Und was bedeutete das? Das Scheitern der Belagerung. Hätten die Franzosen sich früher auf dem Höhenrücken zwischen Villeneuve und Versailles etabliert und auf diese Weise die Verbindungswege des Kronprinzen abgeschnitten, wären die deutschen Armeen gezwungen gewesen, sich zurückziehen, sich neu zu ordnen und ihre Kräfte zu konzentrieren, um die notwendigen Konsequenzen aus einer höchst gefährlichen Situation zu ziehen, in der sich die Unbesonnenheit ihrer Operationen gegen Paris offenbart hätte. Übereilt, viel zu übereilt! Eine Stadt einzuschließen, in der, wie man hört, eine 500 000 Mann starke Soldateska steht, die in jedem Fall sicher ist vor Angriffen und umgeben von einem Wall, der sie vor rund 200 000 Mann schützt, die wie ein Gürtel um die Stadt liegen, verteilt über 48 Kilometer und so disponiert, daß jeder ernsthafte Ausbruch im Süden oder Osten das gesamte Belagerungskorps empfindlich treffen würde – das ist übereilt, viel zu übereilt!

27. September. Hatte heute ein langes Gespräch mit einem Franzosen, der mir erklärte, daß der Zorn der Bevölkerung auf die oberen Klassen so abgrundtief sei, daß dieselben tatsächlich Angst vor einem Abzug der Preußen hätten. Die von ihnen so gefürchtete rote Republik der Gauner, Banditen, Schurken, Träumer, Dichter und des Pöbels dürfte in Paris gewiß ausgerufen werden.

2. Oktober. Das Beste, was es in Versailles gegenwärtig gibt, sind die Pariser Zeitungen, die gegen gutes Geld und einigermaßen regelmäßig ins Hauptquartier gelangen. Die Preußen lassen nachts Geld in Erdlöchern, und am andern Morgen finden sie dort die Zeitungen vor. Daß die Autoren in bezug auf den Rest der Welt nicht viel wissen, ist nicht weiter überraschend. Paris steckt gleichsam in einer fest verschlossenen Flasche. Ballons können die Stadt verlassen, aber sie kommen nicht herein, und die Preußen haben die Telegraphendrähte aus den Flußbetten herausgeholt. Die Pariser Presse war ja auch vor dem Krieg nicht sonderlich gut informiert, und die von den Behörden bekanntgegebenen Nachrichten sind nicht vertrauenswürdig. Ich stelle fest, daß man die Resultate der Ausfälle als befriedigend bezeichnet, obwohl die französischen Kräfte am Ende des Tages unter Verlusten schließlich an allen Punkten zurückgeworfen wurden.

3. Oktober. »Paris in einem so schlimmen Zustand! Großer Gott, steh uns bei!« Eine bewegende Klage aus dem Mund einer Französin, die am Rand einer kleinen Menschenmenge auf der Straße vor meinem Quartier stand. Alle starrten sie auf einen riesigen Ballon, der, aus Paris kommend, langsam in südlicher Richtung über Versailles hinwegschwebte. Die Dame, die in tiefer Trauer war, schluchzte, als wollte ihr das Herz brechen. Obschon der Ballon außer Schußweite war, konnte man durch ein Glas die Männer in der Gondel erkennen, und auch die Preußen beobachteten sie eifrig, bis die Luftkutsche hinter den Bäumen verschwunden war.

21. Oktober. Als ich heute morgen nach St. Germain aufbrach, war in Versailles äußerlich alles ruhig. In Le Chesnay waren die Männer des 37. Regiments auf den Straßen, in Rocquencourt wurden Trommeln gerührt, und die Soldaten stürzten aus den Häusern zu den Waffen. Und durch das Gerumpel der Wagenräder drangen, gedämpft von den Wäldern zwischen Straße und Seinetal, Geräusche heran, die sich, immer lauter werdend, deutlich als Geschützlärm erwiesen. Dieser versetzte die Posten entlang der Straße in eine solche Nervosität, daß sie kaum einen Blick auf unsere Pässe warfen, obwohl doch gerade in dieser Situation höchstes Mißtrauen geboten schien. Jetzt konnte kein Zweifel mehr sein. Wir sind hier in der Nähe des Aquädukts von Marly. Dort drüben erhebt sich die massige Festung Mont Valérien, Rauchsäulen steigen auf, und auf den Feldern, die bis nach Malmaison und nach St. Cloud hin abfallen, stehen Unmengen französischer Infanterie, genauer gesagt lange Kolonnen, die, gedeckt durch eine doppelte Geschützlinie auf den rückwärtigen Anhöhen, gegen die Wälder vorrücken, wo sie von den Preußen erwartet werden.

Es war bewundernswert, mit welcher Ruhe die Preußen ihre Stellungen bezogen. In unserer Nähe hielt sich ein Dragonerregiment auf. Die Männer, durch einen dichten Gürtel von Bäumen und Hecken gut verborgen, deckten die Straße. Auf einem Feld standen zwei Artillerie-Batterien einsatz- und marschbereit. Die Erregung unseres Kutschers, eines großen, schwerfälligen Versaillers, war erstaunlich anzusehen. Seine Augen funkelten, er knirschte mit den Zähnen, schwang fluchend die Peitsche und malträtierte seine Pferde und stieß unentwegt halb freudige, halb angsterfüllte Rufe aus. »Ah!« stöhnte er, »dieses Lumpenpack! Diese Spitzbuben! Jetzt schaffen sie es doch!« Mr. W. und Leutnant A. reiten in Richtung St. Germain. »Die Franzosen kommen!« rief mir der eine von ihnen zu, »machen Sie einen Bogen um Bougival, der Ort liegt unter starkem Beschuß!«

Das Krachen der Gewehre, das Rattern der Mitrailleusen, das Dröhnen der Artillerie, aber auch die Vielzahl der Männer, die drüben auf den Hängen erschienen, schien einen massiven französischen Ausfall zu versprechen, immer vorausgesetzt, daß es neben denjenigen, die auf den Hängen zu sehen waren, noch genügend Reserve gab. Insgesamt konnte ich aber nicht mehr als 12 000 Mann sehen – wenn überhaupt so viele.

Es verstand sich von selbst, daß man in derart waldigem Terrain nur von der Anhöhe bei St. Germain einen vernünftigen Blick haben würde. Widerwillig fuhr der Kutscher weiter, und als wir nach Marly abbogen, kamen uns Scharen von Männern, Frauen und Kindern entgegen – warum oder weshalb war mir nicht erkenntlich. Sie schienen freudig erregt. Gewiß, die Frauen rangen die Hände und weinten, doch die Männer jubelten und lachten, bis sie zu der Stelle kamen, wo die Preußen stocksteif am Straßenrand standen. Später hörte ich, daß diese Franzosen von der Terrasse und der Anhöhe bei St. Germain vertrieben worden waren, wo sie angeblich ihre Landsleute angefeuert hatten. Nun suchten sie sich andere Orte, von wo aus sie den erhofften französischen Sieg beobachten konnten.

Schließlich St. Germain. Das Hôtel Pavillon Henri IV voller Preußen. Allenthalben große Erregung. Marie rang die Hände und weinte bitterlich – »Diese armen Teufel bringen sich gegenseitig um. Da fragt man sich, ob es überhaupt einen Gott gibt.« Aber wie sonderbar das alles war. Monsieur Marbots Kellner trugen im vergoldeten Salon auf, Offiziere diskutierten beim Frühstück, was sie durch ihre Ferngläser gesehen haben. Die französische Bevölkerung versammelte sich an den wenigen Orten, die ihnen gestattet waren, um einen Blick auf die Schlacht zu werfen.

Ich mußte daran denken, wie niederschmetternd es ganz gewiß für die Truppen war, die aus dem Schutz von Valérien vorstießen und nichts als einen großen Waldgürtel vor sich sahen, mit Mauern umgeben, von denen ihnen Gewehrfeuer entgegenspuckte und ein Schwall dieser fürchterlichen preußischen Granaten, nirgends eine Menschenseele zu erblicken, nur gelegentlich, wenn ein Sonnenstrahl die Spitze einer Pickelhaube erfaßte oder ein Bajonett funkeln ließ. Ich stellte mich mit K. und F. an eines der Fenster im Obergeschoß, wir breiteten Karten auf dem Tisch aus und konnten nun die Positionen der Kontrahenten recht gut verfolgen. Ich machte Notizen, schrieb bisweilen sogar in kaltblütiger Ruhe. Ich konnte alles sehr viel besser sehen, als wenn ich draußen auf dem Feld gewesen wäre, außer vielleicht auf dem Aquädukt von Marly, den der König und sein Stab eingenommen hatten.

Die Kampfhandlungen, wenn man sie denn als solche bezeichnen kann, dauerten viereinhalb Stunden. Die Aktion, obschon ein ernsthafter Versuch, war bedeutungslos, denn das 5. Korps konnte den Ausbruch mit einer Division aufhalten, ganz zu schweigen von den Landwehrgardisten, die ebenfalls beteiligt waren und sich hervorragend schlugen. Die Begeisterung der Menge, die Freudenrufe, darunter bisweilen englische Worte ausländischer Sympathisanten, wenn sich die Dinge zugunsten der Franzosen zu entwickeln schienen, und das leise Gemurmel tiefer Enttäuschung, wenn das Vorrücken ihrer Freunde aufgehalten wurde und schließlich in einen Rückzug mündete – das alles war für mich etwas ganz

Neues, denn noch nie hatte ich eine Schlacht erlebt, die von so vielen Zivilisten als Zuschauern verfolgt wurde. Nun, da alles vorbei ist, darf man annehmen, daß Ducrot, wenn er mit 50 000 statt mit 10 000 Mann angegriffen und einen beherzten Ausbruch gemacht hätte, ohne Vorwarnung seitens der Geschütze von Valérien oder der Kanonenboote auf der Seine, die Preußen möglicherweise aus Versailles verjagt und den Belagerungsgürtel durchbrochen hätte.

22. Oktober. Ein schrecklicher Gedanke, daß Paris bombardiert werden soll. Die Sache scheint aber entschieden zu sein, denn der Belagerungspark wird bereits gebildet. Ich glaube, daß der Sinn einer solchen Maßnahme unter militärischen und moralischen Aspekten in höchsten Kreisen durchaus angezweifelt wird, und ich persönlich würde ein Bombardement nicht gern sehen. Der Kronprinz soll massive Einwände erhoben haben, die sich vor allem auf die Aussichtslosigkeit einer solchen Aktion beziehen. Seine Bedenken zielen auf die Geländeverhältnisse, die den Abstand der Batterien bestimmen, aber auch auf die Wirkung, die eine Kanonade international haben wird. Offenbar ist auch die Militärführung geteilter Meinung. Aber die Armee, die Truppen! Nun ja, da sie seit ihrer Ankunft vor Paris von allen Forts heftig bombardiert wurden, dürften sie wohl einmütig auf einer Revanche bestehen, und es könnte unklug sein, die Gefühle, die von Offizieren und Mannschaften wenn nicht ausgesprochen, so doch empfunden werden, nicht genügend ernst zu nehmen.

28. Oktober. Heute früh war es so kalt, daß ich vor dem Aufstehen Feuer machen mußte. Ich ritt hinüber nach Les Ombrages* und erfuhr, daß die Kapitulation von Metz gestern auf Schloß Frescaty unterzeichnet worden sei und die Stadt heute besetzt wird. Welche Katastrophe! Ein bitterer Schlag für Frankreich – ein grandioser Triumph für Deutschland! Eine Fortsetzung des Krieges scheint aussichtslos. Prinz

---

* Hauptquartier der III. Armee. (A. d. Ü.)

Friedrich Karl wird nunmehr imstande sein, mit drei Vierteln seiner Armee die jenseits der Loire versammelten Kräfte aufzureiben und den Belagerungsring um Paris zu verstärken.

15. November. Frühmorgens ging ich hinaus auf die Terrasse unnd erblickte einen alten Herrn in hochgeschlossenem Gehrock, mit flacher Schirmmütze und eng anliegenden Beinkleidern, der mit einem Stöckchen unter dem Arm rasch auf und ab ging. Schließlich bemerkte er mich, worauf er in einer der Nischen stehenblieb, als wollte er mir Platz machen. Er strahlte von Kopf bis Fuß etwas Soldatisches aus, und auch ohne seine »Legion« im Knopfloch gesehen zu haben, wußte ich daß er ein erfahrener Offizier war. Während ich nach Valérien hinüberschaute und mit meinem Glas den Horizont entlangfuhr, entbot mir der alte Herr, der mich von der Seite beobachtet hatte, nach einer Weile ein *»Bonjour Monsieur, il fait assez frais ce matin.«* Dann sprachen wir ein wenig über das Wetter, doch nach einiger Zeit taute er ein wenig auf.

»Mir ist, als hätte ich Ihre Kavallerie erst gestern dort unten in Suresnes und Courbevoie gesehen, das dort hinter Valérien hervorschaut«, sagte er. »Ich hatte sie schon oft gesehen, *ces bons gaillards*. Ich gehörte zu Pajols Kavallerie und habe so manchen Kampf mit ihnen gefochten, und es war mir eine große Freude, in jenem traurigen Jahr 1815 meine alten Feinde zu sehen. Ich pflegte in den Bois de Boulogne zu gehen, wo sie später einquartiert waren, es dürfte wohl ganz gut gewesen sein, daß sie nicht in Paris waren. Vortreffliche Männer! Aber was für Trinker! Wie viele habe ich betrunken in den Wirtshäusern gesehen. Aber mein Gott, welch ein Unterschied zwischen ihnen als Feinden und den Preußen! Ich bedaure, daß ich diesen Tag noch miterleben muß, obschon ich kein gebürtiger Franzose bin. Ich stamme aus Polen (er nannte auch seinen Namen, Oberst …). Diese Befestigungen sind der Grund dafür, daß diese feigen Schurken sich verbarrikadieren, statt herauszukommen und zu sterben. Man wird sie allesamt aushungern wie Ratten in einem Loch.

Ich werde Ihnen sagen, wie es in Paris aussieht. Ich weiß es. 55 000 Mann Linien-Infanterie stehen dort. Sodann 105 000 Mobilgarden, einige der besten Soldaten. Außerdem 300 000 bewaffnete Nationalgarden, die zwar nicht viel taugen, aber es mögen 100 000 tüchtige Soldaten darunter sein. Und schließlich verfügt der wackere Trochu, unterstützt durch Ducrot und Vinoy, über 25 000 Marinesoldaten, Zollwächter, Forstleute und Gendarmen, alles hervorragende Männer. *Voilà!* Insgesamt also 485 000 Mann. Franzosen! Tapfere Leute, bereit, zu kämpfen und notfalls auch zu sterben. Und meine Güte, sie werden in Paris festgehalten von etwa 180 000 Mann, die die Stadt umringen und deren Gürtel an zwei Stellen von Flüssen unterbrochen wird. Es ist nicht zu fassen! Die Geschichte wird es nicht glauben. Es herrscht ein großer Bedarf an Kavallerie. Und jeden Tag werden es weniger. Schauen Sie sich die augenblickliche Situation an und sagen Sie mir: warum sollte man nicht im Norden einen entschlossenen Ausfall unternehmen? Bei St. Denis springt die Front etwas vor. Dort sollte man mit 100 000 Mann ausbrechen. Man könnte die Preußen aus Orgemont Epinay verjagen und die Belagerungslinie bis nach Pontoise zerschlagen, so daß Versorgungskonvois nach Paris gelangen könnten; und um sie aus den starken Positionen zu verjagen, die diese 100 000 Mann einnehmen, verstärkt von 50 000 der besten Truppen – je zur Hälfte Linienregimenter und tüchtige Nationalgardisten –, müßte Prinz Friedrich mindestens 50 000 Mann im Süden abziehen, und sobald er die Front dort geschwächt hat, stoßen wir von Villejuif und Charenton aus vor, nehmen die Chaussee in Richtung Süden, zerteilen die preußischen Kräfte, vereinigen uns mit der Loire-Armee, und Frankreich ist gerettet!«

Die Augen des alten Mannes blitzten auf. Er nahm sein Stöckchen und zeichnete mit solcher Wucht Linien in den Kies, daß es zerbrach. »Ein schlechtes Omen«, sagte er und lächelte traurig, als ich die Teile aufhob und sie ihm gab – »bitte verzeihen Sie, daß ich Sie mit meinen Gedanken belästigt habe. *C'est un rêve.*«

31. Dezember. Ich erhielt eine kronprinzliche Einladung, um sieben Uhr in Les Ombrages zu dinieren. Ich saß neben dem Kommandanten des Hauptquartiers, Major von Winterfeldt, einem strengen, strammen Preußen. Er verlieh seiner Befürchtung Ausdruck, daß Paris zu früh kapitulieren könne und so der Bevölkerung das Leid erspart bleibe, das sie aufgrund ihrer Verkommenheit und Sündhaftigkeit verdient habe. Der Kronprinz äußerte sich in einem anderen Ton. Selbstverständlich hatte er Winterfeldts Worte nicht mitbekommen, und er gab auch nicht für jeden zu hören seine Meinung kund, aber nach dem Diner sprach er von seiner großen Kriegsmüdigkeit. Der Krieg sei ein sinnloses Blutopfer, allen bringe er endloses Leid und Elend. »Wann wird dieses schreckliche Walten aufhören? Einst habe ich Gambetta bewundert. Er schien mir ein genialer Mann und Patriot zu sein. Nun hat man den Eindruck, daß er egoistisch und skrupellos seine eigenen Interessen verfolgt. Selbst wenn Paris fällt, heißt das nicht unbedingt Frieden. Der Krieg wird zwangsläufig mit größerer Härte fortgesetzt, da die Lage für den Feind aussichtslos ist.« Er befürchtete, daß es in England zu einem Stimmungsumschwung kommen könne, daß man den Deutschen unterstelle, sie führten den Krieg einzig zum Zwecke der Eroberung. »Ich für meine Person wünsche aber nur einen dauerhaften und ehrenhaften Frieden. Wir haben keine Ambitionen. Im Gegensatz zu anderen streben wir nicht nach Ruhm. Da uns der Krieg indes oktroyiert wurde, müssen wir Bedingungen stellen, die die Gewähr bieten, daß Frankreich nie wieder leichtfertig und aus Übermut die deutsche Nation angreift.« Der Kronprinz, dem ich die *Times* hatte zustellen lassen, erklärte, daß er einige Artikel mit großem Vergnügen gelesen habe. Freilich sei ihm aufgefallen, daß Deutschland aufgrund seiner Erfolge keine gute Presse in England habe. »Weil die Deutschen sich vor künftigen Aggressionen schützen wollten, hatten sie keinen Ehrgeiz.« Bevor er sich verabschiedete, um sich zum König zu begeben, hielt der Prinz eine kurze Ansprache und erklärte, daß er sich freue, daß ich ihn so lange begleitet habe. Auch wünschte er mir alles Gute für das neue Jahr. Um zehn waren wir wieder in meinem Quartier, wo sich meine Landsleute versammelt hatten, um das neue Jahr zu begrüßen. Es begann mit stundenlangem Kanonenbeschuß von den Festungen, und im Heulen des winterlichen Windes war deutlich das Krachen von Gewehren zu hören.

7. Januar [1871]. Paris wird also doch bombardiert. Der Kronprinz gab Befehl, die Wohnquartiere zu schonen. Der König hob diese Anweisung auf. Er wird das Bombardement selbst dirigieren. Die humane Einstellung des Prinzen obsiegte über militärische Erfordernisse. Wer kann es ihm verdenken? Ich gewiß nicht, aber viele Deutsche vermutlich schon, ganz gewiß sogar.

8. Januar. Paris brennt an drei verschiedenen Stellen. Noch ein wilder, verschneiter Husar von G.'s Regiment draußen in Clamart. Er sagt, die deutschen Kanonen erreichen den Invalidendom, die Granaten sind in der Nähe des Palais du Luxembourg eingeschlagen.

18. Januar. Ob sich der Kronprinz über seinen neuen Titel freut? Gestern abend hatte ich den Eindruck, daß es ihm eher gleichgültig ist. Niemand bei Tisch schien großen Wert darauf zu legen. Die Politiker jubeln, und die kleinen Staatsmänner sind erfreut. Im Gegensatz zu den preußischen Soldaten und den Preußen selbst. Sie sind der Ansicht, daß sie dem Reich, indem sie ihren König zum deutschen Kaiser machen, einen Gefallen tun, sogar ein wenig von ihrer Macht abgeben. Die Württemberger, die Hessen, selbst die Bayern vertreten die Ansicht, daß sie ihren gestrengen und herrischen Verbündeten ein Geschenk machen und im Interesse des Gemeinwohls ein wenig von ihrer Unabhängigkeit opfern – und unter uns gesagt: die Preußen sind bei ihnen nicht sonderlich beliebt. Doch dem Preußen ist das gleichgültig, solange man ihn fürchtet und ihm gehorcht. Der Preuße ist, abstrakt gesehen, ein Mann, den man nicht lieben kann, den wir aber respektieren müssen, und sei es nur wegen seines aufrechten Charakters. König Wilhelm von Preußen soll im Schloß Ludwigs XIV. zum deutschen Kaiser proklamiert werden.

Ich legte die prachtvolle Uniform eines Deputy-Lieutenant an, die meine deutschen Freunde, ich muß es leider sagen, an die Uniform jener Pagen erinnert, die hinten auf den Botschafterkarossen stehen. Doch ich mußte in irgendeiner Uniform erscheinen und war stolz darauf, einer der Stellvertreter des Constable of the Tower zu sein, wenn mir auch klar war, daß ich für Ausländer den Eindruck erzeugte, als wäre ich in der einen oder anderen Weise mit der Exekution von Staatsgeschäften, womöglich von Staatsgefangenen, im besagten Tower befaßt. Ich legte all meine Orden an, die ich außerhalb Englands nach Belieben zeigen kann, und fuhr in die Avenue de Paris, wo Herr Schneider, der mir zugedachte Begleiter, gleich hinter der Präfektur wohnte, im ersten Haus, zweite Etage. Unterwegs begegnete ich dem Kronprinzen und salutierte. Er schmunzelte und gab mit einer leichten Handbewegung zu verstehen, daß er meine prunkvolle Montur, die Silberepauletten und den spitzen Hut mit Federbusch bemerkt habe.

Es war naßkalt – überall Soldaten. Die Avenue de Paris gesäumt von Kavallerie und Infanterie, die Place de la Cour Royale voller Bataillone, in Formation angetreten, auf der Kuppel die wehende Fahne der Hohenzollern, Stimmengewirr wie ein monoton rauschender Fluß, darüber helles Säbelrasseln. Auf der Place de la Cour Royale stiegen wir aus und bahnten uns einen Weg durch Brandenburger, Pommern, Westfalen, Hessen, Württemberger, Mecklenburger, Hannoveraner, Sachsen, Bayern, Badener – alle gestiefelt und gespornt und herausgeputzt –, gelangten zu einem Nebeneingang im rechten Flügel des Schlosses, stiegen die Treppe hoch zur Salle du Sacre, weiter zur Salle des Gardes (jetzt voller Deutscher), zur Antichambre de la Reine (auch hier lauter Deutsche), zum Salon de la Reine (dito), zur Chambre de la Reine (gleichfalls) und kamen schließlich zur Galerie des Glaces, dem Saal, wo die festliche Begegnung zwischen Königin Victoria und Kaiser Napoleon III. stattgefunden hatte.

Dieser Saal, eine einzige Verherrlichung Ludwigs XIV., ein Meer aus Spiegeln, Gold, allegorischen Gemälden und hohen Fenstern, war nun Schauplatz für den Auftritt schwarzgewandeter lutherischer Prediger und degentragender Soldaten. Jeder Reiseführer informiert über die Dimensionen dieses Saales. Herr Schneider dirigierte mich, dabei an jeden Offiziellen eindringliche Worte richtend, noch weiter, bis ich unweit der Stelle war, wo der König stehen sollte. Allerdings war es mir, bescheiden wie ich bin, dort ein wenig zu nah. Die scharlachrot-silbernen Epauletten würde man nicht abweisen, aber mir schien, als hätten die führenden Männer des Vaterlands, von denen es zweifellos eine ganze Menge gibt, sich eben diese Ecke ausgesucht. Also beschloß ich, mich aus der Menge der Edlen davonzustehlen, durchmaß den Saal und plazierte mich rechts hinter einer Reihe bayrischer Soldaten. Diese Männer waren von kleinem Wuchs, worüber ich recht froh war; zu meiner Rechten stand ein Geistlicher, und von hinten wurde ich von einer Säule gedeckt. Ich betrachtete meine Position als unschlagbar.

Rührt die Trommeln! Ehrengarde, angetreten! Es ist zwölf Uhr. Von Ferne grollt eine Kanone über den Hochrufen draußen im Hof, die dem König gelten. Erwartungsfrohes Gemurmel, dann erklingt, machtvoll und sonor, der Chor der Militärsänger, während der König in Generaluniform den langen Saal entlangschreitet und sich vor den Geistlichen verneigt, die vor dem behelfsmäßigen Altar stehen. Er hält inne, wendet sich nach links und rechts, zwirbelt mit der freien Hand den dichten weißen Schnurrbart und wirft dabei einen Blick über die Versammlung. Er kann nicht sehen, daß sich genau über ihm eine gigantische Allegorie des großen Monarchen mit der Inschrift »*Le Roy gouverne par luy-meme*« befindet, rechts und links davon allegorische Darstellungen desselben hochrühmlichen und perückentragenden Potentaten, der nicht viel anderes tat als das, was auch Wilhelm von Hohenzollern zugeschrieben wird – »*L'ordre rétabli dans les Finances*«, »*Construction de la Flotte*«! Wieviel Humor auf seiten Fortunas! Doch sie behält ihre amüsanten Anspielungen für sich. Nach menschlichem Ermessen dürfte Ludwig XIV. die Pointe entgehen, daß Wilhelm von Preußen exakt unter einem Tableau steht, das den besagten Ludwig »als Eroberer Spaniens verherrlicht, wobei die erfolglosen Versuche der Deutschen, diese Eroberung zu verhindern, durch einen aufgeschreckten Adler symbolisiert werden, der mit aufgerissenem Schnabel auf einem kahlen Baum sitzt«. Nachzulesen im »Offiziellen Führer, Preis 1 Franc«.

Rechts neben dem König stand der Kronprinz in der Uniform eines Feldmarschalls, rechts und links schlossen sich die Führer der Heerscharen an, die diesen König zum Kaiser gemacht haben. Aber halt, dort drüben am äußersten linken Rand des Halbkreises, dessen Zentrum der König ist, ganz für sich allein, stolz und blaß, aber entschlossen, steht Graf Bismarck, auf kräftigen Beinen, wie ein Mann aus Eisen, eine Hand auf dem Griff seines Degens, der Soldat-Minister, der sich vom Schmerzenslager erhoben hat, um bei der Feierlichkeit zugegen zu sein, an der er doch einigen Anteil hat. Aufmerksam beobachtete ich ihn. Für ihn schien es nur den Kronprinzen zu geben. Gelegentlich wanderten seine Augen zum König, aber nur, um wieder zum Kronprinzen zurückzukehren, der, die Hände auf dem Griff seines Degens, eine noble, zwanglose Haltung einnahm. Mir fiel auf, daß der Prinz kein einziges Mal Graf Bismarck ansah. Er schien wie in einem Tagtraum.

Kirchenlieder wurden gesungen, Gebete gesprochen, und der Hofprediger Rogge hielt eine Predigt, deren Tenor das »*Mene, mene, tekel upharsin*« war. Und dann, während die Versammlung, Schwerter und Helme schwingend, laute Hurrarufe ausbrachte, wie sie großen Feldherrn zustehen, wurde Wilhelm von Preußen zum deutschen Kaiser proklamiert, und mit tränennassen Augen nahm er die Glückwünsche der Fürsten, Herzöge und hohen Würdenträger seines Reichs entgegen.

20. Januar. Vormittags begab ich mich zum Schloß. Der Spiegelsaal, noch vor zwei Tagen Schauplatz imperialer Prachtentfaltung, ist nun ein Jammertal. Schmale Bettgestelle, mit jeweils einem schwerverwundeten Insassen, stehen nebeneinander an der Wand, und die unparteiischen, fühllosen Spiegel, die den Saal schmücken, zeigen bleiche Gesichter oder reglose Gestalten und Schwestern und Krankenpflegerinnen, die geisterhaft die Straße des Schmerzes und des Leidens entlanghuschen. Manche Verwundete stöhnen, das Fleisch zittert, wenn der Chirurg seine Instrumente ansetzt, aber im großen und ganzen ertragen Deutsche und Polen den Schmerz fast so gut wie Russen. In der Nacht und heute früh hatte man Verwundete des Ausfalls hereingebracht. Ich blieb eine Stunde bei diesen armen Teufeln. Auf dem Rückweg in mein Quartier begegnete mir ein Zug französischer Kriegsgefangener, die man in St. Cloud und Montretout erwischt hatte, überwiegend Mobilgardisten, darunter einige prächtige junge Männer. Sie alle gingen aufrecht, denn sie hatten tapfer gekämpft. »In denen fließt ja kaum noch Blut«, meinte ein Beobachter. »Sie sind so blaß, sie haben nichts zu essen bekommen.« Unnötig zu sagen, welcher Nationalität der Betreffende war. Unter den Gefangenen befanden sich mehrere Burschen in phantastischer Aufmachung. In ihren langen schwarzen Mänteln, abgerissen und verdreckt, mit spanischen Hüten und Federbüschen und schwarzen Jacken, sahen sie aus wie Schauspieler in der Rolle von Banditen, die eines verregneten Abends nach der Vorstellung überrumpelt worden waren, bevor sie sich ihrer Kostüme entledigen konnten. Das waren *vengeurs* der einen oder anderen Sorte, bei denen man das Gefühl hatte, daß ernsthafte Männer sich nicht so lächerlich machen sollten. Inzwischen hat Nebel eingesetzt, wirklich unangenehmer Nebel, wie ich ihn noch nie erlebt habe – nicht so ein dichter, gelber, schmieriger, butteriger Dunst, angereichert mit einer Art vaporisierter Sauce hollandaise, wie wir es in England bisweilen erleben, sondern ein nach Ostwind und Schwefelsäure schmeckendes, weißliches Wassereis in Lösung. Wie elend die Franzosen aussehen!

23. Januar. Ich hatte den größten Teil des Tages schreibend zugebracht und beschloß, nach dem Diner im Casino vorbeizuschauen, wo der Herzog von Coburg abends seine Freunde empfängt, als mir Mr. R. auf der Straße über den Weg lief. Er war erregt, Tränen standen ihm in den Augen. »Sagen Sie, was um Himmels willen ist los?« keuchte er. »Pardon, ich weiß nicht, was Sie meinen.« »Warum ist Jules Favre* hier? Was hat er vor? Seine Anwesenheit kann doch nur bedeuten, daß Paris dem Untergang geweiht ist.« »Jules Favre hier?« rief ich. »Unmöglich.« »Aber ich schwöre es Ihnen. Ich kenne ihn gut. Vor nicht einmal fünf Minuten fuhr er in einem Wagen an mir vorbei, in Richtung Rue de Provence. Das Licht fiel ihm deutlich ins Gesicht. Man konnte ihn überhaupt nicht zu verwechseln.«

Das war nun in der Tat eine Neuigkeit. Ich sagte zu keinem Menschen ein Wort, begab mich eilends zur Chancellerie und nach Les Ombrages, wo mir die Nachricht bestätigt wurde, sah den Mann mit eigenen Augen, schickte ein Telegramm, und tags darauf lasen die Londoner in der *Times*, daß Jules Favre sich in Versailles aufhalte und daß die Kapitulationsverhandlungen begonnen hätten.

24. Januar. Meine Neugier betreffend Jules Favre ist riesengroß, aber ich erfahre nicht das geringste. Jedermann nickt und blinzelt mir zu und bedenkt die Verhandlungen mit Kopfschütteln, und manch einer wußte überhaupt nicht, daß Monsieur Favre in Versailles ist. Heute morgen habe ich ihn auf der Straße nach Sèvres in Richtung Paris fahren sehen, und zwar in einem Wagen, der vermutlich von deutschen Pferden (sie waren so schlank) gezogen wurde. Ihre Hufe klapperten auf der eisigen Chaussee zum Takt der deutschen Geschütze. Welch eine Mission für den Vertreter der Regierung der Nationalen Verteidigung, der lautstark jeden Zollbreit Boden, jeden Stein einer Festung dem Feind verweigerte, welcher seinerseits nun ganze Provinzen verlangt, zahlreiche Festungen und

---

* Außenminister der französischen Republik.

Abermillionen in Gold! Es war drei Uhr, als er abfuhr, und die ganze Zeit ging das Bombardement mit unverminderter Heftigkeit weiter.

25. Januar. Es war fast dunkel, als der preußische General von Gern, der in einem hübschen Kabriolett saß, und ich und H. im Zweispänner unsere Expedition auf spiegelglatter Straße zu den deutschen Batterien vor St. Denis begannen. Es war ein langer, hochinteressanter Ausflug. Welch unglaubliches Zerstörungswerk wir sahen! Von den zertrümmerten Brücken bei St. Germain über Enghien, Montmorency und Gratien, durch den muntern Vorortgürtel rings um Paris, der von bewaldeten Höhen herabblickt, durch Forstschneisen und umzäunte Parks entlang des Tals der Seine – alles war zerstört, verschandelt, geplündert, die Fensterscheiben waren zerbrochen, die Fensterrahmen zersplittert, Türen und Fensterläden weggeschafft, die zertrampelten Gärten mit Mobiliar übersät. Meilenweit der gleiche traurige Anblick. Von Gern, H. und ich standen, wie drei Raben auf einer Klippe, eine Stunde oder noch länger hinter einer mächtigen Batterie und sahen die riesigen Granaten wie Kricketbälle in hohem Bogen davonfliegen, den grauen Verschanzungen von St. Denis entgegen, über denen sich die Umrisse der altehrwürdigen Kathedrale abzeichneten. Dann eine fette weiße Rauchwolke, aus der Steine, Erde und Eisen in die Luft flogen, und die Kanoniere lachten über einen Treffer. *Et les autres?* Nun ja, die sind tot oder verwundet oder anderweitig nicht begeistert. Die Deutschen tun ihr Bestes, den Parisern die Notwendigkeit einer Kapitulation vor Augen zu führen. Die fliegenden Unterhändler auf ihrer Seite sind weitaus kraftvoller als der eloquente Monsieur Favre. Spät und unter Schwierigkeiten kehrten wir nach Versailles zurück. Von Gern ist mehr denn je davon überzeugt, daß die Franzosen »ein armseliges, dummes, törichtes Volk« sind.

Am 11. Februar begab ich mich wieder nach Paris, da es in Versailles nichts zu sehen und nichts zu tun gab und in Paris sich ein tosender Sturm erhob. Die Revolution der Kommune kündigte sich an in den tumultuarischen Versammlungen von Bewaffneten, den Plakatanschlägen, der Erregung der konkurrierenden Gruppen und den wilden Theorien sowie dem bodenlosen Haß auf die staatlichen Behörden, der alle öffentlichen Reden und Zeitungsartikel durchzog.

Am 18. wurden die Pässe zwischen Versailles und Paris abgeschafft. Die Deutschen ruhten sich auf ihren Waffen und Lorbeeren aus und begannen, die Feldlager rings um Paris aufzulösen. Freilich wurden eine gute Streitmacht und ein Elitekorps für den Einmarsch am 1. März in Bereitschaft gehalten. Vergeblich protestierte Monsieur Thiers* gegen die Schmach (aus französischer Sicht, für andere das selbstverständliche Recht des Eroberers und für alle Deutschen gewiß eine verbürgte Besiegelung ihres Triumphs), aber man gab nicht nach, obschon Monsieur Thiers auf die Präfektur kam, um die Katastrophe abzuwenden. Für mich persönlich war es ein Tag großer Gefahr, Beschwernis und Sorge. Durch Vermittlung des Hauses Rothschild war ein Sonderzug organisiert worden, der auf der Gare du Nord bereitstehen und spätestens um halb drei nach Calais abfahren sollte, wo ein Schnelldampfer meinen Bericht über die Verhandlungen weitertransportieren sollte, damit er rechtzeitig für die Ausgabe des nächsten Tages in London eintraf. Das Problem war nur, wie man von den Preußen zu den Franzosen kam, ohne von den letzteren zerfleischt zu werden. Man benötigte deutsche Papiere, um die deutschen Kontrollpunkte bei St. Denis und anderswo passieren zu können, und die französischen Beamten in den Tuilerien erklärten mir, daß ihre *laissez-passers* nicht weniger gefährlich seien als die des Feindes, da die bewaffneten Banden in Belleville sich immer unberechenbarer verhielten.

Am frühen Morgen ritten Brackenbury** und ich in Versailles los. Wir stießen oberhalb von St. Cloud auf die deutschen

---

* Louis Adolphe Thiers (1797–1877), französischer Politiker, im Februar 1871 zum Regierungschef ernannt. (A.d.Ü.)
** Hauptmann Charles Brackenbury, Journalist, war 1866 mit Russell in Königgrätz gewesen.

Kolonnen, die gerade auf der Schiffsbrücke die Seine überquerten, ritten weiter nach dem Bois und warteten bei der Pferderennbahn beziehungsweise deren Überresten, bis der Kaiser in Begleitung seines Stabes eintraf und das Defilee der 30 000 Preußen und Bayern begann. Sobald sich die Spitze der Kolonne nach Paris, Richtung Arc de Triomphe, in Bewegung gesetzt hatte, ritt ich so schnell es ging und auf kürzestem Wege dorthin, während Brackenbury blieb, um die Zeremonie bis zum Ende zu verfolgen. Ich erreichte den Arc de Triomphe noch vor den Truppen, einmal abgesehen von dem Detachement, das frühmorgens vorausgeschickt worden war, den Palais d'Industrie in Besitz zu nehmen und die Absperrungen an der Place de la Concorde und die Brücken zu bewachen. Eine größere Gruppe von Stabsoffizieren, mehrheitlich Bayern, erwartete die Truppen und warf argwöhnische Blicke über die Menge, die sich auf den Trottoirs drängte und die Soldaten verhöhnte. Natürlich mußte ich anhalten und mit einigen Bekannten ein paar Worte wechseln, doch die Zeit drängte, und bald schlich ich mich davon und ritt die Champs-Elysées hinunter. Doch die Leute, einige zumindest, hatten mich bei den Offizieren gesehen, und schon bald hörte ich, wie man mir »*Voilà un Prussien déguisé!*« hinterherrief oder »*Holà, voici un espion! A bas les Prussiens!*« und so weiter, was keinerlei Folgen hatte, solange man sich in der Nähe der besagten »*Prussiens*« aufhielt und im Sattel vor der Menge einigermaßen sicher war.

Ich machte ein betont gleichgültiges Gesicht, rauchte gutgelaunt meine miserable Zigarre und versuchte, meinem erschöpften Gaul mit den Sporen ein wenig Temperament beizubringen, bis ich unweit der Rotunde linkerhand eine Lücke entdeckte und in eine Straße einbog, die zur Rue du Faubourg St. Honoré führte. Am unteren Ende stand eine Postenkette, hinter der das Volk drängte und schubste, um einen Blick auf den Feind werfen zu können. Ich näherte mich dem Offizier, der mir mit einem »Sie dürfen hier nicht durch!« entgegenkam, worauf ich erklärte, daß ich Engländer sei und zu meiner Botschaft wolle. In dem Moment schrie ein Kerl: »*Non, il est Prussien. Il est entré tout à l'heure avec les Prussiens. J'ai vu ce monsieur.«* Das reichte. Der Pöbel tobte – »Packt ihn! Tötet ihn!« –, und alle wollten sich an den Soldaten vorbeidrängen, doch der Offizier bedeutete mir mit einer Handbewegung, mich zurückzuziehen, befahl der hinteren Reihe, kehrtzumachen und die erregte Menge mit dem Bajonett in Schach zu halten, während ich eilends nach den Champs-Elysées zurückritt, immer an der Gartenmauer der Botschaft entlang, in guter Entfernung von den Preußen und der Menge, bis ich, ohne Aufmerksamkeit zu erregen, zur Rue Boissy d'Anglas gelangte und von dort in die Rue du Faubourg.

Auch hier stand ein Militärposten und dahinter das Volk. Der Offizier rief ebenfalls: »*On ne passe pas ici!*«, und der Mob schäumte. Doch die Zeit drängte, und ich wurde allmählich nervös. Ich holte meinen englischen Paß hervor und bestand auf meinem Recht, zur Botschaft durchgelassen zu werden. Der Offizier wollte wohl schon einlenken, doch die Menge tobte und begann, sich gegen die Kette der Soldaten zu werfen, woraufhin der Hauptmann erklärte: »Ich würde Ihnen raten, nicht weiterzugehen, selbst wenn ich Sie passieren ließe. Diese Banditen sind zu allem fähig, man wird Sie im Handumdrehen vom Pferd zerren und kurzen Prozeß mit Ihnen machen.« Schließlich sagte er, daß er mich jedenfalls nicht zu Pferde passieren lasse, und auf meine Frage, was denn aus meinem Pferd würde, wenn ich per pedes weiterginge, erklärte er, daß das meine Sache sei. Er ließ aber keinen Zweifel daran, daß mein Pferd sofort abgestochen würde. Die Menge war außer Rand und Band, und ein, zwei Geschosse flogen über die Köpfe der Soldaten hinweg. Da wandte ich mich um und trabte, verfolgt von spöttischen und wütenden Bemerkungen, wieder zurück in die Richtung, aus der ich gekommen war.

Zum Glück kamen in diesem Moment die Preußen den Boulevard herauf, und der Mob, vom Klang der Musik plötzlich zu lebhaftester Neugier angestachelt, versammelte sich auf dem Gehsteig. Ich mied die Straße, in der kein Durchkommen gewesen war, und unternahm eine Straße weiter einen dritten Versuch. Dort war ebenfalls eine Postenkette aufgezogen, doch es standen nur ein paar alte Weiber und Kinder dahinter. Die Entfernung zum großen Boulevard war hier nämlich zu groß. Auch diesmal wollte mich der Vorgesetzte nicht zu Pferd passieren lassen. Doch plötzlich kam mir eine Idee. Ganz in der Nähe hatte ich eine Stadtvilla mit Innenhof gesehen, die den Preußen als Quartier dienen würde, und dorthin ritt ich nun. Das Tor war verschlossen. Ich klopfte laut. Der Bedienstete öffnete mir, weigerte sich aber, mein Pferd einzulassen, doch ich bestand darauf, weil es ja in gewissem Sinne dem preußischen Stab gehörte. Ich übergab das Pferd, nahm meine Satteltaschen und verabschiedete mich von dem armen Tier, das mir später übrigens unversehrt wieder zurückgegeben wurde.

Ich eilte die menschenleere Straße entlang, zeigte den Kontrollposten meinen Paß vor und ging weiter in Richtung Hôtel Chatham, wohin ich den Wagen bestellt hatte, der mich abholen sollte. Mein vortrefflicher Kollege K. erwartete mich bereits, und gemeinsam fuhren wir sogleich durch fast verlassene Straßen zur Gare du Nord, von den wenigen Passanten als »Adelspack« beschimpft. Um 14.50 Uhr ging der Zug ab. Erster Halt im unbesetzten Frankreich war Boulogne. Mein Freund, der Stationsvorsteher, wollte wissen, ob es zutreffe, daß die Preußen es tatsächlich gewagt hätten, in Paris einzumarschieren. Meine Antwort betrübte ihn über die Maßen, doch ich unterbrach seine jammervolle Klage mit dem naiven Einwand: »Sind die Preußen denn hier?« Er richtete sich auf, klopfte sich mit der rechten Hand auf die linke Brust und rief: »*Comment donc, monsieur? Ici! Ils n'ont pas osé.*« Ich diktierte, und K. schrieb freundlicherweise. Doch es war ein anstrengender Tag. Um 21.20 Uhr erreichten wir Calais, wo uns der Agent mit den Worten »Beeilung! Beeilung!« empfing. Der Schnelldampfer wartete schon, aber meine Arbeit war noch nicht zu Ende. Der Telegraph wurde in Betrieb gesetzt, und ich schrieb Zeile auf Zeile, bis die Setzerei nichts mehr aufnehmen konnte, und um zwei Uhr nachts sank ich im Hôtel du Buffet schließlich in mein Bett.

[Wieder in Paris.] Ich sah, wie die Roten am Sonntag (19. März) abends um sieben aus der Rue de La Fayette strömten und sich der Place Vendôme bemächtigten, und bin mir ziemlich sicher, daß eine Abteilung Londoner Polizisten den Mob zerstreut hätte. Nie habe ich armseligere, furchtsamere Kreaturen gesehen, ausgenommen vielleicht die Nationalgardisten, die vor ihnen Reißaus nahmen. Der berittene Anführer, der sich von seinen Leuten offenbar ein energischeres Vorgehen wünschte, konnte sie nur mit Mühe dazu bekommen, sich überhaupt in Bewegung zu setzen. Ein einziger Schuß hätte gereicht, und sie wären wie die Hasen davongelaufen. Die ganze Sache kam mir wie ein schlechter Traum vor. Dann ging ich mit dem Kollegen A. weiter, sah, wie das Hôtel de Ville besetzt wurde, besser gesagt, bewaffnete Banden sich dort versammelten. Abends um halb neun hatten sich die Bürger in ihren Häusern versteckt, die Lichter gelöscht und die Fensterläden geschlossen. Ich mischte mich unter die angetrunkenen, abgerissenen Gestalten, die in mehrfacher Hinsicht an Schafe erinnerten, und staunte über die grenzenlose Dummheit, die es zuließ, daß die staatliche Ordnung ohne einen Schuß umgestürzt wurde.

Ich verließ den Schauplatz und ging die Rue de Rivoli in Richtung Louvre hinunter. Am Tor der Kaserne standen etwa zwanzig Mann, die mit wütender Miene zusahen, wie Gardisten und Gendarmen in großer Eile Kisten auf bereitstehende Fuhrwerke luden. »Haltet die Banditen auf!« rief jemand. »Mach's doch selber!« sagte ein anderer. »Wissen Sie«, flüsterte uns ein Herr zu, der die Uniform eines französischen Sanitätskorps trug, »daß die Regierung Paris verläßt und nach Versailles flieht? Sie lassen uns im Stich. Da haben Sie den Beweis!« Das alles war völlig grotesk. Ich begab mich sofort zur Botschaft, passierte mit einiger Mühe die kommunistischen Posten an der Place Vendôme, wo das Hauptquartier in Flammen stand. Überall lärmender Pöbel. Lord Lyons war noch auf, so daß ich ihm Bericht erstatten konnte. Er hatte von den Mordtaten gehört, aber die plötzliche Flucht Thiers' und der Regierungstruppen überraschte ihn. Ich ging mit S. hinaus auf die Place Vendôme. An den Straßenecken standen Wachposten, doch in der Stadt herrschte Grabesruhe, und um ein Uhr begab ich mich nach meinem Hotel, noch immer fassungslos darüber, daß ich in Paris den Sturz einer Regierung miterlebt hatte und die Kapitulation der geschundenen Hauptstadt Westeuropas vor Horden, die schrecklicher wüteten als »Goten, Vandalen oder Hunnen«.

Was ich bei der Demonstration der »Freunde der Ordnung« beobachtete, die unbewaffnet zur Place Vendôme marschierten, und wie ich das Massaker in der Rue de la Paix erlebte, ja mit knapper Not überlebte, als die Kommunisten, halb betrunken, halb wahnsinnig vor Angst, auf eine lächerliche Schar ehrbarer Bürger feuerten, die tatsächlich glaubten, diese zu allem entschlossenen Männer durch Appelle entwaffnen zu können – wie ich in dieser Nacht, nach beendeter Mission, aus Paris abberufen wurde und auf ein paar Tage zurückkehrte, als die Atmosphäre in Paris noch aufgeheizt war von dem Chaos, das die Menschen anlockte wie ein neues Theaterstück und heftige, kaum in Worte zu fassende Emotionen auslöste und eindrucksvolle politische Lektionen erteilte, während die Straßen durch Barrikaden entstellt, die Toten noch immer nicht begraben waren – das alles gehört nicht in dieses »Kriegstagebuch«, das ich nunmehr schließe.

Der Spiegelsaal zu Versailles...

... *als deutsches Lazarett.*

Der Deutsch-Französische Krieg

Im belagerten Paris: Fesselballon auf der Place St. Pierre.

William Russell

Der Deutsch-Französische Krieg

Das ausgebrannte Rathaus von Paris.

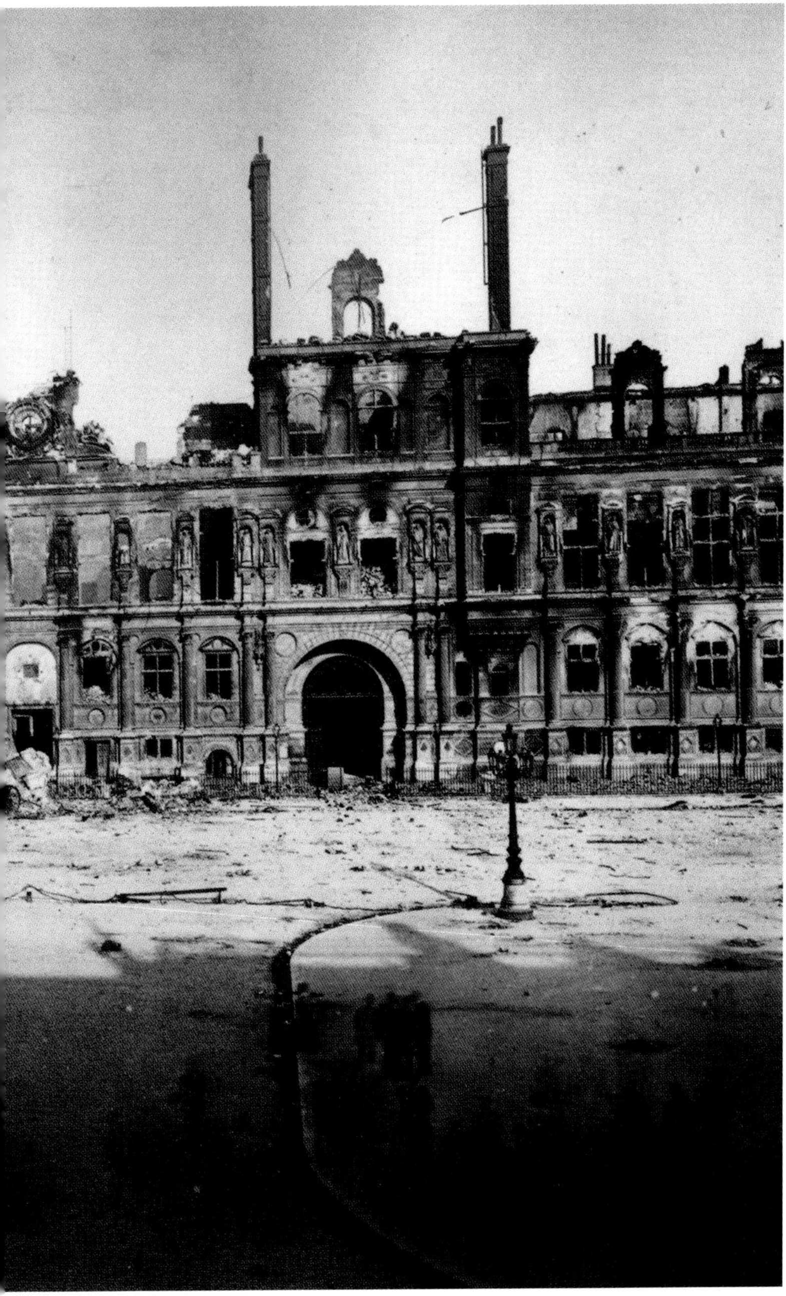

Kronprinz Friedrich Wilhelm mit seinem Stab vor dem Hauptquartier »L

William Russell

nbrages«, kurz vor der Kapitulation von Paris.

Fort Issy, von deutschen Truppen besetzt.

Der Deutsch-Französische Krieg

Mobile Barrikade auf der Place Vendôme, Paris.

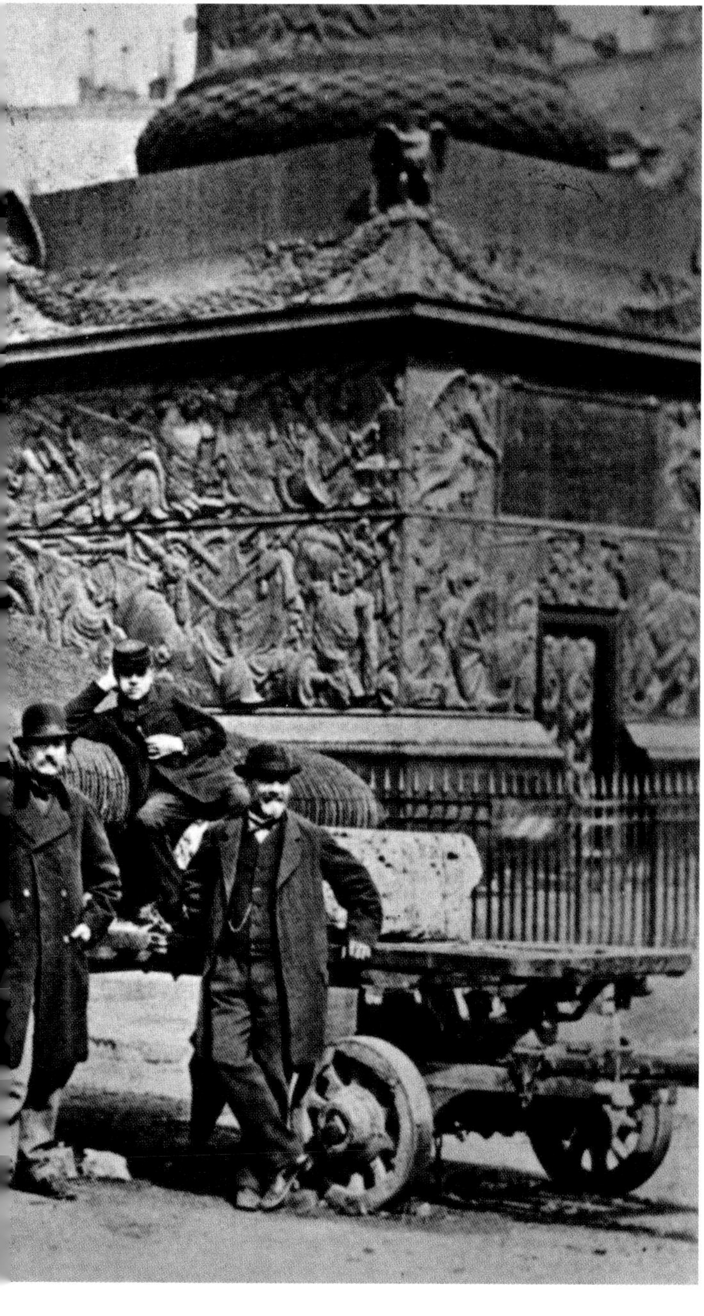

DER ZULUKRIEG
1879

Drei Parteien kämpften um Südafrika – die Zulus unter ihrem König Cetewayo, die Briten in der Kap-Provinz und in Natal sowie die Buren, die sich, nach Unabhängigkeit strebend, nördlich von Oranje und Vaal angesiedelt hatten. Die Briten, die 1877 von den Buren um Beistand gegen die Zulus gebeten wurden, besetzten die Provinz Transvaal. Ende 1878 begann ein unnötiger Krieg gegen die Zulus, die den Briten am 22. Januar 1879 in der Schlacht von Isandhlwana eine empfindliche Niederlage beibrachten. Mitte 1879 wurde Sir Garnet Wolseley nach Südafrika entsandt, um Lord Chelmsford als Oberbefehlshaber abzulösen. Russell, der mit ihm reiste, diesmal als Korrespondent des *Daily Telegraph*, betrachtete nicht nur den Krieg und die britische Kolonialpolitik mit Unbehagen, sondern auch die Qualität vieler britischer Einheiten, die in Südafrika eingesetzt wurden.

9. Juli. Der Zulukrieg ist vorbei. Daß es viel Anerkennenswertes und viel Beklagenswertes gibt, wird England schon lange mit Befriedigung vernommen haben, von der in Südafrika allerdings kaum etwas zu bemerken ist. Die überlebenden Zulus und die Angehörigen von Marine und Heer freuen sich, daß ein Konflikt, der für die ersteren ruinös und für die letzteren kaum Ehre oder Lohn brachte, zu Ende ist. Die Soldaten haben ihre Pflicht getan und werden jederzeit wieder dazu bereit sein. Doch sie ahnen, daß man in der Heimat nicht sonderlich begeistert ist über das kostspielige Unternehmen, das koloniale Ultimatum gegenüber dem armseligen Flüchtling durchzusetzen, der sich, wenn er überhaupt noch am Leben ist, wie ein wildes Tier in den Sümpfen des Umvolosi-Deltas versteckt, und ihre Aktionen gegen einen Feind, den zu schlagen keine Ehre und den zu verachten unmöglich ist, finden gewissermaßen unter einer Wolke öffentlicher Ablehnung statt.

Wolseley begab sich mit seiner Begleitung von Durban aus zum Tugela-Fluß, der Grenze von Zululand.

Um 9.25 Uhr machte die Gruppe in Verulam Rast. Welch sonderbare Leute uns auf der staubigen Straße entgegenkamen! Hindus, zumeist aus Madras, in Gruppen, wie man sie jeden Tag in Indien antrifft. Das Familienoberhaupt, frei von Lasten und anderen körperlichen Bürden, die Frauen schwer beladen, daneben Ackertiere, und die Kleinen stolpern mit einem Stück Zuckerrohr in der Hand oder im Mund entlang. Kaffern* in unterschiedlichster Aufmachung, halb laufend,

---

* Zeitgenössische Bezeichnung für die einheimischen Südafrikaner.

halb gehend, mit dem federnden Schritt des edlen Wilden, dessen Beine so wohlgestaltet sind. Endlose Züge von Rindern und Fuhrwerken, Intendanturkutschern, Kulis, bewaffneten Europäern zu Pferde. Am Victoria-Bahnhof machten wir eine halbe Stunde halt, und Sir Garnet Wolseley besprach sich mit Mr. Boor (wenn ich mich recht erinnere), dem Repräsentanten der Board Mission, der keinen sehr glühenden Bericht von der Missionsarbeit gab und in puncto Bekehrung offenbar keine großen Erwartungen hegte. Der Nutzen der Missionsarbeit ist oft indirekter Natur. Man sollte eher von Zivilisierung als von Christianisierung sprechen, und es ist zu bedauern, daß die Zivilisation nicht immer ein Segen für die Menschen ist.

Der Mond schien über dem Tugela, als wir den steilen Weg zum Lager bei Fort Pearson hinaufstiegen, wo die Wachfeuer heftig im Wind flackerten. Am Fuß des Hügels wurde Sir G. Wolseley von Oberst Walker und dessen Adjutant Blake begrüßt. Anschließend ging es hinauf zu den Zelten, die auf dem Hang innerhalb eines Bananenstaudengürtels standen. Das Dinner in Oberst Walkers Quartier war für die Reisenden sehr erfrischend. Der Kommandant hatte keine Nachrichten, und es gab keine Depeschen von Lord Chelmsford, was eine große Enttäuschung war, da Sir Garnet zu Recht annehmen durfte, daß ihn Informationen über die von ihm befehligten Truppen erwarteten. Schon vor Tagen wurde detaillierte Berichte über das Vorgehen der nördlichen Kolonne telegraphisch angefordert, doch Lord Chelmsford reagierte nicht, und was an Informationen bezüglich seiner Anweisungen und der Versorgungslage eintraf, stimmte nicht sehr beruhigend. Offenkundig hatte er sich in eine Sache gestürzt, bei der ein Mißerfolg unangenehme, ja katastrophale Folgen haben mußte. Vor Isandhlwana waren die Männer nicht so unsicher und nervös gewesen.*

---

* Lord Chelmsford wollte den endgültigen Sieg über die Zulus unbedingt selbst erringen, weshalb er die Nachrichten, mit denen Wolseley ihn überschüttete, schlicht ignorierte.

Während man noch beim Essen saß und über die militärische Lage sprach, wurde Sir Garnet ein Telegramm gebracht. Er las es – sichtlich überrascht und erfreut – und rief: »Das ist die beste Nachricht, die ich seit langem gehört habe. Heute nacht können wir ruhig schlafen!« Das Telegramm war von Mr. Siveright, dem Chef des Telegraphenbureaus in Pietermaritzburg, der Sir Garnet von Lord Chelmsfords überwältigendem Erfolg am Vortag unterrichten wollte. Und mit einigen knappen, klaren Sätzen berichtete er vom letzten Versuch des Zulukönigs, seinen Thron zu retten, und von der Zerstörung Ulundis. Sir Garnet bat einen Offizier, diese Depesche den Soldaten zur Kenntnis zu bringen, und wenig später hörten wir die lauten Jubelrufe im Nachtwind. Es war Cetewayos Requiem.

Ich schlief auf einer Krankentrage in dem kahlen, dreckigen Raum, in dem wir gespeist hatten, erfüllt von einer gewissen Würde angesichts meiner Position als Hüter zweier Regimentsfahnen, die Oberst Walker vor dem Übergang über den Tugela anvertraut worden waren – ein bezeichnender Kommentar zur Verwendung von Regimentsfahnen in einem Krieg wie diesem, der inzwischen wohl als beendet gelten kann. Mr. Finney, der Grenzagent, der sich dem Stab angeschlossen hatte, vertrat die Ansicht, daß Cetewayo von seinen eigenen Häuptlingen getötet werde, wenn er noch länger Krieg führe. Er räumte jedoch ein, daß er im Verlauf des Krieges mehrere Überraschungen erlebt habe, denn er hatte geglaubt, daß die Sache in drei Wochen ausgestanden sei, und ganz so abwegig war das ja auch nicht.

Nach dem Frühstück ritt Sir Garnet zur Pontonbrücke über den Tugela. Kurz darauf befanden wir uns in Zululand. Mr. Finney war sich keineswegs sicher, ob in den tiefen Tälern, die links und rechts auszumachen waren, nicht Zulus lauerten, und Sir Garnet verzichtete auch nicht auf die Vorsichtsmaßnahmen, die in einer solchen Situation stets ergriffen werden müssen, wie gering die Chance auch sein mag, daß sich dort feindliche Kräfte aufhalten. Als berittene Posten einmal einen verdächtigen *kloof* [Schlucht] absuchten, bemerkte jemand, wie einfach es doch für einige berittene Zulus wäre, aus der Deckung heraus gegen uns vorzustürmen. Worauf ein anderer erwiderte: »Sie würden uns nie einholen, und außerdem sind sie miserable Schützen.« »Aber wir können ja nicht wegreiten«, wandte Sir Garnet ruhig ein. »Wir müßten bei unseren Wagen bleiben und uns und unsere Leute verteidigen« – eine Bemerkung, die uns nachdenklich stimmte. Mr. Finney wies noch darauf hin, daß die Zulus niemals Pardon geben.

Wer einmal erfahren hat, wie Offiziere vom Rang eines Sir Garnet Wolseley in Europa oder in Indien im Feld leben, wäre wohl etwas erstaunt gewesen, wenn er den Bankettsaal Seiner Exzellenz in Fort Chelmsford gesehen oder an einer Mahlzeit teilgenommen hätte. Die Intendantur fuhr auf, was die Bestände hergaben, der aus Keksdosen bestehende Tisch wurde mit Blechtellern und Blechtassen gedeckt, Licht spendeten Kerzen, die auf Flaschen steckten, und zu essen gab es Fleischkonserven und Gemüse, dazu Tee ohne Milch, der draußen im Freien gemacht wurde. Wir verbrachten eine angenehme und erholsame Stunde. Früh zu Bett und früh aus den Federn so lautet das Motto im Feld, und ich war bald in meinem Zelt, das mit einer Krankentrage ausgestattet war und von einer Kerze beleuchtet wurde, die praktischerweise in einem abgesprungenen Hammerkopf steckte. Und dann versuchte ich zu schlafen, so gut es mir möglich war.

11. Juli. Von der Physis des Zulukriegers bin ich einigermaßen enttäuscht. Daß viele von ihnen trefflich gebaute Wilde sind, gebe ich gern zu, doch nach sorgfältiger Inspektion all jener, die ich im Lager gesehen habe, komme ich zu dem Schluß, daß die Muskulatur von Brustkorb und Armen bei ihnen nicht so kräftig ist wie bei uns (aber vielleicht sind ihre Beine besser ausgebildet, anders als beim typischen Neger der zentralafrikanischen Regionen) und daß der Eindruck mächtiger Körpergröße täuscht und mit ihrer leichten Bekleidung zu erklären ist. Die Fischer, die in der Brandung arbeiten, sind ähnlich gekleidet wie die Zulus. Sie tragen nur ein Lendentuch und wirken fast so groß wie jene, sehen aber sehr viel kräftiger aus. Maguenda, der Bruder des Königs, der einen zerschlissenen Feldrock trägt und einen Negerhut, ist ein fettes, dickes, schielendes Monstrum. Er hockt die ganze Zeit träge herum und sieht so aus, als könnte er einen Kanister Rum leeren, und wahrscheinlich ist er ein charmantes Exemplar eines freundlichen Häuptlings. Maguenda »*au naturel*« wäre mir lieber. Er wäre, wenn nicht angenehmer, so doch etwas weniger scheußlich anzuschauen. Als General Crealock kürzlich eine große Gruppe Zulus empfing, interessierten sie sich nur für den Bruder ihres furchtbaren Königs. Ihre Gesichter waren ganz starr, bis sie den wohlbeleibten jungen Mann sahen, der ihnen hinter einem Zelt verstohlene Blicke zuwarf. Sein Hut und sein Rock waren zuviel für sie. Sie brachen in Gelächter aus, und Maguenda lachte mit.

Im Lager gibt es wenig zu tun, aber viel zu sehen. Und die Häuptlinge mit ihrem Gefolge boten immer wieder ein faszinierendes, buntes Bild. Die Speere und Waffen, die sie am Eingang abgeben, werden von Offizieren und Soldaten neugierig studiert. Es sind ein paar Martini-Henrys darunter (ein halbes Dutzend vielleicht), aber mehrheitlich sind es alte Tower-Musketen, holländische und deutsche Gewehre, einige russische Musketen und hier und da alte schwedische und belgische Waffen. Der Koch des Königs, der bei den Zulus einen hohen Rang bekleidete, zählt zu den prominentesten Eingeborenen, denen John Dunn[*] eine Audienz gewährte. Äußerst lebendig berichtete er von der letzten Schlacht, die er mitgemacht hatte. Nie habe ich ein lebendigeres Gesicht oder ausdrucksvollere Gesten gesehen. Er hockte in der Art eines Inders auf der Erde und beschrieb mit funkelnden Augen und ruhelosen Händen, wie die Kavallerie am Tag vor der Schlacht in einen Hinterhalt geriet und über die Zulus herfiel, dabei fünfzehn, sechzehn Mann verlor und doppelt so viele Feinde

---

[*] Ein britischer Händler, der schon vor dem Krieg in die Familie der Zulukönige eingeheiratet hatte. Er wurde selber Häuptling mit 10 000 Untertanen und 49 Frauen.

tötete, wie die Armee tags darauf vorstieß und wie die Zulus, die zum Angriff losstürmten, von einem Kugelhagel empfangen wurden, den kein Mensch überleben konnte. Der Mann imitierte das Knattern der Maschinengewehre, das Krachen der Musketen, das Donnern der Kanonen und illustrierte mit weit ausholenden Armbewegungen die Verfolgung der Fliehenden durch die Kavallerie. Cetewayo war auf seinem Pferd dabei. Welch unglaublicher Zufall, wenn ein Glückspilz ihn dort erwischt hätte.

Sir Garnet hat nicht die Absicht, Cetewayo, der sich mit seinen Frauen, einigen Rindern und ein paar hundert Anhängern ein paar Meilen nordöstlich von hier aufhält, zu verfolgen. Vermutlich werden ihn seine eigenen Leute umbringen. Zululand soll offenbar in vier, fünf Distrikte unter eingeborenen Häuptlingen aufgeteilt werden, denen jeweils ein britischer Agent zur Seite steht. Aus Sicht der Zulus ist Cetewayo so gut wie entmachtet, da er keinen königlichen *kraal* mehr hat.

17. Juli. Es ist bedauerlich, daß sich Lord Chelmsford, aus welchen Gründen auch immer, nach der Schlacht von Ulundi zurückgezogen hat, statt weiter vorzustoßen, denn mehrere Indunas [Zulu-Häuptlinge] waren schon kapitulationsbereit und hätten ihr Volk aufgefordert, sich zu ergeben, wenn die Armee weiter vorgedrungen wären. Ein Dreitagemarsch, und das Land wäre bis zur Grenze unterworfen gewesen. Dunn glaubt, daß man jetzt weiter vorstoßen sollte, um die Unterwerfung zu vollenden, und daß nur die Häuptlinge der Küstenregion am Samstag zu der Versammlung erscheinen werden. Bei den Zulus gilt der Samstag anscheinend als Unglückstag. Offenkundig können wir uns nicht ohne verheerende Folgen aus Zululand zurückziehen, solange nicht eine Art Regierung an Stelle einer Militärherrschaft errichtet und die Entwaffnung der Kämpfer abgeschlossen ist. Ich weiß nicht, wie viele Gewehre die Zulus besitzen. Die Hunderte, die uns übergeben wurden, sind nur ein Bruchteil der Abertausenden, die sie sich beschafft haben, und die ausgehändigten Waffen sind zum größten Teil uralt und kaum mehr zu gebrauchen. Wenn es tatsächlich so viele Kämpfer gibt wie behauptet, dürften mindestens 25000 Mann ihre Waffen noch nicht abgegeben haben.

Werden wir [Cetewayos] Untertanen, wenn wir sie schon nicht vernichten können, christianisieren oder zivilisieren? Eine Christianisierung der Zulus wird uns nicht gelingen. Erfahrene Beobachter bezweifeln, daß all die Missionare auch nur einen einzigen erwachsenen Zulu bekehrt haben. Unsere Generäle und Soldaten sind es leid. Wenn unsere deutschen Freunde doch nur ähnliche Schwierigkeiten hätten, einfach um zu sehen, wie sie reagieren! Requirierungen könnten sie nicht durchführen – niemand würde sich darum scheren, und sie könnten auch keine Ersatzleistungen einfordern. Wer unter den Zulus requirieren will, könnte seine Forderungen genausogut an Affen oder Moskitos richten. Aber die Zulus sollen ja ein Volk mit noblen Eigenschaften ein. Sie sind von einer eigentümlichen Furchtlosigkeit. Unlängst sah ich einen Mann, der stolz auf den Waffenrock zeigte, den er trug, und sagte: »Ich habe den Mann bei Isandhlwana niedergestochen.« Der Rock gehörte einem Soldaten des 24. Regiments. Ein altes Weib, deren Kraal in der Nähe des Ortes stand, wo der [französische] Kronprinz fiel, erwiderte auf entsprechende Fragen: »Mein Sohn hat ihn getötet.« Ihr Stolz hatte etwas Selbstverständliches, und wenn man bedenkt, was es gekostet hat, Cetewayo und sein Volk zu bestrafen, und wie ungewiß das Ergebnis ist, beschleicht einen der furchtbare Zweifel, ob wir klug gehandelt haben.

15. August. Eine doch sehr bemerkenswerte Widerlegung der These, daß Cetewayo in seinem Volk verhaßt oder doch sehr unbeliebt war, ist die Hartnäckigkeit, mit der sich die Leute schützend vor ihn stellen. Ein gebürtiger Holländer namens Viljoen, ein Krüppel, der als Pulvermacher in Cetewayos Diensten stand, soll Barrows Kavallerie als Führer genau an den Ort bringen, wo sich der König mit seinen Frauen und einigen Anhängern angeblich versteckt hält, und Barrow hat strikte Anweisung, nicht ohne den Gefangenen zurückzukehren.

Alle Informationen vom Kriegsschauplatz (wenn man dieses Wort verwenden will) weisen deutlich auf die große Bedeutung hin, die die Schlacht von Ulundi für die Zulu-Kämpfer hatte. Es zeugt von ihrer geringen militärischen Erfahrung, daß sie ihre größten Chancen in einem offenen Angriff auf unsere Truppen sahen, die ihrerseits im freien Gelände wie zu einer Abwehr einer Kavallerieattacke Stellung beziehen konnten. Wenn man jedoch von ihrem persönlichen Mut absieht, so muß man sagen, daß Strategie und Taktik der Zulus gleichermaßen untauglich waren. Sie schienen nie zu wissen, was ihre Stärken oder Schwächen waren. In dem Handbuch für unsere Offiziere hieß es, daß die Zulus bevorzugt nächtliche Angriffe führten. Bemerkenswert, daß es nicht einmal zu einem solchen gekommen ist. Die Vorteile hätten für einen klugen Feind auf der Hand gelegen. Erstens hätte er unsere enorme technische Überlegenheit kompensieren können. Eine Masse Schwarzer hätte im Schutz der Nacht ein schlechtes Ziel abgegeben. Mit dem Terrain vertraut und erfüllt von einem überwältigenden Gefühl der eigenen Überlegenheit, könnten sich die Zulus in der Dunkelheit leicht bewegen und ein Lager einkreisen, und da die Vorposten nie besonders weit vorgeschoben sind, hätten die Krieger, von überall hervorbrechend und unseren fliehenden Posten auf den Fersen, in kürzester Zeit unser Lager erreicht. Und im Nahkampf, bei dem nur das Bajonett oder der Speer eingesetzt werden kann, hätten sie alle Vorteile nutzen können, die aus zahlenmäßiger Überlegenheit und körperlicher Kraft erwachsen. Die Zulus haben auch kein einziges Mal eine marschierende Kolonne angegriffen, und in Inyezane eröffneten sie erst das Feuer, als unsere Männer sich in günstiger Position aufgestellt hatten. Ebensowenig wären sie auf die Idee gekommen, Kommunikationslinien zu stören oder Nachschubpunkte zu attackieren.

Nach der Schlacht ziehen sie sich nach Hause zurück – mit ihrer Beute, wenn sie gewonnen haben, um ihren normalen Geschäften nachzugehen, wenn sie verloren haben. Und es kostet Zeit und Mühe, sie wieder zusammenzurufen. Inzwischen räumen sie ein, daß sie geschlagen sind – »ihr Herz ist gebrochen«. Sie sind von einem Speer tödlich getroffen und verbluten, aber es ist keineswegs sicher, daß diese Gebrochenheit ewig währt. Das große Problem ist, wie man die Häuptlinge dazu bringt, in Frieden und Ruhe zu leben, wenn der letzte britische Soldat Zululand verlassen hat, was aus Sicht dieses Soldaten – das kann ich Ihnen versichern – möglichst bald passieren sollte. Es ist nicht leicht, herauszufinden, weshalb dieser Krieg, in dem die Armee ungewöhnlich gut versorgt wird, so unpopulär ist, aber daß diese Stimmung herrscht, steht außer Frage. Vielleicht rührt es daher, daß ein Land, in dem es keine Dörfer, geschweige denn Städte gibt, wenig Interessantes bietet und daß der Kampf von ungleichen Kontrahenten ausgetragen wird, denn nur in seiner körperlichen Couragiertheit ist der Zulu ein würdiger Gegner für unsere Waffen. Die Soldaten haben keine nennenswerten Strapazen erduldet, höchstens Krankheit, und keine langen und anstrengenden Märsche absolviert, dafür mußten sie ständig »Dienst schieben« und viele monotone Arbeiten verrichten und aufreibenden Wachdienst leisten, der bei den Männern außerordentlich unbeliebt ist. Hinzu kommen längere Phasen der Untätigkeit in langweiligen Orten und anstrengender »Garnisonsdienst« in den Erdschanzen (den sogenannten Forts), die sich über das ganze Land ziehen, von Pongola bis zur Mündung des Umlatoosi. Es gibt keine Aussicht auf Beute und keine Hoffnung auf Prämien, und die Männer wissen, daß sie unentwegt wachsam sein müssen. Über dem ganzen Feldzug liegt, wie ein ominöser Schatten einer Katastrophe, die Erinnerung an den 22. Januar. Vielleicht hat es in unseren Annalen noch nie einen Krieg geben, bei dem unsere Gefallenen monatelang unbestattet auf dem Schlachtfeld liegen, fast in Sichtweite unserer Posten. Bis heute haben die Leichen britischer Soldaten und Offiziere, die am 28. März bei Islobane fielen, kein christliches oder anderes Begräbnis erhalten.

1. September. Vor drei Tagen, als ich im Gasthaus von Mr. Mitchell Innnes am Sundays River gerade eingeschlafen war, kam ein eingeborener Läufer aus Ladysmith mit einer Abschrift des Telegramms des Oberbefehlshabers in Ulundi »an alle Postenkommandanten«. Es war die Meldung von Cetewayos Gefangennahme. Während ich die Nachricht las, brach ein Bekannter, der mir das Telegramm gebracht hatte, in lauten Jubel aus. »Hurra, hurra! Sie haben ihn geschnappt! Endlich! Hurra!« Ich schämte mich. Ich verspürte keinerlei Begeisterung. Vielleicht lag es daran, daß ich nicht in dieser Großen Angst gelebt hatte. Ich hatte auch nicht an der erregenden Hatz auf den Schwarzen Monarchen teilgenommen, und vielleicht konnte ich deshalb nicht in das Halleluja einstimmen, das bei der Nachricht von seiner Gefangennahme ausbrach, als wäre es ein schwer errungener Sieg auf dem Schlachtfeld.

Der Hochkommissar Ihrer Majestät hat einen Grundsatz als Pfeiler des großen imperialen Viadukts zwischen Zululand und den Kolonien bezeichnet: Zululand soll den Zulus gehören, Weiße sollen dort keinen Grundbesitz erwerben können. »Aber hat Sir Garnet denn nicht versprochen, der Polygamie ein Ende zu bereiten?« rief ein Siedler empört. »Das ist doch elende Sklaverei!« Sinnlos, diesem Mann zu erklären, daß Ihre Majestät [Königin Victoria] Abermillionen von Untertanen hat, bei denen die Polygamie viel verbreiteter ist als bei den Zulus! Wie mir bald klarwurde, lehnte er die Vielweiberei nicht aufgrund christlicher oder moralischer Bedenken ab, sondern weil dieser uralte Brauch seinen eigenen Interessen im Wege stand. Je mehr Frauen ein Kaffer hat, desto unabhängiger ist er. Ergo wird er für den Weißen nicht um seiner schönen Augen willen arbeiten, geschweige denn für sein weißes Geld, und da der weiße Mann gern andere für sich arbeiten läßt, ist er sehr erzürnt und betrachtet die Polygamie als scheußliche Einrichtung, zumal wenn sie von einem christlichen Verwaltungsbeamten anerkannt wird. Wenn die Kolonisten keine Arbeitskräfte bekommen, können sie nicht leben. Die britische Regierung wird ihnen nicht die Macht geben, Kaffern durch Zwang zum Arbeiten zu bringen. Solange der Kaffer nicht dazu gezwungen wird, arbeitet er für niemanden, weil er auch ohne die Plackerei zurechtkommt, die dem Weißen so wichtig ist.

In Natal gibt es nicht einen Mann (soweit ich das in Gesprächen mit Siedlern feststellen konnte), der die Holländer nicht ausdrücklich dafür lobt, daß sie die Kaffern in den von ihnen beherrschten Gebieten zwingen, für sie zu arbeiten. Zwar hassen sie die Holländer, aber sie bedauern, nicht getan zu haben, was jene getan oder angeblich getan haben. »Sechzig Zulus habe ich unter mir«, sagte mir heute ein junger Straßenbaumeister, »die faulen Kerle bringen mich auf die Palme. Am liebsten würde ich die ganze Bande mit Dynamit in die Luft jagen.« Dynamit ist aber kein taugliches Mittel. Es sind die alten Beschwerden, und die harschen Methoden der angelsächsischen Doktoren haben die Patienten in Tasmanien, Australien und Nordamerika* zugrunde gerichtet, in Indien wurden sie in abgeschwächter Form praktiziert, in China haben sie versagt, und in Südafrika sind sie von zweifelhaftem Nutzen.

21. September. Wie stark Cetewayos militärischer Arm war, zeigt sich daran, daß man kaum einen Zulu findet, der zugibt, daß ihm Zwang angetan wurde. Cetewayo, sagen sie, habe niemanden getötet, der den Tod nicht verdient hätte, so geprägt sind sie vom Geist jenes blutrünstigen Despotismus, der das Leben der Zulus durchdrang. Was Disziplin und Herrschaft für die Zulus bedeuteten, geht aus einer Geschichte hervor, die Cetewayo auf dem Weg zu seiner Einschiffung ins Exil erzählte. Als er mit seiner Eskorte an einem Busch vorbeikam, dem »Busch der Verräter«, wie er sagte, erzählte er, daß der große Häuptling Chaka nach jeder Schlacht vor diesem Busch gehockt habe, um über Krieger zu Gericht zu sitzen, die der Feigheit bezichtigt wurden. Wer am Ende schuldig gesprochen wurde, mußte ganz still stehen, den

---

* Russell bezieht sich auf die Massaker an Aborigines und Indianern.

linken Arm heben, und dann wurde ein Speer langsam, Stück für Stück, von der Achselhöhle aus bis zum Herz vorgeschoben, bis er das Herz traf. Diese Foltermethode ist wirklich grauenhaft, und obschon Cetewayo versicherte, diese Strafe selber nie verhängt zu haben, darf man vermuten, daß sie ihm nicht allzu verwerflich erschienen ist. Damit ist jetzt Schluß. Die Zulus, davon bin ich überzeugt, spüren, daß eine neue Zeit für sie angebrochen ist, und haben vollkommenes Vertrauen zu der Macht, die ihnen den barbarischen, despotischen Herrscher genommen hat.

28. September. Methlagazulu wurde erwartungsgemäß freigelassen und dürfte inzwischen schon auf dem Weg nach Zululand sein. Der Eindruck, den er hier auf jedermann machte, war gewiß sehr positiv, während seine Schilderung der Schlacht von Isandhlwana Licht auf die Vorkommnisse jenes unheilvollen Tages geworfen hat. Es dürfte jetzt zweifelsfrei feststehen, daß die Zulus an diesem Tag nicht die Absicht hatten, anzugreifen, denn zu diesem Zeitpunkt war Neumond, und da werden niemals wichtige Dinge in Angriff genommen. Attackiert haben sie nur deswegen, weil sie, wie Methlagazulu erklärt, selber unter Beschuß seitens der Freiwilligen und der berittenen Polizei geraten waren.

Nur zögernd schreibe ich diese Zeilen, denn im folgenden geht es um ein Thema, mit dem ich mich nur befasse, weil mein Pflichtgefühl mich dazu zwingt. Derjenige ist kein Freund seines Landes oder der Behörden, der es zuläßt, daß die Wahrheit über die Situation in den Dörfern und Ortschaften, die das gesetzlose und undisziplinierte Treiben gewisser Korps Ihrer Majestät erfahren haben, verborgen wird. Ich für mein Teil finde, daß die Militärbehörden ihre Pflicht, die Disziplin aufrechtzuerhalten und den Besitz ruhiger und ordnungsliebender Bürger zu schützen, sträflich vernachlässigt haben. Die Gründe beziehungsweise Motive für diese Gleichgültigkeit sind mir nicht erklärlich, aber ich bin sicher, man steuert einen Kurs, der ernste Konsequenzen haben wird, wenn die schandbaren Übergriffe der Armee in Natal und Transvaal unter den Teppich gekehrt oder ignoriert werden. Ich spreche nicht vom Schabernack einiger Trunkenbolde oder von Hühnerdiebstahl – auch nicht von Zechgelagen und Raufereien, die die Soldaten bei Buren und Kaffern in Verruf bringen –, sondern von Einbruch, Diebstahl, Raubüberfällen und anderen Tätlichkeiten, die die Leute auf dem flachen Land mit Angst und Schrecken erfüllen sowie die Gefängnisse und Arbeitslager mit Männern, die den Waffenrock der Königin tragen. Es gibt nicht ein Haus im nahegelegenen Heidelberg, in das nicht eingebrochen wurde (von zwei, drei Ausnahmen abgesehen), und in anderen Orten sieht es nicht viel besser aus. Frauen fliehen, als würden sie von Zulus oder Swazis gejagt, in die größeren Städte, wo ihnen die Polizei eine gewisse Sicherheit bietet. Wenn jemand diesen Darstellungen widerspricht, so erkläre ich abermals, daß sie der Wahrheit entsprechen und daß in Bälde Beweise vorgelegt werden. Wie ein Bewohner von Heidelberg kürzlich sagte: »Es muß bald ein Ende sein, denn sie haben alle Hühnerställe leergeräumt, sie sind in alle Magazine und Läden eingebrochen, haben unsere Häuser geplündert und sogar die Kirchenglocke gestohlen. Es gibt überhaupt nichts mehr, was man stehlen könnte.« Vielleicht sind für dieses Unheil nur ein paar Landstreicher verantwortlich, gewiß Grund genug, diese Leute unverzüglich ihrer gebührenden Strafe zuzuführen.

Am 9. Oktober zeichnete Russell ein Bild vom einfachen Leben der Buren in Transvaal und von ihrem schwierigen Verhältnis zu den Engländern.

Major Creagh, Mr. Lyons und ich brachen, gemeinsam mit Mr. Giraud, einem Pferdeinspektor, nach Lydenburg auf, das etwa 110 Meilen östlich von Middelburg liegt. Gegen Mittag erreichten wir den Bauernhof eines ehrenwerten Buren namens Hartog, der mit seinem Nachbarn, einem gewissen Fischer, im Schatten eines Eukalyptusbaumes saß. Hartog hieß uns willkommen und bat uns in sein Wohnzimmer, das einen recht behaglichen Eindruck machte – Antilopenfelle auf dem Boden, eine Art Sofa, ein altes Piano oder Cembalo, und Stühle, deren Sitzfläche aus geflochtenen Fellstreifen bestand. Auf einem Tisch lagen eine große Bibel und einige andere Bücher, und an der Wand hingen kolorierte Stiche, gerahmte Photographien und Hörner von Springböcken und Bleßböcken. Ein Kind brachte Kaffee und schenkte reihum ein. Im Verlauf der Unterhaltung (Hartog und Fischer sprachen etwas Englisch, Major Creagh ein wenig Holländisch) überraschte uns unser ehrenwerter Gastgeber mit dem Hinweis, daß er keine Patronen kaufen dürfe. Der Verwaltungschef des Distrikts habe ihm die entsprechende Erlaubnis verweigert – für ihn eine empörende Schikane. »Ich muß also mit ansehen, wie mein Garten von Wildschweinen verwüstet wird und meine Herden von Schakalen und Wölfen überfallen werden, und habe nicht die Möglichkeit, auch nur eines dieser Tiere zu erlegen! Es wimmelt hier von Antilopen, aber bei uns kommt kein Fleisch auf den Tisch, und ich kann auch kein Fleisch dörren, und alles nur, weil ich keine Munition kaufen darf. Für mich selbst ist das nicht so schlimm, denn ich kann es mir leisten, hin und wieder ein Schaf zu schlachten, obwohl es mich schwer ankommt, aber es ist grausam und tyrannisch, einen Mann, der nur eine kleine Herde und ein paar Rinder hat, zu zwingen, sich von diesen Tieren zu ernähren, wo es ringsum reichlich Wild gibt, das uns der Herrgott zur Verwendung geschenkt hat.« Und auf seine Frage, ob wir Engländer eine solche Behandlung hinnehmen würden, wußten wir in der Tat keine Antwort. Ebensowenig auf die Frage, ob es aus unserer Sicht denn nicht rechtens sei, wenn die Buren, die keine Patronen kaufen dürfen, diese gegen andere Waren im entsprechenden Wert eintauschen. Ich bin sicher, weder Oberst Lanyon noch Sir Garnet Wolseley hatten von solchen Dingen gehört.

Wir setzten unsere Reise nach ein paar Stunden über das Veld fort, gewahrten bald mehrere Springbockherden, die aber sofort davonjagten mit jenen eleganten, leichten Sätzen, denen sie ihren Namen verdanken, unerreichbar für unsere

Gewehre, und bald in einer Bodensenke verschwanden, um dann wie kleine graue Wölkchen auf einer Anhöhe wieder aufzutauchen. Ein paar Trappen waren nicht so vorsichtig. Ich erwischte ein schönes Exemplar, etwa so groß wie ein Truthahn, aber die Antilopen blieben unerreichbar.

Um Viertel vor vier erreichten wir ein Bauernhaus, das einem Buren namens Schoeman gehörte, der uns freundlich willkommen hieß, dessen Frau aber ganz bleich und verängstigt dreinschaute, als wir das Wohnzimmer betraten. Das Auftauchen der Rotröcke stimmte sie mißtrauisch, und sie beruhigte sich erst, als wir von dem Kaffee getrunken und ihrem guten Mann erlaubt hatten, ein paar Schuß aus einem unserer Gewehre abzugeben, was er mit großem Vergnügen tat. Daraufhin brachte uns die wackere Frau, als wir schon beim Essen saßen, eine Schüssel mit frischer Butter und präsentierte freudestrahlend, wie eine Henne ihre Küken, eine große Schar pausbäckiger Kinder, die mit dreckigem Gesicht aus irgendeinem Loch kamen, in dem sie sich, zusammen mit dem Federvieh, bei unserem Kommen versteckt hatten.

Dann ging es weiter über das endlose Veld, wieder Antilopenherden und Trappen, Salzwassertümpel (»Pfannen« genannt) und Rinderherden, dann Sonnenuntergang und Dunkelheit, so daß es nur noch langsam voranging, bis uns ein fernes Licht unseren Ankerplatz für die Nacht wies – wie sich herausstellte, sogar für drei Nächte. Es war der Kaufmannsladen der Herren Nicolson und Roch – der eine Engländer, der andere ein Deutscher. Mangels Diener mußten die Besitzer selbst kochen und servieren und alle nötigen Arbeiten selbst erledigen, so daß die hundert Prozent Aufschlag, mit denen sie nach eigener Aussage ihre Ware verkauften, schwer verdient waren. Im Winter konnte man die Tiere von der Türschwelle aus schießen und hatte reichlich Wildbret. Jetzt standen hauptsächlich Fleisch- und Gemüsekonserven zur Verfügung, Brot gab es nicht immer, Butter ebensowenig, und Milch mußte man sich beim nächsten Holländer besorgen.

Anderntags hatte ich Gelegenheit, mir einen solchen Laden etwas genauer anzusehen und die Bekanntschaft einiger

Buren zu machen, die Eisenwaren, Kordhosen und andere
Bedarfsartikel kaufen wollten. Auf den Regalen standen viele
Medikamente (Flaschen, Tabletten und Salben), aber auch
Zuckerwerk und kandierte Früchte. Ich erfuhr, daß die Buren
unglaubliche Mengen an Arzneimitteln konsumieren. Und
wenn sie nicht gesund sind, was nützt ihnen dann die frische
Luft, das frühe Aufstehen, das häusliche Leben, die einfache
Ernährung und die ständige körperliche Bewegung? Werden
diese vorteilhaften Dinge durch unregelmäßige Mahlzeiten,
langes Fasten, viel Tabak, viel Kaffee und beengte Schlafzimmer neutralisiert? Wie dem auch sei, die Buren leben
lange, und sie nehmen reichlich Medizin. Zeit schien für
sie kein Thema zu sein. Sobald die Einkäufe getätigt waren,
setzte man sich hin und erzählte und rauchte unentwegt, bis
die Vorräte aufgebraucht waren, dann gab man allen die
Hand, stieg in den Sattel und ritt, ein Tabakfähnchen hinter
sich herziehend, in leichtem Galopp davon.

24. Oktober. [Lydenburg.] Als wir zum ersten Mal Rast machten, begegneten wir einer kleinen Gruppe, die einen ziemlich guten Eindruck von dem bunten Gemisch vermittelte,
das man in Südafrika allenthalben findet. Ein Fleischer aus
Yorkshire, Mr. Coombes, trieb eine Herde prachtvoller Zulu-
rinder, die er gerade in Swaziland gekauft hatte, vor sich her.
Da seine Kafferhirten durchgebrannt waren, hatte er sich
der Hilfe eines Herrn aus Boston versichert, der unter den
Buren des Distrikts als »Medizinmann« praktizierte. Und
Mr. C. Lovegrove mit seiner langen Peitsche war wirklich
sehr geschickt, obschon er, schlank und mit fein geschnit-
tenem Gesicht, den Spruch »Wer fette Ochsen treibt, sollte
selbst fett sein« nicht zu bestätigen schien. Hinter ihnen ritt
eine Dame, eine allseits bekannte Schützin, mit einem Handpferd. Alle waren unterwegs nach Lydenburg zu einem kleinen *délassement* [Umtrunk], denn der Fleischer hatte ein
gutes Geschäft gemacht und würde sein Vieh bei den Buren
gegen eine hübsche Summe für Treck-Ochsen eintauschen
können.

Die wirklich entscheidende Frage für die Kapkolonien, für Natal und Transvaal ist die: Was passiert, wenn der idyllische Frieden wieder anbricht und der Ballon ihres Wohlstands, derzeit durch britische Ausgaben aufgepumpt, von der Versorgungsleitung abgeschnitten wird? Verfügen die Kolonien über das nötige Gas? Sie haben reichlich britische Ware auf Lager, die bald aufgebraucht sein wird, falls die künftige Konföderation einen Krieg führt, und an den Grenzen hantieren schon Leute mit Brennstoff. Wenn Großbritannien sich im Glanz der größten Kolonialmacht der Welt sonnen will, wird das kaum funktionieren, wenn es sich nicht weiterhin um den Goldanstrich kümmert. Die britischen Pioniere, seien sie Missionare oder Kaufleute, werden zwangsläufig handgemein mit den barbarischen Häuptlingen, auf die sie stoßen. Daraufhin erscheint der Wilde mit seinen Leuten in der Siedlung oder im Kaufmannsladen, und der Hilferuf englischer Bürger wird weit über den Ozean erschallen, und England muß seinen Arm erheben, um zu beschützen, zu strafen, zu rächen.

Es war schon spät am Abend, als mein Kompagnon und ich unser Ziel erreichten, nach einigen Abirrungen in *spruits* [ausgetrocknete Wasserläufe] und *dongas* [Gießbachrinnen], denn der Pfad war gewunden und nicht gut zu erkennen. Im Haus brannte kein Licht. Nach wiederholtem Klopfen erschien Mynheer Joubert in der Tür und erklärte aufgeregt, daß seine Frau sehr krank sei, er könne uns in seinem bescheidenen Heim also nicht unterbringen. Er bot uns aber das Nebengebäude an, dort könnten wir auf dem Fußboden schlafen. Wir wußten, daß ein Regierungswagen, der am Abend zuvor Lydenburg verlassen hatte, hier in der Nähe haltmachte. Black Jack, der schwarze Diener, ritt los und kehrte auch bald zurück mit der Nachricht, daß der Wagen nur ein paar hundert Schritt entfernt sei. Wir dankten dem armen Mynheer Joubert für seine Hilfsbereitschaft und machten uns auf den Weg. Mr. Giraud und Mr. Sacage (vom 80. Regiment) lagen, in Decken gewickelt, unter dem Wagen. Der obere Teil, der halb mit Heu gefüllt war, bot genügend Platz für Major

Creagh und mich. Am nächsten Morgen wurden die Maultiere eingespannt, und ich beschloß, ein Stück mitzufahren, was weitaus schlimmer war, als ich gedacht hatte. Verglichen mit diesem Wagen, ist ein Tarantas in der russischen Steppe ein geradezu luxuriöses Gefährt. Es war ein Wunder, daß Holz, Eisen und Leder zusammenhielten unter den furchtbaren Stößen, bei denen der Reisende, so sehr er sich auch an den Gurten festhalten mochte, hin und hergeschüttelt wurde und wie ein Tennisball auf und ab hüpfte.

Russells Reportagetätigkeit in Südafrika endete im Dezember 1879. Ein Jahr später erhoben sich die Buren gegen ihre neuen britischen Herren, denen sie bei Majuba Hill eine Niederlage zufügten, die ebenso schmachvoll war wie die bei Isandhlwana.

ÄGYPTEN
1882

Als Russell im Jahre 1869 zum erstenmal Ägypten besuchte, wurde das Land von Vizekönig Ismail regiert, der 1879 von den europäischen Mächten gezwungen wurde, zugunsten seines Sohnes Taufiq abzudanken. Unter der Führung von Oberst Arabi Pascha bildete sich eine nationalistische Bewegung heraus, die sich gegen den übermächtigen anglo-französischen Einfluß im Land wandte. Im Juni 1882 kam es in Alexandria zu Unruhen, bei denen rund fünfzig Europäer den Tod fanden. Britische Kriegsschiffe bombardierten die Stadt, und Sir Garnet Wolseley ging mit einer Expeditionsstreitmacht an Land. Damit begann die Besetzung Ägyptens, die schließlich siebzig Jahre dauern sollte. Russell, der sich zu dieser Zeit in Ägypten aufhielt, verabscheute das überhebliche Gebaren der Engländer und ihre Weigerung, die berechtigten Forderungen der Ägypter anzuerkennen. Daß ihm nicht gestattet wurde, Wolseleys Truppen zu begleiten, konnte ihn nicht davon abhalten, einen Kommentar für seine eigene *Army and Navy Gazette* zu schreiben.

Gleichsam litaneiartig antworten wir mit Hinrichtungen und Schußwaffengebrauch, wenn die Bevölkerung von Alexandria die Erfüllung ihrer Wünsche herbeifleht: »Vernichte alle unsere Feinde, Verfolger und Verleumder usw., wir bitten Dich, Herr, erhöre uns!« Bartlose Krieger fallen in den Refrain ein, junge Burschen, frisch von der Kriegsakademie, die zu unserer Beruhigung nachplappern, was sie zu Hause oder in der Fremde gehört haben, daß nämlich »der Eingeborene nur die Sprache der Gewalt versteht. Man muß sich stets Respekt verschaffen, Sir, sonst ist man verloren.«

Wie ich sehe, haben die englischen Zeitungen verfügt, daß es ein Land namens »Ägypten« nicht gibt und daß es folglich auch kein ägyptisches Nationalgefühl geben kann. Wir haben es mit einer ausschließlich militärischen Revolte zu tun. Die ganze Affäre wird von den »Obristen« gesteuert. Die Anhänger Arabis sind Diebe, Gauner, Mörder, Räuber, Geisteskranke etc. Nun ja, ich habe den Eindruck gewonnen, daß es, unabhängig von den Obristen und der Armee, eine beträchtliche Anzahl von Ägyptern geben muß, die Arabis Aufstand billigen und mit seinen erklärten Zielen sympathisieren, daß die Erhebung, so sehr wir es auch leugnen mögen, in Wahrheit ein nationalistisches Element hat und daß die allermeisten Ägypter Arabis Kampf um eine Beendigung der Fremdherrschaft unterstützen. Ich sage nicht, daß sie recht haben. Ich will gar nicht behaupten, daß es zu ihrem unmittelbaren Nutzen wäre, wenn ihre Forderungen erfüllt würden. Aber all jene, die der Meinung sind, daß England es nur mit einer militärischen Revolte zu tun habe, möchte ich bitten, einen Blick auf die Landkarte zu werfen und sich zu fragen, warum all die Beduinen, all die Araber, all die Fellachen, die nicht zu Arabis Anhängern zählen, nicht zu uns nach

El Meks* herbeieilen und lautstark fordern, sich mit uns verbinden zu dürfen, weil wir sie von der Unterdrückung und der furchtbaren Tyrannei eines brutalen Abenteurers befreien wollen. Wer eine solche Meinung vertritt, macht sich gewiß nicht beliebt, aber ich glaube, wir sind geblendet durch unsere rastlose Suche nach der Wahrheit und durch das brennende Verlangen nach Ägypten, das hauptsächlich durch den Suezkanal geweckt wurde.

Ich kann Ihnen versichern, daß Ägypter, ob Araber oder Fellachen, die in- und ausländische Schulen besucht haben und als Ingenieure, Ärzte, Anwälte, Landwirte usw. tätig sind, den riesigen Verwaltungsapparat, der Ägypten aufgezwungen wurde, ganz ähnlich beurteilen wie Arabi und alles daran setzen werden, dieses System zu zerstören, auch wenn man die Vorteile erkennt, die es dem Land gebracht, und die Übel, die es beseitigt hat. Indem England und Frankreich das Ansehen zerstört haben, das der Khedive im Volk genießt, haben sie die Saat der Unruhe gesät, die nun reif ist für das Schwert. Wieviel Würde, wieviel Autorität bleibt denn dem neuen Effendi [Khedive]? Seine Minister hatten nur die Dekrete von Ausländern auszuführen, die die Hand über den Geldbeutel hielten. Und wenn diese Leute in Europa mächtig sind, dann sind sie es im Orient um so mehr. Die Staatsaufsicht war genau das, was der Name besagt. Welcher Effendi ist schon Sklave in seinem eigenen Palast! Nichts ist einfacher, als einem machtlosen Menschen zu drohen. Und wenn er nicht imstande war, sich als Herrscher zu behaupten und seine Rechte auszuüben – weg mit ihm! Und nun ist Sir Garnet Wolseley unterwegs nach Kairo, und zwanzigtausend britische Bajonette blitzen in der ägyptischen Sonne, und alle Adler Europas warten auf den Augenblick, da der Löwe sein Opfer reißen wird, um herbeizustürzen und ihren Anteil einzufordern. Ich stelle fest: Wenn ich kein kleiner Steuerzahler und außerdem ein wenig jünger wäre, würde mich diese Aussicht vergnügt stimmen. Meine levantinischen Freunde sind es jedenfalls.

---

* Vorort von Alexandria. (A.d.Ü.)

Manchmal reibe ich mir die Augen, wenn ich all das bedenke und mich (doch, ich muß es so sagen) der »guten alten Zeit unter dem Khediven Ismail« entsinne. Fünf britische Admiräle, eine Armada von 156 der besten Kriegsschiffe der Welt, vierzehn Generäle und mindestens so viel Artillerie, Kavallerie und Infanterie wie 1854, als wir über die Gestade der Krim hereinbrachen und eine der größten Militärmächte der Welt angriffen – und hier führen wir nicht einmal Krieg, um einen ignoranten Emporkömmling von Fellachenoberst zu beseitigen, den Anführer einer »Horde von halbdressierten Wilden« (wie der unsägliche Doktor von der *Saturday Review* sich auszudrücken beliebt), die man vor vierzehn Tagen noch als »vollständig demoralisiert« bezeichnet hatte. Die ganze Angelegenheit wäre nicht der Rede wert, hätten unsere unübertrefflichen Politiker daheim es nicht für notwendig befunden, zu erklären, daß Arabi der übelste Halunke der ganzen Welt sei, daß seine Soldaten feige Lumpen seien und daß sich das ganze Trugbild einer pseudonationalen Erhebung durch einen einzigen Streich von Sir Garnets Schwert auflösen werde.

Bald werden sie Sir Garnet verspotten und ihm die Schuld für ihre Überheblichkeit geben. Die Korrespondenten, von zwei oder vielleicht drei Ausnahmen abgesehen, sind kaum besser. Es erfüllt mich mit Abscheu, wenn ich lese, wie sie, ohne sich selbst in Gefahr zu begeben, über Operationen wie die bei Chalouf berichten, bei der die Ägypter von unseren Kanonenbooten rücksichtslos über den Haufen geschossen wurden, über den Vorstoß der Infanterie, bei dem wir selbst keine Verluste erlitten, aber 168 Ägypter durch Mitrailleusen und Gewehre umkamen. Für die Telegraphengesellschaft muß es jedoch sehr einträglich sein.

HEINZ METLITZKY: HUNDERT KRIEGE SPÄTER

Issam Sartawi ist immer für eine Überraschung gut. Wie es sich für den hochtrabenden Chef einer kleinen Splittergruppe palästinensischer Freischärler gehört, wenn er im Gespräch bleiben will, zieht er nach der üblichen Begrüßungsfloskel unvermittelt die Schublade am blanken, metallenen Schreibtisch auf und holt eine graugrün schimmernde Handgranate von der Form und der Größe eines Enteneis heraus. An mir vorbei blickt er direkt in die laufende Kamera und zeigt mit einer Hand den Sprengkörper vor. Wie ein Werbesprecher, der ein neues Waschmittel anpreist, erklärt er: »So eine Handgranate ist eine absolut sichere Angelegenheit, es sei denn, daß man den Bolzen zieht.« Und schon reißt er mit dem Zeigefinger der linken Hand den Bolzen am Kopf der Handgranate heraus. Für alle, die jetzt vielleicht am Fernsehschirm Angst bekommen, fügt er hinzu: »Doch solange man diesen Hebel heruntergedrückt, kommt es zu keiner Explosion.«

So beginnt eines meiner denkwürdigsten Interviews, das vier Minuten und dreißig Sekunden dauert. So lange spielt der Guerillaführer unentwegt mit seiner Eierhandgranate. Das Interview wird später in voller Länge in der Sendung »Heute« des ZDF gesendet.

Zum Interview mit Sartawi war es wegen eines Zwischenfalls in München gekommen. Dort hatte sich am Vortag ein Araber bei der Gepäckkontrolle im Flughafen verdächtig benommen. Als die kontrollierenden Beamten ihn genauer untersuchen wollten, zückte er plötzlich eine Handgranate. Die Polizisten schossen sofort. Er wurde schwer verletzt, ehe er die Granate zünden konnte. Er sagte aus, daß er im Auftrag Sartawis ein Flugzeug entführen wollte. Die Heimatredaktion informierte mich. Stunden später war das Gespräch mit Sartawi arrangiert. Er bestand darauf, daß es in seinem

Befehlsbunker in einem Zeltlager bei Amman stattfinden mußte. Wie sich herausstellte, wollte Sartawi dem deutschen Fernsehpublikum erklären, wie ungefährlich eine solche Handgranate sei und warum die Polizisten am Münchner Flughafen zu Unrecht auf seinen Mann geschossen hätten.

Das Handgranaten-Interview von Amman ist ein Beispiel dafür, was Berichterstatter heute in Krisengebieten erwartet. In vielen Ländern haben sie es mit militanten Vertretern extremer Gruppen zu tun, die den Terrorismus der politischen Auseinandersetzung vorziehen. Kann man den Reporter, der aus einem Krisengebiet berichtet, noch als Kriegsberichterstatter bezeichnen? Vielleicht sollte man diesen Titel heutzutage denen überlassen, die eher bei Generalstäben und in Kriegsministerien zu finden sind als da, wo geschossen wird.

Zu Russells Zeiten gab es noch keine Terroristen. Etwas ganz anderes hat ihm zu schaffen gemacht: die Anfänge einer technischen Revolution, die den Berichterstatter zur Eile zwang und die seither die Spielregeln des Journalismus völlig umgewälzt hat. Ein Korrespondentenbericht, der drei Wochen unterwegs wäre, ist im 21. Jahrhundert unvorstellbar. Der Reporter im Kosovo duckt sich hinter einen Panzer. Er wählt mit seinem Satellitentelefon die Zentrale zu Hause an und schildert, wie vor ihm aufgebrachte Serben oder Albaner die KFOR-Soldaten mit Steinen bewerfen und dabei eine Wolke von Tränengas einatmen. Was der Reporter berichtet, wird Minuten später im Radio gesendet oder in Druck gegeben.

Unweit von ihm parkt der Übertragungswagen einer Fernsehstation aus Übersee. Der Reporter spricht ein paar Sätze in die Kamera. Ein Schwenk, und der Kameramann wehrt einen Stein ab, der das Objektiv treffen soll. Der Zuschauer daheim vor dem Fernsehschirm lehnt sich in seinem Ohrensessel zurück. Er ist »live« dabei.

Was dabei auf der Strecke bleibt, ist die Möglichkeit, gründlich zu recherchieren und scheinbar völlig verworrene Situationen richtig zu interpretieren.

Doch die neue Technik, die zur Eile zwingt, ist nicht der einzige Grund dafür, daß in unserer Welt kein Platz mehr für einen William Howard Russell ist. Heute entscheidet die Politik darüber, wer wo und wann arbeiten darf und wer nicht.

Die Kriege werden immer grausamer. Immer mehr Unbeteiligte werden getötet, und die Menschenrechte gelten immer weniger. Allen Regierungen ist klar, daß es nicht ihre amtlichen Verlautbarungen sind, die über ihr internationales Ansehen entscheiden, sondern die Medien. Deshalb versuchen sie, diese Medien auf jede nur mögliche Weise zu manipulieren. In diesem Punkt sind sich alle einig, die Russen, die NATO, die Araber, die Israelis, die asiatischen und die afrikanischen Staaten.

Dabei werden grobe und elegante Methoden angewandt. Ein einflußreicher Botschafter erklärt einem künftigen Fernsehkorrespondenten sinngemäß: Sie sollten bei Ihren Berichten bedenken, daß Ihr Land mit dem meinen befreundet ist. Mehr noch, Ihr Land hat eine Schuld abzutragen. Es ist doch wohl verständlich, wenn wir deshalb ein gewisses Entgegenkommen bei der Berichterstattung erwarten. Plumper, aber sehr beliebt ist die Verweigerung der Einreise für Journalisten. Das beginnt nicht erst an der Grenze; der Visumantrag wird schon im voraus abgelehnt.

Wer ein Visum bekommt, hat damit noch lange keine Garantie für freies Reisen in der Hand. Die Russen haben die westlichen Korrespondenten in Moskau daran gehindert, nach Tschetschenien zu fahren, wenn das den russischen Generälen nicht genehm war. Oft müssen sich Journalisten von amtlichen Begleitern schurigeln lassen und ihre Fernsehaufnahmen der Zensur vorlegen. Früher wurde in deutschen Reisepässen der Beruf des Inhabers vermerkt. Als Journalist war man dadurch nicht selten Schikanen ausgesetzt. Heute, ohne Beruf im Paß, gibt man sich am besten als Tourist aus.

Journalisten können nicht darauf vertrauen, daß ihre eigene Regierung sie unterstützt, wenn ihnen ein anderer Staat die Einreise verweigert. Nur ausnahmsweise interveniert man diskret zu ihren Gunsten. So hat sich Außenminister Fischer bei vertraulichen Gesprächen mit dem serbischen Präsidenten Milosevic für den Belgrader ARD-Korrespondenten Friedhelm Brebeck eingesetzt, der von den Serben auf dem Höhepunkt der Kosovo-Krise des Landes verwiesen wurde. Fischers Demarche blieb bei Milosevic erfolglos. Brebeck darf nicht mehr nach Belgrad fahren.

Auch die Amerikaner verhalten sich nicht immer vorbildlich, wenn es um ihre Journalisten geht. Wenn die USA einem anderen Land im Konfliktfall die Zähne zeigen wollen, werden Pässe amerikanischer Bürger für dieses Land ungültig erklärt. Das kommt einem Reiseverbot gleich. Amerikanische Journalisten übertreten dieses Verbot immer dann, wenn sie es für notwendig halten. Bisher hat man sie dafür nicht bestraft.

Auch die Vereinten Nationen und die Europäische Union haben bisher keine Regierung aufgefordert, Journalisten frei reisen zu lassen, geschweige denn, daß sie Sanktionen angedroht hätten, falls dies nicht geschieht. Sie waren bisher nicht einmal imstande, ihren eigenen offiziellen Delegationen Bewegungsfreiheit zu verschaffen.

Manche Regierungen manipulieren die Medien ganz offen, besonders im Krieg. Deutschland hat als erster totalitärer Staat im Zweiten Weltkrieg Propagandakompanien gegründet. Andere Länder haben sich diese deutschen Erfahrungen zunutze gemacht.

Goebbels hat nie einen Zweifel daran gelassen, wie er seine Aufgabe sah. Er hat schon 1939 erklärt: »Die Propaganda hat ebensowenig wie die Kunst die Aufgabe, objektiv zu sein. In der Propaganda wie in der Liebe ist alles erlaubt, was zum Erfolg führt.«

Bald merkte man auch im Ausland, daß die Propagandakompanien kein improvisiertes Experiment waren. Das »Ministerium für Volksaufklärung und Propaganda« hatte ihren Einsatz schon jahrelang vorbereitet. Bei Kriegsbeginn standen bereits sieben Kompanien bereit für das Heer, vier für die Luftwaffe und zwei für die Marine. Ihre Organisation hätte einen Mann wie William Howard Russell erschauern lassen.

Nur ein totalitärer Staat konnte sie verwirklichen. Goebbels hat seine schreibenden Journalisten, Fotografen und Kameramänner nicht etwa nur vorübergehend aus Redaktionen, Studios und Fotowerkstätten geholt. Sie wurden auch nicht auf Zeit beim Militär akkreditiert, wie es bei den Amerikanern oder Engländern üblich war, sondern als Wehrpflichtige eingezogen. Sie dienten im Schützengraben, im Panzer, im Flugzeug oder auf den Schiffen der Kriegsmarine, und manchmal kämpften sie mit. Internationales Aufsehen erregten die Aufnahmen eines PK-Mannes, der als Bordschütze in einem Bomber der Luftwaffe gegen England mitflog. Er schoß ein angreifendes britisches Jagdflugzeug vom Typ »Spitfire« mit seinem Maschinengewehr ab. Dann zielte er blitzschnell mit der Kamera und fotografierte aus nächster Nähe die abstürzende Maschine, die in Brand geraten war. Im Archiv habe ich Fotos von deutschen Panzern gesehen, in deren Turm Filmkameras eingebaut waren. Auf diese Weise haben die Bildberichterstatter der deutschen Propagandakompanien den Weg für das bereitet, was heute »hautnahe Berichterstattung« heißt. Sie wurden allerdings dazu gezwungen.

Josef Goebbels schrieb in der Wochenzeitung *Das Reich* am 18. Mai 1941: »Es wird von niemandem mehr auf der ganzen Welt bezweifelt, weder von Freundes- noch von Feindesseite, daß Deutschland heute die modernste, schnellste, zuverlässigste und aktuellste Kriegsberichterstattung pflegt, die wir überhaupt kennen...

Unsere Bilder werden funktelegrafisch in die Hauptstädte aller Kontinente übermittelt, unsere Rundfunkberichte über unsere Sender, von denen zeitweilig über 60 in 30 Sprachen arbeiten, in alle Länder der Erde gesendet.

Unsere Wochenschauen, an einem Tag manchmal aus bis zu 30000 Meter umfassendem Material geschnitten, in einer Nacht besprochen und musikalisch unterlegt und in weit über 2000 Kopien abgezogen, fliegen schon am anderen Morgen in alle Himmelsrichtungen.«

Gegen Ende des Zweiten Weltkriegs wurde der Mannschaftsbestand der Propagandakompanien mit 15000 Mann angegeben. Ich finde es sonderbar, daß über die PK-Männer nach dem Krieg in der Bundesrepublik so wenig geschrieben wurde, obwohl eine ganze Reihe prominenter Journalisten in jungen Jahren als PK-Männer gearbeitet haben, darunter Karl Holzamer, der erste Intendant des ZDF, Henri Nannen, der langjährige Chefredakteur des *Stern*, Werner Höfer, bekannt durch den »Frühschoppen« im ARD-Fernsehen, Max Ehlert, der lange Zeit Starfotograf beim *Spiegel* war, ganz zu schweigen von Ernst Jünger, Rudolf Hagelstange, Ernst Rowohlt und Walter Kiaulehn.

Ein Fotograf namens Georg Schmidt-Scheeder hat vor Jahren ein Buch über diese »Reporter der Hölle« veröffentlicht, das längst vergriffen ist. Er beschreibt darin, wie gegen Ende des Krieges die Arbeit der PK-Männer immer stärker reglementiert wurde. Die Fotografen wurden angewiesen, keine Leichen von deutschen Soldaten mehr aufzunehmen, dafür aber möglichst viele Leichen toter Russen zu zeigen. In einer dieser Richtlinien heißt es: »Wir sollten unsere vorstürmenden Truppen immer so fotografieren, daß sie von links nach rechts liefen. Um sie – in Gedankenverbindung mit der Landkarte – nach Osten stürmend zu zeigen.« Allerdings – nach Osten stürmte damals keiner mehr.

Fernsehen gab es seinerzeit in Hiroshima noch nicht. Sonst hätte man Amerika und die Welt gewiß mit einer Live-Sendung vom Abwurf der ersten Atombombe überrascht. Es verging noch eine geraume Zeit, bis das bewegte Bild seine Übermacht beweisen konnte. Dann allerdings wurde die Berichterstattung alten Stils endgültig zum Anachronismus. Der Krieg in Vietnam war eine Sternstunde des Fernsehens.

Am Rand des Flugfelds von Saigon sah ich das damals anders. Der Aufmarsch der US-Army war in vollem Gang. Die Kriegsberichterstattung begann bürokratisch. Jeder mußte ein Formular ausfüllen. Die Armee verlangte, daß jeder Reporter auf alle Ansprüche verzichtete, falls ihm beim Einsatz etwas zustoßen sollte – eine Praxis, die inzwischen bei allen westlichen Streitkräften üblich ist, auch bei der Bundeswehr.

Dann begann das Roulettespiel. *Russian roulette* nannten es die Journalisten. Offiziell hieß es *space available*: Wo noch Platz war in einer Maschine, wurden Fernsehteams oder Berichterstatter mitgenommen. Stahlhelm und kugelsichere Weste waren Pflicht. »Da, wo wir hinfliegen, haben die Vietkong gerade auf uns geschossen«, brüllte mir der Kopilot des Hubschraubers ins Ohr, in den man uns mit einigen Soldaten hineingepfercht hatte. Was ich dann sah, war mir schon vom Fernsehschirm in Deutschland her vertraut. An der offenen Hubschraubertür der Bordschütze mit der Schnellfeuerkanone, Raketen vorne an der Kanzel beim Piloten, dann eine Lichtung im Dschungel. Wir landeten. Der Anblick ließ den Atem stocken. So stellt man sich das riesige Studio eines Hollywood-Regisseurs vor, der einen aufwendigen Kriegsfilm dreht. Nur – hier war alles echt: Die erschöpften jungen Soldaten, die einige Leichen wegtrugen, Verwundete, die blutend auf Bahren lagen. Drei, vier Offiziere kauerten am Boden und studierten Karten.

Niemand machte uns Vorschriften, was wir filmen durften. Wir konnten alle vor laufender Kamera fragen, wie ihnen zumute war. Tenor der Antworten: Das ist ein gottverdammter Krieg gegen die gottverdammten Vietnamesen. Weiße und Schwarze waren sich in dieser Einschätzung einig.

Das Wort »Team« wird bei der Fernsehberichterstattung ganz groß geschrieben. Der Journalist ist nichts ohne den Kameramann. Umgekehrt entstehen besonders gute Aufnahmen, wenn der Reporter dem Kameramann sagt, worum es geht. Mit uns filmten in Vietnam Dutzende amerikanischer Kamerateams. Ihre Aufnahmen wären im Zweiten Weltkrieg kaum gezeigt worden, weil sie das Grauen des Krieges zu offen zeigten.

Die Filme wurden von Saigon in die USA geflogen, ohne Zensur geschnitten und gesendet. Ob sich die US-Armee damals noch nicht im klaren war über die politische Wirkung solcher Bilder? (Später, etwa im Golfkrieg, war das ganz anders. Da wurden die Teams von der Armee gelenkt.) Hohe Offiziere der US-Armee wollten in Vietnam vielleicht auch zeigen, daß der Krieg gegen den Vietkong mit konventionellen Waffen nicht zu gewinnen war. Sie hofften, daß Washington den Einsatz von Atomwaffen genehmigen würde. Um das zu erreichen, kam ihnen das Fernsehen gerade recht. Bekanntlich haben sie damit genau das Gegenteil erreicht. Die Mehrzahl der Amerikaner war entsetzt über die Fernsehbilder, und die öffentliche Meinung erzwang den Rückzug aus Vietnam.

Seitdem wird von der Kriegsberichterstattung viel Aufhebens gemacht. In Frankreich gibt es sogar einen »Prix Bayeux«, mit dem die besten Kriegsreportagen ausgezeichnet werden. Von einem Franzosen, dem Direktor der Organisation »Reporter ohne Grenzen«, stammt auch das große Wort, Kriegsberichterstatter seien die »Aristokratie des Journalismus im Kampf um die Freiheit«.

So große Worte scheinen mir höchstens bei einem Krieg zwischen Staaten mit klaren politischen Zielen angebracht. Bei chaotischen Bürgerkriegen geht es meist zuallerletzt um die »Freiheit«. Die Mehrzahl aller bewaffneten Konflikte seit dem Zweiten Weltkrieg sind von dieser Art; gegenwärtig sind es fast dreißig.

Auch in Beirut herrschte in den siebziger Jahren der Bürgerkrieg. Da, wo in seiner ersten Phase die Palästinenser den Ton angaben, arbeitete ich seinerzeit mit einem zweiten Team, mit Moslems, die in Beirut geboren waren. Wir versuchten, auf beiden Seiten so viel wie nur möglich vom Geschehen einzufangen. Nicht, um dem Anspruch an Objektivität zu genügen. Das wäre ein zu hochtrabender Anspruch gewesen. Es ging einfach darum, möglichst viel vom Alltag des libanesischen Bürgerkriegs einzufangen. Aufmerksame Zuschauer konnten dann begreifen, wie verworren dieser Konflikt war.

Auf unserem weißen Wagen stand in riesigen schwarzen Lettern auf arabisch: »Deutsches Fernsehen ZDF«. Der Teamwagen war überall bekannt. Ich fuhr damit kreuz und quer durch die Stadt, auch wenn geschossen wurde. Nicht die verirrten Kugeln schienen mir gefährlich. Ich mußte etwas anderes lernen, das vermutlich in keinem Seminar für Krisenreporter gepredigt wird. Ich durfte den gegnerischen Parteien unter keinen Umständen als Zuträger erscheinen. Bei den Palästinensern erzählte ich nichts von den Christen, und bei den Christen schwieg ich über die Palästinenser, auch dann, wenn sie mich bedrängten, ich sollte ihnen erzählen, welche Waffen ich »drüben« gesehen hatte. Hätte ich mich an diese Regel nicht gehalten, so hätte mich irgendwann unversehens eine Kugel getroffen. In Beirut wurde damals nicht lange gefackelt.

Der Präsident von CNN wünscht sich »intelligente Feiglinge« als Reporter. In einem Interview mit *Focus* sagt er: »Wir verlangen von keinem Mitarbeiter, daß er sich in den Kopf schießen läßt, um für CNN einen Preis zu gewinnen. Wir predigen unseren Reportern, daß keine Story es wert ist, das Leben dafür aufs Spiel zu setzen.«

Wann *diese* Grenze überschritten wird, ist jedoch nie genau festzulegen. 1992/93, im belagerten Sarajewo, wurde von Journalisten und Kameramännern darüber öfter diskutiert. Wer als Berichterstatter ins belagerte Sarajewo kam, wußte von vornherein, daß dies kein Sonntagsspaziergang war. Schon der Anflug mit der UNO konnte gefährlich sein, ebenso wie die Fahrt vom Flughafen im Panzerwagen an den Schießscharten serbischer Bunker vorbei in die Stadt.

Weniger ratsam war die Fahrt mit dem Auto nach Sarajewo. Journalisten wurden in der Regel durchgelassen. Das Ja oder Nein hing von den zahlreichen Straßensperren von Militär, Milizen und Möchtegern-Soldaten ab, die das Auto am liebsten beschlagnahmt hätten.

In der Stadt lauerten die Heckenschützen. Sie terrorisierten nicht nur die Bevölkerung, sondern auch die Journalisten. Es gab Straßenzüge, Kreuzungen, Plätze, die man nur im Laufschritt überqueren konnte. Nach den Erfahrungen von Beirut wollte ich natürlich versuchen, auch die andere Seite kennenzulernen, die Serben, vor allem ihre Heckenschützen.

In Beirut hatte das Telefon zwischen Christen und bewaffneten Palästinensern noch eine ganze Zeit lang funktioniert. In Sarajewo dagegen war das nicht möglich. Dort erzählten sich die Journalisten einen makabren Witz. »Ich habe heute morgen mit einem serbischen Heckenschützen am Telefon gesprochen.« Na und, was hat er gesagt? »Er wollte wissen: wo habe ich dich gestern getroffen?«

Man konnte sich nur auf seinen Instinkt verlassen, wenn man zu den Serben fahren wollte. Man durfte kein Auto mieten, das irgendwie militärisch aussah, mußte die Kamera zudecken und durfte sie erst vorzeigen, wenn man an Ort und Stelle war. Wenn die Männer mit Maschinenpistolen sich auf das Stichwort »Fernsehen« in Pose stellten, galt es, geduldig zu verhandeln. Zum Abschied empfahl sich ein fröhliches »Auf Wiedersehen«, selbst wenn man sie zur Hölle wünschte.

Sieben Jahre später, im Krieg der NATO gegen die Serben, wurde den Berichterstattern die Entscheidung abgenommen, ob sie über beide Seiten berichten wollen oder nicht. Belgrad verhängte eine Einreisesperre. Es gab nur wenige Ausnahmen. Präsident Milosevic folgte einem Ritual, das auf Goebbels zurückgeht. Aus Serbien erreichten nur offizielle Filmaufnahmen den Westen. Mangels anderer Aufnahmen wurden sie auch gesendet. Somit kam für die Fernsehberichterstattung dem serbischen Fernsehen eine Schlüsselrolle zu. Daraufhin bombardierte die NATO dessen Sendestationen, und die Bilder aus Serbien blieben aus.

Die NATO tat, was sie konnte, um die Lücke auf ihre Weise zu schließen. In Brüssel wurde zu diesem Zweck eine Art NATO-Gottesdienst abgehalten, eine tägliche Pressekonferenz, bei der immer die gleichen Erfolgsmeldungen heruntergebetet wurden. Es ging um die Verteufelung des Gegners, notfalls mit unbewiesenen Greueln. Widerwillig, nur wenn es gar nicht anders ging, wurde die irrtümliche Bombardierung ziviler Ziele zugestanden. Der NATO-Sprecher Jamie Shea hat dafür ein Wort erfunden, das weder im Duden noch in Websters International Dictionary stand: *collateral damage*.

Eine andere Neuerung bei der NATO in Brüssel waren die Bordkameras ihrer Jagdbomber, die den Zielanflug auf den Gegner am Boden filmten. Die Videos folgten den Geschossen bis zur Explosion im Ziel. Ausgesuchte Clips wurden jeweils in der Pressekonferenz vorgeführt. Mangels anderer Bilder wurden sie anfangs von einigen Fernsehanstalten gesendet. Dann langweilten sie nicht nur die Zuschauer, sondern sogar die Redakteure.

In Brüssel wurden erstaunlich wenige kritische Fragen gestellt. Die Propaganda der NATO wurde bedenkenlos hingenommen. Seit wann fehlt den Journalisten jede Distanz zur offiziellen Linie? Ist das überhaupt noch Kriegsberichterstattung, was da in Brüssel an der Tagesordnung war?

Das deutsche Fernsehen wirkte während der 70 Tage des Krieges im Kosovo und in Serbien wie gelähmt. War der Vietnamkrieg eine Sternstunde des politischen Fernsehens, so geriet der Kosovokrieg zu seinem »größten anzunehmenden Unfall«. Weder ARD noch ZDF waren darauf vorbereitet, daß es in einem Krieg plötzlich keine Bilder mehr gab. Solange man auf Bilder aus Serbien warten mußte, hätte man wenigstens der Informationspolitik des Westens auf den Grund gehen können. Diese Chance wurde vertan. Wie hat die NATO ihre Ziele für die Bomben auf Serbien ausgewählt? Wie unterschied sich die amerikanische Politik von den Vorstellungen der Europäer? Wie war es möglich, daß die chinesische Botschaft in Belgrad getroffen wurde? Weshalb sprach der deutsche Verteidigungsminister eine zeitlang von Völkermord, um das Wort dann auf einmal aus seinem Wortschatz zu streichen? Wie seriös waren die Berichte der UČK über Greueltaten der Serben?

Wenn der Kosovokrieg tatsächlich das Muster einer Kriegsberichterstattung neuen Stils war, dann stehen kritischen Journalisten Schwierigkeiten bevor, von denen sich der Pionier ihrer Zunft, William Howard Russell, vor hundertfünfzig Jahren nichts träumen ließ. Die technische Aufrüstung der Medien hat uns nicht weitergebracht. Das erste Opfer des Krieges ist immer noch die Wahrheit.

Unter dem Titel **Meine sieben Kriege** sind **William Howard Russells Reportagen** von den Schlachtfeldern des neunzehnten Jahrhunderts im Juni 2000 als hundertundsechsundachtzigster Band der *Anderen Bibliothek* im Eichborn Verlag AG, Frankfurt am Main, erschienen.

Die Auswahl aus dem umfangreichen Werk Russells wurde anhand einer neueren Edition getroffen, die unter dem Titel *Special Correspondent of The Times* bei der Londoner The Folio Society erschienen ist.

Die deutsche Übersetzung der behutsam gekürzten Texte stammt von Matthias Fienbork, der auch die zeitgenössischen Photographien aus dem Bestand der Hulton Getty Collection ausgewählt hat.

Heinz Metlitzky, Kriegsberichterstatter für das Zweite Deutsche Fernsehen, hat ein Nachwort beigesteuert, in dem er seinen Beruf aus heutiger Sicht darstellt. Das Lektorat lag in den Händen von Ulrike Streubel.

Dieses Buch wurde in der Korpus DeVinne Antiqua und Bell Gothic von Wilfried Schmidberger in Nördlingen gesetzt und bei der Fuldaer Verlagsanstalt auf säurefreies halbmattes 115 g/m² Bücherpapier LuxoSatin der Papierfabrik Enso gedruckt. Den Einband besorgte die Buchbinderei G. Lachenmaier in Reutlingen. Typographie & Ausstattung von Greno.

1. bis 8. Tausend, Juni 2000. Von diesem Band der *Anderen Bibliothek* gibt es eine handgebundene Lederausgabe mit den Nummern 1 bis 999; die folgenden Exemplare der limitierten Erstausgabe werden ab 1001 numeriert. Dieses Buch trägt die Nummer: № 6887